478489683321445713868751943506430218453191048481005370614680674919
278191197939952061419663428754440643745123718192179998391015919561
814675142691239748940907186494231961567945208095146550225231603881
930142093762137855956638937787083039069792077346722182562599661501
421503068038447734549202605414665925201497442850732518666002132434
088190710486331734649651453905796268561005508106658796998163574736
384052571459102897064140110971206280439039759515677157700420337869
936007230558763176359421873125147120532928191826186125867321579198
414848829164470609575270695722091756711672291098169091528017350671
274858322287183520935396572512108357915136988209144421006751033467
110314126711136990865851639831501970165151168517143765761835155650
884909989859982387345528331635507647918535893226185489632132933089
857064204675259070915481416549859461637180270981994309924488957571
282890592323326097299712084433573265489382391193259746366730583604
142813883032038249037589852437441702913276561809377344403070746921
120191302033038019762110110044929321516084244485963766983895228684
783123552658213144957685726243344189303968642624341077322697802807
318915441101044682325271620105265227211166039666557309254711055785
376346682065310989652691862056476931257058635662018558100729360659
876486117910453348850346113657686753249441668039626579787718556084
552965412665408530614344431858676975145661406800700237877659134401
712749470420562230538994561314071127000407854733269939081454664645
880797270826683063432858785698305235808933065757406795457163775254
202114955761581400250126228594130216471550979259230990796547376125
517656751357517829666454779174501129961489030463994713296210734043
751895735961458901938971311179042978285647503203198691514028708085
990480109412147221317947647772622414254854540332157185306142288137
585043063321751829798662237172159160771669254748738986654949450114
654062843366393790039769265672146385306736096571209180763832716641
627488880078692560290228472104031721186082041900042296617119637792
133757511495950156604963186294726547364252308177036751590673502350
728354056704038674351362222477158915049530984448933309634087807693
259939780541934144737744184263129860809988868741326047215695162396
586457302163159819319516735381297416772947867242292465436680098067
692823828068996400482435403701416314965897940924323789690706977942
236250822168895738379862300159377647165122893578601588161755782973
523344604281512627203734314653197777416031990665541876397929334419
521541341899485444734567383162499341913181480927777103863877343177
207545654532207770921201905166096280490926360197598828161332316663
652861932668633606273567630354477628035045077723554710585954870279
081435624014517180624643626794561275318134078330336254232783944975
382437205835311477119926063813346776879695970309833913077109870408
591337464144282277263465947047458784778720192771528073176790770715
721344473060570073349243693113835049316312840425121925651798069411
352801314701304781643788518529092854520116583934196562134914341595
625865865570552690496520985803385072242648293972858478316305777756
068887644624824685792603953527734803048029005876075825104747091643
961362676044925627420420832085661190625454337213153595845068772460
290161876679524061634252257719542916299193064553779914037340432875
262888963995879475729174642635745525407909145135711136941091193932
519107602082520261879853188770584297259167781314969900901921169717
372784768472686084900337702424291651300500516832336435038951702989
392233451722013812806965011784408745196012122859937162313017114448
464090389064495444006198690754851602632750529834918740786680881833
851022833450850486082503930213321971551843063545500766828294930413
776552793975175461395398468339363830474611996653858153842056853386
218672523340283087112328278921250771262946322956398989893582116745
627010218356462201349671518819097303811980049734072396103685406643
193950979019069963955245300545058068550195673022921913391856803 4
490398205955100226353536192041994745538593810234395544959778377902

374216172711172364343543947822181852862408514006660443325888569867
054315470696574745855033232334210730154594051655379068662733379958
511562578432298827372319898757141595781119635833005940873068121602
876496286744604774649159950549737425626901049037781986835938146574
126804925648798556145372347867330390468838343634655379498641927056
387293174872332083760112302991136793862708943879936201629515413371
424892830722012690147546684765357616477379467520049075715552781965
362132392640616013635815590742202020318727760527721900556148425551
879253034351398442532234157623361064250639049750086562710953591946
589751413103482276930624743536325691607815478181152843667957061108
615331504452127473924544945423682886061340841486377670096120715124
914043027253860764823634143346235189757664521641376796903149501910
857598442391986291642193994907236234646844117394032659184044378051
333894525742399508296591228508555821572503107125701266830240292952
522011872676756220415420516184163484756516999811614101002996078386
909291603028840026910414079288621507842451670908700069928212066041
837180653556725253256753286129104248776182582976515795984703562226
293486003415872298053498965022629174878820273420922224533985626476
691490556284250391275771028402799806636582548892648802545661017296
702664076559042909945681506526530537182941270336931378517860904070
866711496558343434769338578171138645587367812301458768712660348913
909562009939361031029161615288138437909904231747336394804575931493
140529763475748119356709110137751721008031559024853090669203767192
203322909433467685142214477379393751703443661991040337511173547191
855046449026365512816228824462575916333039107225383742182140883508
657391771509682887478265699599574490661758344137522397096834080053
559849175417381883999446974867626551658276584835884531427756879002
909517028352971634456212964043523117600665101241200659755851276178
583829204197484423608007193045761893234922927965019875187212726750
798125547095890455635792122103334669749923563025494780249011419521
238281530911407907386025152274299581807247162591668545133312394804
947079119153267343028244186041426363954800044800267049624820179289
647669758318327131425170296923488962766844032326092752496035799646
925650493681836090032380929345958897069536534940603402166544375589
004563288225054525564056448246515187547119621844396582533754388569
094113031509526179378002974120766514793942590298969594699556576121
865619673378623625612521632086286922210327488921865436480229678070
576561514463204692790682120738837781423356282360896320806822246801
224826117718589638140918390367367222088832151375560037279839400415
297002878307667094447456013455641725437090697939612257142989467154
357846878861444581231459357198492252847160504922124247014121478057
345510500801908699603302763478708108175450119307141223390866393833
952942578690507643100638351983438934159613185434754649556978103829
309716465143840700707360411237359984345225161050702705623526601276
484830840761183013052793205427462865403603674532865105706587488225
698157936789766974220575059683440869735020141020672358502007245225
632651341055924019027421624843914035998953539459094407046912091409
387001264560016237428802109276457931065792295524988727584610126483
699989225695968815920560010165525637567856672279661988578279484885
583439751874454551296563443480396642055798293680435220277098429423
253302257634180703947699415979159453006975214829336655566156787364
005366656416547321704390352132954352916941459904160875320186837937
023488868947915107163785290234529244077365949563051007421087142613
497459561513849871375704710178795731042296906667021449863746459528
082436944578977233004876476524133907592043401963403911473202338071
509522201068256342747164602433544005152126693249341967397704159568
375355516673027390074972973635496453328886984406119649616277344951
827369558822075735517665158985519098666539354948106887320685990754
079234240230092590070173196036225475647894064754834664776041146323
390565134330684495397907090302346046147096169688688501408347040546

074295869913829668246818571031887906528703665083243197440477185567
893482308943106828702722809736248093996270607472645539925399442808
113736943388729406307926159599546262462970706259484556903471197299
640908941805953439325123623550813494900436427852713831591256898929
519642728757394691427253436694153236100453730488198551706594121735
246258954873016760029886592578662856124966552353382942878542534048
308330701653722856355915253478445981831341129001999205981352205117
336585640782648494276441137639386692480311836445369858917544264739
988228462184490087776977631279572267265556259628254276531830013407
092233436577916012809317940171859859993384923549564005709955856113
498025249906698423301735035804408116855265311709957089942732870925
848789443646005041089226691783525870785951298344172953519537885534
573742608590290817651557803905946408735061232261120093731080485485
263572282576820341605048466277504500312620080079980492548534694146
977516493270950493463938243222718851597405470214828971117779237612
257887347718819682546298126868581705074027255026332904497627789442
362167411918626943965067151577958675648239939176042601763387045499
017614364120469218237076488783419689686118155815873606293860381017
121585527266830082383404656475880405138080163363887421637140643549
556186896411228214075330265510042410489678352858829024367090488711
819090949453314421828766181031007354770549815968077200947469613436
092861484941785017180779306810854690009445899527942439813921350558
642219648349151263901280383200109773868066287792397180146134324457
264009737425700735921003154150893679300816998053652027600727749674
584002836240534603726341655425902760183484030681138185510597970566
400750942608788573579603732451414678670368809880609716425849759513
806930944940151542222194329130217391253835591503100333032511174915
696917450271494331515588540392216409722910112903552181576282328318
234254832611191280092825256190205263016391147724733148573910777587
442538761174657867116941477642144111126358355387136101102326798775
641024682403226483464176636980663785768134920453022408197278564719
839630878154322116691224641591177673225326433568614618654522268126
887268445968442416107854016768142080885028005414361314623082102594
173756238994207571362751674573189189456283525704413354375857534269
869947254703165661399199968262824727064133622217892390317608542894
373393561889165125042440400895271983787386480584726895462438823437
517885201439560057104811949884239060613695734231559079670346149143
447886360410318235073650277859089757827273130504889398900992391350
337325085598265586708924261242947367019390772713070686917092646254
842324074855036608013604668951184009366860954632500214585293095000
090715105823626729326453738210493872499669933942468551648326113414
611068026744663733437534076429402668297386522093570162638464852851
490362932019919968828517183953669134522244470804592396602817156551
565666111359823112250628905854914509715755390024393153519090210711
945730024388017661503527086260253788179751947806101371500448991721
002220133501310601639154158957803711779277522597874289191791552241
718958536168059474123419339842021874564925644346239253195313510331
147639491199507285843065836193536932969928983791494193940608572486
396883690326556436421664425760791471086998431573374964883529276932
822076294728238153740996154559879825989109371712621828302584811238
901196822142945766758071865380650648702613389282299497257453033283
896381843944770779402284359883410035838542389735424395647555684095
224844554139239410001620769363684677641301781965937997155746854194
633489374843912974239143365936041003523437770658886778113949861647
874714079326385873862473288964564359877466763847946650407411182565
837887845485814896296127399841344272608606187245545236064315371011
274680977870446409475828034876975894832824123929296058294861919667
091895808983320121031843034012849511620353428014412761728583024355
983003204202451207287253558119584014918096925339507577840006746552
603144616705082768277222353419110263416315714740612385042584598841

990761128725805911393568960143166828317632356732541707342081733223
046298799280490851409479036887868789493054695570307261900950207643
349335910602454508645362893545686295853131533718386826561786227363
716975774183023986006591481616404944965011732131389574706208847480
236537103115089842799275442685327797431139514357417221975979935968
525228574526379628961269157235798662057340837576687388426640599099
350500081337543245463596750484423528487470144354541957625847356421
619813407346854111766883118654489377697956651727966232671481033864
391375186594673002443450054499539974237232871249483470604406347160
632583064982979551010954183623503030945309733583446283947630477564
501500850757894954893139394489921612552559770143685894358587752637
962559708167764380012543650237141278346792610199558522471722017772
370041780841942394872540680155603599839054898572354674564239058585
021671903139526294455439131663134530893906204678438778505423939052
473136201294769187497519101147231528932677253391814660730008902776
896311481090220972452075916729700785058071718638105496797310016787
085069420709223290807038326345345203802786099055690013413718236837
099194951648960075504934126787643674638490206396401976668559233565
463913836318574569814719621084108096188460545603903845534372914144
651347494078488442377217515433426030669883176833100113310869042193
903108014378433415137092435301367763108491351615642269847507430329
716746964066653152703532546711266752246055119958183196376370761799
191920357958200759560530234626775794393630746305690108011494271410
093913691381072581378135789400559950018354251184172136055727522103
526803735726527922417373605751127887218190844900617801388971077082
293100279766593583875890939568814856026322439372656247277603789081
445883785501970284377936240782505270487581647032458129087839523245
323789602984166922548964971560698119218658492677040395648127810217
991321741630581055459880130048456299765112124153637451500563507012
781592671424134210330156616535602473380784302865525722275304999883
701534879300806260180962381516136690334111138653851091936739383522
934588832255088706450753947395204396807906708680644509698654880168
287434378612645381583428075306184548590379821799459968115441974253
634439960290251001588827216474500682070419376158454712318346007262
933955054823955713725684023226821301247679452264482091023564775272
308208106351889915269288910845557112660396503439789627825001611015
323516051965590421184494990778999200732947690586857787872098290135
295661397888486050978608595701773129815531495168146717695976099421
003618355913877781769845875810446628399880600616229848616935337386
578773598336161338413385368421197893890018529569196780455448285848
370117096721253533875862158231013310387766827211572694951817958975
469399264219791552338576623167627547570354699414892904130186386119
439196283887054367774322427680913236544948536676800000106526248547
305586159899914017076983854831887501429389089950685453076511680333
732226517566220752695179144225280816517166776672793035485154204023
817460892328391703275425750867655117859395002793389592057668278967
764453184040418554010435134838953120132637836928358082719378312654
961745997056745071833206503455664403449045362756001125018433560736
122276594927839370647842645676338818807565612168960504161139039063
960162022153684941092605387688714837989559999112099164646441191856
827700457424343402167227644558933012778158686952506949936461017568
506016714535431581480105458860564550133203758645485840324029871709
348091055621167154684847780394475697980426318099175642280987399876
697323769573701580806822904599212366168902596273043067931653114940
176473769387351409336183321614280214976339918983548487562529875242
387307755955595546519639440182184099841248982623673771467226061633
643296406335728107078875816404381485018841143188598827694490119321
296827158884133869434682859006664080631407775772570563072940049294
030242049841656547973670548558044586572022763784046682337985282710
578431975354179501134727362577408021347682604502285157979579764746

702284099956160156910890384582450267926594205550395879229818526480
0706837650418365620945554346135134152570065974881916341359556719 64
9654032187271602648593049039787489589066127250794828276938953521 75
3621850796297785146188432719223223810158744450528665238022532843 89
1375273845892384422535472653098171578447834215822327020690287232 33
0053862163479885094695472004795231120150432932266282727632177908 84
0087861480221475376578105819702226309717495072127248479478169572 96
1423658595782090830733233560348465318730293026659645013718375428 89
7557971449924654038681799213893469244741985097334626793321072686 87
0768062639919361965044099542167627840914669856925715074315740793 80
5323925239477557441591845821562518192155233709607483329234921034 51
4626437449805596103307994145347784574699992128599999399612281615 21
9314888769388022281083001986016549416542616968586788372609587745 67
6182507275992950893180521872924610867639958916145855058397274209 80
9097817293239301067663868240401113040247007350857828724627134946 36
8531815469690466968693925472519413992914652423857762550047485295 47
6814795467007050347999588867695016124972282040303995463278830695 97
6249361510102436555352230690612949388599015734661023712235478911 29
2547696176005047974928060721268039226911027772261025441492215765 04
5081206771735712027180242968106203776578837166909109418074487814 04
9075517820385653909910477594141321543284406250301802757169650820 96
4273484146957263978842560084531214065935809041271135920041975985 13
6254796160632288736181367373244506079244117639975974619383584574 91
5988097667447093006546342423460634237474666080431701260052055928 49
3695941434081468529815053947178900451835755154125223590590687264 87
8635752541911288877371766374860276606349603536794702692322971868 32
7717393236192007774522126247518698334951510198642698878471719396 64
9769070825217423365662725928440620430214113719922785269984698847 70
2323823840055655517889087661360130477098438611687052310553149162 51
7283732728676007248172987637569816335415074608838663640693470437 20
6688651275688266149730788657015685016918647488541679154596507234 28
7730699853713904300266530783987763850323818215535597323530686043 01
0675760838908627049841888595138091030423595782495143988590113185 83
5840667472370297149785084145853085781339156270760356390763947311 45
5495832266945702494139831634332378975955680856836297253867913275 05
5542524491943589128405045226953812179131914513500993846311774017 97
1512283785460116035955402864405902496466930707769055481028850208 08
5800878115773817191741776017330738554758006056014337743299012728 67
7253043182519757916792969965041460706645712588834697979642931622 96
5520168797300035646304579308840327480771811555330909887025505207 68
0463034608658165394876951960044084820659673794731680864156456505 30
0498816164905788311543454850526600698230931577765003780704661264 70
6021457505793270962047825615247145918965223608396645624105195510 52
2357239739512881816405978591427914816542632892004281609136937773 72
2299983327082082969955737727375667615527113922588055201898876201 14
1680054687365580633471603734291703907986396522961312801782679717 28
9822936070288069087768660593252746378405397691848082041021944719 71
3869256084162451123980620113184541244782050110798760717155683154 07
8865439041210873032402010685341947230476666721749869868547076781 20
5124736792479193150856444775379853799732234456122785843296846647 51
3336573692387201464723679427870042503255589926884349592876124007 55
8756946413705625140011797133166207153715436006876477318675587148 78
3989081074295309410605969443158477539700943988394914432353668539 20
9946879645066533985738887866147629443414010498889931600512076781 03
5886116602029611936396821349607501116498327856353161451684576956 87
1090029997698412632665023477167286573785790857466460772283415403 11
4415294188047825438761770790430001566986776795760909966936075594 96
5152736349811896413043311662774712338817406037317439705406703109 67
6765748695358789670031925866259410510533584384656023391796749267 84
4763708474978333655579007384191473198862713525954625181604342253 72

9962863267496824058060296421146386436864224724887283434170441573482
248183330164056695966886676956349141632842641497453334999948000266
998758881593507357815195889900539512085351035726137364034367534714
104836017546488300407846416745216737190483109676711344349481926268
111073994825060739495073503169019731852119552635632584339099822498
624067031076831844660729124874754031617969941139738776589986855417
031884778867592902607004321266617919223520938227878880988633599116
081923535557046463491132085918979613279131975649097600013996234445
535014346426860464495862476909434704829329414041114654092398834443
515913320107739441118407410768498106634724104823935827401944935665
161088463125678529776973468430306146241803585293315973458303845541
033701091676776374276210213701354854450926307190114731848574923318
167207213727935567952844392548156091372812840633303937356242001604
566455741458816605216660873874804724339121295587776390696903707882
852775389405246075849623157436917113176134783882719416860662572103
685132156647800147675231039357860689611125996028183930954870905907
386135191459181951029732787557104972901148717189718004696169777001
791391961379141716270701895846921434369676292745910994006008498356
842520191559370370101104974733949387788598941743303178534870760322
198297057975119144051099423588303454635349234982688362404332726741
554030161950568065418093940998202060999414021689090070821330723089
662119775530665918814119157783627292746156185710372172471009521423
696483086410259288745799932237495519122195190342445230753513380685
680735446499512720317448719540397610730806026990625807602029273145
525207807991418429063884437349968145827337207266391767020118300464
819000241308350884658415214899127610651374153943565721139032857491
876909441370209051703148777346165287984823533829726013611098451484
182380812054099612527458088109948697221612852489742555551607637167
505489617301680961380381191436114399210638005083214098760459930932
485102516829446726066613815174571255975495358023998314698220361338
082849935670557552471290274539776214049318201465800802156653606776
550878380430413431059180460680083459113664083488740800574127258670
479225831912741573908091438313845642415094084913391809684025116399
193685322555733896695374902662092326131885589158083245557194845387
562878612885900410600607374650140262782402734696252821717494158233
174923968353013617865367376064216677813773995100658952887742766263
684183068019080460984980946976366733566228291513235278880615776827
815958866918023894033307644191240341202231636857786035727694154177
882643523813190502808701857504704631293335375728538660588890458311
145077394293520199432197117164223500564404297989208159430716701985
746927384865383343614579463417592257389858800169801475742054299580
124295810545651083104629728293758416116253256251657249807849209989
799062003593650993472158296517413579849104711166079158743698654122
234834188772292944633517865385673196255985202607294767407261676714
557364981210567771689348491766077170527718760119990814411305864557
791052568430481144026193840232247093924980293355073184589035539713
308844617410795916251171486487446861124760542867343670904667846867
027409188101424971114965781772427934707021668829561087779440504843
752844337510882826477197854000650970403302186255614733211777117441
335028160884035178145254196432030957601869464908868154528562134698
835544456024955666843660292219512483091060537720198021831010327041
783866544718126039719068846237085751808003532704718565949947612424
811099928867915896904956394762460842406593094862150769031498702067
353384834955083636601784877106080980426924713241000946401437360326
564518456679245666955100150229833079849607994988249706172367449361
226222961790814311414660941234159359309585407913908720832273354957
208075716517187659944985693795623875551617575438091780528029464200
447215396280746360211329425591600257073562812638733106005891065245
708024474937543184149401482119996276453106800663118382376163966318
093144467129861552759820145141027560068929750246304017351489194576

360789352855505317331416457050499644389093630843874484783961684051
845273288403234520247056851646571647713932377551729479512613239822
960239454857975458651745878771331813875295980941217422730035229650
808917770506825924882232215493804837145478164721397682096332050830
564792048208592047549985732038887639160199524091893894557676874973
085695595801065952650303626615975066222508406742889826590751063756
356996821151094966974458054728869363102036782325018232370845979011
154847208761821247781326633041207621658731297081123075815982124863
980721240786887811450165582513617890307086087019897588980745664395
515741536319319198107057533663373803827215279884935039748001589051
942087971130805123393322190346624991716915094854140187106035460379
464337900589095772118080446574396280618671786101715674096766208029
576657705129120990794430463289294730615951043090222143937184956063
405618934251305726829146578329334052463502892917547087256484260034
962961165413823007731332729830500160256724014185152041890701154288
579920812198449315699905918201181973350012618772803681248199587707
020753240636125931343859554254778196114293516356122349666152261473
539967405158499860355295332924575238881013620234762466905581643896
786309762736550472434864307121849437348530060638764456627218666170
123812771562137974614986132874411771455244470899714452288566294244
023018479120547849857452163469644897389206240194351831008828348024
924908540307786387516591130287395878709810077271827187452901397283
661484214287170553179654307650453432460053636147261818096997693348
626407743519992868632383508875668359509726557481543194019557685043
724800102041374983187225967738715495839971844490727914196584593008
394263702087563539821696205532480321226749891140267852859967340524
203109179789990571882194939132075343170798002373659098537552023891
164346718558290685371189795262623449248339249634244971465684659124
8918556629589329990903523923333364743520370770101084388003290759834
217018554228386161721041760301164591878053936744747205998502358289
183369292233732399948043710841965947316265482574809948250999183300
697656936715968936449334886474421350084070066088359723503953234017
958255703601693699098867113210979889707051728075585519126993067309
925070407024556850778679069476612629808225163313639952117098452809
263037592242674257559989289278370474445218936320348941552104459726
188380030067761793138139916205806270165102445886924764924689192461
212531027573139084047000714356136231699237169484813255420091453041
037135453296620639210547982439212517254013231490274058589206321758
949434548906846399313757091034633271415316223280552297297953801880
162859073572955416278867649827418616421878988574107164906919185116
281528548679417363890665388576422915834250067361245384916067413734
017357277995634104332688356950781493137800736235418007061918026732
855119194267609122103598746924117283749312616339500123959924050845
437569850795704622266461900010350049018303415354584283376437811198
855631877779253720116671853954183598443830520376281944076159410682
071697030228515225057312609304689842343315273213136121658280807521
263154773060442377475350595228717440266638914881717308643611138906
942027908814311944879941715404210341219084709408025402393294294549
387864023051292711909751353600092197110541209668311151632870542302
847007312065803262641711616595761327235156666253667271899853419989
523688483099930275741991646384142707798870887422927705389122717248
632202889842512528721782603050099451082478357290569198855546788607
946280537122704246654319214528176074148240382783582971930101788834
567416781139895475044833931468963076339665722672704339321674542182
455706252479721997866854279897799233957905758189062252547358220523
642485078340711014498047872669199018643882293230538231855973286978
092225352959101734140733488476100556401824239219269506208318381454
698392366461363989101210217709597670490830508185470419466437131229
969235889538493013635657618610606222870559942337163102127845744646
398973818856674626087948201864748767272722206267646533809980196688

3680994159075776852639865146253336312450536402610569605513183813174261184420189088853196356986962795036738424313011331753305329802016688817481342988681585577810343231753064784983210629718425184385534427620128234570716988530518326179641178579608888150329602290705614476220915094739035946646916235396809201394578175891088931992112260073928149169481615273842736264298098234063200244024495894456129167049508235812487391799648641133480324757775219708932772262349486015046652681439877051615317026696929704928316285504212898146706195331970269507214378230476875280287354126166391708245925170010714180854800636923259462019002278087409859771921805158532147392653251559035410209284665925299914353791825314545290598415817637058927906909896911164381187809435371521332261443625314490127454772695739393481546916311624928873574718824071503995009446731954316193855485207665738825139639163576723151005556037263394867208207808653734942440115799667507360711159351331959197120948964717553024531364770942094635696982226673775209945168450643623824211853534887989395673187806606107885440005508276570305587448541805778891719207881423351138662929667179643468760077047999537883387870348718021842437342112273940255717690819603092018240188427057046092622564178375265263358324240661253311529423457965569502506810018310900411245379015332966156970522379210325706937051090830789479999004999395322153622748476603613677697978567386584670936679588583788795625946464891376652199588286933801836011932368578558558195556042156250883650203322024513762158204618106705195330653060606501054887167245377942831338871631395596905832083416898476065607118347136218123246227258841990286142087284956879639325464285343075301105285713829643709990356948885285190402956047346131138263878897551788560424998748316382804046848618938189590542039889872650697620201995548412650005394428203930127481638158530396439925470201672759328574366661644110962566337305409219519675148328734808957477775278344221091073111351828046036347198185655572957144747682552857863349342858423118749440003229690697758315903858039353521358860079600342097547392296733310649395601812237812854584317605561733861126734780745850676063048229409653041118306671081893031108871728167519579675347188537229309616143204006381322465841111157758358581135018569047815368938137718472814751998350504781297718599084707621974605887423256995828892535041937958260616211842368768511418316068315867994601652057740529423053601780313357263267054790338401257305912339601880137825421927094767337191987287385248057421248921183470876629667207272325650565129333126059505777727542471241648312832982072361750574673870128209575544305968395555686861188397135522084452852640081252027665557677495969626612604565245684086139238265768583384698499778726706555191854468698469478495734622606294219624557085371272776523098955450193037732166649182578154677292005212667143463209637891852323215018976126034373684067194193037746880999296877582441047878123266253181845960453853543839114496775312864260925211537673258866722604042523491087026958099647595805794663973419064010036361904042033113579336542426303561457009011244800890020801478056603710154122328891465722393145076071670643556827437743965789067972687438473076346451677562103098604092717090951280863090297385044527182892749689212106670081648583395537735919136950153162018908887484210798706899114804669270650940762046502772528650728905328548561433160812693005693785417861096969202538865034577183176686885923681488475276498468821949739729707737187188400414323127636504814531122850990020742409255859252926103021067368154347015252348786351643976235860419194129697690405264832347009911154242601273438022089331096686367898694977994001260164227609260823493041180643829138347354679725399262338791582998486459271734059225620749105308531537182911681637219395188700957788181586850464507699343940987433514431626330317247747486897918209239480833143970840673084079589358108966564775859905563769525232653614424780230826811831037735887089240613031336474

737101162821461466167940409051861526036009252194721889091810733587
196414214447865489952858234394705007983038853886083103571930600277
119455802191194289992272235345870756624692617766317885514435021828
702668561066500353105021631820601760921798468493686316129372795187
307897263735371715025637873357977180818487845886650433582437700414
771041493492743845758710715973155943942641257027096512510811554824
793940359768118811728247215825010949609662539339538092219559191818
855267806214992317276316321833989693807561685591175299845013206712
939240414459386239880938124045219148483164621014738918251010909677
386906640415897361047643650006807710565671848628149637111883219244
566394581449148616550049567698269030891118568798692947051352481609
174324301538368470729289898284602223730145265567989862776796809146
979837826876431159883210904371561129976652153963546442086919756737
000573876497843768628768179249746943842746525631632300555130417422
734164645512781278457777245752038654375428282567141288583454443513
256205446424101103795546419058116862305964476958705407214198521210
673433241075676757581845699069304604752277016700568454396923404171
108988899341635058515788735343081552081177207188037910404698306957
868547393765643363197978680367187307969392423632144845035477631567
025539006542311792015346497792906624150832885839529054263768766896
880503331722780018588506973623240389470047189761934734430843744375
992503417880797223585913424581314404984770173236169471976571535319
775499716278566311904691260918259124989036765417697990362375528652
637573376352696934435440047306719886890196814742876779086697968852
250163694985673021752313252926537589641517147955953878427849986645
630287883196209983049451987439636907068276265748581043911223261879
405994155406327013198989570376110532360629867480377915376751158304
320849872092028092975264981256916342500052290887264692528466610466
539217148208013050229805263783642695973370705392278915351056888393
811324975707133102950443034671598944878684711643832805069250776627
450012200352620370946602341464899839025258883014867816219677519458
316771876275720050543979441245990077115205154619930509838698254284
640725554092740313257163264079293418334214709041254253352324802193
227707535554679587163835875018159338717423606155117101312352563348
582036514614187004920570437201826173319471570086757853933607862273
955818579758725874410254207710547536129404746010009409544495966288
148691590389907186598056361713769222729076419775517772010427649694
961105622059250242021770426962215495872645398922769766031052498085
575947163107587013320886146326641259114863388122028444069416948826
152957762532501987035987067438046982194205638125583343642194923227
593722128905642094308235254408411086454536940496927149400331978286
131818618881111840825786592875742638445005994422956858646048103301
538891149948693543603022181094346676400002236255057363129462629609
619876056425996394613869233083719626595473923462413459779574852464
783798079569319865081597767535055391899115133525229873611277918274
854200868953965835942196333150286956119201229888988700607999279541
118826902307891310760361763477948943203210277335941690865007193280
401716384064498787175375678118532132840821657110754952829497493621
460821558320568723218557406516109627487437509809223021160998263303
391546949464449100451528092508974507489676032409076898365294065792
019831526541065813682379198409064571246894847020935776119313998024
681340520039478194986620262400890215016616381353838151503773502296
607462795291038406868556907015751662419298724448271942933100485482
445458071889763300323252582158128032746796200281476243182862217105
435289834820827345168018613171959332471107466222850871066611770346
535283957762599774467218571581612641114327179434788599089280848669
491413909771673690027775850268664654056595039486784111079011610400
857274456293842549416759460548711723594642910585090995021495879311
219613590831588262068233215615308683373083817327932819698387508708
348388046388478441884003184712697454370937329836240287519792080232

1878744828728437273780178270080587824107493575148899789117397461 2
9320351081432703251409030487462262942344327571260086642508333187 68
8650756429271605525289544921537651751492196367181049435317858383 45
3865255656640657251363575064353236508936790431702597878177190314 86
7963840828810209461490079715137717099061954969640070867667102330 04
8672631475510537231757114322317411411680622864206388906210192355 22
3546711662137499693269321737043105987225039456574924616978260970 25
3359475020913836673772894438696400028110344026084712899000746807 76
4844088711341352503367877316797709372778682166117865344231732264 63
7847697875144332095340001650692130546476890985050203015044880834 26
1845208730530973189492916425322933612431514306578264070283898409 84
1602950309241897120971601649265613413433422298827909921786042679 81
2457285345801338260995877178113102167340256562744007296834066198 48
0676615805021691833723680399027931606420436812079900316264449146 19
0219458229690992122788553948783538305646864881655562294315673128 27
4390826450611628942803501661336697824051770155219626522725455850 73
8640585299830379180350432876703809252167907571204061237596327685 67
4845079151147313440001832570344920909712435809447900462494313455 02
8900680648704293534037436032625820535790118395649089354345101342 96
9617545249573960621490288728932792520696535386396443225388327522 49
9605986974759882329916263545973324445163755334377492928990581175 78
6355555626937426910947117002165411718219750519831787137106051063 79
5558588905568852887989084750915764639074693619881507814685262133 25
2473837651192990156109189777922008705793396463827490680698769168 19
7492365624226087154176100430608904377976678519661891404144925270 48
0881971498801542057787006521594009289777601330756847966992955433 65
6139847738060394368895887646054983871478968482805384701730871117 76
1159663505039979343869339119789887109156541709133082607647406305 71
1411098839388095481437828474528838368079418884342666222070438722 88
7413947801017721392281911992365405516395893474263953824829609036 90
0288359327745855060801317988407162446563997948275783650195514221 55
1339281978226984278638391679715091262410548725700924070045488485 69
2950448110738087996547481568913935380943474556972128919827177020 76
6613602489581468119133614121258783895577357194986317210844398901 42
3948496659251731388171602663261931065366535041473070804414939169 36
3262373767777095850313255990095762731957308648042467701212327020 53
3742667053142448208168130306397378736642483672539837487690980602 18
2785786216512738563513290148903509883270617258932575363993979055 72
9175160097615459044771692265806315111028038436017374742152476085 15
2099016158582312571590733421736576267142390478279587281505095633 09
2802668458937649649770232973641319060982740633531089792464242134 58
3740901169391964250459128813403498810635400887596820054408364386 51
6617880557608956896727531538081942077332597917278437625661184319 89
1025007491829086475149794003160703845549465385946027452447466812 31
4687943441610993338908992638411847425257044572517459325738989565 18
5716575961481266020310797628254165590506042479114016957900338356 57
4869252800743025623419498286467914476322774005529460903940177536 33
5655471931000175430047504719144899841040015867946179241610016454 71
6551337074073950260442769538553834397550548871099785205401175169 74
7581344926079433689543783221172450687344231989878844128542064742 80
9735625807066983106979935260693392135685881391214807354728463227 78
4908087002467776303605551232386656295178853719673034634701222939 58
1606792509153217489030840886516061119011498443412350124646928028 80
5996134283511884715449771278473361766285062169778717743824362565 71
1779450064477718370221999106695021656757644044997940765037999954 84
5002710665987813603802314126836905783190460792765297277694043613 02
3051787080546511542469395265127101052927070306673024447125973939 95
0514628404767431363739978259184541176413327906460636584152927019 03
0276017339474866960348694976541752429306040727005059039503148522 92
1392575594845078867977925253931765156416197168443524369794447355 96

4260633391055126826061595726217036698506473281266724521989060549 88
0280782881429796336696744124805982192146339565745722102298677599 74
6738126069367069134081559412016115960190237753525556300606247983 26
1249881288192937343476862689219239777833910733106588256813777172 32
8315329082525092733047850724977139448333892552081175608452966590 55
3940965568541706001179857293813998258319293679100391844099286575 60
5993598910002969864460974714718470101531283762631146774209145574 04
1815908800064943237855839308530828305476076799524357391631221886 05
7549673832243195650655460852881201902363644712703748634421727257 87
9503428486312944916318475347531435041392096108796057730987201352 48
4075057637199253650470908582513936863463863368042891767107602111 15
9828875539940120076013947033661793715396306139863655492213741597 90
5119083588290097656647300733879314678913181465109316761575821351 42
4860442292445304113160652700974330088499034675405518640677342603 58
3409608605533747362760935658853109760994238347382222087292464497 68
4560579562516765574088410321731345627735856052358236389532038534 02
4842273371639123973215995440828421666360232965456947035771848734 4
2034227706653837387506169212768015766181095420097708363604361110 59
2409117889540338021426523948929686439808926114635414571535194342 85
0721353453018315875628275733898268898523557799295727645229391567 47
7566676051087887648453493636068278050564622813598885879259940946 44
6041705204470046315137975431737187756039815962647501410906658866 16
2180038266989961965580587208639721176995219466789857011798332440 60
1811575658074284182910615193917630059194314434605154047710570054 33
9000182453117733718955857603607182860506356479979004139761808955 36
3669603162193113250223851791672055180659263518036251214575926238 36
9348222665895576994660491938112486609099798128571823494006615552 19
6112207203092277646200999315244273589488710576623894693889446495 09
3960330454340842102462401048723328750081749179875543879387381439 89
4238011762700837196053094383940063756116458560943129517597713935 39
6074322792489221267045808183313764165818269562105872892447740035 94
7009268662659651422050630078592002488291860839743732353849083964 32
6147000532423540647042089499210250404726781059083644007466380020 87
0126664209457181702946752278540074508552377720890581683918446592 82
9417018288233014971554235235911774818628592967605048203864343108 77
9562892925405638946621948268711042828163893975711757786915430165 05
8602965217459581988878680408110328432739867198621306205559855266 03
6405046282152306154594474489908839081999738747452969810776201487 13
4000122535522246695409315213115337915798026979555710508507473874 75
0758068765376445782524432638046143042889235934852961058269382103 49
8000405248407084403561167817170512813378805705643450616119330424 44
0798260377951198548694559152051960093041271007277849301555038895 36
0338261929343797081874320949914159593396368110627557295278004254 86
3060054523839151068998913578820019411786535682149118528207852130 12
5518518493711503422159542244511900207393539627400208110465530207 93
2867254740543652717595893500716336076321614725815407642053020045 34
0183572338292661915308354095120226329165054426123619197051613839 35
7326693760156914429944943744856809775696303129588719161129294681 88
4936338647392747601226964158848900965717086160598147204467428664 20
8765334799858222090619802173211614230419477754990738738567941189 82
4660913091691772274207233367635032678340586301930193242996397204 44
5179288122854478211953530898910125342975524727635730226281382091 80
7439748671453590778633530160821559911314144205091447293535022230 81
7193663509346865858656314855575862447818620108711889760652969899 26
9328178705576435143382060141077329261063431525337182243385263520 21
7735440715281898137698755157574546939727150488469793619500477720 97
0561793913828989845327426227288647108883270173723258818244658436 24
9580592560338105215606206155713299156084892064340303395262263451 45
4283678698288074251422567451806184149564686111635404971897682154 22
7722479474033571527436819409892050113653400123846714296551867344 15

374161504256325671343024765512521921803578016924032669954174608759
240920700466934039651017813485783569444076047023254075555776472845
075182689041829396611331016013111907739863246277821902365066037404
160672496249013743321724645409741299557052914243820807609836482346
597388669134991978401310801558134397919485283043673901248208244481
412809544377389832005986490915950532285791457688496257866588599917
986752055455809900455646117875524937012455321717019428288461740273
664997847550829422802023290122163010230977215156944642790980219082
668986883426307160920791408519769523555348865774342527753119724743
087304361951139611908003025587838764420608504473063129927788894272
918972716989057592524467966018970748296094919064876469370275077386
643239191904225429023531892337729316673608699622803255718530891928
440380507103006477684786324319100022392978525537237556621364474009
676053943983823576460699246526008909062410590421545392790441152958
034533450025624410100635953003959886446616959562635187806068851372
346270799732723313469397145628554261546765063246567662027924520858
134771760852169134094652030767339184114750414016892412131982688156
866456148538028753933116023229255561894104299533564009578649534093
511526645402441877594931693056044868642086275720117231952640502309
977456764783848897346431721598062678767183800524769688408498918508
614900343240347674268624595239589035858213500645099817824463608731
775437885967767291952611121385919472545140030118050343787527766440
276261894101757687268042817662386068047788524288743025914524707395
054652513533945959878961977891104189029294381856720507096460626354
173294464957661265195349570186001541262396228641389779673332907056
737696215649818450684226369036784955597002607986799626101903933126
376855696876702929537116252800554310078640872893922571451248113577
862766490242516199027747109033593330930494838059785662884478744146
984149906712376478958226329490467981208998485716357108783119184863
025450162092980582920833481363840542172005612198935366937133673339
246441612522319694347120641737549121635700857369439730597970971972
666664226743111776217640306868131035189911227133972403688700099686
292254646500638528862039380050477827691283560337254825579391298525
150682996910775425764748832534141213280062671709400909822352965795
799780301828242849022147074811112401860761341515038756983091865278
065889668236252393784527263453042041880250844236319038331838455052
236799235775292910692504326144695010986108889991465855188187358252
816430252093928525807796973762084563748211443398816271003170315133
440230952635192958868069082135585368016100021374085115448491268584
126869589917414913382057849280069825519574020181810564129725083607
035685105533178784082900004155251186577945396331753853209214972052
660783126028196116485809868458752512999740409279768317663991465538
610893758795221497173172813151793290443112181587102351874075722210
012376872194474720934931232410706508061856237252673254073332487575
448296757345001932190219911996079798937338367324257610393898534927
877747398050808001554476406105352220232540944356771879456543040673
589649101761077594836454082348613025471847648518957583667439979150
851285802060782055446299172320202822291488695939972997429747115537
185892423849385585859540743810488262464878805330427146301194158989
632879267832732245610385219701113046658710050008328517731177648973
523092666123458887310288351562644602367199664455472760831011878838
915114934093934475007302585581475619088139875235781233134227986650
352272536717123075686104500454897036007956982762639234410714658489
578024140815840522953693749971066559489445924628661996355635065262
340533943914211127181069105229002465742360413009369188925586578466
846121567955425660541600507127664176605687427420032957716064344860
620123982169827172319782681662824993871499544913730205184366907672
357740005393266262276032365975171892590180110429038427418550789488
743883270306328327996300720069801224436511639408692222074532024462
412115580435454206421512158505689615735641431306888344318528085397

5927734433655384188340303517822946253702015782157373265523185763554098954033236382319219892171177449469403678296185920803403867575834111518824177439145077366384071880489358256868542011645031357633355509440319236720348651010561049872726472131986543435450409131859513145181276437310438972507004981987052176272494065214619959232142314439776546708351714749367986186552791715824080651063799500184295938799158350171580759883784962257398512129810326379376218322456594236685376799113140108043139732335449090824910499143325843298821033984698141715756010829706583065211347076803680695322971990599904451209087275776225351040902392888779424630483280319132710495478599180196967835321464441189260631526618167443193550817081875477050802654025294109218264858213857526688155584113198560022135158887210365696087515063187533002942118682221893775546027227291290504292259787710667873840000616772154638441292371193521828499824350920891801685572798156421858191197490985730570332667646460728757430565372602768982373259745084479649545648030771598153955827779139373601717422996027353102768719449444917939785144631597314435351850491413941557329382048542123508173912549749819308714396615132942045919380106231421774199184060180347949887691051557905554806953878540066453375981862846419905220452803306263695626490910827627115903856995051246529996062855443838330327638599800792922846659503551211245284087516229060262011857775313747949362055496401073001348853150735487353905602908933526400713274732621960311773433943673385759124508149335736911664541281788171454023054750667136518258284898099512139193995633241336556777098003081910272040997148687418134667006094051021462690280449159646545330107754695413088714165312544813061192407821188690056027781824235022696189344352547633573536485619363254417756613981703930632872166905722259745209192917262199844409646158269456380239502837121686444656178523556516412771282691868861557271620147493405227694659571219831494338162211400693630743044417328478610177774383797703723179525543410722344551255558999864618387676490397246116795901810003509892864120419516355110876320426761297982652942588295114127584126273279079880755975185157684126474220947972184330935297266521001566251455299474512763155091763673025946213293019040283795424632325855030109670692272022707486341900543830265068121414213505715417505750863990767394633514620908288893493837643939925690060406731142209331219593620298297235116325938677224147791162957278075239505625158160313335938231150051862689053065836812998810866326327198061127154885879809348791291370749823057592909186293919501472119758606727009254771802575033773079939713453953264619526999659638565491759045833358579910201271320458390320085387888163363768518208372788513117522776960978796214237216254521459128183179821604411131167140691482717098101545778193920231156387195080502467972579249760577262591332855972637121120190572077140914864507409492671803581515757151405039761096384675556929897038354731410022380258346876735012977541327953206097115450648421218593649099791776687477448188287063231551586503289816422828823274686610659273219790716238464215348985247621678905026099804526648392954235728734397768049577409144953839157556548545905897649519851380100795801078375994577529919670054760225255203445398871253878017196071816407812484784725791240782454436168234523957068951427226975043187363326301110305342333582160933319121880660826834142891041517324721605335584999322454873077882290525232423486153152097693846104258284971496347534183756200301491570327968530186863157248840152663983568956363465743532178349319982554211730846774529708583950761645822963032442432823773745051702856069806788952176819815671078163340526675953942492628075696832610749532339053622309080708145591983735537774874202903901814293731152933464446815121294509759653430628421531944572711861490001765055817709530246887526325011970520947615941676872778447200019278913725184162285778379228443908430118112149636642465903363419454065718354477191244662125939265662030688852

005559912123536371822692253178145879259375044144893398160865790087
616502463519704582889548179375668104647461410514249887025213993687
050937230544773411264135489280684105910771667782123833281026218558
775131272117934444820144042574508306394473836379390628300897330624
138061458941422769474793166571762318247216835067807648757342049155
762821758397297513447899069658953254894033561561316740327647246921
250575911625152965456854463349811431767025729566184477548746937846
423373723898192066204851189437886822480727935202250179654534375727
416391079197295295081294292220534771730418447791567399173841831171
036252439571615271466900581470000263301045264354786590329073320546
833887207873544476264792529769017091200787418373673508771337697768
349634425241994995138831507487753743384945825976556099655595431804
092017849718468549737069621208852437701385375768141663272241263442
398215294164537800049250726276515078908507126599703670872669276430
837722968598516912230503746274431085293430527307886528397733524601
746352770320593817912539691562106363762588293757137384075440646896
478310070458061344673127159119460843593582598778283526653115106504
162329532904777217408355934972375855213804830509000964667608830154
061282430874064559443185341375522016630581211103345312074508682433
943215904359443031243122747138584203039010607094031523555617276799
416002039397509989762933532585557562480899669182986422267750236019
325797472674257821111973470940235745722227121252685238429587427350
156366009318804549333898974157149054418255973808087156528143010267
046028431681923039253529779576586241439270154974087927313105163611
913757700892956482332364829826302460797587576774537716010249080462
430185652416175665560016085912153455626760219268998285537787258314
514408265458348440947846317877737479465358016996077940556870119232
860804113090462935087182712593466871276669487389982459852778649956
916546402945893506496433580982476596516514209098675520380830920323
048734270346828875160407154665383461961122301375945157925269674364
253192739003603860823645076269882749761872357547676288995075211480
485252795084503395857083813047693788132112367428131948795022806632
017002246033198967197064916374117585485187848401205484467258885140
156272501982171906696081262778548596481836962141072171421498636191
877475450965030895709947093433785698167446582826791194061195603784
539785583924076127634410576675102430755981455278616781594965706255
975507430652108530159790807334373607943286675789053348366955548680
391343372015649883422089339997164147974693869690548008919306713805
717150585730714881564992071408675825960287605645978242377024246980
532805663278704192676846711626687946348695046450742021937394525926
266861355294062478136120620263649819999949840514386828525895634226
432870766329930489172340072547176418868535137233266787792173834754
148002280339299735793615241275582956927683723123479898944627433045
456679006203242051639628258844308543830720149567210646053323853720
314324211260742448584509458049408182092763914000854042202355626021
856434899414543995041098059181794888262805206644108631900168856815
516922948620301073889718100770929059048074909242714101893354281842
999598816966099383696164438152887721408526808875748829325873580990
567075581701794916190611400190855374488272620093668560447559655747
648567400817738170330738030547697360978654385938218722058390234444
350886749986650604064587434600533182743629617786251808189314436325
120510709469081358644051922951293245007883339878842933934243512634
336520438581291283434529730865290978330067126179813031679438553572
629699874035957045845223085639009891317947594875212639707837594486
113945196028675121056163897600888009274611586080020780334159145179
707303683519697776607637378533301202412011204698860920933908536577
322239241244905153278095095586645947763448226998607481329730263097
502881210351772312446509534965369309001863776409409434983731325132
186208021480992268550294845466181471555744470966953017769043427203
189277060471778452793916047228153437980353967986142437095668322149

146543801459382927739339603275404800955223181666738035718393275707
714204672383862461780397629237713120958078936384144792980258806552
212926209362393063731349664018661951081158347117331202580586672763
999276357907806381881306915636627412543125958993611964762610140556
350339952314032311381965623632719896183725484533370206256346422395
276694356837676136871196292181875457608161705303159072882870071231
366630872275491866139577373054606599743781098764980241401124214277
366808275139095931340415582626678951084677611866595766016599817808
941498575497628438785610026379654317831363402513581416115190209649
913354873313111502270068193013592959597164019719605362503355847998
096348871803911161281359596856547886832585643789617315976200241962
155289629790481982219946226948713746244472909345647002853769495885
959160678928249105441251599630078136836749020937491573289627002865
682934443134234735123929825916673950342599586897069726733258273590
312128874666045146148785034614282776599160809039865257571726308183
349444182019353338507129234577437557934406217871133006310600332405
399169368260374617663856575887758020122936635327026710068126182517
291460820254189288593524449107013820621155382779356529691457650204
864328286555793470720963480737269214118689546732276775133569019015
372366903686538916129168888787640752549349424973342718117889275993
159671935475898809792452526236365903632007085444078454479734829180
208204492667063442043755532505052752283377888704080403353192340768
563010934777212563908864041310107381785333831603813528082811904083
256440184205374679299262203769871801806112262449090924264198582086
175117711378905160914038157500336642415609521632819712233502316742
260056794128140621721964184270578432895980288233505982820819666624
903585778994033315227481777695284368163008853176969478369058067106
482808359804669884109813515865490693331952239436328792399053481098
783027450017206543369906611778455436468772363184446476806914282800
455107468664539280539940910875493916609573161971503316696830992946
634914279878084225722069714887558063748030886299511847318712477729
191007022758889348693945628951580296537215040960310776128983126358
996489341024703603664505868728758905140684123812424738638542790828
273382797332688550493587430316027474906312957234974261122151741715
313361862241091386950068883589896234927631731647834007746088665559
873338211382992877691149549218419208777160606847287467368188616750
722101726110383067178785669481294878504894306308616994879870316051
588410828235127415353851336589533294862949449506186851477910580469
603906937266267038651290520113781085861618888694795760741358553458
515176805197333443349523012039577073962377131603024288720053732099
825300897761897312981788194467173116064723147624845755192873278282
512718244680782421521646956781929409823892628494376024885227900362
021938669648221562809360537317804086372726842669642192994681921490
870170753336109479138180406328738759384826953558307739576144799727
000347288018278528138950321798634521611106660883931405322694490545
552786789441757920244002145078019209980446138254780585804844241640
477503153605490659143007815837243012313751156228401583864427089071
828481675752712384678245953433444962201009607105137060846180118754
312072549133499424761711563332140893460915656155060031738421870157
022610310191660388706466143889773631878094071152752817468957640158
104701696524755774089164456867771715850058326994340167720215676772
406812836656526412298243946513319735919970940327593850266955747023
181320324371642058614103360652453693916005064495306016126782264894
243739716671766123104897503188573216555498834212180284691252908610
148552781527762562375045637576949773433684601560772703550962904939
248708840628106794362241870474700836884267102255830240359984164595
112248527263363264511401739524808619463584078375355688562231711552
094722306543709260679735100056554938122457548372854571179739361575
616764169289580525729752233855861138832217110736226581621884244317
885748879810902665379342666421699091405653643224930133486798815488

662866505234699723557473842483059042367714327879231642240387776433
019260019228477831383763253612102533693581262408686669973827597736
568222790721583247888864236934639616436330873013981421143030600873
066616480367898409133592629340230432497492688783164360268101130957
071614191283068657732353263965367739031766136131596555358499939860
056515592193675997771793301974468814837110320650369319289452140265
091546518430993655349333718342529843367991593941746622390038952767
381333061774762957494386871697845376721949350659087571191772087547
710718993796089477451265475750187119487073873678589020061737332107
569330221632062843206567119209695058576117396163232621770894542621
460985841023781321581772760222273813349541048100307327510779994899
197796388353073444345753297591426376840544226478421606312276964696
715647399904371590332390656072664411643860540483884716191210900870
101913072607104411414324197679682854788552477947648180295973604943
970047959604029274629920357209976195014034831538094771460105633344
699882082212058728151072918297121191787642488035467231691654185225
672923442918712816323259696541354858957713320833991128877591722611
527337901034136208561457799239877832508355073019981845902595835598
926055329967377049172245493532968330000223018151722657578752405883
224908582128008974790932610076257877042865600699617621217684547899
644070506624171021332748679623743022915535820078014116534806564748
823061500339206898379476625503654982280532966286211793062843017049
240230198571997894883689718304380518217441914766042975243725168343
541121703863137941142209529588579806015293875275379903093887168357
209576071522190027937929278630363726876582268124199338480816602160
372215471014300737753779269906958712128928801905203160128586182549
441335382078488346531163265040764242839087012101519423196165226842
200371123046430067344206474771802135307012409886035339915266792387
110170622186588357378121093517977560442563469499978725112544085452
227481091487430725986960204027594117894258128188215995235965897918
114407765335432175759525553615812800116384672031934650729680799079
396371496177431211940202129757312516525376801735910155733815377200
195244454362007184847566341540744232862106099761324348754884743453
966598133871746609302053507027195298394327142537115576660002578442
303107342955153394506048622276496668762407932435319299263925373107
689213535257232108088981933916866827894828117047262450194840970097
576092098372409007471797334078814182519584259809624174761013825264
395513525931188504563626418830033853965243599741693132289471987830
842760040136807470390409723847394583489618653979059411859931035616
843686921948538205578039577388136067954990008512325944252972448666
676683464140218991594456530942344065066785194841776677947047204195
882204329538032631053749488312218039127967844610013972675389219511
911783658766252808369005324900459741094706877291232821430463533728
351995364827432583311914445901780960778288358373011185754365995898
272453192531058811502630754257149394302445393187017992360816661130
542625399583389794297160207033876781503301028012009599725222228080
142357109476035192554443492998676781789104555906301595380976187592
035893734197896235893112598390259831026719330418921510968915622506
965911982832345550305908173073519550372166587028805399213857603703
537710517802128012956684198414036287272562321442875430221090947272
107347413497551419073704331827662617727599688882602722524713368335
345281669277959132886138176634985772893690096574956228710302436259
077241221909430087175569262575806570991201665962243608024287002454
736203639484125595488172727247365346778364720191830399871762703751
572464992228946793232269361917764161461879561395669956778306829031
658969943076733350823499079062410020250613405734430069574547468217
569044165154063658468046369262127421107539904218871612761778701425
886482577522388918459952337629237791558574454947736129552595222657
863646211837759847370034797140820699414558071908021359073226923310
083175951065901912129479540860364075735875020589020870457967000705

526250581142066390745921527330940682364944159089100922029668052332
526619891131184201629163107689408472356436680818216865721968826835
840278550078280404345371018365109695178233574303050485265373807353
107418591770561039739506264035544227515610110726177937063472380499
066692216197119425912044508464174638358993823994651739550900085947
999013602667426149429006646711506717542217703877450767356374215478
290591101261915755587023895700140511782264698994491790830179547587
676016809410013583761357859135692445564776446417866711539195135769
610486492249008344671548638305447791433009768048687834818467273375
843689272431044740680768527862558516509208826381323362314873333671
476452045087662761495038994950480956046098960432912335834885999029
452640028499428087862403981181488476730121675416110662999555366819
312328742570206373835202008686369131173346973174121915363324674532
563087134730279217495622701468732586789173455837996435135880095935
087755635624881049385299900767513551352779241242927748856588856651
324730251471021057535251651181485090275047684551825209633189906852
761443513821366215236889057878669943228881602837748203550601602989
400911971385017987168363374413927597364401700701476370665570350433
812111357641501845182141361982349515960106475271257593518530433287
553778305750956742544268471221961870917856078393614451138333564910
325640573389866717812397223751931643061701385953947436784339267098
671245221118969084023632741149660124348309892994173803058841716661
307304006758838043211155537944060549772170594282151488616567277124
090338772774562909711013488518437411869565544974573684521806698291
104505800429988795389902780438359628240942186055628778842880212755
388480372864001944161425749990427200959520465417059810498996750451
193647117277222043610261407975080968697517660023718774834801612031
023468056711264476612374762785219024120256994353471622666089367521
983311181351114650385489502512065577263614547360442685949807439693
233129712737715734709971395229118265348515558713733662912024271430
250376326950135091161295299378586468130722648600827088133353819370
368259886789332123832705329762585738279009782646054559855513183668
884462826513379849166783940976135376625179825824966345877195012438
404035914084920973375464247448817618407002356958017741017769692507
781489338667255789856458985105689196092439884156928069698335224022
563457049731224526935419383700484318335719651662672157552419340193
309901831930919658292096965624766768365964701959575473934551433741
370876151732367720422738567427917069820454995309591887243493952409
444167899884631984550485239366297207977745281439941825678945779571
255242682608994086331737153889626288962940211210888442737656862452
761213037101730078513571540453304150795944777614359743780374243664
697324713841049212431413890357909241603640631403814983148190525172
093710396402680899483257229795456404270175772290417323479607361878
788991331830584306939482596131871381642346721873084513387721908697
510494284376932502498165667381626061594176825250999374167288395174
406693254965340310145222531618900923537648637848288134420987004809
622717122640748957193900291857330746010436072919094576799461492929
042798168772942648772995285843464777538690695014898413392454039414
468026362540211861431703125111757764282991464453340892097696169909
837265236176874560589470496817013697490952307208268288789073019001
825342580534342170592871393173799314241085264739094828459641809361
413847583113613057610846236683723769591349261582451622155213487924
414504175684806412063652017038633012953277769902311864802006755690
568229501635493199230591424639621702532974757311409422018019936803
502649563695586642590676268568737211033915679383989576556519317788
300024161353956243777784080174881937309502069990089089932808839743
036773659552489130015663329407790713961546453408879151030065132193
448667324827590794680787981942501958262232039513125201410996053126
069655540424867054998678692302174698900954785072567297879476988883
109348746442640071818316033165551153427615562240547447337804924621

4952133258527698847336269182649174338987824789278468918828054669998
2303689939783413747587025805716349413568433929396068192061773331 79
1738208562436433635359863494496890781064019674074436583667071586 92
4521182997893804077137501290858646578905771426833582768978554717 68
7184427726120509266486102051535642840632368481807287940717127966 82
0060727559555904040233178749447346454760628189541512139162918444 29
7651066947969354016866010055196077687335396511614930937570968554 55
9381513789569039251014953265628147011998326992200066392875374713 13
5236421589265126204072887716578358405219646054105435443642166562 24
4565042999010256586927279142752931172082793937751326106052881235 37
3451068372939893580871243869385934389175713376300720319760816604 46
4683937725806909237297523486702916910426369262090199605204121024 07
7648190316014085863558427609537086558164273995349346546314504040 19
9528537252004957805254656251154109252437991326262713609099402902 26
2062836752132305065183934057450112099341464918433323646569371725 91
4489324159006242020612885732926133596808726500045628284557574596 59
2120530341310111827501306961509835515632004310784601906565493806 54
2525229161991819959602752327702249855738824899882707465936355768 58
2560518068964285376850772012220347920993936179268206590142165615 92
5306737944568949070853263568196831861772268249911472615732035807 64
6298116244013316737892788689229032593349861797021994981925739617 67
3075834417098559222170171825712777534491508205278430904619460835 21
7402005838672849709411023266953921445461066215006410674740207009 18
9911951376466904481267253691537162290791385403937560077835153374 16
7747942100384002308951850994548779039346122220865060160500351776 26
4831611153325587705073541279249909859373473787081194253055121436 97
9749914951860535920403830235716352727630874693219622190064260886 18
3676103346002255477477813641012691906569686495012688376296907233 96
1276287223041141813610060264044030035996988919945827397624114613 74
4804059697062576764723766065541618574690527229238228275186799156 98
3390747671146103022776606020061246876477728819096791613354019881 40
2757992174167678799231603963569492851513633647219540611171767387 37
2555728522940054361785176502307544693869307873499110352182532929 72
6044553210797887711449898870911511237250604238753734841257086064 06
9052058452122754533848008205302450456517669518576913200042816758 05
4924811780519832646032445792829730129105318385636821206215531288 66
8564956512613892261367064093953334570526986959692350353094224543 86
5278677673027540402702246384483553239914751363441044050092330361 27
1496081355490531539021002299595756583705381261965683144286057956 69
6622154721695620870013727768536960840704833325132793112232507148 63
0206951245395003735723346807094656483089209801534878705633491092 36
6057554050864111521441481434630437273271045027768661953107858323 33
4857840297160925215326092558932655600672124359464255065996771770 38
8445396181632879614460817789272171836908880126778207430106422524 63
4807454300476492885553409062185153654355474125476152769772667769 77
2777058315801412185688011705028365275543214803488004442979998062 15
7904564161957212784508928489806426497427090579129069217807298769 47
7975112447305991406050629946894280931034216416629935614828130998 87
0745292716048433630818404126469637925843094185442216359084576146 07
8558562473814931427078266215185541603870206876980461747400808324 34
3665382354555109449498431093494759944672673665352517662706772194 18
3191977196378015702169933675083760057163454643671776723387588643 40
5644871566964321041282595645349841388412890420682047007615596916 84
3038999348366793542549210328113363184722592305554383058206941675 62
9992013373175489122037230349072681068534454035993561823576312837 76
7640631013125335212141994611869350833176587852047112364331226765 12
9964171325217513553261867681942338790365468908001827135283584888 44
4111761234101179918709236507184857856221021104009776994453121795 02
2479578069506532965940383987369907240797679040826794007618729547 83
5963492793904576973661643405359792219285870574957481696694062334 27

261973351813662606373598257555249650980726012366828360592834185584
802695841377255897088378994291054980033111388460340193916612218669
605849157148573356828614950001909759112521880039641976216355937574
371801148055944229873041819680808564726571354761283162920044988031
540210553059707666636274932830891688093235929008178741198573831719
261672883491840242972129043496552694272640255964146352591434840067
586769035038232057293413298159353304444649682944136732344215838076
169483121933311981906109614295220153617029857510559432646146850545
268497576480780800922133581137819774927176854507553832876887447459
159373116247060109124460982942484128752022446259447763874949199784
044682925736096853454984326653686284448936570411181779380644161653
122360021491876876946739840751717630751684985635920148689294310594
020245796962292456664488196757629434953532638217161339575779076637
076456957025973880043841580589433613710655185998760075492418721171
488929522173772114608115434498266547987258005667472405112200738345
927157572771521858994694811794064446639943237004429114074721818022
482583773601734668530074498556471542003612359339731291445859152288
740871950870863221883728826282288463184371726190330577714765156414
382230679184738603914768310814135827575585364359772165002827780371
342286968878734979509603110889919614338666406845069742078770028050
936720338723262963785603865321643234881555755701846908907464787912
243637555666867806761054495501726079114293083128576125448194444947
324481909379536900820638463167822506480953181040657025432760438570
350592281891987806586541218429921727372095510324225107971807783304
260908679427342895573555925272380551144043800123904168771644518022
649168164192740110645162243110170005669112173318942340054795968466
980429801736257040673328212996215368488140410219446342464622074557
564396045298531307140908460849965376780379320189914086581466217531
933766597011433060862500982956691763884605676297293146491149370462
446935198403953444913514119366793330193661766365255514917498230798
707228086085962611266050428929696653565251668888557211227680277274
370891738963977225756489053340103885593112567999151658902501648696
142720700591605616615970245198905183296927893555030393468121976158
218398048396056252309146263844738629603984892438618729850777592879
272206855480721049781765328621018747676689724884113956034948037672
703631692100735083407386526168450748249644859742813493648037242611
670426687083192504099761531907685577032742178501000644198412420739
640013960360158381056592841368457411910273642027416372348821452410
134771652960312840865841978795111651152982781462037913985500639996
032659124852530849369031313010079997719136223086601109992914287124
938854161203802041134018888721969347790449752745428807280350930582
875442075513481666092787935356652125562013998824962847872621443236
285367650259145046837763528258765213915648097214192967554938437558
260025316853635673137926247587804944594418342917275698837622626184
636545274349766241113845130548144983631178978448973207671950878415
861887969295581973325069995140260151167552975057543781024223895792
578656212843273120220071673057406928686936393018676595825132649914
595026091706934751940897535746401683081179884645247361895605647942
635807056256328118926966302647953595109712765913623318086692153578
860781275991053717140220450618607537486630635059148391646765672320
571451688617079098469593223672494673758309960704258922048155079913
275208858378111768521426933478692189524062265792104362034885292626
798401395321645879115157905046057971083898337186403802441751134722
647254701079479399695355466961972676325522991465493349966323418595
145036098034409221220671256769872342794070885707047429317332918852
389672197135392449242617864118863779096281448691786946817759171715
066911148002075943201206196963779510322708902956608556222545260261
046073613136886900928172106819861855378098201847115416363032626569
928342415502360097804641710852553761272890533504550613568414377585
442967797701466029438768722511536380119175815402812081825560648541

0787933598921064427244898618961629413418001295130683638609294100083
3136673372153008352696235737175330738653338204842190308186449184093
3723944033405244909554558016406460761581010301767488475017661908692
9460987692016912021816882910408707095609514704169211470274133900522
5334083481287035303102391969997859741390859360543359969707560446
013424245368249609877258131102473279856207212657249900346829388687
2304895562253204463602639854225258416464324271611419817802482595563
544907219226583863662663750835944314877635156145710745528016159677
048442714194435183275698407552677926411261765250615965235457187956
6731709133193587616282559207830801852068901515047133403861003100559
148178521103847545429333891884441205179439699701941126951195265649
195941899754183932346474242907027188752235343936736336632003072327
470374071239825620246626519740901997624520561985576257600087081730
832883443818310700545144935458854226785785519153722923795554943334
101744201696000906964156127322977702212179518683763590822551288164
700219923488640439591530184640047143211863606225270115411222838027
785389110984902013427410141215597699654388771974853764311582298385
331230717511329619045590079380642766958190148426279912217929479873
489018684716765038273285520590829845298062592503521284519259279865
935061329619467962523739725655841578537445675589980324054921869628
884903325608514553443916602262577755129162007727968526293879375304
541810807292858919897153817973434961872329276147478501926114504132
748732429705834084711123337462746172746265824153242710593225062553
023147387592517247873228814914559156050363345754242337791603749525
024930223514819613811625639114156103268449580725082734317659440540
982697652693445798634797097431244982719331138638731596363612186234
972614095560799206283169994200720548115253533939460768500199098865
538614334957816500899616490796781429011483876456821749140756237676
184537751440314754112067601607264605568592577993220703373333989163
695043466906948284366299800374145276277165476238255461708831898108
688068478537055364804693509588180253605297407935386765111950793732
820831462689600710751755206144337841145499501364324463281933463890
509365457145069008644834401804283633905135781572739733345372842633
721740657757710798305175557210367959769018899584941301959995730179
012401939086813565855396619413717944876320798688003716073032205474
235722668968018821234243918859841689722776521940324932273147936692
340048489760590379580946960417542796137825537812239476461478329269
765451622902817011004378460387565441517394339600489153188175766505
009516974024156447712936566142539493688842305174001299205568542898
538979426699567770270891465137368922061044154816621568042198384767
308717875902792091759006952734566820265133731115180001814341209626
016586298210766635233617740078377834237091526440630540718078433580
610729611055500204151316963730468492133568372654003075098290893646
120478911147530370498939528334578240828173864413227100029683119402
033234564208264732762338302946393789983758365545599193408662350909
679611340048670271231765266637107787251118603540375544874186935197
336566217723592293967764632515620234875701137957120962377234313702
120310049651521119760131764194082034373485128526029133349151250831
198028501778557107253731491392157091051309650598859999315608636554
774035518981667335358800482146650997414337611827777233519107412175
728415925808725913150746060256349037772633739144613770380213183474
473011130326702969173350477016321066162278300272692833655840117914
194478087482533607144032962522857750098085996090409363126356213281
620714534061042241120830100085872642521122624801426475194261843258
533867538740547434910727100497542811594660171361225904401589916002
298278017960351940800465135347526987776095278399843680869089891978
396935321799801391354425527179102253970108106321430485113782914985
113819691430434975001899806816444121232733283071928243624067331965
546926778511931527751134464689055042481133614349846048490512583456
83266441528489713972376040328212660253516693914082049947320486

1627759791771234751097502403078935759937715095021751693555827072533
3911892334070223832077585802137174778378778391015234132098489423 45
9613692340497998279304144463162707214796117456975719681239291913 74
0982925805561955207434243295982898980529233366415419256367380689 49
4201471241340525072204061794355252555225008748790086568314542835 16
7750542294803274783044056438581591952666758282929705226127628711 04
0134801787224801789684052407924360582742467443076721645270313451 35
4167649668901274786801010295133862698649748212118629040337691568 57
6240699296372493097201628707200189835423690364149270236961938547 37
2480329855045112089192879829874467864129159417531675602533435310 62
6745254507114181483239880607297140234725520713490798398982355268 72
3950909365667878992383712578976248755990443228895388377317348941 12
2757071410959790047919301046740750411435381782464630795989555638 99
1884773781341347070246747362112048986226991888517456251732519341 35
2038115863350123913054441910073628447567514161050410973505852762 04
4489190978901984315485280533985777844313933883994310444465669244 55
0885946314081751220331390681596592510546858013133838152176418210 43
3429788826119630443111388796258746090226130900849975430395771243 23
0616906262919403921439740270894777663702488155499322458825979020 63
1257436910946393252806241642476868495455324938017639371615636847 85
9823715902385421265840615367228607131702674740131145261063765383 39
0315921943469817605358380310612887852051546933639241088467632009 56
7089718367490578163085158138161966882222047570437590614338040725 85
3862083565176998426774523195824182683698270160237414938363496629 35
1576854061397342746470899685618170160551104880971554859118617189 66
8025973541705423985135560018720335079060946421271143993196046527 42
4050882225359773481519135438571253258540493946010865793798058620 14
3366078825219717809025817370870916460452727977153509910340736425 02
0386386718220522879694458387652947951048660717390229327455426785 66
9776865939923416834122274663015062155320502655341460995249356050 85
4921756549134830958906536175693817637473644183378974229700703545 20
6663170929607591989627732423090252397443861014263098687733913882 51
8684316501027964911497737582888913450341148865948670215492101084 32
8080783428089417298008983297536940644969903125399863919581601468 99
5220880662285408414864274786281975546629278814621607171381880180 84
0572084715868906836919393381864278454537956719272397972364651667 59
2011057995663962598535512763558768140213409829016296873429850792 47
1846056874828331381259161962476156902875901072733103299140623864 60
8333378638257926302391590003557609032477281338887339178096966601 46
9615031754226751125993315529674213336300222964906480934582008181 06
1802100227664580400278213336758573019011371754672763059044353131 31
9036092489097246427928455549913490005180295707082919052556781889 91
3899625138662319380053611346224294610248954072404857123256628888 93
1722116432947816190554868054943441034090680716088028227959686950 13
3643814268252170472870863010137301155236861416908375675747637239 76
3185757038109443390564564468524183028148107998376918512127201935 04
4041804604721626939445788377090105974693219720558114078775989772 07
2009689382249303236830515862657281114637996983137517937623215111 25
2349734305240622105244234353732905655163406669506165892878218707 75
6794176080712973781335187117931650033155523822487730653444179453 41
5395202424449703410120874072188109388268167512042299404948179449 47
2732894770111574139441228455521828424922240658752689172272780607 11
6754046973008037039618787796694882555614674384392570115829546661 35
8678671897661297311267200072971553613027503556167817765442287442 11
4729881614802705243806817653573275578602505847084013208837932816 00
8769081300492491473682517035382219619039014999523495387105997351 14
3478292339499187936608692301375596368532373806703591144243268561 51
2109404259582639301678017128669239283231057658851714020211196957 06
4799814031505633045141564414623163763809904402816256917576489142 56
9714163598439317433270237812336938043012892626375382667795034169 33

432360750024817574180875038847509493945489620974048544263563716499
594992098088429479036366629752600324385635294584472894454716620929
749549661687741412088213047702281611645604400723635158114972973921
896673738264720472264222124201656015028497130633279581430251601369
482556701478093579088965713492615816134690180696508955631012121849
180584792272069187169631633004485802010286065785859126997463766174
146393415956953955420331462802651895116793807457331575984608617370
268786760294367778050024467339133243166988035407323238828184750105
164133118953703648842269027047805274249060349208295475505400345716
018407257453693814553117535421072655783561549987444748042732345788
006187314934156604635297977945507535930479568720931672453654720838
168585560604380197703076424608348987610134570939487700294617579206
195254925575710903852517148852526567104534981341980339064152987634
369542025608027761442191431892139390883454313176968510184010384447
234894886952098194353190650655535461733581404554483788475252625394
966586999205841765278012534103389646981864243003414679138061902805
960785488801078970551694621522877309010446746249797999262712095168
477956848258334140226647721084336243759374161053673404195473896419
789542533503630186140095153476696147625565187382329246854735693580
289601153679178730355315937836308224861517777054157757656175935851
201669294311113886358215966761883032610416465171484697938542262168
716140012237821377977413126897726671299202592201740877007695628347
393220108815935628628192856357189338495885060385315817976067947984
087836097596014973342057270460352179060564760328556927627349518220
323614411258418242624771201203577638889597431823282787131460805353
357449429762179678903456816988955351850447832561638070947695169908
624710001974880920500952194363237871976487033922381154036347548862
684595615975519376541011501406700122692747439388858994385973024541
480106123590803627458528849356325158538438324249325266608758890831
870070910023737710657698505643392885433765834259675065371500533351
448990829388773735205145933304962653141514138612443793588507094468
804548697535817021290849078734780681436632332281941582734567135644
317153796781805819585246484008403290998194378171817730231700398973
305049538735611626102399943325978012689343260558471027876490107092
344388463401173555686590358524491937018104162620850429925869743581
7098133894045934471937493877624232409852832762226660494238512970945
324558625210360082928664972417491914198896612955807677097959479530
601311915901177394310420904907942444886851308684449370590902600612
064942574471035354765785924270813041061854621988183009063458818703
875585627491158737542106466795134648758677154383801852134828191581
246259933516019893559516796893285220582479942103451271587716334522
299541883968044883552975336128683722593539007920166694133909116875
880398882886921600237325736158820716351627133281051818760210485218
067552664867390890090719513805862673512431221569163790227732870541
084203784152568328871804698795251307326634027851905941733892035854
039567703561132935448258562828761061069822972142096199350933131217
118789107876687204454887608941017479864713788246215395593333327556
200943958043453791978228059039595992743691379377866494096404877784
174833643268402628293240626008190808180439091455635193685606304508
914228964521998779884934747772913279726602765840166789013649050874
114212686196986204412696528298108704547986155954533802120115564697
997678573892018624359932677768945406050821883822790983362716712449
002676117849826437703300208184459000971723520433199470824209877151
444975101705564302954282181967000920251561584417420593365814813490
269311151709387226002645863056132560579256092733226557934628080568
344392137368840565043430739657406101777937014142461549307074136080
544210029560009566358897789926763051771878194370676149821756418659
011616086540863539151303920131680576903417259645369235080641744656
235152392905040947995318407486215121056183385456617665260639371365
880252166622357613220194170137266496607325201077194793126528276330

241380516490717456596485374835466919452358031530196916048099460681
490403781982973236093008713576079862142542209641900436790547904993
007837242158195453541837112936865843055384271762803527912882112930
835157565659994474178843838156514843422985870424559243469329523282
180350833372628379183021659183618155421715744846577842013432998259
456688455826617197901218084948033244878725818377480552226815101137
174536841787028027445244290547451823467491956418855124442133778352
142386597992598820328708510933838682990657199461490629025742768603
885051103263854454041918495886653854504057132362968106914681484786
965916686184275679846004186876229805556296304595322792305161672159
196867584952363529893578850774608153732145464298479231051167635774
949462295256949766035947396243099534331040499420967788382700271447
849406903707324910644415169605325656058677875741747211082743577431
519406075798356362914332639781221894628744779811980722564671466405
485013100965678631488009030374933887536418316513498254669467331611
812336485439764932502617954935720430540218297487125110740401161140
589991109306249231281311634054926257135672181862893278613883371802
853505650359195274140086951092616754147679266803210923746708721360
627833292238641361959412133927803611827632410600474097111104814000
362334271451448333464167546635469973149475664342365949349684588455
152415075637660508663282742479413606287604129064491382851945640264
315322585862404314183866959063324506300039221319264762596269151090
445769530144405461803785750303668621246227863975274666787012100339
298487337501447560032210062235802934377495503203701273846816306102
657030087227546296679688089058712767636106622572235222973920644309
352432722810085997309513252863060110549791564479184500461804676240
892892568091293059296064235702106152464620502324896659398732493396
737695202399176089847457184353193664652912584806448019652016283879
518949933675924148562613699594530728725453246329152911012876377060
557060953137752775186792329213495524513308986796916512907384130216
757323863757582008036357572800275449032795307990079944254110872569
318801466793559583467643286887696661009739574996783659339784634695
994895061049038364740950469522606385804675807306991229047408987916
687211714752764471160440195271816950828973353714853092893704638442
089329977112585684084660833993404568902678751600877546126798801546
585652206121095349079670736553970257619943137663996060606110640695
933082817187642604357342536175694378484849525010826648839515970049
059838081210522111109194332395113605144645983421079905808209371646
452312770402316007213854372346126726099787038565709199850759563461
324846018840985019428768790226873455650051912154654406382925385127
631766392205093834520430077301702994036261543400132276391091298832
786392041230044555168405488980908077917463609243933491264116424009
388074635660726233669584276458369826873481588196105857183576746200
965052606592926354829149904576830721089324585707370166071739819448
502884260396366074603118478622583105658087087030556759586134170074
540296568763477417643105175103673286924555858208237203860178173940
517513043799486882232004437804310317092103426167499800007301609481
458637448877852227307633049538394434538277060876076354209844500830
624763025357278103278346176697054428715531534001649707665719598504
174819908720149087568603778359199471934335277294728553792578768483
230110185936580071729118696761765505377503029303383070644891281141
202550615089641100762382457448865518258105814034532012475472326908
754750707857765973254284445935304499207001453874894822655644222369
636554419422544133821222547749753549462482768053336983284156138669
236344335855386847111143049824839899180316545863828935379913053522
283343013795337295401625762322808113849949187614414132293376710656
349252881452823950620902235787668465011666009738275366040544694165
342223905210831458584703552935221992827276057482126606529138553034
554974455147034493948686342945965843102419078592368022456076393678
416627051855517870290407355730462063969245330779578224594971042018

8043000183881429008173039450507342787013124466860092778581811040911
1511729374873627887874907465285565434748886831064110051023020875101
7768918781525622735251550379532444857787277617001964853703555167651
5209119339343762866284619844026295252183678522367475108809781507091
8978413086245881522660963551401874495836926917799047120726494905731
7264286005211403581231076006699518536124862746756375896225299116491
6066876508261734178484789337295056739007878617925351440621045366251
0640463728815698232317500596261080921955211150859302955654967538861
2612972339914628358476048627627027309739202001432248707582337354911
5246085608210328882974183906478869923273691360048837436615223517051
8437705545210815513361262142911815615301758882573594892507108879261
2128641392443309383797333867806131795237315266773820858024701433521
7009243803266951742119507670884326346442749127558907746863582162161
6042741315170212458586056233631493164646913946562497471741958354211
8607748711057338458433689939645913740603382159352243594751626239181
8685307822821763983237306180204246560477527943104796189724299533021
9792497481684052893791044947004590864991872727345413508101983881861
4673609392571930511968645601855782450218231065889437986522432050671
7379966196955472440585922417953006820451795370043472451762893566771
0508490213107736625751697335527462302943031203596260953423574397241
9659211010657817826108745318874803187430823573699195156340957162701
0992444929749105489851519658664740148225106335367949737142510229341
1882585117371994499115097583746130105505064197721531929354875371191
1630262030328588658528480193509225875775597425276584011721342323641
8084027143356367542046375182555252494432965704386138786590196573881
2868401894087672816714137033661732650120578653915780703088714261511
9075001492576112927675193096728453971160213606303090542243966320671
4323582797889332324405779199278484633339777737655901870574806828671
8347965624146102899508487399692970750432753029972872297327934442981
8646412725348160603779707298299173029296308695801996312413304939351
0493325412355071054461182591141116454534710329881047844067780138071
7131465400099386306481266614330858206811395838319169545558259426891
5769841428893743467084107946318932539106963955780706021245974898291
3564613560788983472419979478564362042094613412387613198865352358311
2996862268948608408456655606876954501274486631405054735351746873001
9806322780468912246821460806727627708402402266155485024008952891651
7117617439020337584877842911289623247059191874691042005848326140671
7333751027195653994697162517248312230633919328707983800748485726511
6123434933273356664473358556430235280883924348278760886164943289391
9166399210488307847777048045728491456303353265070029588906265915491
8509407972767567129795010098229476228961891591441520032283878773481
5130979081019129267227103778898053964156362364169154985768408398461
8861684375407065121039062506128107663799047908879674778069738473171
0475253442156390387201238806323688037017949308954900776331523063541
8374256816653361606641980030188287123767481898330246836371488309251
9283375902278942588060087286038859168849730693948020511221766359131
8251524278670094406942355120201568377778851824670025651708509249621
3747726813694284350062938814429987905301056217375459182679973217731
5029368928065210025396268807498092643458011655715886700443503976501
5323478287327368840863540002740676783821963522226539290939807367391
1364082898722017776747168118195856133721583119054682936083236976111
3450281757830202934845982925000895682630271263295866292147653142231
3351793093387951357095346377183684092444422096319331295620305575511
7340067973740614162107923633423805646850092037167152642556371853881
9571416419772387422610596667396997173168169415435095283193556417701
5668622215217991151355639707143312893657553844648326201206424338011
6955862698561022460646069330793847858814367407000599769703649019271
3328826135329363112403650698652160638987250267238087403396744397831
0258296894256896741864336134979475245526291426522842419243083388101
3580053787023999542172113686550275341362211693140694669513186928101

257479598560514500502171591331775160995786555198188619321128211070
944228724044248115340605589595835581523201218460582056359269930347
885113206862662758877144603599665610843072569650056306448918759946
659677284717153957361210818084154727314266174893313417463266235422
207260014601270120693463952056444554329166298666078308906811879009
081529506362678207561438881578135113469536630387841209234694286873
083932043233387277549680521030282154432472338884521534372725012858
974769146080831440412586818154004918777228786980185345453700652665
564917091542952275670922221747411206272065662298980603289167206874
365494824610869736722554740481288924247185432360575341167285075755
205713115669795458488739874222813588798584078313506054829055148278
529489112190538319562422871948475940785939804790109419407067176443
903273071213588738504999363883820550168340277749607027684488028191
222063688863681104356952930065219552826152699127163727738841899328
713056346468822739828876319864570983630891778648708667618548568004
767255267541474285102814580740315299219781455775684368111018531749
816701642664788409026268282444825802753209454991510451851771654631
180490456798571325752811791365627815811128881656228587603087597496
384943527567661216895926148503078536204527450775295063101248034180
458405943292607985443562009370809182152392037179067812199228049606
973823874331262673030679594396095495718957721791559730058869364684
557667609245090608820221223571925453671519183487258742391941089044
411595993276004450655620646116465566548759424736925233695599303035
509581762617623184956190649483967300203776387436934399982943020914
707361894793269276244518656023955905370512897816345542332011497599
489627842432748378803270141867695262118097500640514975588965029300
486760520801049153788541390942453169171998762894127722112946456829
486028149318156024967788794981377721622935943781100444806079767242
927624951078415344642915084276452000204276947069804177583220909702
029165734725158290463091035903784297757265172087724474095226716630
600546971638794317119687348468873818665675127929857501636341131462
753049901913564682380432997069577015078933772865803571279091376742
080565549362464641260024379684543777339026472512819416320076848736
251764065967540693621758879307855916478777274739272002910342949562
447661308200729250734529170764226621047673037863169954237455117456
522022783324096803524667663190861011206745856287317413511162292078
865132941244815471628182079877168346341322362234117788231027659825
109358892359162055108763298087993165172528938001237817434896832151
590562493347370206832232100118637395770567473867102173212375224325
241626358034376253606808669163571594551527817803921774322823436633
772811186390511893075901666650742952758384008544635419317190531363
659724905158409106582201814734799022359067138146905116051922301269
482316113417439944714833040862484269139502336713412425123864026657
258130943967621939655407386524229897879782198637918299709557924747
320303239116410445906907977862315518349593035305923789817515891457
650408025109479123421758482841881950138546165680301755035580054944
894884871351605375593402345748979516602442338321406030095937105588
457052515704266284600354402823678768550982678161765520375795655481
677896038927498355608791541177749423573400764161093294003899982199
267257086957326068774974224802023307525187650255968420760693229988
587579898896460744381788170081548895226516722834045277219106991415
764639485231126794730865803195076455197675628957428881796812090026
387145257858315277615109088631740243695680567873015235427804793414
266495223833707117511265375503942372098784668049139473446530714079
622597287130503077258714875570502582573466866613802351426056116197
405543436548698005444879295970287590352258409782683598666446586045
694241390729095266249932902973440568160683805726626057277088407073
471496060064561454070734432782514087474275506722304845357006092214
390002992981608211717047917614505191008132670375214930740567853311
106058352912781007391749949197845112915913681107394055175208019630

539350740248509553772500367054665162330430425087442324262404632115
078997336929985407041656261041976700202415094892411856092409637604
429612002364590706449770627207919019235964807048923636979860198283
087284228564752353162882791324295524814447505521909672046080689545
181712204930321853740627247421519740305769043602686360780792004776
232429551829473522027244376339027721392087767065716241639751785859
254426923428535274328856336850789651962072519416556061870370550218
462845434257850383000095374518292958440464918838685793483961151297
160581665745096703677495836666693121881763679644943617130416037243
050658485131749264055855194018005180908475211868224616976149243238
319486434415908558011073070311201502243416073157929528752936835820
397003389112114170685219366589789459503154389589015303827143001929
589074149943592894083097077078362875914484037045038618966975811201
852319231868659968038583812370329156207578835948780941688205531605
128190152647592807574958154564221341459378167056992868299895611982
353837157880480478704584175394665497690173220310890070303362911767
308448450372145669644401469545173857434157810158618783839278552609
399130570255575559060947051498093487773320072797573038245989466809
680822221348485873822999281794090825665209581655472475244566743697
594474686376332428904269776106791933910983300422310293728298798903
209391092682836306173610173878123679898645149311702437128285882630
486298884492207415640607147059137405524665756971870217355287245439
427714809179364437650637861861324348635797411258520863459927803688
792498354363298457687650165065115345008695721239507544785683173631
557153527046524235259737513408825461609661440746675514226836031959
801072152463551069171871335731685485631280857834435623670959650949
946968820661185118086034202821331801249410991502601435450017432730
793625113070298250499417994284451146479329154599555909587807621636
668591791065435966065253525320273650725989121255686842802077246487
722010996631829559552903393312284364864475973560859840760947298389
542433932623153239918981852264180831296333546356874828863465618504
810632288805596737844562000941465603499280879405115310057587129552
571964111506850340773710604380371259575596985949362058477512026354
947347534748189262254190352671614429284899857536740692165271630086
060654373736823556588626486343689153218095572204456777137368310458
075584529612832832606319629728527966674362974800821318627921869044
284342630735760703999669430789508147269730253817375694922751795354
326156912040594832860949992366412287881226419148504856328072066418
557059520375030322916894489427578306090910852410601400683274205583
969773823150734996108758763704255564964086855071942256344966732430
656259250474581762733281816017019698166542426378763601453035946538
450325476674999737340835665138186025156520283637389171016545414882
674448009105704186162626837971120886141357279611099088292970229692
128180978798951391504270936786444983196420134566833908775943006442
485623012124614511697921939634409508083229281294270436599146482749
984375942113020418297308417178813090379558545603247170819195302771
465794555475544754284434408139388908609776017857389307518661906505
018077165001840744325854024184360501118242990702323417243674525365
349594799063334540754371812699399833719218485418735979845348934592
268515068182662490078029335012658824974226241885352526636702827662
499349829488748331061764208429016923052899608978604130065109028179
805040587107671179041130217482796682353001960220253185576789843317
586806378359968791601538922220236575765581586611409199394861599209
159917553341783033347643131635012705390697079326567812415906434284
721360235218236741214733124499944334155915274315931687477882533155
092770336202901222597794809855392200064527162280855398278906584233
447552821276517650572663267691141075034845871896996434875775138479
148183635100621466818585096348887081456976722020167991199462417776
688907917136865945960726468538810778783002161368276697026223459418
737476733537998884403427046803042551694127158739320398444374604547

8161130566251764127598211819396611018505628805559425660600323121116
180994622129301002470913347150682268430458680300904242861682025562
140946087900065191099495570815816505828983340739466084457565780636
690272843462018587328252924796505286681408503538519837523637451925
622795490290557907030283950104854835929834542814487304358047053315
081510503001521428117175393649133166172621235405527863308002083177
055630294963594201654333094094177196326234119387105161570101798053
551679370860291366756986097124120368583812957695307798141365700174
761356966986146068491439699573837631695824602513342108072621713601
943018087209888551415024163818325975259593165531865833117126857941
527206612218422661411825154657484878312610347834546749258308729985
447421206445095233245050877431496166555251797168020991720026409374
921907569936896330281391647208963581771735555848592706524504862516
419540550801343510323389813378302497701822754906381499964723334079
613041469739476372650869273347108415685608430921316240434629863920
841660055904598506491243505264766067600344441618186403670083774114
101094320588955598658670077863671896944089622321374034113597199133
135946553685446692367652589012108413777432482191812747847892287264
892970032371873456157981599834839100412601050746964599430331978810
634913923812490503061433407918328004063907098672596197098311265960
147473725330526853717742146554005873924623727617364905198713368067
723952570781360686683261395014329509474851594724667527201684316586
608807512768584755541184381169011622005552113484488960668259227431
319007963011587084670117654935393046563356225311244727796669005831
190616101972663073970542531439818457379449486780134618217875939076
999602029083965677287846905736401564015047696448993947541474608339
918696889271156942345492651246645507792554028105037622035967530558
601856492056062879090769453339208808849477828894851122154743230191
383245562993881020614490266876010207753210915684977830740859649857
967152617010039475494539917698791323546550106407355816999409756248
149967443278429202762644189793918158394562708173301582160225519659
898769376164019861207466755048861110855726764507052622446130222335
852072273620485057289238815884938754535229186399714380884061757286
220950122506515863104258884134355431973729856217753072022629475552
483044445340434888878581170341345342522354319407877972846760181583
227097745180929342193189815812482832658950040704855206099893783900
341914163044639163880549658786501375046341695655156618298878630705
842306967660254053024811471007899784211830489010464056896539702885
595530925558636052158957375114089564905844156774937105859648014315
874614491250549253191164653821585197370093280194530320572628452658
046046337816631429933076646646530760590548962888724189716060225882
617577539922055131509377200624863085562820493575752724995567089221
634233983602565328731029194007041176919220850015116735670101958971
001797019578120892910969417754369904368202563024054822625401905696
507710581574240721496339560365270283334407305750073674562260584649
886115101689612181119058471714461068719761017456587373796740697137
423238753839030317200200207205928488785123911746471673743737923283
881966201687622191346233893762599527025672138622112458980212130501
407288904300322535504095866818724139369938193069148744717186646183
111942603161664070377316487001864799600243044003242241809402278533
309011509880870678268835317200767522553138008818780431690190072804
831799287414125476123089606833095828377667688287578688683092976001
011974533898331952588619630132917094385816615374171794496319177154
312506959853481285684619377669894277459170918802520012749905559407
289696594793331672243621567896776966708035229039018485730806275670
867658627104769409203565593025352743418965927002227049233186829991
560936413757004988537304596396152734629396974951748062696451793018
719986788537581415975799314806608557232568374305282764175670050288
040489429899580948103534833934144927885925262192415547231997143385
086637320926632728243514933640704589683852345624744361175256766987

767597223439206357507471552918102762614012992480422883990297879925
418517499129630283990729635588579890593317795908769073905646025623
533567221552259468838298452882922966275137162422172954678670715840
924184084147557582539385240963302051349704740695399567897981727860
920462286839735779815111868152659884606949758965481314651150392626
377749513761557248195116119877250344564710738513435927355538712462
375598193813214238441581929070046389771683887207916361741432497079
109658162746429717072871725142745898356897095534626820169085356108
944898407100581920302176945120771774588795519510473384184739980796
306767885845167575729904306971542642383498009870869933670912108394
453506245922432312348278549660374657188014892937945147870540607924
575900601219622123928720017215588666345734971409533721151655985757
941724419889026167016101611557834315025460328781198424027484608510
722406676778760855247617773833089502610064388350550205456324346167
859451941795669874968515244883847513618180667108316165564209369270
520611898517292617141714434655508706306063551012949400309759167799
158426049197120954322702678432654296572403272088714321999645313202
587109677165128549669962552698607311763718207498827399770601991362
093083230736838206455732563765982912578131492224220427971241441629
951265945639792759380383804782623160424325399132851123032247037561
942321733047854078576244013291717992979240783390715757981426816864
655382946847399205888631655934919867896962840447344968024077092831
376408103352255242717404107673565424441004483347440101726441052954
787296345898640501203608024451190350994974493973617181575277093780
209236668135841636268319263406714182797421342546220705415600050959
674045616840451771747952790353254932589120483385746590096781730416
000521088934610768754004241977803082885181200173369559127137714195
011361304409753279190504891583246399143483531648681548579178632935
123925552510211182788573696060276931301469661433449642302114382483
705633532793858895267672076688971274435815632088106650149568143558
796576909857765902768707453659276364975553449617308078160987103248
013795136170367763457594975686208013996374551762425147780628722265
971455482906769295713643572152674468987889418820751292225756509143
552828874614195097862427527881571566400763721037803194043095844272
549269987169234331890022141503113998765260688761566740210197201719
602390861082974927639569541153032275460173870795625993579785302443
476716399591462317931239989986928437975702492369551587297683854005
227651495614447105971962889888157109415171701518114743513643854005
116246202131174800791983749700100471363432523281578911355450453371
905275068229156185003328469567926226208190442473340362503892792071
585960039363153368842724375366799698647934741133198328619441460653
922784099903143840354565047056789552024827176011874335643690243503
085631309559055250390492731613311734922584644609024535079190184411
299321699770451832853586480428556822208737213616490586303256368913
084103760215679927020005322355439804653119339775459044045078568021
398465009693429547310269249947586466058091669984160684646087293943
808274308285817479694172872990311013192675573897984091364253479694
943480377703364634958476862982590103470727861218623001986607987782
684245933835638919570206853521603211635230064988744600200170413056
985365154668752023859375183280372851143274811699683692849220447380
570633496618711240947835915869626858643589141359854253577688774932
743634514754488640868818030369652431755688300205860773256959716086
485415834468432489963077011371344675156930244885482077124133557732
306949458067267845235943631507872728157901573070033178796854436279
525719023623274614262868732738009497741122856237663214904653294072
026197539071740422259539242888164559796570030957141389106936845036
268231053986743753240052701534745893325679514941854537808827063457
295962169085383535370381418115573816378209032561519869745357646412
125498076005156141707298046994813593483150568116642793219335279822
714715767340186088721518799669350252700757556099719882863064285448

128275139280694702750148163289727314347348528529504604883271673978
981563678804780443602109007320727369749344630499731442571560433133
690387618100948873120713482710815889857483265854207510077953118326
861708037070935927614936782530858340482351003632166378957426202550
350116861543407379504516482896755698358935522020173679548075781909
502697981271148703431190363112246128295303820512870430929471974594
690821025634788995431771524379696211281224503426066399268852133079
196370277780448857920573046990800923440186638113252097123096476059
989947925759851008173039606822219975327301606582628527582576695078
547260349382981335825281786706085126560022688717811253597829337347
791412736284188656175920832879447410969703879854736984025458063294
835022359393543587480223989760916296250110473931169449100666907230
634693130169711820632535269244043840093724284428209709364856909468
920087371753252557030543539828727812301139808093867015474885803445
631871319602678548793893316205007675264112044390237583342724298699
654786368534102848857370254725502365663418680919038388670787907208
403619402164670121534837978151832826472578628815207101081499558980
338118961569441756761340717046538512170902123777884333649651872119
905407581877394397528364143953044245913903178813004188791887114553
148267469987055587931040240388884083850687341625071657274185134952
084963670955542450439483948045979156228282483787934152720362263369
561805556371076814888893619275742659935823559431530887933052767558
747512365065843969475604297192002319868024351719937868100361102312
568364256079597410574153628297180046497748573718378639037039015397
374911654685499716453941611216417610717145401765190565052520662277
883129045719693205990241375395983861982603205495839501675552509644
137118222561496014003023035407899209698677507867200038074267970530
307167932296015648622808518403352350170608589512912223246117830253
163628943946073652771336511631646446199099021224922412315168992767
855863736315526002503488487813233001910189399616702731416999626511
945742636761965002434737172729028462209798394871065982270009954918
877696188505432653211802219444282228425152556141187434018041946141
394514712872527592391255964437356833972896331267678234910356332961
294719101515714311579549093390326141191865475237624721531102079369
115848742205822747343201735585077122437969857965491580627950274097
716886114807616315161855306856692457171769220443668433127398933794
111629722451699985468562215702417594711769952916550211685500108985
761934639455908826270775311465775223884634351937653973498480245497
607602440308084489010683878697261237097835782451668011714859836794
055290461982621656691720274262854823933960018254599409254308169691
032978411234022885600190549342750223185294712829609693976813734197
704278121300147328677605719405969979275512461718434956985641712872
481183465420642318714551824152867630567513116267717735061751124546
338799426529127010578995671805721436557918350691777930704075732904
397494995822410623810514917650238504182730096620171750940590805408
957283755406355152219965820757351315707592361539863945921115586400
098809755261053838256899272158478504174606516151133788336097601211
484870055601658124924706825684427204547289630942030665044529864622
359422600855499158914995360649842803457949275700949795945060237877
501947062463239495495782308228306684081880252107663907423097372091
628533717680621644693543231791785530583317142084798863034084657264
269395570026857605753934788858709460058272323051910811751423491268
733658596079989173292891589600181509181633740080603547520005151175
102901229924870961545928026206076169827218102916731554892942374085
196743307916607849905578210193571366243599088361385980851615641747
694605478554008195353067080308969763045294686823321053287823743894
411568517627171163630940147990964945635459295013073900362682100732
637008235615069126964318335171625439030469898931426154426359511363
466057378654951244574752621678954703628904830484996804037722513431
937373441236618586944588064018584073147633792940386340435919419872

3552630156546080518686760680431608451284591604244132698791253856O2
9915996727876619519505317648831346932573668946443825581391084862O9
6637426745798313012223438725831244220330945714575414704792938758 58
2389977385152135237238955966431223564326262860114748908681715928 10
6687270840082033771869215352352692634722680908259898898400262081 52
1782826112293131182086600709968603654098183268075582477670695041 09
9758614362435521619453530292002546673679964850433731334952082107 51
1992589266389956475698587079018561237915788643744690378715095001 12
5502100388453119236529655994619004748466206423479423296700605290 03
7091755781887081935221468714272352776325598980869487211138459800 14
1238421638278244127365424467488333816797162011288619141540193671 29
0947899026466644315609837296150196862422825067230616672094354657 14
2514930864248877859868275958874906507726025095182953676518118236 86
1694472436078376429476246922631949892196464406831692876616150605 08
1384631941511620257790786307180123115945860389656252655422334623 44
5450739478869026815949751311688514369452102168831904461686297633 25
2298638518188500492869357276476682385556463655449640063176482855 75
7858666102285515648599088209586894443625469867952382268611596991 00
5636608292679153375381606611224786953132615853187176388598937792 91
8890299879387981000369730784895927062541048485931585432339568310 42
3902990702634437978756918554340897644076013084448197862650794764 40
8301349424358342818859152592934714363175337495897010728735012707 88
9804816350456766676932075530518404324461007403216764718360837084 75
0651269307076608498252990003178503058536821395127350386382460564 25
1033777558098646433980171862081426630741725922260005110913426810 74
6701290143016541010649332122837908275150010035300156545975083237 72
9654396973820477416265710657408216499606262274961879533479070659 88
9748717795643340648417456457479069251701494998100953534135489087 54
8363275795224072069862910246717035792514417667038866099069857262 60
5812408253362252189920004189757457653151230000644457159317017716 88
6354833330519215820559461173577163211322339319653203861990051161 78
1713340010705766526899197081692022194647043237953564118660639205 58
6090344570641517977821450547222788529872101978588460700474200284 68
8737958442289499743336562718779917211379161644925413297156528795 29
5326397595385359209501386333805075613695308995475848830242619627 58
9859415137805158050257675404017857958524488311721050892770892272 73
4319738238846873071682302487886885855101080735227814053714065207 58
1072708481672639770987314551626469114232861030369329843303003236 76
1627142640675878067318839715150027981633747790787750383079867594 04
5910739210345874042196170349258081899072059612915864202028857340 09
1149552388651079113714953346397639881839488045300750747403722809 36
8205354304949519483328334700751619790086872854399629815756058916 37
6247230691628711111376760864803237524596649304117539461364643378 04
6711650555046706718362212857950480671656304276267114299991134876 98
4470503706379001810968886297217579517324338027806174704963020424 92
9166191718862433555992820932439194457118863215563201616542470553 75
9386966246563341215410140322869909301591328858088312412428828763 73
8727428380385907102927486333515030904453280525977956589205545624 34
2979827941348917563824007716121733247364285401606100443376414572 20
7859217155914010378320201321338330963807789040957238105588293927 96
3743816606868351950592770195153616017221589042878567848206829194 41
6987181928627308270444163039625471305328438833791337476873582612 21
1625836027289616245590418967702474538275839665229937123516304898 33
0124214174557885915942560597924277218199085562798486056174536844 78
9237969079755945551546468531630244623256740348958454622567448582 02
0424573919942530942642245042026890381501526836024125598075975236 48
1628093048912746151196231546114008220563967806585354076686882275 42
6503812259991620760170895567474465242344520176616503259456659129 66
7863246213799192229614586714224824928806476803210864779941004100 60
0339067927523736254602774296007347880383566875220034824576949084 56

862696057715701919174892260635208129738797443835483286136939562450
392976805783223402171676555917766840375723484409461762931288492689
936871389838822271060279037990019045583360079739277410926655739233
147025909233890654388422351324115388018559234956139930223919645050
450369352927011566305153351918641864823442499919272027295345959906
304872360804159576002966812111683172366038110542803591445720248256
456105714055462420821343520948108417158289572445072063546816002305
120140848054358742526171017681853883557558717415424775449772221419
261315525269109175563331932322243218525422182729149159810583689702
503522813002141192486014248068079753699647771939490680468355280834
732761030604940973309169031678309793463661183278453186871646268073
883365670456601042376850580139507443647963922284112697945134773004
924987864965636794909929132712528977651918175427962806084932375520
815361113240339713165504391887960198382138585000773242461778849187
581459642642337889793330819488160040113126525635693244659398400636
890315254722923991414474377069633893576192603918924793631780083102
611419548543605157787160049557886565797066588551042882466363057207
778902266777042512681571979533225107638903681976284402861025880539
233932947467202408854127649238644760216116262082421299166036229918
492378223630098347811952291382184732634228575912097980547828525059
183798336801787411242644746002256241498069140074097972102327853957
561512834580616541111792671042799057939449713494632895045651286884
784187175802050458328387485313736911351025506201027753458094391050
010218339732456504728894768792989259450198750767122363791875864720
121496606115128048709648863056228440839369443872169212084920085155
838125107074195518720809374694245973117281172105192890389637039423
577686212766821093182763664984042124938144097959863114225436483965
499983479084307021764385554351257436828228153032222380834767951113
557014806318200453220723794891863572149106242526993994671015366846
234105153338142684770627585203524099207972086991453730109551641503
317628200196916411546026820723669255275141842996992053985343307306
805737238050416719722112737405078927266340638850686734458560773266
648384578027718911475801323105519878413365218519071460681389868867
103147598264611293795439526672867275994833590259744587868768496462
683484434414135917714587766088077845357183932937193739323640835633
757668846821111799350554102085561884901020160050563954168745108220
603555410817666460524124966224422804545243216032036019464135609792
001959024049792923673298924553990101980112140290868699920575891777
188074146122205024728585715367530747814389730571787268366360157613
610077228631963885264623512553807731945956356796538236249992655180
433079635962110674552852142902629498265675533527310046878865731047
246649332656792733134512295505918623293739332608607745135077530901
574443829487339779605322849358301361837958626480321297368474817516
476913662110360369509106666505171711508278200932788358722598394046
306837631811808904423626219988123682680785795262197216687201745517
472627818032683058548803970977047934831035439855907843552776676033
139884605271503138856332467688927104595851932895139167823857735772
658100479825639355193520055204080028705967824973937478860528356493
591497838037796496000521244583477900175604246586665199807702883943
851638095504304921960324436090340085174660429627430976838715194598
264473594023424821104475729111777958773134155360952759570898612586
771456252399450075938020609355024892008476733229308574222255020645
569023912654366357852427242905605320575403082101451238209021746697
579765347517250146583747884808053773515042222404295760361375432486
199655891939220504699982106293160967565179075132296077785755331026
585842576086686764535520927748275567545177169950878941180593630524
994496701237598006553499873966639539441701705969810151271933311840
767923271853953980976404852784674387231643291002906549530861283330
266400758012961849920702200255597215695758837616878436434679275586
357397225356488413306011928957464280935785808113233143311528748217

9766039712579528900364071989233281316116404169377366280132597382222
2374268189176489596422703380390592959649696482133114473166765041977
6781108490966469425717069457007871264014486522428469488976172567466
5352205061621073001019262483146821203551699501522007316384004132033
0333242312167082685468931758436630430784350785928104478492663952655
2398718644173380085681692321347429754583269402161253332837900960644
8627785494126679513674045877416945596140762656625029900692267267877
6036587137932796041848883939339346926354341548095183623323317522937
0352102914641331275203711716675487206347389232937851072902951446299
2741546761947942747166916030497829288961474587026499797079206387244
0825023006425544995904011974108535167844409018806462937483544396144
4003535233103040411784572289029581805810321237438258987027473704011
0683777159251264535706508300921479258349892475127453622006105854555
7599736931352970781437428413405519544467214894150574528391716037155
4530825255583432025125424166244575245629644579107697171521470951855
0550035505439063168825810578507463565620479146676805569843845520277
7099697198898072337148695635670317768776378974327349282934390514555
6706074460797047693164627812141713818274378561462197088087021064211
1057377851471358837377388240765280451914271374881105597447183100933
9375197659802100241012511230813682603384744910877161322857660263933
8849284959898236565727204263572026374825649494912629141917130646288
0595669825493603261320192528043461704390289260279931404361370265822
0121312851488158573111782104131033572888718172952627112000814750644
0268304641898876974787917317370381399918882424169942121527760451855
9567119094180737347933109970928315546816563952710104611376254066444
9586183854638982208996778329550111431499593680398222303713632957422
3217357446473421097414917436419947319588400526387269592318364232544
9184559550453437784670947045095942012021142208641912790493599452133
7392487110743231495113804293793655436372172634819075711353127093077
9527295221124795314989699080894665747695565124360561142008663990566
0990003803025061242360775032934134728905013167728097131626834959633
4092922430311950848788671035335200237127302029165929752526570392100
4214963495238570856057234346215769569851340683045483315459075364711
1469968242091023214311717692277385347704177940764410013010485960922
7072113205231853822274448702433271039878114791275460808361156877922
1513113104500836636310075175110259002808642771502096271366239740100
7528844546833161821150278926430729763557610551124620332480053105999
5111505431484829553432959830574272451737886527193000732321736237588
7327314890910945537402704811855571990516839387453520679708592118966
4078548950410940569965988715988633620779550452193215633612468530311
7470544394029418292635524015545231609868255313897018801539704596255
0169179664812501555932311482673005633835797260328601778474149600455
6972578349562058732873012451455576345230298648149544100907883529800
1207012654109525184606662017674204525736799469077190845378748206088
0290482516701766198207306183312392193535690040705215498939034465933
8809047507724169543651858075066490459443188862978723571603022481355
2204601090635214508280639749275512847694354996203399164488791974377
9020957188863200247502079102379073072963746326336674594275563784533
5691367345524014897125909480368566282321005003940073106632075257288
3147115192633289285206967239347175098295260212549476433019535743833
5092582831113391153906337661737307723630279889869985799450165923766
9067548837988929400605162826140048150469482814033083916434248650933
9635458909132805951116334550365634824519150583179498083182728134799
5050772717335949663371882149192837871164639035669257799424573943555
4730449355593968480327902086141968150826064810924688543383329866399
0745478052636291615627988031878282707451630327863907566533621975066
3224248645769459753596673200603898262930000761251494798008956712455
2569559827585485769012463686594942242277271771518496417510715984166
3572072412243719680672039270647894278942171284264133427118318479444
1334606472431411501550985511712414668243312352062840657226926069044

7479196447297528322749569819632778728162595401202053807329582500 49
7445930809782409529912965423318498798800771681631986086512088315 86
7256506594414061844683749631892913745993421603484822883158289730 94
2161473689255851699271553115588887600721703410244587440208443428 27
3004673097955556668115013003388895838023146431382900260076322850 34
7583078087889518031398102076278898517435347822512084675949743002 44
3789584289568075266320362769629946018083494199491270655913084000 58
6265639963911040685104128200715324625642637145635575769452849271 12
6355771963250658965455364821254592633552572925952814993415878776 51
5692231191510233734407169916564763982000896984629843997759385398 11
2133218103281989699457926176493582974837338775235285946403513823 82
3062694536345810031936725020698280738433341175283157314342639896 41
6347127053034775699155800311815918091137880268838547576972923398 88
2860323029977043066628869553012102727057633959897689410249968479 49
8168420119925613480756440406559462383708723688812548949148794873 48
0861416810552114001845517008444484294847550732736642827222063365 82
4017454988082913018839140156809050000849546573730003274779720991 75
0746178595157995320223728523592040074251522563861667562031883981 17
6186119602216284743190797025036745928280467817853664739356003540 38
2782818457669478233745711382212193261672950104270694095202650280 52
2898590935002394490874562620534522173119409577830195360518503854 96
1406218253061820365182733706211198939024488975386358180994491815 78
4878336528865436542248302027892417049689651104172759475017812267 85
8143917486494243573009091712648771605959209744581146295542231002 20
0851205225897647781148270394267766642782746259395117438071986187 22
2655865040300284691469278646800318360346381726405702707422620342 97
1875558099386871240465622333891464658305543013155095285109726300 50
8051882652726853353729373385691826937171677303161186474948104242 15
1279159101460656979533313377409593674932644146370242752453933503 01
3099283364854070698403439912124524927558029979882409206644640425 85
9662008887419164987730275403729204215810937814713136222628866694 54
7421244955284909149219337193623402943371255755699886529662364503 53
5192026777637942482082860568936231521523178850145213132149146986 85
4835944706865850109813142058926764161151621094053567807368100897 34
2458729327052108535726763805642288409296658844777952795467107351 93
2954747130150792208403282322044289446782183965471109021173407251 39
7247573570085553127432199967512595825680632358808838843662032622 66
1914149347404364980002473983320924118386674296092694607014183881 78
1107142824396577963884398647823137154249894725830411451495268724 23
6189967630588168208463274374412103905527652187107355645257133601 14
5580455856845586504328599176765196193271143498665407774514500473 07
2711714795712227572018128864464407775174603282423173385337652989 81
0442322404677246320479517980971576025800885768975134059480548268 77
2884776293846454960402703705085394190927699370668045517194160403 76
3511801855136575451095247034602260020741742823849481782254906365 99
2084749037583205744677959106755660640775009347129817005818769408 02
7992690460594987211763415191488225186704395573100179371000466572 92
1803728487979715692278888397041982545657064289089858279586256599 01
3759687500785698534209443995971523667673559911557090061413018853 95
6006933050826115788315979018829128777653969640675392080848582290 47
5561905186375490594176472080908485239299663653777468709856801423 61
3707637046742361802921867959247697776529262929041798392750534329 43
3844765333985012282836279851502637454279667177148419757339065728 71
5430543215752354493205346537542382048448508846345908533866772925 38
5204449844131368637518941176848626136036819373635133932540806852 26
9214743073291344676252932264084533084493864715156181394136343503 64
8177947550976339255988278690369632386330342579445292292377520328 74
4890200405326681393547528550174645317172145995081455613646925266 50
2271153373818175978557950419880754858113362891549009039080607754 15
7573613737559880187573075362487370012912238261134381039234372313 53

6898891533749493786324984941764281417045284082969399172432328677 25
6415048376577311449335215538523001781108276163630370902052595037 79
0925341104705700465652519779256793314108866326405926231788931260 31
5285758716424211903337987257758742901290375936269727234314893572 57
2418837941862768645667758686920276014398050163871435204776738809 00
5789283633817797388457344100149966433235822257925351711059485607 89
1824015219982852269465095876314924712795201644676474027046895454 35
1030698261799914022340728548915468068420957432075066211544876266 44
6757986364438802325863608869187594422715214296506641613849638150 27
9721730712659205782660027847181400342092656930703090445702459646 75
7649018527813931481315092036410498459690602253144748229457070252 70
4363040611144551422276693665012542523720743940182775250894143291 52
1517059974545931259468212143510622763303318504339488951276720637 29
1512493681935703191046935729052762887687825004850548005973230753 26
5227792552419913159617911522069419685479187341566997810967025629 93
9932081645071741734905643398652199866390557093521198524390679861 50
2144862392843873982018760228547123039494596615725875096503200712 47
6657593813721248011341535506167547203695791055974610671125417117 45
3695430147191419937319722797169021161357262524311647228936664414 26
2124385498136236949635712821160368544160710823177510780129830425 38
1419089224920859536461082139564811320531607370777207605599349815 03
4240640775123315121589992462974978454743857855952270892671024791 99
1996450430401660056217629623401492821816115205046438140512010176 32
7979026932712227012592708163045794086959388503088585777767698805 77
1202774618583728185859970177211160371098273932414719793766386484 31
6000841579272530611640850151500165203002001427433763904187886226 35
2747022589848494690776947476132763910525994056603823823716369435 55
4706581748273071824741827263627240462399440284444736424586444751 04
6902997652674973443569857085390578191599585996096750612830910194 74
8865650751261397136329276415834913042083009508511004140745574437 84
9278985760726105769741819633696790755188383220173443764398053682 96
2687328518939530815972138409987536577466354932531139362559789543 00
0911914267407538592549690157973419183710401699917900945678359628 57
3224471479073204569647197863154908628412333251748127848288098487 61
0221009742783475164627905539385196688956965108760628729574590889 20
1702386720740106024538941519547393281424662231268923626502720564 02
6430217769031895555206112711463146717038915773390065452869232720 80
8111578757374991035324446693616535175221246886608059397380546894 86
7556025887068710308118989220242174952934582195353009915613553607 31
5909567346990699248742680019538217524621053498627010613215907572 60
2408043008278683562931983842710521983547275117642330279958926872 73
0531183558056875276124091974244476335680956874844410454670283523 65
1415276562700804363097477453767809820873498038498259924881067029 77
5494953522829951654655985068742831762852085719613937978285057790 14
9962321392204623415241682380388944662426737300189654337647650363 41
2518285095120888648562947143987795665592807491648962562185926715 41
4692176768396054500821642162605610642314443579823069196578047057 47
1484600729681823722879775604960891581786867293632379024157920472 83
6469702103139751800978415985500070553649387532125749616748758725 83
2599259576150743391862284379883013460445408808178096854911945411 93
4702689650599198604109976532111965810629665500511618365170620292 88
0877609149846167316442686419708923064846305675457388720247601652 57
7608529377210933584453871074027292591915246267623538179786930642 15
3401316337011357356351110981418211296622107367262696156726748307 75
2488744484167665737024004850839370255838591012266948358068391545 47
9166016456914863052393597793244672558867174160485503871149031760 75
5373219447283058221915580788075245369693274460174736052420586469 68
6975770612186776197205874910451651427154954238539202325269751234 95
4654630906132946005665072830987280338737351553752235631835702537 00
6494092638080317374634854036114660004846876242310894723791650074 51

7970524862846727663375517303687368385644037049806617909200831710788210498183315526148505373540750351082239392474456301096920422788447371696889509111857369268903366597185225377703296220167081065518126758009408525150684775792191389321380928696119531220905038018107658748836831788278142527862618796676068219770390932600672961512755712527864370698983544440961391737903545485180403973331374805235879109555830404815348045391878540382432369073043102740626417777626573010347033840211296690848180461624964873947345844121553025815222149945822249941941954725641031750211442280865230280221342409319393272767819599060811259862396733945898961907167977778025951163147757626402858826251481582164399441350619608117589046195115853908261335496038803237135222451696811805975121895900285917973908665244952804078271302700453774372678555325048503974637573946460984085658930184822341614986583150346608218622360580194811455490351547426626606129502687840975477981407268239569314724876098280345081189383404096153431486301124867646531547875845494652222753187735608908350438370811208824417599385864663093970481172530040203058134090447450511563770541035014166861912485252694933482978510181114723298740453961275402222190958440508723066232688884970422345670001194975185979649409914897138536227945887407609904328542281277305818304024945108706336986946867400894810975397100908494768304107115295506388876524905456599942607738863473945525114489720361047937572544723966023547748127494160698351013147640236419491461059805563757044651556671236525682827015744528476022078175397233716409698626492055766876156445774464466492547734672972555705388285907892317597067686398249662945556019387315271036272012429312017642522464480318195446833376399461313836144570416088834222537155878358070161156027177541424723331527813566940098980044458238998420064074895892389238927522891473294553124042477552083805237951012393843585877545499900127206828665999857909842930384600732962384262907972182333727476694640152692048814304227394388383869880723650340088095245127260013615257041577497895464274592866962164154275190720789657656762047087629102592988877128340580613171820688795096273552308022803665885309302704619400614464491862785664244942081621020383276111696224421386397311571301189918531699151581650258342812848741492753605073550149275164965568949868814457828072415400901161769365898628113745927903225784890933976881608670857002995345721579420980997220532145751427154112209398869874562801165332079254551969851910384281572683512010923679952429068679954568308388593013667218521135364172442283704920603648154449717799886187390619701265066843706404251244599519090062260821798454151398740861561892465930844027470147101672547160166860173976919976620111199893015535406281778132823867987398831854809365141752690405027399232695322939310360456984252059471087760223210167746792793562530768337722069298099521332754934107640682936962565380979829922150200761906567133233307191753110953769674314458270474521918565656173056185321660425946455385616883759934532767382788781222315372811134173554517073553208276044077452544230785453748112596654635574596043270368542157386962244479609259367500830989140006853836358817787486427106882578787407992834182519771408422304894979155179876782746847540849289938647634983917539244593293129138080738765005052200666662727343844540498968011834325534999762501192176787558098067233241678261782570891163017980881955837910754011805096216010930804225701805492976467841153876914307088247531217231379403723659287710434554469626659999262339332986411371001268040811602769694022871365072981064452520165517338604686504062129245789271472274267638614268236764085164119476626514371013938556806427007782965968048607751794922121562917386716354649889853835751532497431583541399132213650515513841090309027554332364412022530077042821114714191814757096183313782294342072543410315558281866932838668366072691638369677932010214202904681337049153438059246547114970835401227241006503949742164188669227447368995062528945027771 89

894691329634675858792642352116335464746864260548561315778403611431
490269544275056480384788879432956556048443391840602027045146827824
231514065070221048519592072312004933717673835237093088565264344841
946773453824132968854306302477825543502819595717543326873583172827
933774101026347172525800055108998087920427447783853642749720654309
224796057214003306615979398156970613660983964055202876699917225472
402063960609642994542705915460007353673154988077390830015813351603
573011111410928015412280666670587855509270333850098311567628516164
924255092928303908770988934946072349028658560205422067037156804635
003826052763710823986597931848309367641656360790706605233434111377
931216120205880951461437739476835388395047212945283498654808648378
850194676769456232670199871331845545348373608451276718005678754235
887195105895652797804537834484650468146951677538136951845103083239
037496571621433079638601544816144955239351112121894430238269540578
601164673736647956520658725081592753057131343835699200489996180432
549502052195550206179277993056424583665872167535192817503344992391
833256236162650208149035578612440518344040381599135827173843373404
529744999640599186566641535612424308001626179337509214296580882832
219570578431716979462845513309683824600036989961805929879506603760
712432725597536508820386360958809040038001760475078669744332587723
215438325998399864395011449541507700972822653695839438085091284110
416290966370127424988176163441016674234005068361676482327103889422
394820253086967222925243407506026512988576358781375008510056886874
328274718732324289847733542581504162589550238544890684967676489282
970728115843511676077617260489135585109814789508429849836055936593
710532020599790443697353401662876453206371886938218978015732190762
998103612568387648387269853601294481607317618658066805968373389411
982650087326242669600240908832076226117839991574402105842789845063
036014199339283624554027683509989720421859620902016210156519223584
211948820209123783927557185605541656205455347196978661235058348962
821286082084034973119988107725904545863376610850509582385030751284
259642859749471596754259240349558609796434019664667217572372370707
851846466383706717029954169832988691247281876802738125496293898760
722340846570950989432016548760479339467946851343732630392230933179
068730316994180074048000687251365978579585994780199496523427286889
887178135161715505778391587138640405789565918232137081400587138088
365230471671271822006018608811257260339862403542067521276908921081
552260329300444101890637236591957119530302882485868478256488300525
181260810354213518122471584004627510592444870583709540835318975215
236103420408450764137674234730058822034323160474633043506281423210
829487240902594764411891032233740497947408578277622048261821951428
217981124372676625846895195106998673740227323002602615059706421527
460232699949700615823592828222978328684019972903653781681600288411
730673324496628384032435365041397536205509105219749095799860595726
941384024267555967486377429308583140664803184453153290815321549434
582880442937355680052766701800094788733588609136494945838526892791
365594342881741864555941029617929958126080970645474650902342618403
450108124033539000610734694120978386716277216137083614515110500772
011704214057510295511491370255453350206814116524476917845869435403
411879135071947286833389662476101183017004972618956118398981605390
920089117277245282732995868083801073781314001876067250126926454645
097673374700236767820135235673242624788804823436290099963301097657
305710745086213218779682807434398964835524271448757305830321802494
521092319912041786298321106456189823450495054397161803039568512653
801492251694878479554724186382786275823278212993978207428675547109
249821824468614795808140835500466875596261579061717590219271869723
784547241129855757317937479535182955842991336928140588480421571538
074685311302335494627214184400563239744587537727518071466016570650
353750000780005476100367863699111323985862132218224624643435010363
223985967017289928425234113154343262930390735953429144139338742821

872148418613127907162685826684720595466403565113327927292836704215
333378156489787872434723165771081189058811592205341344776752129774
635506551109801811454708921701244106349239492424226738349439407865
465836386859700260199154168385586155789670127220023220031686195419
702892475742166676680152480824022111156190982909528829342278406490
395339672008649956965447075211846134340977857777364263165869169876
274954188683133247514531590023354409517149140813592731911461920067
757921585633107612547070933961164415088007272939456368492532718589
155168814720960114154056640038921028118648545950411900558007928394
716199676003018770007299166134878103899189799277933082603333383340
579193386012599266354350647100912606346252385743463526847492979065
780017287665968256219468541077987421844550471048251138993654279944
593202443898985134425672669327861329504851702042670416810423988787
766282835019312545495101087037669638120603127617996218893187778305
204501948120474270520457321254873390393028668085392898551453951830
701677372533915679276903907336248590343351476117870517797664710107
502450768161655725395482009480911058631732989175311841603640219503
463573219594755860083208292675123788495516672506492207206097412031
293135743537452185545498302580415651798622780164689374817239713381
123695363735811057393910536917973929343197751880325243525860808275
537409997210154008004697992794342234544768970758031314906549976457
271996996280332692090891558381760321398926448802376910082742090668
080043739925045412236849719409774670467316737887852049416564473707
132543728313954096231813376473848894121827756876058275472115348406
411192866091980614228229552490758852587114072134140163523811998912
747789131397574682809342472823110218984300702443999642906444508447
880276686539463578359786330143574307385522480118057855163003059480
351702305291761937668044897455190062298141740225468793859809142285
837449414294668405678447862996873037366863397510139100798455883197
189398404205851783126255609907516425666609144857660683679374480652
972403709933396292834348332661041368713447259629441715366168325692
987460751934900436754871245012517388228959426432206171837705951665
664903889623415903428365924676238921543162109473965009869257089507
504114157819718945799485168292399767685260590940847692555560320947
301798892618229473834688688478774214747821124629005048761624209757
229517860733959886964186053995691274261105379964864827288214729865
447937270511431036415399504302492489038987190473804812173705725663
713465147154131222056319569952971074484542325785409319607037480624
328873057403741431323821583556267142756875575513618201917633010862
837972585511567417230504719060873616277083262964429580482797563630
823764361615455540616980045819644670667810243347845988069248477274
895298262045169437003711201912953531129197138017595577974532179706
899810786979967116140647258355731385280378144794618645821634745203
985589751231713640797468385145592041450052177212291446699278647652
010036539788997094195677954229000414384548714348852855651763080299
251676444247682186490621512191723425686851600605859780896623668832
012839653122703074654818211999482253881430040168114450362116720244
462048282967776160165637897576349795548725510809105781339420347277
448474876989841921828085630416492602991762303626322504418296296521
543856287607037421868140047386309450159109132542103032561351107575
582873478656260809325645074346337233422408558581633853715306945878
269202052395067272475369001398011496431659458297164868632204841795
219642449832794880631346462010891393287053134556150378876921145927
268505146771355995890632238650764778282690168036013061708569828863
363533982166411661335548040370382100344583808150558303401797120822
493909503856609585571395374634762832404217519342656686392559177433
783255482070386105633012623762876981734728224250946153189070215082
050421810397748940765721499083247852854595100246795973930841106272
522541569649389236827358143460772759803346264312598278889441818491
738026870449603886707186477083156478758911780354308201318656582034

354073422928347455769651498683915039761412613360789480997559164824
906255168553679482474050984649608568188917203699873757964398001165
295270277237226019357555720232631014768692847626362851893048492690
926409854724936481814128316893832831257956621359883554452066740895
840923148625755911051962200050308020425737002899660124136355648802
803399956946560958857632199260300046853975598028765558317107063997
506660476148677763563226116127152242671096736184025291082552446153
885776660277960808983028370687781398492381254517178987577906769165
132460310875518147960012167620168554361388753511114464644596594898
628685003842938167759796191272999045913439604283622782145743849108
066267372039815968331145831327755737193964762139470369487134483796
533672088650760949443106748938628101668608093548762040629531426836
790162232434421625009619198865282501847807500930929896168789351440
485278448521019497293149122933664283836109583591179266973210503286
586371961913064985733208661524319891775175613307253369060628944014
036246735791686124190767973072153896099260914778003921829096605678
051574245394812705158278656086176628088767548528264353457929751091
037432431480490509972013400938712099679922667327456972199757397498
352955663444532434557032626027829313689388962967691490051117916415
739641516223459624143879984997239721062591045242665562829601459679
012861764153524786433047855814962571113956032515036318374506194258
790732974799065403378129323435496477095994159702169181036814733833
330641513877132215173398409381746568333237521245212042635149480179
573706485748255881296241114146469266177478173860156155696776808063
542808133926222268057358604395739162738771435084847701866265316974
888647386824309419601892875891202138727709615384880950656532073442
058984978568214481099344327143794129234072975479326476182962040361
443641127465240436917542835856614059594332610091323144864164204976
494795520171710865170698122416084821707217101649482479807749180166
663180760457163952518386095827183272086570529825589266492312740506
731234877203497799829560941063603051658168190384801114703042390182
045758372731652085922539947510938900121122194266654459086779269137
115495078966657667654609628827777519957055450729792366620852350781
689434003204754374040076217990918813510949939669431342798599215806
292704213826756214353405924672023502064258541096859551282959888016
794748534882762322608988214260279669494883399735380911531026157275
260615166467574723112673113045630210164427562827821914879246698975
320978326529216825843304790854783365426975843307795571952000101207
872401988134949844384367638270411742100369511690111801683269994661
201008605320941579019288976139784035165111599346420444148276820545
506341848306161979946027048964895243897025843417177319031533093214
798054202089619512507592936490162781474077322477257322019135045680
559997856927754305465787984285946840858678413411453824124072065675
598264826257619030338341742518485385403847037100690876508085350864
021762101015672829143567367711035116439783634404283023478073545669
143817704745089458721178783915416653092472697951952686392823300371
685067876207877548178391081973218290478799329139607887417683308186
531819994065979267822132271345963247140952946307619739674998463493
636097580672536615518078598145349535821601480260233176252015063663
993913514287751153532124112251505706572311520853765028432210158406
189825700470439171864907241208917145612024917300437993499942065866
379857873460604806192281194643315629256867108796971234962364061937
388112180207379159818010975908011327225784300250111378803495792043
918992883005162429217600337641079337196813319206758299182607848524
757117752420168349348194140053916463935218273710489150036580479259
761583436513553494384319150921462930819950183591670942530265403298
032496761584396347114353247143703922148617843828261138668855215984
613445058033026369143941743559917537871666881400452968934351987652
723008458465501565659895211301104852881693941568670635178319221855
955305000298648325444774777199550165082658896713964088988056795806

691606580609404851392801022276976156138260831907603324548465286614
649429483966773300807073200675104262514142962447145368750970687850
660059394026518778610327654702806325729906196897591887386672305110
123794932925976495748262551959273944717640092556185211857724430888
945893130457097527258670714556514236034181989031519545721886211491
710345305965784508261868074364977358317577008647587996432274454895
007809667119616215136769508530892336123866628348110293980460743553
427272442810490328075676700337727112094912843448745081356882215603
305043883517541081483037534434208412208168360581326234576775427931
619860454305044485105558004116794337671320558147058727208825360473
106496793184796373527884478852058731828660065633493256023590888983
537772507970200505414402105594610720764924409136337227897399466397
512341178836631250900614162322765702854104850679744981271814676430
841410300237525653730495276727548454599978716332533105061902402151
814681001465126285103975983941288236986211318315247764967957774419
133239479855287165302319986980239839847319817881713331034433989083
795800005131965345233833901090970444714347942650262857403151815203
546507282311838519865802936213522437975431938019834329143125027577
667543168698886028656770135003725896964458686834176473878390665444
218192358577310787002319174454287141600302682837240494643603478769
035733261881143101081321885527985897303450534403303722769151404531
823618783217199889890550829089662419765855980578341428737306480985
290782145941126494992196511361256777307699460580206407239180866900
201756956417595527211359337589791160475982315587253564456825714374
658566889820373705497045290715846973763555870609280120176978053293
579678380795022792200105201676898873254108389319250907174288810810
708623207551018480041769696826290392399839381162366384787130819320
185559267865898070985022953739494217542469625354704395473241339247
648521037611777311231385001618713047106477839324875850063619911967
787753268071392468984403882659360510854652369222619272403499121038
316226297241144083556868049980746048371359252075390170144693739164
092864863919053757393294556536775435632948953085479197356181168943
469443443643030871444254910609829482881581159563562993377947392209
785110406721664480320531067091303759488434578734398473707653747404
793080903438244339705830532695856299847938304808177975089019323978
819644747281348548648563997367907690393025212859195095945330313797
518529818662620117612609532139263391827182563275830591189372106915
776438388722784228529009122612514080523150812027262477370667161537
297962365171711830918171522805265375933737558128234864296932266784
713386959887691580950811504993633735690590084289200705482525461768
954164710778011758607143286624044830552364259377579855244869608072
673059076502488514081476189179998962929079540606916509862750703309
100886611993183653478110689500553232123231040994315669757128432110
589272907562665298306834612688174350276344573487313081278785396682
594804502445089945385062622281565720665625908071060090719474158064
342896173131515706055811399896076568427723954812062465492792246644
108673930170526784065224750410536043235086881525438218840578152295
198789560649956069827453289227327038537584520927092429466734689593
377789658067695128590449057399130794876253979899894685344867084276
328476440980465348855120943606428893738371053515595879507510368199
958600924794052205154880777749983061313790264128273715757106128173
624978364745020722775619521267432735816854961196988825831126166950
522240218811466930625749538470869958657459988789278684738719864383
790480463746222816126871276345113094783166175997075950853325746028
493740010436450345565804494429503453183381290785088833385837869771
084982066510206279570766983344517793452718037691141020755747743154
293290326295321149788262035159874125464228843952777954992895647543
471058985851590055084900569690369399463805412744078272079588120610
950182666750528291004286440115969091560260245872117456045510940768
469797368274814597904045521904841801154566347833534380881534140372

398178819077576306472338368480766171878875254440731865830501186475
632030171398339007898754244110262777492594557872631516087487025048
062038162606284156754299711008457236079436838831775697116071774760
197736299860847092256124190334430386806075160778365027891666283609
317675969553014936812797935466652393898654922082126132776378982029
467995816243987059362391705117507050493924429371228752072100479003
695203530541747026881003131427531174456246407354520013033515441611
612845306363822062031827141203471057333057060956104199977441294378
972333619529368071162946497417467460616194428419577150642124491154
067073122138420641412696715456643891594717779694935195834684336783
221413037431073429174373437635441590737738077683355454522041607558
324500141271289974101494705488647243415899129609228298624074551605
891496310210005958713471920979723983683128011017526431868611183517
017358675406492657915137405821629724201883751029772027692280780173
235365852486610373552463605197417587182349087381977451996041351604
688086082725590610482822257576746358191662903439070547597034809044
004304333317413461423454127456779872589232409091510873059202427900
149673701513477215142571480238781897278909931923211885180400304976
289387311988687633977056903190741451762975055829507905515712897726
034354672225187519472277750347806298881580276408830585887321140899
356256544526325626293042854399332825503295028936990777054902947079
622008390293221444112657382089568543447852253558437312693375479376
599430699100569908215603145081988649438948867959773652023776380526
949555871454270658517474445964682352694105685193373700491448623760
659795743742949313762849542374769629842362040406990322328625482822
335420165228291288443421575127060202153831784521856484115066939436
436446339032946286921500120033173722315945993702440466546440107095
463778627366769045642599775860341423376275925853631264370897307579
552699685031320690918306791326542030640031482455986239265759757317
759128625308946541251662284071633701497902673843253016190101372978
864695403425694557263052203876294232648064996238163085500312651680
544788556819973108967957554426839220485130919026882403377120177863
986046398002560372060692953460153673513009351664904759969041534844
228406494643578396273959796970119995996897055007139802671431539123
914611613581834068087605346672553050422397928096566221091111847789
650335190031281930814047064787403671555521140340703039890722323391
594235126529717112144915912874696964544557092280434733841013858874
280507251493201836765498654426190687675030397956939024213437475259
202844493707032198240950852874392941278159586475430366953365464650
438122955385696018708146303600068102231935356775884221706627177875
228953937497394498460688195899260579042663242818188329768257087830
890164354054641753677975214014916981613499304491042042741729907318
379698513124559586063991996596689961080050494007296397098959517574
634950113152395405436384247715767305796899780935112310127000606831
560134705616884208186210590658438546853522653099408095506864518196
431045500569852864036972272644964072209107280506565175900536331942
571882619016852091109444623049387276226013009665098018150216116189
314991755448664845101939640892424535185862966853588072370252086290
396375135442408416767961062540774535439718720220389829258815048817
462632144019324591263846776453878214900321873605288401615814676934
097243424966959679745512952152475413003838241759677554225154868903
498467584610663159419881211797133452509275307014085614263503015271
473708797902296635683001787990288084193893922491884489117670080380
387588878016977011134533491153480210658508757002551736325688200975
955274871225357182551697875315095569086898546483794843035187061492
313573402963136527912761526230610431409239565352297493261018023574
144940020107575292488958929324580351889348336232266211070472227951
789643113533222151331112813026996570565423666607124273606758337678
351910125109944370304629076346614964495599673032125852284006812886
320601384391535239320911579060473413936297323492759180894233656526

093948313364810290643586311830825965878597847150234490787476787995
667424852051040103999757103940220630691734742020896991756005288898
736759396629367401720982195418337128233932862477317196438625665314
551269922236776677708198643496799841526045194640459016395789604927
913929104349027568381726840470522981408906713149152625044175452710
112357868012989368284933913963833660781422917945543449168097066491
318845378120257962155232128839888294830960254154515830155645623132
845031741857697997991078955656799608252916553758612233838070069219
579639419837426117676769100507357501471041273917783596347944115924
160740964918923864162314431509843379999957412386084556879065017966
046590401190093106491459764550874416917093615978054671746589930170
413753904682544419849306977396303361433004032263704413884245648531
960009102403591486043419567188919858561565546577508901443177712861
645686219001284594607421607429571045831400462012463901102101932368
874623187463906390518460908247466122225868317169890636064025404893
508750600193538323584777977777184156692711224004455167705419310730
38836943879788904624217590046660910401636227006450671672563298135
619169577585613333903982775996522509904038709327898622159549437997
063064807096494177080058122705593309162118440046358937856324358641
910615400682047879016214044578771739810295260717300099121797113754
243334882266618671805934535003597940626101694558948798528738239461
925927383005865786236901271929638265926393781959687776344919278138
391527346851031712835011677541289696340176336880334761324250065479
448355160024231256646080107867025860376099390800451756260090655554
130984042735743005006687743313528206170729903389370532225467004205
889640465239361428307918540416966678324070955958770942320094156109
555343344349138543884086108248624289859619741256571704240067876712
368593537227109156704060621943472602040994139547201317552449158345
944274919192913502355834404187206974345886053833701858976572062254
668638991474061713844091114054244489241812528058737844437599033702
714432320785204641931475594758314291941697190629769790449882130801
925875904858757010280498900927646674318174193127387987919086670564
601741410451836547363921120183127264213529907507531674186041139085
079174044172658009288966400350856182993724721368434131495692957040
198130016060875412795746641903179733259392402107416767024235351742
211828571516183297681422260730902963694871330880778555666323972833
422527065650730725189030903950229751455450814134444281654143644104
921750622706436286101757171120483665814970582463578007550456264537
446280525932841567885798506901058045279756262857220830478354366813
133031723323813526470752577952330152891663952865431899957317457801
678267281460222640381899566937994842421098248974200882331114001341
044095160930831309054655031595551547397748022146240676110527161375
799862835439696657835524567007936049751876795850043478594444834874
734552599963239258820104452878957672333911085208137994842347153189
526128187510890512135465496924606655767345185717740511398090050749
322800709405692065544287992897680913853288239231274264963790719799
785249090304609585020328130118819189798753861277050983112679686721
178100609428860334160740802044853244141445794547210546989291664998
194159975081170839975855253125347930707237719482373833676065541850
2113337357535711604984088630696264989015111556298277922304333498449
367839151985626850432520084479855462969126299788313029363064633704
503315526375204047392241570728577799880296353289006984007678189697
563540217661942944247537256498457226550678735909340572389793781914
608031982711392480497941100492298143175949919931032808979574725337
681460617454331326448924803701346264266926317342443574270517747565
067556341333600591783137637375920389020426517169186542244841360946
598636267754333221729097280677212181229450177664232716733109192752
33772424505908085892756556434411548443889532132702856054060064352
403401177439426383149269420366767731249233446046152792228711747373
206820737950407753807024875139736974872208079418362724579267158605

875684373825696601528845015936360579976487955466689796317276414458
267140983930260584443731183219527357824299238053046097925321759529
437646696717859956554797526010481116090019255987703160369289053546
421969361790098547207855125725975325768780341842823941930116764712
780200132449054170687194060874864250992490041243777990256723623875
213448754686801805700267716590457174167509358537466327846614717022
291277538164893581403754204131631796620462601683005835840278084250
847061028563214676349216441559656539951244111527225209885576318078
808628374443953733638662891394399045918693562979931691320743108491
238782696708173798380276007328352371305703835388120192178074557053
921312504821976693406394280234533509698054521919641649696642051922
322293325224980990680943829860823933868677395445267363219444015986
590406652867020651004940978671302450896050636311474978975431863273
763793202279530010877176844026182180038590906077029345978640932969
511233853261494565585967711754424619462086741789881434778027023789
183865475073672507012316459542104230368253015499272923049706500688
744552908893664655148193848056374554470319717186422720965870630049
834366571830309458525285629892546132607901723746233601382089476404
721767102107836353063283918528942630970835241842688066639724543519
498745949527236882351106475938370531361494523326299006061354420207
900800784435918514238109540624635928800749174723260142829150664735
646949149075313040411948746127584251725422993376561913228344136159
688451230509792290809347780610001202430793367546069567188678475890
291671628151047910984819968795053757476103438392892981834755913533
728342888492285393965950164594229684902163576984603656667706884979
061493789586623897851395030195525207115947916243038057133910441235
127977174258949971813208993972409457630504381765420237749372929236
666408582635630470188942847136621796280779475814106472039686900573
358837832383938515643676929109532126309530237234188776377595132558
571988684156351143465444921346183625820017739111963565973620917480
289510711911931216161504935661400198915406771914740604502008489007
852104489840715587249131814241237453147390958592854919261955127528
154045555489486053043951830551638652963511435855426789578843322470
303223984629694037003638667059755189622821668494721551679940102372
605276192061750456049663717076263845953005334443878994432854366301
464142075150267652998714841483859242046843515052858926483541295999
641906383622255006162029851790807999551716142892743322162806963512
162902965050345455980024292038066113122499875748777814543334957813
655800830045879054556552375964308994728294156584689806294311272597
554693021887912731035300216864227633661031890511086335963986070974
737419552934178507801365337868776791151473833252513002371910235875
886798039385529704998321830389985333735331510345804434025730422758
682609723983422315017640803327317622631967565989772971839422971652
277619673408573444137475914779317933398924359940581396032281346592
478558756550575159428611613176739552834815080851852071547951439266
728751057441386769718902087776119592459359290863839696200576865099
629303818145491280734180972040320363366766499443919936264145227145
073503705907609385752440000947482297136237721592630836022139158855
909461407406976301297086569690667624421861836355204727903533175309
360779778798470802390218595874487896074523749056283747418931026806
280481743381300198221277706092184700815252327145986723437854310497
839043649305860764535756025983828162540984963998318112971881438639
542654408280086193057291799568887988182572440923086077708626351313
609463097677409970284727668296668542908454052022919003034322471898
204993824806075163872794566894084973666516228133694882858339531350
502170536111817502101016960937372882174683892618068718872117122032
067336498312812545726927631056482587901068575208080633928751364817
583758109695596993384841991062692241136561171129547967778123862393
493414008547053784583782851512327987308840937357211004586036545449
453018681073293761108679782828034366133339780538614863594371635008

771193119559848021828992677797694091393084926892397161087516259813
646427951911630339179612919001760953221655734911037471209457900418
602899221551175915683036249471608650518632279742956136519830351897
142876022375071605999046852270284824202570096299382791478180154066
416917925969650230616749677247841947414200924297729713888325116655
222730338964447305270490241477275647154092376806641652822611221660
551903510495321695382999570174114651029984898251643905699093945986
820498552583128764456838984342109365894310511407555838492789369974
095013891988212479916209888392435587365554523753623890641072663136
573386887150143766765743928298320734613140394952617095308448965800
565584630952329631871245183661663042774985273620234906785915576936
220534724261112532638914302528937667373926286064609916642583999874
647434141639526777322469333134089892282135236716095628251349234859
268040735518153607196567395027069135357634343767443117249084553776
703266698841449114808884801324930258438177011878566635729353987811
406465883694172838736570843375751044799123597365972434455742718384
733620516409860393102195921211225720343651001396389064945296714205
608908617698288316388283825229707658189611895457298258107339454017
277497834540687764110778004407429296639807958026689312946890891500
618618418921853041643322169492782133921182771902167520208059672627
494630028053887779459621856830743842989256463024089063366760647389
704968736267734714319346437826952783760286146583892789336232361603
686965888599440717090143857650085623703570747288123004277647474703
779463200055437274736584724026183902508185020399413109503970812481
221077612832459563995640730378422829494179041799135365337060929535
804128449019567717436326558733430284401481499075465103281813878210
907214339837454150957218087233216393141184885404882476133156499354
030311313197143885666833802176668360829503236040595136775927155165
679680295859733803613440693078137573011613002657970242655917863431
943626466230186872587963057556366078289969536349814522388660073014
771879198641606614390805777255192448707082910976735549911200612317
536184781317654395572950385452923653669413348562178789261547404561
504523088531184389783350748069944802081583047802929139502742186788
691980176555468181445443074191102292721931864440749790317259939771
362180997111761468900013772407009234849963308320304297321967582789
400084665235071155111834810320144835294744885188632413303960676395
857662392727435386476553325926113916010589720694912160419438436276
922502040836018348118271585534392555374582362825523726253314359699
646366678255933821009175987444402718522512906425157453594796130527
189599488847824353172256275413109599850442774753526388871189264977
071705502201056823253071154389564758303122551162876396883514326272
862981524075588799596209804394659688932951904490105741914199814985
879000053348961206916311175468253485829007683953766264145205273936
078651380572241506897185582776538952151358565897640730148811113373
869245888909822760229733951244135075100387258948206647854453929055
116049254655683017922363526377554626840904947800372684716102649508
826206935748463164396897896270083376303743017561945738907884810424
309285523631029835517451745446606529767081994743205995165291596008
715652115461296735413957327751678443484864598339137584856250554601
750792209883587719338601394896751483376380213903415290428362645376
374580878281537904708544575967614210377236123296196402292022895146
968811447058289309803570015041036948417054728692275197044694697292
034951969766217664143620321098749717299081440003715739281891528408
319742294373367747782587092187172252984069305556935225836786253877
699037108329877979505169169629957607026624877256111532102452287179
703093738005633540592931089018740049575133056457554686458819253443
722717048411076045834505257242917684423561001394566824566042880004
740729261916575440953365000544583331333348665819727492760012423238
225171846893069408572324615542392813887422027661693797935663441045
037115598236757714312491279623141150164528880440942390051734645637

803629395327787801636044104275918642025167711823591081249478448954
880725855125745496079956918012971317205403842490960873636213513109
752862098622426241874243578376772912641791880137675200320563326189
241018616513034810244006856808606110481129427409009375274857858586
840922973157793668860861996442907361574905330345107467921392139357
341469378267840533131992354433034607195155205700661001169301061146
455648916805009145005561378494045436931348591061841933018954548638
521986008082004028633222685779286594749900693607510578023474201503
531773730083649498916728935090935421209752074727250436661880061334
959093061140711046459924475971754240199654073065408416973523925041
563550039026440029227515519108629413672360002694120712781130876365
316152244335162266919012310171362950133169807700976703122592334099
542352764898442089109243902756481617004072173927256602429583715571
067168541418713003571310230544725937706454206437302838147841910218
688218466567138326128263780697530988608290663303966984683962467476
885114506491315186155246294792481115987311090797711529805880920928
581622770652756777195393112035731943345934347337295189941572147227
619036780043087959047999266424281962016300988837148845043980122446
245560266040861613319972328497876159317126814004045056189668690984
708239413708551813261996376889702124152313781873313001560112199565
703541410653535638452439655642672721743450531708970862034765475867
412814640719792280574469540684927959945904582090187317658661625178
733129693572624876301827480530656002946241810151431318690240874938
411242158215083730741283373100322266839576907350698817682754848177
304995391310318465327838386562671747600180627887580492540088784039
279856464964515527892734502001541003131905096271080962889523768982
872651391408194511671959166631818853373127982279478096384186330812
324934368273270884716848408230651068049840198996614184868219292371
243226293284424830236101798391004269904077447991908376102111123960
672507192997931365177067316450479862322551979702992566531510159660
459669015088706888298252728640598951425047655646438613971390930202
571945855825271392719811327758886955446292060520268767522136796682
746877587452876077863449138269956348008254414413182534720494801421
265432982967846686054377906133891020607653897467837990904198226428
291713569800434724666969930157511495371520437403191810795486894324
062290945862326245220966757449528566016465787368842465402656045769
732900129583787420171151005742659749253328682586625702458378115218
220127757607872278753625441767851681849197994949764910003693490955
081945020556381122496479676624965078580232712368944622866979631971
539024990109911767205329659201024327415836646285103519400541457190
714863882469446903822456883885007824410392501635971537484905694524
560531254037917603310165347750019986495805835536614207169974117331
055254042055211077318581045894610462735580709471466835287835222442
439519510959648019339972822544123729119753352333978820050032094830
778066283364606324667100180087066628897715761318039445308517785997
967916175623642457991318747995295187367560206724336078627831644655
047133342557745622032970583706520846148146180327955657231128913791
506107878236724170631574279086027582680483282048253059594486535530
533557360894366837877887790883577331658156656404633363117896557755
386745135965474379288244327761776652997753788443212262675878961266
383306843849005800577613730946043245733141597876165553722630161642
335345100237463536829894247824255806480766433618052377415631403789
337126999008115460840814240586928446408742389124577519366466994637
359158441193177950085848065280520451386178972329910964611770976297
169880547414864040358883927950040568096688268252678332587535835160
050579458531484837770296761832636064913660564711850804916359111816
805735686256767574836279625954231444084268694441780846545900109830
083247012732767325186296528101198756674251237185471917419644610996
381436922527648768652429643328488026710488044888015591064476982918
336443256383798347892249924247347347492558557293151861103453413733

5672274625782767187551285229615719350186325172175999942277944125127694916659641176453311307678394358755701511268339788077823089327672921967390656501679098849598999718362018377246697916468158884004015083264133901702440286390700883106649068349767628800880971315772643341647052515364717730661392722405632571001397299899095593747730559636348560061598496125351831074504282805991011356152764613718732307405486443870951037623912931744139267996447473236182136331185858040699365837776065584149533283266028778546968943002292685310193430198737058717358218098006693891250766257084746595062899184683469499119620505628810062352434005024075121256597621835683455225766840491652515707584146144132895209700930687290227163705638590610592169694573513122969929258356753188344521095375701735632618166442459183071917325928053735184818309872294562621725404441898640397503845136061110062107180886892905388556538032123197766450079788089229139071971832155337660714688158886146659370802181184864094912441578015869647372390959585803117354939639342323981218838583222690622730436915479647732903620310231584622821186608285896081690940900061896442134617344682521433863060864107649130309630386061561226947756727056616419832266128295594054185267009938944181452669981512196539671905138431353655032131380682424517348894759250312419248417525574038182351139026163553709368646884710152598668200629666043326715884702846725282736751363691589349857215149576969573937931293333878685870155864384721219088131194713370873382327500056239923744771721034792168999587001504698058956236518854268293985666712723058331747394679893879179844757263966997256515093350494496239329894118380951152202738593619916208931559373521319380127029848188296824569246640158910245224083340735294723767660187190835662573439468354704836224454619937129219945521607705226537983475106667694632555115664949116807052305281730869088268238012941254181467305845934358127343340746347109810169733784511370003614666147779737566767622118782539423603706549237225664751927002508248888604062234098115451133342239017736841135991533723731846766340507156896681938103585480799073996134538888268575672435045918997400691044704111628786526792010616132471999844823715233499783637523014313513282695539529010864942058186043961590530582597540015734752997498272309538705772100053964188697048745289735915687927079944165810494426879390222782002617388424638959221139263874954114195943300270846714237068128137782298487438922580196067322955766462225607265008320437346368920697425731014887778328145970055062112529709439551348206970678092045789009005563599319303007467104257017918474679952016450985381510153969617354552778043062677579487710979913625936622349370648370598168419144090086928384175813696077026265263739842179275186558553400180249473884247950763593696251658159800549011079707269532448861374349938844083661468592090201387462929729093845395689309155247032545649484834255843539275002683980891951243857147278892288180047279791059416493716641756765094433746540972890144063281301891438633928063344349424002602288104716999725533939570764107067895059052416329022129176157072028133796306498598823224267102982642645482279327154804587649921241321268182767230903475595793031158482489483014173171934310466356199829342266084524197727430008947575190644364250704011573813177948095995339269155798840054782895365239563674165729648804634630573673711721580999020989445373325540664924455565704797720791458123045061888066934773161154921352859808111096403564201032065031387832981444308563872065793894070562327958687446085284069806283901283199404031753698172910119302742164874460186196321594468453807557098722129647584261058043710144144891074881337667213835454142478713666653871820712848476170700280230771398620015232852846749805171600941770084830607816307406741291585704585798091435416092906134945970968892571056791005567529007475043799463382111921199900912215396556317263329873593583866650018970210376810565539125811274256503658921429101919356774007966612713823071408188284186649

325456700504789023579983462966520539034526722973679711222964757638
427953370703079415632893117466348996286910518604722726888778758797
953654811330971852577488362549950780896238311682394650511685470862
613640217820445276222621850946877145846667658899947937102845702785 8
288649455781921024708840980548840494289202758632513512032768369165
509333757568774231103616106683832158080256433346454271722024956218
060593586057783683982546182236449833541991908181754923962168710528
049514224637589120113615979984380345538987436863794164300305130378
895831279248454986839906586006407899335281278519409840167197297270
699322133907184209551782475206802684636165397716512345743403044324
661478177119961085537282430917112635195011915381033226170096078197
922946035526018787669236212486362488512903544283973792325138955506
401423913076654675381145244024706837652806414248720891345137963859
994493516086771074601432747723851028474946663633461941723016077362
976288977251283002580846877265301516820292508730013462199231565387
199041060550741930363390184442397874423384998260696760570205353684
564642727270348943923664845900245979494739486041667113357170281209
226805278156883353132643317590299465385748521847109720477182480567
215619231319966276378282067062797786438225580872740355388755763722
582999050673591541471494743726498397870576633115053342116121745340
896541521554977462478886291183035260403687328220250708935308435234
580815071956958892412605287571839649630550766286009111672617530072
817388845881237359853726929926264266600217297690409322916645780080
286157310501383405996052151802023374674932941095769139999676638521
753746488507214642276836486091831973323639215924903900069678881210
112974635837340525868785445702221462087368587279664145301762633541
558879405907321222539467073782654675608107464960418043395795387211
330646467992861229485713933856329761617850891155827661197902337999
866357704749637968223993509579545082055051118930347793570244303528
304428347024105904612246808113753997074287434351207241798271000829
331913714192887714098986370546271136142170603160388771587341075626
603462603469320575746363265306120596147410967864366328128489246217
276990604400356483137270171843261107628690706296287678248337252181
678495208701873888835266818806885615538210291793846881259759223871
757568737766365217279182935988891248129048499965476445965554595153
192301986734214396269052453374634498603717927205427968168892955587
945755341314658812833102455747928050200866695716939577801534143906
770746884443719972294731420962430984645053185396521906026711006056
621714505652396167629158214100393073338929186256703337144724170924
079448220819579349698115524925573254088088316481951994849251885979
718179165071886497535369431957636602624261722924254800560595721748
153559340925382832433344777942345089465946829548015616400884023550
373234965498786621710766801062510274472340547773872282337063244223
465713099833535636179045129664535920772793879392700954660146105091
802732697555135713654909405170986914333834373538622395662531670508
132212346736878144276185478830585005810785155567880769397324212208
730661826200908305041506079878672078008638748314710467962218043947
575563099086244244382809070751636039213609739671934940819820051893
084634184185137758694213859700251923572103523597814756562837006498
935806194277478376736716568604401242535394254608374734622249608298
272472402187537341510443884271408930329039663170598527274357572249
198043964068936908330704606903363403761135669272008017206016525870
166209246565318321783590348318466849633623177354463039337934892379
583823380148352466207076888417756468257271713619148355289440361157
962468253470999577854148164846673573561133803192065822135496782962
945837948992590906571508585899240368777247095602252060304105945472
235734307619920200387034244022234909496718095119479811812317662161
328126574188879267178040238578005598529232561568824676516359048340
588004483845823024199841762420397502821442033237813646956129181609
088070522692744785023579437156142854961033099970139477214606174500

788247541700679178188133730735538786796010124219243417398732897632
2809867622937453437289981172593008222324624375985400183726608738 32
647120725544913064336449951001947825445255425611985444689633861923
341088611902366362520061671773407268444876708707863399288518785748
868906955952057560806553597236255486657680659973002696144997913863
949137643343951178186561697245750119555271398766633102419936496159
367342333676593518995108210508545586590240452439501495865709751688
017729800819922259725289161528326432871330191207202622505599302105
520059364272067206743658081959198389468624150753802751656622826042
558448723696342315273704964736012472937470582351894637772876085862
713952359990692232587035991070927536077178731275481509403512701381
707948704002794636433688427716924012826404447538300216806055597399
111532756743042507916896649365346106649030339264547982624507527529
703551170293895493926050261167328050806361911350415038722553548052
495030725922083212991676993938578960521919040226593296893201528053
855848832676736575685837994286855431488484598780431993710784840893
374197790800338636966596327000480075341073313028695828601359287661
350885694130726895270622119444657090135000285078170081732969360699
447808011650899774698383275335446223117890041424456125659236190671
377822188309901262050387138637461107547138243333426066111911249960
431197487300355784675385580931940536564143872408715930702800223362
024034209266924841036541392460325281513910602580690086792469478464
151377425304908113337485925659032521084378705836901803059338532970
010969600087425044814184589259856965345569808272371276255400483792
707641017020870006758524443257752645790361826803605262387899668756
268684575871134948261702787264207740532779178396605930246805376125
287836224216318147642047643334565869242915619461741479293032672745
331987962759051058255643906412796059960516294105583577003536563242
856713972433093599861784854409718181725544777914093209591840501649
984386128073788718816754788756505663196319767304705864894624045949
269766453285109198744337351215664488814513250978299799856828301830
292718126587579974915259421426066384493476182366943613010007783474
504544383940594638253164174696216796375403949152116008355340458730
070341674476885386353724175911919125730296287576998669830602845055
125425577813049196573537081097538898051449828195851720963288792497
596687858557626872836385771428233523466567958926948548919544874241
952228540275810132725725884846046549518516222527214858969727263289
515266100741919597178328836594559768570577262847855954488372407579
162883631484906477914553487265755850111942264869962439109009594842
195050118285457021898741034571838981790486364649082967773150836776
997335515074170081220258053885245195363983453187617781231829233845
161492018946787202174802452815919012422558651698747259021550762497
491226737659456330761660211943484032397991440702488173434330292725
710928657389894240649561810909797654985118424771133900728809299016
301869411421261170343722496674766825988818337774891530013580023146
024260472055275799319899409643161144298528316114869897317486423082
626493416316845278016222869452176524878906995560991510960158794169
103884595635966852936125991245729283769357494996000637454051029331
252353719421156501331547537362809071428157731851185927633100144847
811577305157277411636321762995559710643742787164040829830710463054
191559937148153916125547811264374389039745212073575767777507421150
508298100857375238351838357539933202975989157824880504120705904644
073227688483087435345122645470626940975444513697572570891505730232
425735672721085168470673901113721018280580460322479166007383269145
415931982924325433746486049633965342248172938325475111403759384377
805581002679023593384798958654860787419414168840730434173496904240
691742895829113388157394322771015619624776355190240217127468627824
721979967626629009191769556438105385692640185914761669543194077693
489655590603130341579094455197560296624875454879091117532699370937
126380672256751463060740233445983148205780778552538169343648053568

079452045386888722145805202281371652698201162506165729737974807500
297233921909750122049474941700659392967296028738767195222550630864
385036022864184376624009174719032833908399536747468613101093275450
853701032488164563575489558603679918936112978761908356737312274823
781827018531064263096134724871436054931890377026133291202074118570
203965492336859086327290034787222376598941863189523397575264482623
228467814741678394175878779284134112230198805548371919662085993112
969783033886516758544622791340538447608394235553449033163300012475
799652761685263194532930959627313146726192661819832194566480048912
724042165730413638330422266489785155626456553219711447297326058213
214861528010097276801510402989652020638606860045981614285237499912
085209347292307977350301533905977647834289074748778151734815736268
828728847309608641886645303294760075330935853802770492600732884329
411952086482971131759375253443889588142555483851732952836011377915
329011335759811747590808295590475065765845686049895198699305066250
601709707832987606304681600952109729778751360186320545895578180059
587571719117232350915787137515399125515052606959476059331576350909
179773320833613680719455156407495330357188422563693171183439732516
057365037747321453500563595638262474936382247058368475214260727919
955251074551304244338336405493970033337134880029978594657544942765
183034121119702102998733619911776479300476493264915219099177723625
580527127257799284186221272202594729578364241569518389042618629319
498502398088279018227708670870719353980183576382804721762702614902
491846340252361295645126001797544961312208728483738833193857402018
908281767850298505262156335275083393941014555472125637636854640790
946476538165508050017967373743140990894748416914300650811821039900
941917142905544287434869177808284127163283349333738760189805192382
363730219765007029919984095395364081929393544844337867252570777295
959613871007157921472183707580415005441349860049290749969893790348
810208279250693005742360174677126398250444798794775513836887538882
077572120635319586500300839106544714907549279711557218460901553945
733251863898128582468776959800827417655549925565263787184749887063
291494390803074172603675896802548718373999961968293266122412170677
133971378809252017026230147178208006391621359820529738550555820959
403332647089156195552235663806264125747913463825374925991288014312
614436201171810061047225858418500286341562115688441856620282727660
065536243416531861727054704601829523329536489605733307453064730077
394581740556221801029658695455429623213626808519358450025873573058
666519561744637181113447756361029316422929997712848473992479149975
246975746167652401333988711899350291995072594035417767887842758631
733862021231433122324549995210226464191705902063721563648704410426
983363333138216958848319812093693683591904114931623478727636627592
154568410702417405297925694298191498174063952714478690511842343371
955926123191937579062117858090932058847948363057956121560105651820
752164895293647504997836425968788047609259997018653611113136048448
104343137267327149325176406779591282704180928409930214809574578663
493779227121375537125494983646132191054790119508054816377823175531
880540483447456823482955282130638303595464797553133860371316576407
833408859359457376719674086252518097818178803698601166138834712999
153771123834154528740489956469028260300688542763451896235735546181
582222140719678668431026826557381151949371316182349253043654779188
727730395772916676035989068298497927532644579302056250041982158178
336797583245820167033440163751943613079360668770605961550745818730
074058855418570777129376539546111235520177374526753650277123601026
263711408502493754519972388118497200485295407605375755048633498517
603934340365895296086073448055312295533568821456711805760475884194
205834963384542165377020226288732032814262719241911346980715350623
640604880106101761396430655066646671459774792751275013133465967646
396069944057031186056087812280632896781657653727506296728357626397
482838464729501891798560482491985007991609232399766719647678330126

3846508088042831110985025546612968618556503500123610685297435664465
5619849209211012663758311954624011266194893008382843865999999283333
3794876598213558839333097596539435168747702542038052033733823178933
8782825430477368592737723574788865668587360925686910563774468511311
5594786736516484921786038920469205739213739659762934266179938759888
6105571384739015869538001440033773942596352486926368960908705395266
2510961272908873767982224107476784882990262592141720651354432719911
6459983330333820509702367037918912977711390002179646455681701380899
4182584629598768936359243937980370126043700019545375320947585656688
6261869137769323655538553373664018114260401171263453205372512446888
0839250455380642547662809345060391086151119488314246477393594536113
4626325397903053106155154047570431835806988891168508827835754062600
4700813348942775641988110461503391081966974360385607326708715608777
6658858910608960720874715826970169056266871992681584833517410241099
5060497613332210304683200931629481966641786641089259633540386292411
3015247640415195327618247072352789772769577454314914572040541799533
1857883749810850505715767111058158521670552201100240312147171579844
6458543324890734109876109929564967615654471880624428493371942227477
4044983798596475584133489410742608333615212077501929801512946567200
8421155076388164598896617646436976032892432451053029825051224268077
0373121280839351220225540841513202947999805751376864933655676167844
9947133492695625773907848371824828315567929819728778686290363105600
6858009907222402153876614713644801965614811245388627165423342887566
1979792048557301929997500417588186220355084352693742241834775423577
5605346725549561541898838178560292676908506131365952880391735556022
4568797177231060321745760497595023225629419637906309379558104490955
8762135916778658295393030657653092307043986757062576067142706385266
0554759595253213047800632610710768083216210014579464097769268006911
3907193727253192285262742895738950413768547745929603359227262526666
6835217070318949628272456528458241425460630372804077747979885412944
6353979992464746913355243372318304535384890808089315251813576848522
7285891732859174645036561200688294705032047169041537686780019293055
0636695778550885505423698901222980877912670610523562973580602220188
2943158073555219093758657747362647369928888127978293339349986977355
2324137599315546363119298207065372747860725899731206930627210401577
2394384260875603932638706392902219030858909877722019855938537268811
4793228829223698259046430933978816522998597111438879191681125563744
9831316110931906115632552892612058651598514939761270556240876767144
0605906275936789728632046558940753192715912951170184437557585352366
9782060346030811140856162220429042890528709348719387536681994211966
7871603447511656321704404160535134139017313668946388738555313863688
2433699759859706164570626704130459126437284989148356890455609093488
1011580923180730184599840879909046157493109861431331591978406063566
8318841950570759621032685084075395110460713677431506318655681175044
5684291098593609486346869593672277580773060728837988142468100342688
5874419533203422259222591131568718551298843839977181848177575276522
8687274786799756095598144332697980232246925174800848043735402673866
8444648250945683719869661983308898587835257932328100478498000016599
2407290314660281505647241103452031576527657717145051080460305129755
9639033690487822708390133104005385149373537497295161348972263979022
1198896344486620188190295769295043464723057845265200580679906453900
0495542748739603331115133434232393928153928575524189254275336899366
7076736032707695340715397783176932998580029024738091222270247003011
4973214830993493324188082111825695862329465185756368975416357468955
9866026651728710637317821154407328308409582293717686280368564515911
5257032902756903685712988312781187473459607417310097884731562838644
9486193104350166181226630376959372676458853838094304945302303026800
1421097550250389072148424600933987543991538384213775459724640986877
3792660279416620470866328438766273660878272150035989277651707445477
7065383961960283431028523840913387237856397953682578837058304894722

6634813482131719088833963367241231536397295203799561405420265235557
3318226053603015161076727016136677534720210899524060190190731071 67
1157213153131399108734604994855887930555732907486675692499177914 77
7762752572153315305919154375764020855624311494453725459568097025 64
7576424442309047407014493872009314855661267386418994254949313631 04
7596189330349094993072843240900986604296477641606362128947695172 65
6741692210412679197620262917558530596160588359815094381398881554 64
7395390022108597871859240596478027678892392428047732324168011508 80
9942907513006728614972737850416001553809727869101165381637602995 60
0199875677105287434179648634948759022843450810248452324285061945 64
6492828833802467453143600766539393253169069347153411102590915595 09
8099960777108192404340081740190904995224169459367084155126335044 68
3742354082912646538035494169538468719159478644821690719718827904 53
7417589786565396354364174964211383323912726608538295677462642204 37
4861375086965603814411544678174631824157801254897625802405672218 16
5190255256466551041784031399315527349701282746407837967734310395 75
0011676435012323921872173693956157256120962946586125817922599712 29
3601560483252932466059000746753828911358876966050230432754644157 72
7204135535343106923020990409588280284249254566092255047367866335 35
9776701147547793789512216395039174883700606920832143131056511403 21
6591497160545033152608756244303975120162704447566549744508291084 49
1427532865125788432014337191619507424345854267127681102600799697 73
2731091087404071388839859302056854770568128370032410609948808912 03
7233751569167712944767701057362851752692267386733249041105761883 63
4334373993174057361935369077705806991870011038755068258651233963 41
9298473309667875732032904837005690335362168372869158682248493164 58
6413099556128076135431583947979650364579844225293998032521346097 28
6226953626724707628997177963276334614112070415414830530440196754 58
1623598606346657273305740334246756825399885570038420395650977199 54
1002683762829751197071569287780588231902617101475800897373783464 99
2100430570761585953225073361087295702715074312297920313721103151 20
5786945818242017418320565151175338128457998173296130009722859113 08
2820909053314760119678185038367530347047000578748360997590909129 63
0344182765505119842942611742125017453108837615277210320916233088 33
5710208577216259509925298643641820689439656908564775124318290301 83
5339510911467513718534246305851770744343216131691304544562072955 77
9149889048547850294942518699230156420482367299678208543277081713 99
3729713647285516236910280943949049809571114798735326336108615449 09
2136210719578627182658984645459587009069249248820523435112868738 62
6912529335695565624401533344756716240947811826571155954756699368 42
3562499979227723332856784786245269498130382957671588368253903484 61
6714968014138599194055597917917858281975784812372478022962734271 32
7380701712131593454022544168614641620641854955622017580271717419 32
9604030724285575914037487524125583648684782653057902112930150460 09
3009791132893911020928422212628874397239879299987221712680244269 57
0436408269175123947288580976631735219034774020783010825008230686 74
8165992916214204378559690700839634317491570400704911133097023046 87
6615857483135080144475992852020727860406246909862458183710566318 25
4920666633928689416422316813978537417455898355023981413476275686 61
6221186367561134540185061230145050641464766200254793727370169115 09
1057005880583855287751553568346135550888143137449856363777369433 47
3077922369202328195126019883348531930841391296921034511566461558 17
1845160918653048971195380110248525749893158647233999267453725219 14
8787799788807562673750638723780564697643526861306774761161564030 88
9810722990061362029138553864683684245835443420724906526943131926 36
3064557919103281746224652305086811453922379034699935761819228384 11
7831112734266093171716054723027485870001047866059835368762042349 09
3563146793544370070867604441608093430388964169122938462935021661 10
0210761640546614532826133025098992955391927596299462782632632116 56
5874319551733594278724799548287227810793149777110353425543816635 05

021820047559845719470764296782715877268483623611180659244515952829
152301818089716722717634965228375068073131741445335093301055862157
197336759105167204885674541572816321725939792701826776592787907269
759586524444798627848766953949146101776057760360711075086603455755
571296234540663775844877314065805021814441457012161388944294254301
272614399603975154880968417538877870997710531568960577955363596700
780699856501195536169958191091853337403661999066186774586536593782
895158619216835838537205517181966990029062252442971964776076579212
083499798148310842533800664605646546284410595975870105383783766951
341441171157658015291972393283182374190724182705562114292481259500
862193482545185655397012584064777459094161077898448667987879836035
943067050826469850650965071424287984166501330336475959713294583569
058759697058365984023752645595142841527430934760028480597374451154
823040085774538194414235491878380929229783184414022384436112322168
850562433541858843251154472064328496208456328119410827058831893542
884543650548453563300884266856935636428902027669230848663361182991
429872638798806829980861239497632951046359133826912525187946694508
941539649332734549729944898362994739917547441647197173177987268394
360240105216610149815265541625403854517795215840024958798797410495
248004753558164544116079649674374767184221183581573767370489681657
618646684473995745738638952849566518957447866597778195075225888298
702478900964065318520474237695238933550121847859966007408965038385
951470180407234577687838560758095616453392168848975425983059917537
610132320635432534424048860000309082261900373063418486886143876373
649417887401204826095051275986339050977024247252980175882639229387
079367325221116705792644140908543740148530459025037169637477458607
191405425694381561170144378884418883091592292719203584129871622866
850532460389435650023073416708375186459536802527582405209237446765
733512706016011703490806822232723412140846959667332516156575806659
024310130320641153751168740775678740603592587886171973634936771114
265430484708113330323186633985509494314397480484078764776783277053
488015967141016984435669780845487805182319957564073978831770271135
643924204452033300760976436796999004095854955620131358480587537494
725693403309091728323941836921932491518687235477393921275611794664
018511800138075010277721713064204253265553611432390788203509453770
750843488923010206936485172849761293833257931632804024023662247707
358488505586196021481895075688961464986471085846445373294965523337
264188383262127117827240693226571570786417557289614533829164489186
520495527295263300281049823109857339430816022566981711150564218030
749436110781361389682204877365185667020919787109427227650347063385
085500842117094040508256992457562828262781375133270805294552322160
845405765437854007179908127688366953749752286406714615345649011269
387426711403621513820477587549428565722785336658487290869174951010
237587497660723016951857365090579491818691542049514818950633136723
233600179192443975940164167719835945106934272172934837133152708252
285878147644954066168266066328173859064681708480980195630954019100
230303837721074832278139011682082582389277936139561206216213391578
640790409627777430623945887116813593241244337109448308742299489657
270496966891909767872956785683749182662280759470730876390942917918
464672898935038166571603238341300482214907355731011475604391076423
070499714171792722498893625118537718445653611243536680334158347109
99978127504593107294920164004043873689108489000220658968949509883
554543303448063469068362642692622526048050382229656658564454638172
578720242239306031674501605397755165542460307432569145384140667700
093348172625337857836954968801819714207583047902504544932943440806
547069667092081966871809574518223790333116866601065885464616222513
680755807281783990499382032540352222147912787357337924050581704793
436111604657520350964992030094306338515155701039654361560042502091
754083680251075696272405400706130739148399782154975269620067771746
125375177474080770421469498072465669210313803655901391446319337852

495607651289588470395683600524056037732266484889767598647222236870
457260025131465330278949073668317542852793043641684491309014822977
944414539776700050476454539441997442534009022064970795065778667625
625790416787951719322821604842790422281457455555258501105051118532
051282481704493408500651110585967966113480543157990100271163704146
255884514695315016137653098634679351398306442172125391421048484018
069955555893386469844709722072920441600174464574485789885219133254
971330254820980219920946867055130885041123215989403060607764070886
215302252839630610614984492974704512812064392509526839331630165354
068929280565187157265787411940217478091727995418741181137373534823
204924028544437285424144786673531720397284099921075338521376852189
920275476375155088032382034514104490336878610551139745556445344133
528058933149507241545365042536863587651146455776385286184222500373
544338608419457202578083624670516135441219360521249265478557979011
265815919933225542147336102522035640035827908575507305278835431594
674179374264974074094794894477957316609623021732397288402601621550
899074510246296718368591603789059816357439266727829502991817957028
068636510124544515441318142965418452451978873052020028802043389552
095212624250682073625164648296888315050959701000226437213534878582
602533578984284992642598493826986555915745522772230447836700451292
620325907284470070718264639429939710579650492402721513090902016322
578929364662069079114189091709554858581709996939845824188862304346
386468537094692019086644250014237049070605479440163636224484204946
141454073340772056136753779947174346418696144163556429471591970959
124572988939233815001041229439585288124290316381893911829364047567
480132005483777642241308322733790168055134561187865263787390846029
832484496777676526714460909842724092219442087290507772474227128491
998627528840954536122442608122367302636241666463676956582340509347
865011435452230172110431829674611812712477267475584183473918296468
924243908358983041077861222164667413927458084410934467091407688908
115480426990464476617903706913186431644872934811624753142709479512
183711895430801606136867423308652068568392614804784456647494574832
329837112783484945756818482357381296729860250944563100213870768049
043011088410435606595632913551363659537905774508634658418379378550
213855073066062032361892026534379655424091388667805176486602355686
801024443819982174081868308063265793445013660695883116352765901963
710912216830217994317817811597562569334811817590163704539548800254
386919502939484296333878802324540268683115920771472660964081472974
256413523770713265586567292609352131356326973863345139232379491272
741604407165332837276663606992078289885158189007406817883560033839
550249105442191369494384025928975768041647987388754419071010073882
502600250529371571205988217997519052515481351289265070350312953887
973951968071463129797393988552240677107478132966112514244409425462
058656056386484117697376509322232005813738988859893022336308095219
342652281506753067731168349920030749784495333173923562877249889011
049829135380994323467387064792939183829847365091741599344224180136
090702185376839482371972551488138816352825082378087561773037185933
102376901551814895668026451066955667635627033163755042821846935526
079312867717163008152297052501399440411109952375878216898707228324
155404378594936488165971060194170111775308197796006102061075809541
843822637717441589308934402454807763589859838646004481913063291821
212522007280634089056273136156282514259729116909696211674082471631
451891747360069596699142308087833837868659015986702232142869157014
142480704589721910542004790420726183894565916757662433748165233431
013197777875062648144789623796854491833393254452263282389839955214
350864723998824618234678333412034969696346523102970980070312729811
300298748758845155628443101315609908946158784058400383614543062750
283843451683679399431155194067233688033261838130190651593168620191
839636438811828697041164945876942211365769814951731860439447681922
394006701455127928254056530324642352419083789115209165207534501147

751337617613160303463500158304324119830345045973111548023529147267
556528539615498251732218702811891475582192510975188147499627018320
123866466554470962703221196735206682568834873759645072512079691451
687396399872950892928615057450939183524898641711515633710772070437
194298978525854106512202087219851152011968200668515495090775699216
193168057612255084107995644735723621151384426059118785236111157667
462461676058949088473218825118818916537294130184756365083622904096
877270759063075951737344653812358167205699861544933744135511580828
599979725070005425695844829042157032963296954183720611253277818507
824353239187267379753901060421898213335680014917629276358973974915
103361029448548755412659458830826273087297415813599878505897081564
293241595652057224388601584207810475042628112904425526350548296613
431983475578851932222671869303645667271026495994005116630866373172
740445456949737487485211033177549364625380611334474310806832630846
622039370773105244279995137450193526614235225514186805510400502143
876778592990110859251867499131314500087258371166936982497699408416
160624284063083328979971618705057651962404924316599951518966497547
503900114739890318968783264557847453725180452235972687766876242850
753816616792488000823409032034807146522890222308061496574270447722
125026619237142356260929122601825058373181197103907517533857713780
776213177245287947915831714843227314735068371778815798520230352800
599998697766693700822670880420433042717610360443602119574053183239
775082537624353359925874480669523131409508267297420082719591871616
960153406545781475710124329470340498901172403145627070070858913555
130659474830501092675331050476766851006872795324432368964938724349
140188685802176697065515885025617415207031509272651458735885771669
074118956676294168134057842406773388665298433582820992092796000256
053731611957486517297171140435836830233310269244755634963018267857
351110563974947335708175806329870766803421309668272612847950604361
526544217036355406583290195474112632161794143686238782446810885100
608798206571969473153168872765582925484100600262887084707264146369
814546760230690648480001950891529208834752002948330118357071474860
460032318036646630113783461481020801040824162464398628580275352540
541481178772578449824401215358088326311157679388344399416742552671
812706870485790500170018827661154025989664563822695284086125700000
312015134146214627435881881137521596235509096186934825303819680850
849675713080265221001754452150438824469635391354522294838227521939
781610063081571394734757164331002885720115617471919226677195436928
312826604396069925463721960291425377797398316744381208097218818831
236226603387075326789425385591691829772833273126155084174849512359
891579860193104630204088365812328283393282877527485978705364732951
561411429853246103430255531301949643011670379286563766956985479637
443740469514404752486274767380255896740849630272538858173832095777
727044265967645023462419588725735933861552680812047751364027860596
714899368123712011862123490548171292454815430238041036501487535674
543111800604500426130787682215885144267302962084048226136949742620
817609999350033446197688418790304159595153926411196546477482084960
353618894576122048571862646143232749719188085841721650249255612284
867044407945280918253914446987618136633194396064637822450816138177
872928278397648591104634556227172221781769229741153867862146057242
015889821754945547494863631767227436470898021546200732501302370572
121626662522005303961351678831013008568016798771386008087441449608
596103041041197485369831113671070824797474197170808243016916661770
771312763331363815453158913375254168398408478643177506675039488466
367772146792112185361223631672188803806610698593702379096318692240
259119146345846149741712192550199254747960048460063345981864608011
593744703731663195351890879205648107281187772402039744024602129739
110134992696648989782233646553651294973293415434068946943373818266
377860503474934332702908375618011054934690179339428739905663796976
347810695528961987646189850722086345874757753558684468723357249179

0476548077510392373639618546675333495970891747050103139694380902361
3404579903070724852963285143088878668807424981635856363393141947622
5230661525205658963070371420915744678667376833515582244422637175553
2905493953288236668961533263314935839281282245849325405559410719504
7137997035637423400973161309864621393795308709471653612565080331575
8504457300009414139460014745254414038169209933604115965838005063036
6825456630806282500948802003418002145584175546348018765356776441157
1647710438436690085370611690503253031468354371335818092924007680508
9581888880313192299660498665119235533344271599513076908208526629679
7403102594730225917768201325910777315857844773120758864509339877561
1872662539383623575762515880562030923121386657807216261161812700371
5605344622634949838625256665242292344365139697208237825995762610801
9984937542273567512241092324479307242828029176235375338637087638731
5181552748211124480024591246405111511149966446261984339005792546351
3949622888924362325218640252481049059595540836502868935748905420001
9125338674343134073422651959981448876264483185527327749412287856131
0622582187812001162857352133808604365252012350790830150596324546821
8189224759891328716943598514226757325815092498212489905184659072781
2376396492321190420564384917255643187344162296200604471901611612781
6080691597050723383179902400106211647477584390237574678913169570111
8226462177028945711913641268587186863582493271746562706728075136741
3159750756577475837640633804494482066835217833213332789677638365741
4674620172883957236721109815401621327006816874023136619483325010441
6485646460364125317413333237960756729373305212297457933352566168551
8920043759625134203063834294306097158474095380197411549530010282161
5055959259459194853348227327155444873521365344729423949559645304781
8053179455862934189010777934902760221808499185141257165316513745081
7503140146677425197647620461669311332604538789645165729084386151941
4311401615142307022471639399010043790686410341623679074185064637681
2566038955033477348967311334313629428543148876031247313354196709801
0084526427401420976313695876225859100931112997379360013553352920741
8298536720427612698476400667669866105345520728721873818067910581621
9074870107673696521668734487874382771997327186492554248066842383301
2741069609185500711535489241744407943370423182545606838670242052331
9330580317306477885933229299655466216870571281806631581075969880371
9541902867105158968218399861722645652372721592127269985616688430851
9683960287171538526694147931732893545844953150218593008668911797131
6649492410539530174013607858891547134085003976803645381111572086121
9563947096455742708238731268749887309705900533731834616896934170931
0000086168027800589567415228443663002296526507013856265684358886291
7585892712289731225045019397539880195992958594667444885279234641031
7247334135338390259480773955176406741476465801453303755125878391521
0600273054598058280083415867508782021829802912417977315235385770641
0677116684521336866501090644399184664729143841522843559577805241781
6922134390262097035903035025270328397986765487111297164150657689151
3935090940421630029212623423471285210839542166491175188768489016011
6350794990872514594428409076951969961803771282792923306313946321501
9657936648852867185365898542823240463873382817848153020920308831561
9726734392558336432163206608988845807113627763999664957064813332431
0080443070692281796296832861316394983415817887142621966549905140441
9994905132275832902039733890285425751366407428377198389513758460351
6859331967636542297879597967568283998310181525423666598572785888861
8064851894597071620346737035168045678974108321020687769153105056681
7668773293349200238935057443695445160234297945780603067189315767951
1908958081128270486867856517949494253179898985455846351101662924151
0670161176221975729255773222299579570269514273134125870360213259371
4764294767723385539394960803494329630814590799338159431146102374361
4826090527489260911499781759924252339697286952524166873150092382041
1212854261361635324913662513786628744172873692777326685338999050911
4428805931696176825772855927778554889122488088669629022220090710531

198672733203501256083276186546860690046121765511410345328312712044
352295100167947903133505342535567838691922343124905213327943612569
046803304540642593143348598935298788225495318574248810376413754148
449982952274890279695089814986469076164438957523435665064979825941
525032426325529441165969405598958665076121533992974864105280830988
791971237287616972907302953015863380954319401820266910469313930352
663628358321962934195022055821562811510082783702191422318615775289
443074012512069822362570413511621279344747937375070858534490402518
946776914742064913902473152404739223757035683312553974447363697759
131016724855642522704985587132991847584382118515249153210866087093
894774655589097681500909155245318437110167970439422720060659347278
649237655946958471716429025786327183436043870606152679931992517807
196060181997889618914413296815327355365655317827878987704548492565
683154048433686635893482791153784996014629433017853591892226871356
021156380668887360245242861517707711106712851439717394625668407770
725858919518657200283026878274880646248625804514333344541330861637
868233257296257953800673509106053396523255759682415048279519619749
459051008217962365670147705645902747898018100630951888962137903769
365337298726812820884788701063082554158504213341014958285427718069
494633813881682451903444805049224355100033141429208942257683134801
951041953956483428383168994699706893612395299336477360596737956301
617803184226182619920816348676196602758664471180876032530070874535
085357549089483316670801325348249711806765228158023607082333904142
811702294135253600330633026112455168649227533897653332750883730873
546591411189798341977081211090804713744235632419974361958142327674
056004446749156949455787149355479222541764298223075736651596039395
678729520830762129957290564633327979056087360196683806841521600534
098228717682054303049482964071437795896778917852651344209014796569
969586033217610283983223252420909187497569528250236244494235687350
103470187419905300293809698609087614945672871126806871959924240064
653277115700461234695506725963015667229090544556889669490363819793
746846586653406795597194462977563164582434386240379348980473005757
098395158216139214440418894226816655348954143282061553926819933381
323414313987908720655644117610051979103079211594464124822986954039
586697896296360224807663263111856093817090755322596581714925458095
004864281930723758653310934741026846088351017655232979279258864296
905772257139082911909071964170853845945443359918962961825813795766
195253377709395930937558695979150585469590600816003435570792205728
418485855996164771561906337685043293655454747429793082284034010421
477940049481806545729224483426104801520489332597893682357594775848
939079653986132009777388783890023066496506731865265056828395821962
580338070209708988714146215856544262375254313938425321275734074533
191162955171187913699270353917235081499866237794428418843345714929
271033322663099327159181177798427378975014789433268497205154307237
560639987729616687253234709907174640540240739876530764999282725555
733397102244685228197440635674154423398952240404254833976955371473
159903911519958160949598512103745365994424396455866218951207314020
177355678185319574500159138619106408997869328313648390096137571062
723478005228242118426427552831612858697601566046431833533610397233
746019991538893157302858826916092049488454130092262588377714048796
551601554359374511078984718088470096060778907622069368407378496336
096342509584708257256336812670064291029822279991576193941230501066
561932438529131227088307156747196820218627201948474469147750995873
774866029631262112393626268432315339171935691378989196606671277097
343228082519847506195406203449333070378426798379941771882384778573
049239862558566116335286152795713435314524810391638351705507787722
297623979208407088711586623991923319336495574109949375410066796880
142650207310666332190372968824698040807054186317885193804782714122
565417999942520847288328203476858489725525747181941141110041741566
799999641975328403240933119063192104713467023378515181682298661343

846179559222892272724792951269711902324963913804404399574050092712
081861325429437494680803495274028786638624393417108857657456509859
476694892184500640546563007857601863379039611427130965704638609176
346038756811696167424770017570120962241599529760603853488570014814
031370011280296945431637235112508802119138585426221056899489951830
180914171906159263693473649530715417590666788072282014882919882051
557077635832956721911220357704249516850618829530889889133774280092
605574823119088319103131939299334559231342822908244952580052392312
035468409591811803767004110412429520600416749760555822753840278557
228994429097079220373479880867350017022354028870748724156877915062
146524891733255247701844863336042379174274985534336281951376593862
764032817426362481472009657057617273393219713701624994376072232561
327874249377778589269330335964016213344136498402711391338427470757
769543778601175664910861942707182917441242654445981363785943440204
322865897546386434827291483675790906124620843234390391923443343496
772773556111421320014394443227320381369085729795736326744778943865
774890385918099259886296977925891374705285779546130320543303677522
033550855052641852468351949293468352432860294168994575328382103070
059714264453901409018029918233366474407788470720216230623856055975
822134483772962995988321194341336945834461478359693702832682714104
848145288290526166403281494081840243768279808314945204633401314793
187522373778064144956575621060530337373631466749971428199074239705
585981535036662090465058448358290370627882179517010954976396032910
465540606926458630212687402703333762870900863607757172312759161950
765391337763291958221560239574342934468871298084612180268971042434
170908330991098588888352540859422769177682881207561794396901190075
663452417006163200810141847533290811300309310975867707303631842545
293345309766615291752366323656474216904228061697515605333059925079
176825022364645999570337747610841475018859988302655204068322532391
058724489413214920420150763661972890004060592720424962760719992999
765156898504788208519098035733115741544655500524131490124398995076
737791147971421276661555365700029980643522358559463340291519655744
773725774525517368467724114822876372680019635844862426037986498657
582130805125486775367180449618700159104473879342430418785461787045
785436649442843850304116481926667184975252670736583993025400618865
946300442593498642188736746677914010289921935190341984732576022585
319484839338206114648070364899786708653140531734815143246518534005
640853019289907636016009140767076874864987866144724164384262549228
598167910812920521882291519447434704103619261982249688650183287881
228655261494487243355986406705534886676421607699601535508232824182
707156181963143431092962804052569380172100643874560935856366533754
096152099368441090064234555949678992586527173749829803717638644155
408339933247328130954900909116944267647099606051366703401744118303
662250489910202822410449800530639392246517643281963200444786431071
064518182924901554707466301366585027750507967666944709231116950742
845792691986465479689769857442471202502619936276904918689385379697
748241302056076304338922473675747538314713417546782974962447706654
093819818294053395278667728983884828299114239277363245716014373375
263048026324942165455657671976751934720546499442516009891508526537
508002510756054326553772723422307196967945272246615973866021741689
039122722547133825915532284525152266946972817303175525367108519113
588765425443579041298241035431744232764343271370654209963215706364
060968713845246245663352691301220789207803854120376020634119553945
346946694930916207958199116593075741982692987786665036590825853102
107170150184413675291384847390819223564708665621950319865198555690
374767109471408761353154871815930278188382078139400086999967045174
005890292947204951246680739095172243055169301048038278147544641937
702694249327243368125202460157153486104406075905633203741788371475
352143957277788274638618416087213432549823690048373821826384009251
021559976282492414832391100246927892536253848077699875241682775157

981445345592180912352016230923561872620356180637137437050124625681248863511622694756689681361908739138611682781042246641848813774916377582353071751093363651592078320285074878177329456795722880270292533039303562960965509081112345990450064098314626001133976600372981338813161449862460738400410387389523346770156047656476774375309135303602773064948548181815798555845871362783153768046482215248418050024360485920424819532883678403638789956319332163183177839752991937552421965960896506553739404460898228965083088605090890249651264721191096922940386605909137826663597944840783267636254438297382631612385127135883189511072580994198572394263896590594982782417809235047599580728228798338367066100204159537645690875936082090530464645605498351090377847790876519746000574937826856962268923656473689664002376142139140408853022853014229240229342391847460728918244015840316196570370051165037483283612130517927679202949584496107578731219312362792490708774704940277207668639512899595810379182555275737019903563985512824029479351343047014985331634148827241470870511372210732637816770795704244352542402658784910323099442185047657104762926221526379911773502945540414719797361893916413646795825081052536221009567308707059953511023282255406880818424246132905503411246368206259564429291757401920097057467517837870949738346200035152023509658220513234951881288097417013828007277492706073842957867654565122328069601873592793842250298239452654566153768909500376120416256518301073537003907029150204753714277894368805917320302711857789917666634257164269537166959331831417686469920393292873147806545499610556358587858035598893825325627842779752774869590582901784353170386419677914076504812980943838768811633599534749783496325840425665564883523023097152638961085263284139935517370055701579243314557133926350649126910328745743368016847088321019831805725899635641749947999141176464087830985873887601262243929152513512743163114240916595798544231194074263914199573700819368632439542888918921590733557117772516588695449446490515695732422360494291061139881878797814569230082568163508933768853608784915097614076727220176526327006304042988298532360410002404018299071505820953486678658549147523103917653043924444519665134251485886593572530618789331732908416340355221647410415435261375821818187912790652821080566445817008188462120953276418823619373937158454165450046137634755726916725247610255780211198221219161676924799468148510221108354686977604706507970232697917944664058254587841235137839159878685765801747173575840055450021699156624893432775705316234398574651211255669761595794165500430927839580643678562017610936953432274420323727782921264107279273315388054265718719523146147608512412071162145370705234609873528525352639855517375988621522832527062331717710576468344207112184896971626329212490614166624188760417868396533520813403993199974584851636867649088685910452680787306216050214958591937822714926533322860968536505039861403799578393235926809107789054855586108859242822422592774477365117818270019813885316073056803365796762717845777429169997919369629629072997268103049709697061750361784872804915714553234024897008651825057184139097089981443210863274307629534648301060291760317398316298855807697144339567729015294792494892573053103628809298857109774203433903894241774960849678531158757524460721062635221799957944832824964981796880877703560490697406097558151120951620501327709107803913461147510049698677195780467282368221758850855512187378823843550239713535647675312848875111455843944130756166908021940470540250925616388730579959357100709542152424023897386614498430269643615697593835035800086525206634482325093428912815946824688131107670648072715392133808549088932174463059788581127442534488131962175507453904692292260778682863658751566809447504786267227357076953714897264860136280801508442263265972211471187217154458187742615869707938869559231035534774484427102772791812654193912554760484431809343679664633404282833273374185062986549946001209056686091094950352084418389916340306963343519971372

234045101839365628394905715741199173881420686449188564896816333551
950660009288433325248067355841713374961715055093426371894023253035
425993843941877187420881455435435616430348910314815205765886944478
270644910995335212843251910491246905432173805106794185988054401289
425123258990996231232405387739821014464058496559741586595232058144
988525103769306549748931350603293607448181499898201118274927781520
113240464303834000930223108054725959755121674670665922944438571075
829356865159801179019948045358247172345030176398914902214494890216
019868415175873791916826610983857384537652804189009337550323487675
887576583508168084898048899461346384675835827589450046648026022470
795960731123470870190122939638421992508876853711199854331293724294
847578836115174083358437533109066594270132580329543981526920681054
804215521024796511454543319711530574099549378383693200170656410239
939685203415131733092513860829839610344837564348547094563741106045
616668328026369760559410786005301485403212528253223272517323249355
788226593959508373340095059845300844861549376083077293236978053902
069489843652286792858078158108085806495326331730564681609178514712
540008807225793713598591960203211769851661813820572666448797145605
056476417427368418914506734245675641604829030981897917595674479970
441848154395604702337843568126761771579873748731652445882100164106
192876715295197730961257950401327995125123044607173765330443488975
837750220067414677801697322800545673449942537241384582367759639957
228554593078385191403950474413617589100741462268192976969498861286
529855178802499331966356382483829419247431923558426763507319858030
301534307486182437832522793357993835685378113275565386473002476743
067237584455570664332239670583789750194011098458453031203974160814
952863365122483951151426513952136199492804776145672284844312856596
154497313827859533076736960149415863707036217565867010430358696114
579171483445820548229597116654702113627728249354079462907060140372
016903577892399326303272607254506004036460502838092961007600067621
093582161548809682798180459087699075582797111496748587103659798177
900559920461992108621883339386436767545357823633698908816193564218
210955951100939837537477554658607786559433062248491278978754508135
580009553618632247789455782167285821565583485741692055782234361503
253551913069451960052894986940468655864528839323919612404399594779
057554351905822581270246825732160269935312376217316256389732475711
628596069997082939495981464546812429119289449321675789363587752365
870831262612976895221403712133337137363657009749611146795473894021
625486684146352498148656843712993256610369032098432452443637457892
832745325401013787354608708578491533913301848796502158881092990371
435011496211919724372703633189011799293100919897206605891949918385
269867800580939230917378195429850851684668129923342594667076177767
558862080126141261464088615606370386756461288814378861816884069210
573731007147127556028255238461049428731994983801419274943751006947
906095976275704074256052792040373513225643720532009690271261787884
195824392343316525246682094254662729793482420950273277702953598156
498247338180616393871547749197535049321791743206684340920620175808
477830518875496124423952011896490704766018606357333213987937346739
149080881235134551377407155868222354558845754468634333775403138713
026260714622401171706024010652254911986468430964157219449244602828
173252536670353723004242498660648053112750195435652322568738263515
606179781774903631475049573203258272282087901580037039472207847114
408535302162674050665051256166950057399083273250689952126975261606
027252472836652446769954693569475947257566855811894258537772576809
839768588064964418575387172908716236658429546000645728360531387581
386362944104313462995374182776271853061591934261217713201031002114
525657669028709745553310907385811128955140392716687522479984987499
178502589268902148245957825905186445482530867096054152463916486748
199695691963759719630398096105803354613278943598184350869745259200
054859003037296168307195762268543536417311817450957993316477690774

6402740259052553880918629368604586739521133104685547484403817107252
0663691014557314738282505357057566139391755260695186896492503446863
6474914652615608555050379139420298199422219947354382317832230368471
3733024748559429826380406512984891971277312697939942446836813979711
9308945153130102282071760241132296391228061815709537618452022878633
3617842610353107341759203978291654370239534309225910850108056559188
7725277755480027001929461414441537672275682553321417372014074713478
8443436316759161438722559433049497719612338422266160489643962420533
2677970414308024116401196808910109206342903802792551569679532441611
9283486641083828605441536996436593196913777787005936030482022913022
6514592296134558029718272438419687672437084492636755070563340502688
3719944935473265265632066274380836995826335167607082354952985615833
4331195243922970039879106752683149442248758705971197501357168808077
7088016385784327781815130277868311685891946114301089589218392897133
3594139288856488545091637259398359742076715707460714975246059863988
9669574623157776860487972014803576795648458982197028876161231947011
3209559242144883555057627232344348426426011753223061822303565850800
4701101189919325257172054996292664129773504285043702622897235852811
6267563789630203898474355948061217387390668535438453039293129881933
8833041183423778361478059757505840662254133629335780931947819663922
9742350390848059320069789917678833968691319748258864747086279971311
3256137172730816533406139462568550590727545864506864656527768255533
4297214088338372788201028902932403132421020026106356642443696612088
3041768693220104899345155973211746630090867120083557242052922510622
8503029406692705805044006818192273514256346584354811095932073401277
4969490002544720797360379164669703195033832848355167676058310365455
2708576554980028239478223137188703965216420784140386320050168755922
8924424891643210796200313711074626069359189558182399883659153109700
0423581742946007359612474329057210929097629241041065662092350379244
4313926890303062203407870584752136844349814006643996828177728832833
0680829674748510726842285639503119239679399702278280832904039187944
2701256403173198670548090381729010938267703276181873338233299287355
4251791214674169684443841609957921734925475411516955036329294606722
1879838177984886836278290997984302172041753625222996727432571630800
3326267942700883466799312372277892804907269063435938633448273734944
6871808806945088824068997261658713437518740712443535899935749505766
3910550260234884831930109776287518455556142797284284876039387213044
9090254184884269775140116269376139550458568990473003987622256956955
2852270270070700223631278275647209189072366145338315064508660157166
6725030442531345730761424825299347355082009481110740264270328796133
5455899723876924388109759704444572797225595582148318579221168381922
0223766601470535503329905663899611395020035590039531431485319997333
9561100645962955582149616215804551632496152498462549133866615566133
0574710730660649476125925134739867240429470527139458700571144617744
3592489199997798539858915545801175707545841985707464441715735287088
8318155664906711613720524842124067568833334632630939467440591539288
1243468652741507636710833294679930796012132262362971922889061129433
9568658906746885822588883989165018835533075233198157903553586855155
5782065468218332159074291034746956756633924854152236453715003886211
7890263431378530266227448817999987385332341525005050759944529160100
3849242964737923144851996764003120426193110183900107455976932457433
9965196822111570172250000780185200769092799527481957223522490092455
5102100832943506047090382176234012352784838737727314319812353312166
7350741624784195463253446152082891223780469229085093862807526773733
3648916752751088671869074857315117987191127589737172122200697902688
6270153977033376235391685730235327780805150085259817532955508078777
8866728156509666916158391127216986993887591126886484854534528983844
5001720075317880961273477440300452416750323930383670617071013055044
3805871730675668335337453783036855999377590869513062184655285792355
9339174191712054179699872561324532665773975697093217056219380046144

8285749989375231643513474707365882098106057788654165147324898178700946301385079255922260729715226203881943748439143105940959925843344656576817396893261104598701003727543525116377441612272999941018619566051421596941206355131448597195452860809748682548745244590362604731380648393797344681866249700721554710601935002386483893437562276350127925849417326436623720232785535941949304500111524937011476346341575426409557473943069445635423620812122411763735769708677763593019356383644402889363050783332280366747439432486570798950852508727418326835271995157792652719876374997907620843894634721262036078308173814280478785549782897862274724417700301632550133970537241768281532351617690692199702556999620546424372653577547251024031299435538645948314701949401560266849430318378369365546618665662547082586074894839728251558916038553495064513847442211882756298620633135692134350535417532546229427385701851422160479791812391358185702336381354453571127711719432166046614310154741982155492904756210901895720806062349088029040678545667463724177248681190074206557848221929501065966835352086790875855344900927132510735378131123286004105291883550482825682124393180978579666414416419743846503597543167041838521459077943357731496484574214860854886745291314574589315184834205058542721160275207010530288121820442571850407971773519382644415143034000038965083547606952112614351514494096991515178332585172479894740524206100459840736384351138298293353702855164153281846898780435921758197601110371882601157152121989928035754608388740947375220406391233628982806618731953235529204014220009515480880706100745386563972589708030327985512405709675299487752503483811914844763960690239980085887510116129006008076911943810302609494806598476196904805932178521399828659016361397294733342452975784299759023288921228876174536434315837531437849574608874737342587958758219901935389814229423917941515613153979302514641379860895988767541369432304048702855541978092295804469899019290455890684659783833799449251271604941337790706486578589496757599405061755763293475680828922029111549186488201592146177654499211827254988676568962251706361483219514060308448688429474908171412276698952976652846718701072919337792928244353243138285206357061580769259282603222119402768779042924083653232321510235407534232109476053210171678047889604168510719739693991861879463461896797135467867224402905164443964782932669463584918661504011655032137958238846403545337067500146824508939635084079633883393164400215576294876554514962298494573570455639845828653901031203119955863297898599642742416545640221552693117618219340405280497700139581856995045062690832184422098580656036039665052040509265294491631122474122439854552334593973602158488959564576035601123947226002909110232358183270776031819289578931912004228297227192768010578564466733402031860657975998976736300451553441212227464921178419210429930233047545934081486957338855853118789257243599624701958104940834271300659716364375165746371024987053629169290060997979798208147147131128995085184920039864046146530250994914143403583695568842161518200066725398585320356707875344741018213449970395917873975349621147236777151075064434193206709784810139061194681429965659469499803015015050439499165819364340617547120060232533051005685661995398852109699179681030651566276114001239394412740504065600221709854777964424685874863196946189551035133391641195903971893876105442642302464412785966320148479552732274340928634620098405982453385763861519336443209833918195749629505252717041594110329416055200707970044527426550329106801682918215054886572979083065733200566711040393166428946073974276132720699137735888776468407672601645037969090673762491231815694613258421465112430180886283850187273208293049320534883490802257999620893153820434587462062523629681224077557166761470833253074351802801564661524123357726665459689501535120964074098799335251124236839325550804077953890651359848693148572687489949014085300106254036984402433985738212677629454919277281927072710075950541945450379091805163615808362882

870015386724394500702749898432185567647403247143923664843411160620
931019601825031780683539857258391335713344930361449170866597972333
881453092174031811747752032581674338945826496752752520361126273672
109764543134023806587201125134514611723801638359472687522817638356
655896188613216729989394014941251035646583363688776090658837696741
829191920311945646978094249838609041603309637645292794234193002301
740054343225854625094743545517096835436975603565019923851473718492
670597233277579791173815247435316334241172984589412910750455504288
587776273734066330416039180826874172606596159893360778633070199222
318466648889304527152405511746120223016036619219393661579378673696
158162597300582128112825576467959494028146674576045577470673902200
197698318259700293819541492759081133733236058858777871610067258359
623260496001605899148893422047361613271007545230048439431098999163
722188623262572247230711979182304944435140335744766397083610698607
144570069276396639734920292183462976443818601893766880534512777038
481569085406140328036150280386094903353489323035792511739353041584
113326547129056739888443593082228303303222116592985419196559797184
885423887158089140369301617172570015570614836906812742295502793463
522645006869343077482074666368747614762002275018155179697826673741
459504387058872387338963291213957303994663054340289132774681687546
695021614124655037009126591798302903887348417613972343394556935660
083801609435561378553746892071454423377646719631384646526315701017
132358397487466544236302779285419045015666457881859979478971251481
140502377690261728979301308065657163121212079142907054215088898379
545365916435512334174598794809276941751149031174605522455785458135
586702153090077031955655899599746805741613338361641691140099233415
564386836225866442807940336267010522666936192467472371364090542898
520518835100369268187997465647052545068268393626406994422311791299
733364106678173591597162898327417728872302052609804248757771006988
196240372912716284558358478403404924364878183372432037161878814931
836632132424242420147187986601290829544902098739959542872139066776
982756308916794217401688235876539750420302448986418896369096316270
120557681969929154992775142543788129467665083250351267168466448444
547240410124528064217832732227760436916102880783588718437100518084
017958014108352816351636038053463076389194761501869867367060501475
565451912556348547440616202739383503562785615295889468170169994014
332311095287212448270472060546025850066704075791114136827906978686
587117792043561148929968719888032590349546258685078645156073721715
399533910705457420844700489981128289942160212220926244947274540561
035820926425126780398190545265944373751942813217137033612591057551
698992847294695342429807232562902588836268426784470298363132949660
544162538614748828347981673228810978487694132343671883348297513277
555209811183566129984856870217344971594558142051676013631681044749
870916364943156667001634124731526314664694470222860280711813992815
888751637214266832121415092317205731891117328825980525201560900415
547775952404089135009403651970848700749678332743233588694631268790
098502313172066141132108607604861957063566245230487204929701679457
814582009036192806782139458937433777693126987686811712481640849105
253884239333690894635409235802310817255763499799694364597544489485
664773280449886762357891730215026987964549842771233602523960136788
902639127631673348690099465888102863102237495535995017161877940595
427203256807509917230406040592447593475587819231150708603864364001
669769358844410773687028457703794092834941402822129586407527063935
399304447238508439688527577798355208317581070948268654551492346771
164511885672238076006299878184487827005272031293884799820971943202
275713635203988800756097935496850722217381909642757568466440784384
976235954164378986071667348604995364292157690926961517095282542108
602668881287621322828870123941112135608499848560226167435034883052
115199522213094722311882454739260808544121534421043454311042835336
107232244610950475490308238497623378772397985764670714850727011550

335079176889428553256555785689141110539376812300764172733233555555
695819795161678765161127158802381737058125843376445496393209033630
888423831346474132541575834085328701621478467527366035329814219899
900103996516639857816270835896248137581128520502746831434621865421
002873579845306419721733111903252007346192981287229517898245111770
328323475986403956270619085455073580791658971007776402290351977055
165146315695428841424375579757096894223288731250154465913235682234
856323088186214869175254442042503115517112520932667209352445385328
575930785720519631126771596563353595646066381215699176134271050357
968934692560977592291135575500449546809395941988076919375288865024
897112468591619511911805736623365074921836732839574906693966899486
388125465885588838303308642792235459716140863913280169686706096747
793497025136967094921185182680683710393297681827934909048809926852
979497855733371545681229119082889999649617367275829677225427182642
232866400132724327309242950923056622134697756027497131137749640216
045186933589599433451701314743167166992535535262519182296068551102
552106617693913058993047044013055539478586631684376918286472343532
485938877973370002374344405223057833850423369748670050160028663716
354807214257274236347165982592000599527350286342941390667926697237
987304373539379577587467043870950735671245544966030978961181945541
702455921930096405938055229427692173509881950338542439019622355656
650959811895084955834758326794413719433477706441743068760728732386
031909376467452918921839273405652449125058695651761156206981250039
315388458184406490819305513822068081023933630856535953832850815185
286024907380888193971974192664563416144842651154131695628352519591
124428382628810103084755454897369025403588236483142440595060433363
721723113697973766253778983291481467685475411897102364658779329452
455366084629871709766714521539359362956508416867938874745177684647
019705601206291119659392716942878200104738422691208420374736338838
627479266343817074600861816517701247380026891028324861454672894643
770339434204648424196702561879164897251838674622230416516000185643
129965411759820850056332395241632046675535001335372968491746764631
941349922374424722463302202185954740646378821188234593940899689958
667766370114295285312707935566323783256196678213665709220602831025
653913540119066214292393816411208069617216043809938799300327913519
396160545906725965724244388667309883949480405001995869954087761066
913890684279935646950245990878656104815262619488029162203772854404
310761915233096761345657898664927602310346708078390992627547645000
231115988151525016675637395740190577034126134204163590448083907653
748582777525966628543162988331420747782612095040776043338836635802
430892448403488354102870614733963283464657835796697459258740113463
457623216081042397622251689597347681742851273772134888431264298689
167069631623873420014694898521423020835510710710502557188462778564
403760534154873713405703530471604771067752932007990830085796335058
913648697747150937612256284483514279338752636745707222002567691274
834223794366061319862676094406210515237198485974737929740617724333
077735380254302218943957667695095667279812485008486264258848457967
719356146646462601496495146347149006188672601302167481074660541119
266891840637883531105630441708083578019992232956434743032959791358
894379380097270442582150692797998883144672532976896720924331096787
787043725470404969378268535332779967817629151867127754136572668369
349108729256606562281591526335044669497567922949764583960403124782
609680807632457291796313570638055301817950615589346192005525020421
276892047265235195908441637059762275805273353990572737729245898431
134662089469356846280770879593423614342618357397284121665260195438
481774502442968737870447818458084566985918167574593630071250992994
559021579797126797928681418361794529381147438345911304949490625457
775739657448250418936610501567223911406337904426932767178357282347
840242922904037674700397134683438554640642707102611753009130847612
735756388934449578014367197801389826534243776067204873056592069332

816973770772050673214000573675534498089554053868887867159112407602
402876493610914648563243513922828961692053847422089604660805903823
099659189334258907900622370408006699792029798194409277173502701273
368468208673831027079479355302208227752154460927356207151719553874
896681908468028606626805266261730739559289324327665608205589264922
811457207893258778236808279305050030741774353514258764320918185432
669406906760079190821342039636895309452563340221307302098645862976
896554724865262428461104736657509041771732052323741407565848993239
270868216794264326875694735191217476911115775407999719992668288850
793903934061031042132964682504077064770521769095572432685966471769
863829141153779769760002581927239446920104966004285085470014809180
810817266504567967186688064620584788093007116714190784971339391499
399525524545209494650784349719810361428778184033220570694639515476
946972767747706424864607939235195654366350830702520798246537427425
699694577564626119873862943453280541508276209906622774358444862703
767092488431396731265635680597853428581984460900825022815051063672
691418876039788319773186265729314218073290550935385624444888087051
585120556194413737032854054757221463407137369326552108693222709423
907542994089944254445906867574114322524261672343521912782585438845
595167978299328323642737457452544546052939896806263513733587214850
808820205518659958034081488329701253781235056793050818818568505731
233257555542419605427358319447976432499228822660435558523349606680
905502905216337784746351934749713022329493965510415987839740167516
618593605179338950392466205245511268837311120785257244245799623294
450168341713595140252095179264681156829820313618827396426623321676
441524695487558164084358212585044247670699693803758573003905790110
515414779557179169312729095998221364115981595201458613678920666663
532183944579112942949372746424648239215477975615733670895761840575
322098504748583570891766352727809495354274482525113739382912378335
184147182784881809377625946725543342069023837559765846744498857297
100153365702593838609837888370559661656612261881245463878074036437
755829259340136451738584462455407649029616220229244791778901424327
249245624610572832994427679678314481934670551757083502942567326335
264906514141210237861093296718863103717170461762893116167259029067
712239858836596414924553081207285708410066076168543516663530341382
801133819677912289974126655244951348338934636181282256499053411503
179141167093830767768774232569803429140799802919107611396530776180
407622194451519402604063470356799353883274378588152011080406490885
175270082056238020512864218424823002632432055997998346926232665644
701956357300679539057244150398164239082136235132717714586191210328
112357269933087662553440894151205179902731473868182626644475280406
727464085723801550389418912595893739926501687752743769741533748172
422037707128664490771162603154417119414108348606899529507444772203
362744266818471196563615713772424615456070479650878312900133434911
136292975583609060175949453796861506817908507607566212738100117918
293076118629911635574502602021275654360951138569094815424476722607
340061037334261273608044855312147578890237559057711317455009411859
748652962705885639173897159515988987014175869648654185324863779433
780506989345553880505233124949841887573046444733144459850552473986
539970734623381939800857730435695476169828265893810030602411218665
685980207253371656135335099218859560107881521955992984830737114161
764839950330037898824790345410532502054955693588016154598918936886
572124748963613671862818854644786179243581710112551851317871774504
307353645029761507292301108330802551534951869294849716900991730394
769733378956502295614877878048366582834827540230192303690385819788
534303828558273006721561304247679650997367389863963084595330994467
366005278953510077510623540518095062072959121477879266263385428792
589775958630580646504484526239133538342627050430867009467036220406
339767252991365187842306583966702262580562122210733541161850293635
641616655779237766395860494693244550805903617986442755741294983021

0469698616449313701037027750848601539616658645128535453048155982 96

747632365702571880611706348762926273236008312525699654343218937450
779674452915427894712722894704464813147441242211665900810057217233
044387008737360533164683029287005557200190699431998706454465506242
821727117124592068124294810550504047059241052883574006564845472456
074875624763472596201955416308086991308656786967875539700812791176
866919496838135150988085209582767929487854818158433903895764802898
509257246086253006148886286503065719865793656157955982572991894328
947716189620569354672805441856350184626344267485715560888443376776
775181119587963168418536391233749766123771258705575367714255354528
010236191288246608468567360849341333119579933540423335773588963780
531839093444280492270352162230871494436067300423117979682863905171
951575052097655902730996709989020051300226332647381845202399769112
952460615572933669965418267875614644743693887290887894259922714756
326206666732908094698629295343111076243281643273608630864133864864
668368334034117417243361379086047880568004597543289332721406080344
475032843441146117190967017625398428226686468388170610025364990074
317384700086148176164319642146091993738188776548270699793984153938
974909461030806089521056237233733955299064854565477711132351150583
518723974869707635229334354972561003011215891267832849264645292657
116115146530034496144130407078693714179233116662476964087635487399
017477537102018211428142144824621320489013665523144244134042877529
811835667348556593691796255853153675107980671452796637458994210311
881547454807524651853170218249967058200928170347143305649061103029
660077886218643958620309126219537459319155011169133155954733941172
086135358840520458592736046321982702240715420614033109614862990759
081033133065914757495394365387018430653038342790401430598298810968
662879396068421340105866813687700862550410669655362243076097486920
666744068427555947082594037595454393281264615197860109409221003946
623938100024885780821530539641236263035680445023302479433432134418
808431469281618392368201869189398393330782579391518765988615852658
830313054820647419923861166216919045975656253336318446768950752992
586777308978113220554526893234119637741580704297917296184933765166
937562151464881384172662171532362271080278418137745960978655724521
653492678760880091880707514451795591893207464840761990517355858488
913303280635078797052313167676931577373187959490721237263799259715
349422416504918609591639298051537541530560108354141244266350884117
088954264409770274228232128737818584813773935509749335551140624466
436894204535523793022955699025688892472476482856987927771770439584
369247240062220941325554943292326806265100656067112487799788039988
221458634529591716662481653228741155327526411248966562365362717905
170820153100267353958824702235281639972401534641220320257977808273
135512050193684281552081855499751491511016991412711608445400907620
830051416461882552963462036087371679019058251894683895404682662971
748668008393029512607766929924069435225777438631812759679506943700
156062505627855914341512413394030327712953253107118617480257722349
489292521980974308952122314619576662075923556359726690767986661233
291059527961018343106907702032228716252083611956494811752997132749
730597835528521285785478442861816852571073997916448507379463019479
486010937938364054003035089249948913801089313227030643660409213615
225175033647591255299336234508746206252211615213453346405907315273
240795593956003274879097386942606636143145093479579364252820760576
736682245561277978857985090507465575999523325768019785164732223573
444661249477999064293351032029241706181476957105077280191727166542
272028024548065568292656244457107484434380924735583240595727928137
009317949584280200678166703023483010740547421926860540197880276706
177331169854901005325265807003919332218325517622195004956023295431
880724870989224933073759045534887851895773428251250967651971856799
652910171995101746478143027813335716956422319340757137678346086967
122438121730798969383121704204911241451586221205738198926028132533
616506332709612681127354457645034386271837391993894379695856116712

668383393759855826461542797813317912057829123789989227627725615951
258427540001446320445791065468667324140533658619184280422625821688
273710321538212290016053895557458048149707951428828742756657075814
826054824202210612037688341073437044616953135658473158464995233288
974086138926037436545571031357309787030515797674186488333083334683
061776199649533323434059168678388645247041275531439579402788421613
759684918282328600669289116050761181598098057229676116423560905478
275530999022836011825568757238788125858293421121206435351362342333
545480003763735392284413374664475464899727153248706234324739394940
743678490417272542657426758951827960203343622606184340654829291096
947327758106315005802505689492133983705710619553810369925100616045
006231958956852776338414533870921568787580321274603112849248871469
759238966121654100784516651875999266072990204583456279634204397156
524456500393326975841615274186890528103396227728680145702700318962
787707751372895137492853891601345118147909121245542835114507476620
614502078740552719831064913195084319393794051393560862448712063282
330972563106568067159358712039921409666332251191044508321653543621
993777585843281227230971764972700282533520236033469451608228728472
752281846877737507229883391318768369026382449348885643460614702141
015933553708337592611935438143753258368050686926516021319638590042
494502607779328982929749310257474851915475821236842755637397781015
150277718846739673439741825642715865300921367338800791231126616041
891722846890638267871722469773414700303377094862942467836229172179
125739785889572304938003585912363996896312161385831046483707963766
267992976156682119846593415593391674446886200355689651840618965020
995787949475034213451064682941891357624099495577188337647484493614
890337338736408448766512857990600569180355802175743282237209829640
541398491768614254113578019232843223566220125337569971038210371450
536113521580875443258875177314981234159790077484154852468747186982
843716427756796612188225898363586461233727087316163958782993815527
341580288062228960322744791973151341958948838419529290567529135828
470288997290468242178115881254450027577348975661069369938306002844
248830408556897564911615693828782862045901715920661835559705573502
183092691196050687113637921989163882647003032398559982585297372067
596850212232594796092137013315436900473475800526697316366280876754
686843154412005445181096396331779963270733270078424261594328719836
710018530522110004993585898093472727826132452225547446633652346902
607995201882984865792935643341058619206357658021349497123815423332
633081824963302038636180607430078936284804945727476555968976904796
307725843589609723556268852771769509575485467415631893654443452682
522268733165858336717410453518601689739003705114038721607492565728
669414463434281934220107879944479315289080704416783720859140380787
192020468714895404296577827423277263006754826839257204742895691916
760052052321538211408873240679725588369972297703978174778655445133
936952804673097919875464405405015355984214901764939708993368236817
978618263713774776189924213964754681521802356570084650624621258009
338239375893985352553247370307268761318693261257733337290274919695
015084048179987728373665255064027193614777325988089081494639422730
754621137974252544785730656206162327584566336871604105456555821963
228444258001613092292561169521705856174292971169937298798552686573
679816223076859491733218637615077351715337805336399472531737904670
385755272237382781358856453237660838981202294975179584990141689663
452187860835838411893138472832576864873474621953538997800875424150
586749780156015931136540552070950803525500481212312377181521072980
032310175918378625405659625399485447107620238523408341501421890183
896302766908646062889973158305000605416610521126183324563088749423
761321117383235991026715443333980903010767519215606860915099297579
489847091340484776037253316486633273997745741707870588584989036478
250500607565276677666730181427983462997863115472471904638130827026
950271552434583777132888840113322856123276424758054914145334004307

351368200167103048967407913220417329365588638081990240250424758979
906199739449424061393859002043745081712616036278391241147268209085
690526837422506891099193767722077768737126770152907129682261584375
714966534629615403528980698498199023815881324900728284203166454586
451867787181771772779283212526968322976641245496739715278796804347
658957612653385245739151343813784500518738591532963414053689484439
722550801196079269028116229367043437115837195386577860034194671309
665344253552356135039263743335590248778009316758556650202614245175
520231051803797924160186816532721349074474187926304637935701957254
656870769649025628311394908306598139258771657534329051829883074422
093153945626718913650932778527585614188691505843112818062116453383
461456499861027990887831599923320834970349900964482897361997260841
303050161383437573503350269679199100394576485031398899804053476207
979951035562800942711980771413862537468942006711292903794021105099
312881767863557121288220584525902329882784488972855767643376551320
983720845365197273566294540752078683774825993769508547458537785440
151866870321270325108378857553525327422467456165530175294697049286
034935237663193775815312691121571250545649366284046131575493234361
611438689415519179552116040327941387040597365968287723555493695367
249260335274498928882204488684436527515895468955885890718317292891
292345774428441927250527684755038702706328297997585388259938790678
996367663472636799709113700050045191515070502085744705320311342837
530396450683734947465152543161640695883965696047762481007698125762
324027656324714558678116653563357384133203756328577111457947736117
758910978449597487134549945405008974943123702669160022779621516016
443144632155674657986969134302091737537932953736310293482594184851
531345770064943739097642085895731774231457672882967906750299223152
573286983302634123352631634902064904297082100632648815676763242544
468703921333767894896001251362652354725651702225595569986284251088
668968471078726001673324221562512429272130805593262213072140936864
354996898787430352676884922123183449241907637471574744625215974576
466357242752795222891504064277678656611519193319181783056716465304
813810106667342459156864174457688390624192018654102252669706153890
999072549984285484195668192454519747093061422753151298445309182757
715136118167303580932146032258472352811825504706062154262243245514
468964572693823166555250959895041093425374308599979713700425885834
030449726710962996976323360777674373479878835673010286471384545928
791637490145406647519394899352212362474366131747830486884631516036
592243576762762344666539589796468790552923902702010757218919138214
831626852490495848675432931241826413466272282093653277283976675572
672897319381293419430572396207232920071863867466703063646013311111
642546802512289430533112509853860120123607044969978521095859875329
303277162267982305510767692680002207418849030165005038534475971018
301673782681943612416569639252294741035743185176583656034123276433
900956511863260791733899126277207213516175222255241829612433962825
182328696862544411862381233064034533155601640695747232038365145663
557498734411685994161655182496042597983926781613148318090253450716
466644267026276118597649132476829527278057032238343515063672177066
376374024903046590962859602719797255378001418201998101813981259504
234866248344043921136487236662920206393962884531448374890102608403
614840731200674156229159669636694083603264334149637120985454752501
773669601971461784645155559941672637397085864959877953242158328218
410939164052835679070686421078034660757197989148155400542005107300
962796234727249970112217781656798449194332226334150338567530824467
734104550327428561157455387421400071928430177447314230098365760751
551277796281014722053066817420350596794105098046656313637782517247
091409925552471036812670513824675211720052849429521974886284898527
787835621060048781271144063499088164592445189801044293570832904722
016072696604619842607722478310717143909349289737950750564710538029
161874918869946353013572935018732066873115017315310912967948625497

958151216822075712318919091383383534471023659794480804712338827444
035053467999529133546094139272844651391190836076226579839815642463
829159990441628452768189353279135674740322735150689098775472181557
499848834669462227119434351395727560933187767215742857830330183042
225170496329716122968367527489832947231506974978874140021926700672
065677292131084935729407635928956182812900110978472432830384651974
375857368591230981783603031405282300813026631330413992533992179415
764798534708178636113772001408570838639437703529183497403741835116
223700401731882693932630875054875664529093265665030243944536227279
170800381578513252902365105680962589179424001638714961212169469925
442398674726206005713115387838833883078016537883877521159311944935
956949179394057884886062395944418497289287230849557926072113297712
137238869698636023682916222546471088062109447913239901540667816028
934694282155062721260541798291781738248919973382953016826679061778
013533650471886339784273533585623279185357977922662703802445696829
686254911874868530549785796598918486218623748556393532156304899283
486556154154064951221046610376548180602506765491340332738629416911
776263813834785118364105699966094920204489502629446168466855106066
242088314537401268779478139859577769903987707399417032565319355613
000528143599456061261608322358990324895659567527576985324574403560
761288607968185761977178876556198523752744722359927202060238916718
790814708867068302793989768378023337579683748471679204205611884614
435084238369737859482588497825952141431676898495921319389412875069
596149193271147035874533660814943754697142919529031019389435637183
593749148307423044934029596281116652389958110600093862221622655252
976610650745271358949733447407281673926348622262971347155532936244
457994650823197908769074458525370345709007744081534167863870148099
674124003837808523427397788174691080535330509119443313873040838043
067506030686269532124522901667503856318585859317437769494157410810
572749444384001399152295292401680667458424696605569107697596987310
950784518251857689800093942863712191016698078851710571144669507031
273706962004730035675368235205815249186823908397408809264852704581
680063915340134937352547150923527044161926572110042345848085322398
093081970121586417329130532589871715885516842060650340556996859371
591562193954595558557009347711681179835995842798195564356365309389
050941964641889243417661217711754573714429402729377177659183107443
058151531596094826350633655723861413920813075414610740512741348138
890687520896517547286443489020150187201836613841728079882729582018
977486126338360371109414086804414638189975514419051152014024187628
978688233866528874956474011072459905537992175155647819809184955876
752778280803822629818043941563979561725694090929518577447883651594
478720682678596369454763706238206696202396620665921081278183219127
468081453031421779867353368489380826681896912999835199422321272638
771597576428521321515883717146485428812423122468402839056157796819
989785562510271070628379399431907357979753622873719947845210383168
668521420822019266723155810117372442375609151489386343666526579426
037168289281580693159057152379480256619126870887647506950850111370
257880233381801903021002975975592681821635953507064188571900594974
446797417420252130947246191950277213237247025702961631681464762184
643644651799535877759048091724695567396794553734971032219369455962
778937791938340697253788415502062958387483096195420461546990222684
347461767711319737486600087935443607302433663280865368473350668707
408900184703067698214753133731542862215155131814095414979724670676
343697696458309286795212019941406654043266683440819686918622917654
410364920807857292423388755061809836591222653797288411120130691018
576030498329532694214188425942866214695276880632082571964867134224
698526419419022236241186339130284171844724822755723379969707482002
437580371792180734202080536935740618765664169607739120909813494702
120725197213699642344209305478465069237446490420888732630226156357
919606309236991602782364930003449747123779455951240858239709946570

275366759813304777505050536634574715516558372773100785781787153031
613276848925357607846211478860351804029765696058486717567636659308
748016099927950787178913104203849478943286084797051504283326524571
886423198399932856342268607883443745309272893146092544299060787111
736766959849633062177514884899337787867859785265280570548661217379
213552124702395325608190678852803832422968075544717437748950143023
150146961225494895338362756944869304674198022922555065087429772758
076095106879827109193837142290968268728596321942836727242477443909
060036804852784543854819955828743344189095523099265929588482897771
967505439205771668938552397736092582090693430578986742357295312051
485090384652493140068996173731735816222294455416149357871477506270
376192498036384400160913611713729557661808926386467940279365670385
305779912988573944783757639092679443336505496770742285963808721870
399582714758000440222404214003303590360960548004718847304678286807
740989832225262453168032034084435109374319499380299081241792110895
423927096542582195848586679924115788447815219557498322258335674226
798960098032009354865108549467676713405310343499864349758000215286
835835721365978208435732604661260570464409200520643748808684041999
585408697477316017505390253064903620449458476440882040053860571525
182217793518019414711660086532948281060021915944692783460379829268
818677784883782713148160668128480874790430234200377130896464781785
599461837510620688441358628450630346441913942893762354742777586769
014678228907006092683252250324639953337566728997660254246597951963
260902742615157481865278192977983681101331339651625793318419407026
964988951386923961261275369592060229690087420834720840833188415826
838019383358973224335136412244321174979404766824167809635203566415
433254150964501977910541460943749815990445792838028880133562481814
072611423275972894824141887025957454934254722746989976877162316099
322885042028070838100814091887352633318358420740748446573397838429
805347106002374219987211762683334909209073865337959074928089283030
107207550472450851183334676304759820661789998004462744803370196555
021320441396423674506953708781697379969379061637848201169796270721
270358480479488580658308963231288673402963848241128765952185362411
256969749199057478280326299861231724793050323637705845698785774531
610386670675558440682408910511818429025803298514096157331538756311
438547792152983663838215871358824082012778384097362326475844352630
281664756079993221483927156321249990837098930946329559859928728433
521252427433494379023824949445785164936127032642339094544808620028
353526261752981835525297880465028135399112847161281153414460389703
165467739525876538384445746110351561641809273346254142217903310714
720310599294953895958436885773489495225982103831596420623273071483
716691798967444541841890372511272835300592982739374737571099277652
356370360647348724784839684203742309758998874387876542841593565973
588345060936129924492587467691542804598132815825872999110300780631
592481722052213206010771492336601003182710066727266488949550942336
897935481055796423771544954137177407995177501466695465574100801557
934179598301318715461713838220333287263136997808093756281698575352
925390236568114358655398284283241700051641990051764383512005756933
430421802931523685411424059868057389737717209032816486238395498050
084360235358582554618855942442612928921434147898267094176760452225
134929872997435333820627622406331004883774527381188722581819982219
428293676666000040379914870018568674554412319573518712379305995148
215954867701054047820258539083335640618262225208028648666809763156
107137641890902360603954124553570380667535676524726680367517673845
564696693596022634258001555720896238403647713214296692193472420798
729629861675796746082959712748570679034670391578658581112738257432
519039782995445767430575299283028634186242545022496241979163982734
904359411395898404348957578332464822165249725331811930555856140503
105076548589915525542652886287528895545773678742029770378468475636
642494767084854307354132840361634913471074468329858980951110201242

544884643071227174886586964367223751257407663807577968593851823215
803790138851324567042252785387661013519568286523394604020035673386
025205513475307900746894526143616381246602094339688182998572534654
355285404636104131214993769216302614831518234694209627911549417194
660720665528440044356575326641438934277220905575184236912080347379
886707969228398693750888161460738382464200081539367400188625730736
953499730836725281014943043645634975213545319519500350764823703618
453849756361633974429430988638719898808188086747495831760222984672
501959183717870015464719437744024587964419343305273778617450245249
707149907000518726929283458717863091748438785506397547781397976147
102974805258930692216662225235373449011353986266028141926476293709
768013187204140666876255459542229249384946271177550175862021378876
760029805157411237809551927818159082066363654035686833244556620095
160463375225688255854582920019306381533873656517945743702588756264
732107732276466231522699379582538162507411935992575434703207518963
927929216230912990259044551217209318966179934694954150218683377015
220759113008886890238579915282639867824654608874627852622681424733
188588572416651261959000329224404728408961960264923773072793032869
835071995091733622206904266211379357378789633982192711117924375186
838175762134729227304841109052893127397566546440159910892056359539
550622684903481778340163888074775859106047358664560729940094200063
120435623081164981455149655513005854611735524052167155666041333475
875987920445592175677563283767227690115416492112246422360395403368
455011342654247448989545996792036442429665248273506879964950157404
621482511116740163812882370549267667972800574632906194561799730944
487237467063062834619376926372843710250629430239838747180411277944
5151821086400015584757912846401287399509776297708262226345882505207
818345760505308157127681646160126745615131039107176973845578732241
330030005534719511669012581135208015630373046908093097927353658564
913574711350904412759076490299193882008262173939592861233365729706
646410270587838551318934657962685933047956026011545035967710140057
993336889004022075384825139930863716343366007923712406457617650036
410612205435688688177406253057006023018982911091534071177517124423
703643637158902201162317102635650130243991215404270127303916604348
528921717678005443537960268144769874794055715993778356399662100669
274192714681089620407361116347202589862464744081961204033687520897
010880633542844369252180174251211967856991105833494499916830944946
984707806367546667767825383723040528489291173054802989310613282285
243013974421278401082297992256374991861619095395092292352403872656
334962447446903480575135659465046250309625011185996363024036541878
244570740245894880605074168390715058032424183755862679604489403118
420715618426638993005968351960880991550054081911609426156177996494
555738936233509560216938453029407415354220170088505934108021537744
168969765523900070011310946928000344435606360766131030272873892742
266524989909815901237651570432773192185028448811193320110357105719
444387121835232255486772644086673404544135367403990104641792881141
327732957052332339987800916026700289290467003455063211355182259645
456365580270462153147060321476780387345442039887757315364197294374
658678276336231119864674608317162495938051631791016021743160036372
135135506555681162767164832287962390037143316348095868924384711690
483078965100591104965015992831438312018932525166768955897310518020
709156128212794785768231503099654870137801420342350862188944511309
174155201212503779765726305117588445579181661243191479349987937188
974667677782724332922702482645480284999856755494526946870327503783
940036651442685682081309020949057899622100814077366965566279789587
599381603739294081898326023119790605145978038449412185507347234440
464136333171482978197669866965514005181845419763310556350448849713
422360339130058979717346782373472329230517388505004636025681998062
728258112455591586015018439090409864180971710075461884773934911273
571127107533095079036197946170873344664805241788806067731106455884

142874312055368645075413123789205016418245598529170285529823491756
815198174953565040453735880040973693100210161974099408857233681398
906852305802152257830798584444988490026722154928888612925028852813
527173780318207628086658198702133918612113360246187362649128598385
704246054788599442082401809197362711751540474656341180486288643987
511052601860076320866403208005880981246682872769158288851453555992
972145134318817716645564502666336275157142261212702829023587031467
862427302335998951338331069080367912289759223209005353398361052808
487974347050510512429799469695877329008120707972879653583923242657
673392144380470361706529595672993234416869309201866257158203504592
227460113349178476867831063630236724355370932562694982307261863131
091050164320612674246086791670377930940669607135447772041240171387
152541478713374566022914274536828100929205588900795084837232678718
659556212837654930431227464459773811156396674092749919903096783157
044379273964166675109789264093117468241878846539287943914280719137
228194506211199604942014167567514155226569328596939900541011164776
752925649440428795835710036845090703458019087499993092734233237906
647410746289811710104027788338214509831606137185058427903895394961
345986945534332173388380442292218684824710117148515834710609975786
976196816012437330230684469271055789326166001295993498597491718450
334461056240840010952490311291513102073536606699142509744167108918
044279263850255766220625664347056888812091343129654781619845396751
548210810244160624449318587351214286010858155871519419397655261062
478092540814247596466270191943785507186983496876926575171350176402
003599383530178302781767102202449288655654620105595674157711590472
858301654225614200548268513719162768982527266000770336835926768927
117466145886443256295441705121686083735716597610278238848606701446
329636821363730331746487176320142788006742493485684457268867825525
550925006154697582885492108122224766822902775116822369502543987324
561861209996738050145752145346770108025915298160421223116328760264
578489208814442541782351787729463684916863787103355988029352879751
316600965034502135008786148165275693425491575825447858789779004210
159280113548097158154932538649021151389857756639270582004783308103
193586172095928503098371977956384664987334554901336566062958993312
667035425517958589534255685222167057206373166820932241554656528706
208202685332600866580058396609069504970302254534936941843479918148
540317521615318893601698982971238272732961881513540418704927348526
265666408136486378871680299743419921840452670036155802038750040963
721886553766105646252585967623112091455580614923744622486559052594
146783412301336488120864513178145054641794164567238577509045217705
499758332360916182468663731199597425637392431936836066334687888366
489399770870992397517694293270431571634050583519899477212598612465
956758031364020077933287978651130119476790122849334559372745446777
306994245626020238875493090223357398303966428565992346239434307543
557661485851861284466173143979975977684470929792773827647093562794
945093757497580940229719554370143859221216058081004239743853304543
467119143871226627091401261538446277366108865182715566402048997387
185384279740871780398587857487216892636293407937055160183714050877
149628160787383362335559788371360809666315218932287510522740371018
412548297128568954164194927943850639454838617154528632987007434474
646146503414460256193649389255719342320962385728409362207205517646
982530400643228756038069773146999660101861018409083474528089280983
391290914925830365117302996765473925151845027724484495376804763886
401906348729677479902124856127316639984427361862308855173182399678
817158183206309699648514729573723694647944254825014483727864303542
669964431539815277168679844685777773176724214993063597651813595392
768068710323045802519156036464184552722886148251459740929971994529
105998334724104185420272085136054307357487622738407920016763466151
090614719108133008769243989050542838285871745960020088457644825190
313755480860179403410944189883726523194071831370537998352344375954

898132153424084287482442809898880471971054529233998476551717751441
096350331443841574283608079013413016396157944559087366278909144275
984522976305439340866678264314016375717056188134506536372888736845
773001897543538641536393817376290182296333049441891940659730575385
121339862756462498470327918415111491211352501046851190089611707902
188891880624882538422836411906558748088381207312323141344233353144
433609656271921082476403927206088886262852588519928301333058905765
272829571426194979164995894363177324749580959841491639960872405594
058974095185184537010842391107823544795389772207975226175997379931
801766025841678345852154531357858420969913069952099187860988612444
010607411986374471530993510334286163756809485035927570474426589679
566193382876884746673876270357798755596549401466289989209986971648
540723033988839367611013303784045113078379970433116053326219954425
770307103968439752796919730812802511262236007775400051308597498304
645404951309704803426138354091344540564134101462193716056552804448
400880453039649492973826865022745282299484577467343378675502800997
560510091528866646587902625776895712418793158394872973887714835384
248129311916831606013543029978483686352773120290302971077830277473
895813465194275616066742843607020400238768610459207769656762678781
970656061203397304722965481373446191321988589232186743912322415257
741929078225709141401815695728457383362291885079486832949330533593
193572091676364595581367992386963556749298651132482713946073162855
012413231173726487739829651492342674132247288632846021041366966644
267728104149594302767238763428606644807904842677191598564512608618
704025727442774514307901736151561773151575005988399640141880497306
997550669101292407530374958155784627683114837351610082642105686878
635684085892011926825243703903525176669009238408264675261709260269
710407047148153102057397997681579182981289235304146491987593615632
212451682746172277968157330253255735223022968339827799416034826498
569382639736059056232139294855074276485329426710589699458926421441
196000845353331145040686537313195714843485415041517234706871596658
893468794776160506525205325518877942762000677929174286295148036393
715562492149219289945067840972054346001956298474409674862465363711
302087381417548333816616561518511191134684732365538248531987858181
814501053869413158042894105310850262582815712311114555123885490445
347986700257077621741380291892762345238939140280529309686455602087
074750296305685666872397749985911356208348594264702238540331396655
512294052067722982107716988749068312321865667889253484373928939824
303927063104601678559287530601787022213306811299142564872664971680
328549439089540115982149377017032767620929876361529476102296386400
390994665174286052716065117214013250959270559294839736129981798102
567138533177106675033131782787325121501327837748650207033135506227
558130481080029460517179886418646938301427222915794350397991778016
490528277130295624570910278494445900502500126475623251401612039820
325502752696951967074235168421191098209014734553452473851605450203
448865261194845794673910324946017546065949133473564878481268188018
707352591838083903679072721987136512691128737953771599527413426674
052986058267277760841997469706419659029959562956055600022176378828
180964658424294431160434101540324161837112411833413369086040738182
186785929660060152609792043026905143222568143657469655420071610492
607105516213629879300555912132665254334472375154831796125640786777
424307070087662202918140655021360191663843859998861232751529035298
703495321075289690611404016598021882803768053487149020830871917804
775313608584141065967519604324017985891535324434233629910033903677
261899140466810276148578721543032757524359320503117165170343024273
760823271009896214950638496910029025774167136585044898207551353446
944194185199121456681506843573075876541271316654235668122273722233
387587767393622874603410636815651866493228134230424204001730539139
580450340596804482575134055549046416335784381605886860227991791515
677699184838574581978981362012970538786726606889518850722007442610

297073712835694266977933820878091270526740228190344887810682804959
591079430888100469561835872093432323304409697612377196896298211991
687870983396113452620176959400345867383397823414732191382499749914
065896773447434028358031537479848996761924969985182240176819305210
022455108578603846905687663641289089751554366506561650619221818558
606395256352043478945916167981232360574968374823438905559643350429
275477260719321983082538071553885217730924299413144190263558021105
357988665362641510146460711985598292895490755148136944093607176494
262910340381718216143960417698528173282088210369061259770468314059
876589814268531700310662742574082809102331168159759586548561781614
606434476519302871734300921800100587395483454403762764601382427634
053294655808884773746683625616908343097270069974817824245741942626
077709798914229003500843321192397735909559457468156646947811010103
696356946867890309337571102762086607087821065555377926088164133752
939155961539106238153813148131766276032319888049792167796110491023
883227506396471007696524744146098226259447672975844810138808410145
215932988735385180730698100946012616786893086024378498607208280266
924451098153916959736018213287944079223067584129848490365630343690
870142583141989910541398522693075466950199902772011993438099809657
194828591987672414559171595955750006024391473464999909496228073208
901853177416621570733389283886391644137593974177979961906452774096
579769282536534878288646972253655754525228031688471039269429944017
744150565410839248185380972246265514689030002078212754945052791543
698175496661875134783191865741255835539740773733416015611445281501
716175117999639940611911008630470479571340953158279114969755061425
259661879019404745287573343889299080029769877893086987339902732472
293618765193297280946392158801058120917330356069608825523217970057
600041590448817939229844535803797460712947076082006515168336564512
412811294002079114608274243109520336002850578510317812969011196732
086099490036742606578833236759989031746784188273762112822615043735
782612823923583260235062150253881205038087610757792341102006638835
964616931815750428606621212402530812757970025787253844905787402407
677517611828280220570076803317314373322249720895322231769914830922
918525246749051877165871928339145127222439107688038146764776825605
199162428994666415868570033589710058172746117001313172720152645395
750670172388733144385271949699753724585045185112124532376009243047
239954398933276325847419966021261252980566184976823050412057268302
788959012984790370101236347773267203908107116393032892689698589802
760428530981257919573240805314535999506802816476376786162049908722
050571792632644701380210327447578509598153769279437353995599069201
108684572761587374741497813219922100979463616836883769800680193267
246356331393619802284466029082574970887611612619391798898914147203
605599369088389305805359369339114503166658376790682533810154946336
850527021605286589896942257096353454924087953244983450152302310368
334930834082351682915189641667157504762901953467655050454331891572
657051498776384149079126728380317905379403906551343242579313304132
494807608810469731249545345457856264329245753975443631106604365289
403443842934131029921856386196903953622936190101639935285350105729
932771839446878649027719241196947766796743216916617401837190656046
390007652119611483507207555929101785378770569542074600725347546329
875918008302027150297749789152839894533255407195166657532309264951
394211425540451153778645696623468005001055766568622256559753200069
485364386223037984856936822387490319549004916657833974366986091833
919987237194725884528872540128464505663054723627109926427857024582
922373042200103989251437607418119767998004961158488903136574404814
727769349793351969079124128680495050177445358305674042673285789757
264025168112914401728938893906007862203398066619650785808534824907
943715105931869232064049673865635312813040791072222135766548218780
519858530019883207194602635121427993700694070856559587246813655434
167121600702677482923620401452985056021224418548337825955416419100

110698441606111936134157284385573768224370273680210549049859651658
297294455519182415160406551183970720272020846402043930729863001390
554348608057272087118125877938449849043705292103749701001663998151
949476294999864284937367525363175218833130871088807978839241770462
788936077376914701380205788950494781158875639904502685755056174160
558994625034600921021093521309476759343508224228736527388837423211
347106010920493956173174885378022731466288416038867881534237539156
003774078668328693984834808067071923600158571920292311134173510221
745594119959835444561375619179631107040180474480380943839754826744
551977505936659329500786951398347929873388781017794560817544738135
591808299812498231500373506626543377645218316617295923566550503629
887119356012041679383725200771593141903519272458016944939389396886
129000119117055885151579807832197586364396223411559124784518708290
4022202070552688856767767572084330196215790085294712798233970767046
678343101904313793909567418493179487559919905514096196893922557331
938718224016540438942429761659128259606455657678962695006754576610
574970349472098549641722192264151810279891105903306539154665967022
021495454292522568011997322331862993012889772600548883051801907365
617848724489615573216482574547538161434670840182571136375339420168
400511442960030308232427627244024934395610559393307378279093954401
080585108538114412665516154280952868117050960782891078997195299893
421677946200201699898496514405533694909314415663747898278927807417
117097798317152252276910176290637536782986869272805898815004823069
790734921618995536707907033479375433604945307207964877016335038661
247716798894046172089012433709581716007094122493621549649575492391
338905213792848132560065407087219295204117451146578362108110624285
418078166194941845801094848226063578640095318038055317525908824674
419440837169751263837722218999035166081850378401036964191489110716
279202497884078503577014056163478742264000063558174689957745981617
176542473582133634390557463367004182631314361141816033296676296760
016799420553340364035181666054990897216378910193314935297881620939
541968206581906428364266241323705903925680464546366588202705763264
918291587136360468736384505449748883936255634469025847997339724378
268667920048942544022238694891720046655825732880233249943539810894
646629386210678261585278995737113648254919496669990046514833047867
362138961073979915734993372656791738205067948903357851703480156848
711905733150307323648157543719277078267888498830184864653982118322
884774599068233974621561258538266237228319698602520433786277355751
555072010160597871217465069736999774885058236861823974059628238990
617184581682396699394042340380271521493416458066506094255166330604
931071671973308360331180912226728261653649177815454713336139513693
578970790381291008172086749705669639627505283727439791628764864557
681076979043877788536898437300360143129486649262310772749037059562
142587514293266878284788078762847818624595678168662583026820364459
788509829508925259441721135355859411423995153512414886100581148133
714476205748937224169221906391313782811620178787608643888605065870
832408698639465194511688837952774635359778005996422511881275601601
791590224752139769106798632092833840600861021846713981186612051037
717967858647158891191978082065110498720927329367444664555227833315
561279846519883483619760801583131790674551241002086775238220655461
455939748978692163232155531192906025885276633670028108500403677602
024625577852652669770340069592157761564764259634743356471602185512
767526489221675998015472591183530177901102148470226732507958525275
484231626158929674912801498005754149289437240746443811161096891279
255334866504394777647016689704662497021733473368079477321086193443
422642160858013035024637111089416681026503673752140328243429336919
373726378916898338751375557910265452952313728785719567272503523272
501149088524011122123152239535668141756360827968894201993232452749
115000568066190671007305621131256401829504993342817836112004413870
830454117779908282985239103165217553221739083863377240702608516018

650975472284511975391203976275960199053838294949822684160694237074
685285118596668768797229864602757184502991246920648994694897748305
050135197459222778942804945888936266175575585016684911380345406553
384045092547795648368531413220672805295322177576799732975000077209
030258510443246399340674510943312435873235986285879361322862400827
815076560815539481580746263592719106228645291219548991273889934768
984063069350153058083956513944024323250666224298765923968269410311
308341511967555361378398542211792194114495619165388491859795707643
267369745935938106687751104593905615875963496617956775816312907314
395200211716241602363878096329901332470378593865529140518948540202
174774349411807469378036532613139946208945557490603976970949550080
264968790833922207730630331527199447948997819818289566397872623599
650538450840226160712887069191795534834127291556345078392909554962
176378094144760392676202991209797852610126161587127075355867886070
133229374148009805349019787651172350139260320282831938137530461743
861854870731522878960438016260215193217278125010153660955395939482
662978500964721476963041420928560836755369714576744658251377926893
003498187673095366561540940181812138145157189348521141376323974759
124935970455118111351262638521822684142229057616723362217416385969
594285558415266032581735696873478715282538546866170831715678979869
207966857938520386732793631311097017509091536397157747854669238984
188000859849849311591372836081341437393598408772681388157631645299
040033170061435515871321048490860408630995545829324985126941508965
889662019644103033569857578797191371874747941989023985576445427531
759127821820679194009597944889802165519947491076702194965961007134
306836058843980625029333392918050437874958457839559752191849939915
665684207644401577026373497360798043894373233710357794629495956975
286424169076671625974311702801304335272139209895910162931503144061
676033044871310888930329252095324604243871580713741133334967521894
678420435201200510171558881014072790337090139060829623257365434902
251585715973438396432549682824253927771242235747636514746268630421
600367373905728097415180263325364778806297783650316962478876630494
658904139814536834964837676379724030131546539880841739693614258671
793819140481431262211849010477107002065136340198655824595491518936
088602077543374425879392350378338502501167727052720609919380261179
501593818710043945478642611784251461725602723804763286997966113116
147174598788554203789603048511936947192108774950855386289958503777
799044798797681917449414290009803597502443144572163879873259333474
843304573940812551247937720838298860465524871445206812031443287202
182491713332412389413032203595572780514404956058136514098616007905
100746445574326539394539164730244554090449359189950093007018061723
337167982022317326195486552606537659624069393912796408926084161148
803306464994054074645973148240396568634321593129943937077821600270
955871259263938062653090637227159030214454082789035367016709815238
983270423840016348101274986996593833187719507936973083569436728856
506110250945352047041905954246820198982796106997322621366281673631
229890562473777629237557610116540065593852372739150669064576794639
205897165228649774345022841403508880830934461816836667371572514163
826056268400920108841378388920760123000864027233105874037792368077
723633760999633454914229514026340740695000357192016355410390524035
290727326982389146458549806071219716833951774684572732705783001650
434385226732890660418884113825083413613799619810169705273677247197
959326117762234453981953204724407339455212937548499646212828779894
759263556471124809844788635485768440400796454086534311784469866699
631550715355346753318278942174905295408470023651559371913007076532
061016462428460575445913627408024944264302474203872311368140350116
491673880339796281288237086263147773710950925211669667728400056696
523553312357273447122505849334210006543804671533515249182317846165
102580881801644604999405884890852354086151838940436071934067129236
726069448064599978077724922090290386244074458697014205902219888068

460965151709482306000964657014364407668066372796875694071351567827
990649079063277209044524503248575792807082252032623968335485158606
931459783852836169456336186314956895751252054275834084337654387735
755811332332244587416913044623332885304034168185327650796295332567
196803046626222693929242338176147406217694381301816446836250602887
868826388486228440768649870505438229258065848704040355625732567495
201114319375477540770919620795371814882506166306925483188887162368
525155484810807574535347566506910899890257900674711653610446354848
625845329601116605524812366581334844340230338387669473085311468229
529009285203397072972478459503263973047096928772755667410787921270
676969147191629646778484264375541857569851081658718271514749550361
565003713207380545212738607371349328329950679483810466721696131667
455649838641066553851957114779798978040531315313046953559560125012
230730135122823590308974131531872460657676506927312075405356228053
969566709404554331001699200934016030151096700708703308962865869548
111711644722242956459262470228438373631682761826381454527381901157
150895220166955589525546220679207427677769230811522647511068244339
134165002524040693302585989456339270364194407539781200821821358504
554735215748043870509653774461478113468716565558883519727921318504
550683553943076050369009362962387836408667012944398938544441878508
815883750876290001144469012888129558556775237521659868493432422064
333126591574887295399533862251753806821534505112447440946911045116
323995851505755123125829401236747715157902678546634378329976843751
816713246639546430207887683845141331311200438362720947289667797439
488890340393339347714916556098784406261235812235129549256259585831
916362448449112395365765871050788073967088109766912105133672021088
490924983481410808514719793119832560149134071181692653771766948863
256773850811309929392427973112696774583490608959014679711219754532
868794910038496940607005645672377105349189064450652802955744757018
578593533302534373141442053035818947250256597419922390085503338479
296623707672334636290375995008754307502579639741502039884959037585
768291001734410030163901748485633064220117520177885798427457959125
026072781470357311880310825407223370561840398146430866701326413991
073500244188772556351318020125185808148975409736973081487305408871
737347442840919291643424402102449642639287357398240381058420037345
869531070327979850229309466268069017927241787098062523829754926742
717401093133908440060317715039883971756517156642506614086351975457
345974732854603525770816379080538731580692280533069866107176170472
318941722385413267567686410850693619772850880899912059322947870172
365995791125474049023042173561164395489353844038661966783227383630
991110052858370782496250614551882569385163576399303075590707409177
917689600909421662686399459309871665187527628061216776559917910290
609779887602911312938589553501801828282284251271767414232794377249
083446842157094679010491342939738156593513336070619125183966348987
890494708726441344580810241396525389714439089177752252411780220168
874982430162373290165423895888029875750062831044553948727701249308
315249497974712676481104179236903256497908621475914072338569985684
899320722812683150370989919313076022276809177596019419663136065337
542651454170789726564216949912776720193565187129742389742007742270
600818331468689266029409808583955345298132643374294839713715782663
489388817585285996432152468492022170504236438629715317037861202578
285472396855010947264868652733936132705317091849608428679730630043
616542134626766101017003598757979069986223205488026418532486292510
961687965980769538976545361454574455400165223914248148929729381427
906255885970122387283489024057385524642344391199345027206577171521
049912790899211699242640970409416207231803949694168898542656153032
807224682554245811114270095732327190155988537895755711619245963123
390013892387272152786124203816814896467821416667587669182854585244
394137306771464037343309404136447692935783257567547224604923772545
306631226140550175638115999431970278836561469974535618662519921774

758789668022046667762597743833899566039040362829861482702138619053
606636684579151451491296624149189690080815398786558385378115703426
603443048225501319786604767627111519141329606396129679567514855605
359664271764873387754842166807326793446827374535661080150860574339
919862152957878761118559244723527131690090072760229277857204073949
284081028003889856654021555633375622291458982640581718488090352195
923229845591916946392957967530091549871090141039887383479249362893
105797115046206176901054689301366912564960764551910533627317915600
645964827476548057231889471398410986013028648665616266629576250098
178394457435203937949163186162324508410436164555398170233396828075
408160676789235051027647052040995697148193078321599322556225791336
901779370937542504178257657070596223970542412067164187424641557566
178175183211009184626487177650911903345723077873178804849377654425
394524714942409147933707351348787631457698510024967498296725718389
578378464947863985440231214546407023160932103605559461954760831841
078154975855244947322143893205233734975829477293697854244733192165
853383175552249465848759397461203136817692491287900551784037075161
061508632843344567384956658915034942405200789741383221214924671798
085284634286820447027578369882865730447370179875498833918216443632
043836027526113090044610037477990279490761245993811240516191996059
651390077909634293583119034305624356715734095056163628748278205876
154899881362284006319511195201780809674906704976589428203193245913
242559617114164316694416180155240661886331173995068796437781553809
722292974598686743643437724460225008217013149369918140245420915767
683955013168181074034283041126865254986803264579323184502950977452
013898055358194141019131984833867985554819940171661584883611814850
491864675639177286330583746651251909951762786218221778373921604284
381236585503598776831679887691766786403769600339672806404573452597
520193285403903843278475185561475310226363733593846397999451197734
568566544674283895819110350875024475420750117547265579343040641644
816400018548961723573698765002091463124400680506656182113202933685
956754722666466024686854200803926074056629829966228278866733064506
550328841629388295625887554096946807070658121980508578924056678207
301913200670603642168364916525631353776254830895948420536098722955
582752459315009433419009078154671122572710798521222737556158326103
023920531679278861411832982264597557653404542346104902957223958753
311957961950228946050308356974031984824793750389739827953899206897
189129627097026816017999488236851544102490634503793304638505980500
689368850921596092493454617018696647022532619388193016821226484368
777952396181368777350178398760142879720848366410773287642886925358
714697839726188810338450333711815171148471575357282911137713631319
778212024568460969777492196379684737496910945644214623527467527261
285301800789573543032753550589002760724171082427797722732735900626
663866696013522302560850972996315375782433792507162172074406333137
963875171443926623811455393900438867851842471758753790306636660932
688831931210323207235140907033605416575082209060337201668113885031
468464451916950436558866152125950693828434458152870871228293140727
555933699681210990351591016421256071107576563443063511705673167435
289581947549521611425193110025890413452890075077583181812267074861
693705113747405144794546197953017476006106793453483773940552135929
9881834654586798258758604317340405546011823364935553306359083224391
666806121029285929309962757245031274894390964296332087307746715007
773300833934315885963701244337695776945482607716097670861548166679
423891035060904614604413039687136894886799835087804068064381621772
406347917811916200629577770139937093439443217249722182319521253794
132602753367456855860884410590851123027060655379689486119033343118
293391087619618565414570968938743695706123428019773355738962407681
631584433584877073360720706401263672416841255098300951381957688615
124648660191044190004053873335671201528782626114531444001949050115
641718014623553003346080217675891561479950371467332745815027281127

211826466922555444131883985950933419623985945561184947674786532207
149201414043587348389120710525816364490692039881387927289928539884
606794699973386287843222510037432806665926419930608469361675677484
717995553822497857465567250556748949309600038811165025990005993740
173866604706262123885284817010946710138768352200253700490944667104
755790008627486998607580100559897397752748532074183466193993789997
610753993025114426156892048551972307840758227848383123586478168286
347239705070337701551080372168639415071758912025235200309364453816
100089088130502039169341159108232754929969978413544833229671875424
182246552003796227904310697702416765482939497616404950028309838939
426022430461690484355804747722403871786693491539288578630229892431
436841730470301570109023060675037024472003326413487285601003219723
656520159094929341482621229998231733207306487960120379727647315563
630376092938373423468209183320342088037583199689240992749363529073
564984723927517964835646038113180744527184622345859794497228431805
274062500057844200483005238238751084855426648661840587880464120681
035919898396098727131150641081845490455579927609435421840067176453
548615105282475682962685981806029377282987924425294387085412073102
529404983278917912774900315217552148825260347141601819538454176711
806252183687581941540703676815615766181720477998692331464033613803
346520401842615803902641825361857224684486061288736869992720274162
680637666211206929034619695458113643447415987140189211660466226582
661590542069763943593123662045528756034216500347360119434225614914
032015794171185171542756396517256864538467095452483713059489858255
974527756437837209390373760644875780538089666661399183963055434635
153154818588677926291272536342628898525685446469814497461892414958
636636719814006506858886086022426733798812768796940649702991545245
272132575428195324917311506620858665207749095296510075340404922735
654828295702569062935888169041465106971777242095544613025854381786
304850806058990637380905430695026138424222705375354598590993266967
332165151948172534532747333602744725852724539478578704905484758633
115718366332359132347588259340641521039072871936326796375928473313
161233978154985650774595742630192501361344218177865732684594980392
574196969999876459824956709409559549064514319299753296990292901811
334684918939731673374047376102153497902801317223379127998639147101
057364580882496403779366914426022522432918220359694796522963241504
625930376366432840865616023121610990271779794048244237437724217545
327436903074926261725888065223326141060338165320932320266991087084
758681985639904985750117619963690596992541043687532918190720041575
982623454667270157369711333570414032093793451266060707990655868796
161579984934109540903212436544310873161586375727374817450178665573
793984866922911759920434224760064859760054978280629418739147496645
660197689263616598289656557445804099142689094724970673522047011619
153600945273632530666440201002320187322781976148686634898913273470
144482032429311784100915283333037691119705125251189029708294297488
398137149977805278164934370560432600535269810691898658868981610889
926992043454781553574046529382255475792396512578169849867342182185
312407343115296082141120919999406160101582191273730165017695811861
903668977927569046785710181059393731438811929147494435652218962602
863258663651901745365921218638768107774209158364690909165182739807
531030664998062448492774756188452973294727139148997268407785897786
865604872330575242285717247344366674181812327084159179147861681978
003287524219464801193159379351523941740904190984125780990903889407
794204672704915345000248604274553073068364722207589308219944523472
145218428256209291437681438780213969363997860221263221098220773571
441294126406537652642854348297069365511680672830614815535006779927
342874671740836666020537292204848408702523012585717914569665795239
635968627064590372072680587943981340066767014117658125223348104838
686771740587973689615599621784654973073934095466043145860154049561
577645616734472126427468746140830206387935980428496622472232550466

095231768172458636261128483387407650758288956774589588736109519742
072321262333556151933824717602181868389530067975021207690438838128
356258145012500711902715651443462706481495059019699613904056079067
372607241129244719947702838483531863329817619994731283314491596877
750429032797703476193806295512384013842291003576769296985959054439
828926666087801034405967055905207668370210159521951394544773118741
072352794560844354946676079288268193567646665891613621404247856427
926815625448506316685268327524656002747765241279427053419348280546
267028159924539124873937558094012591977834653365573562593766808769
975257460270216696492529983775381969384625470851886151047522647513
648918833573818916971219583268100419576537702119211827256650889668
246750486669965988504204119161533208988567238092601814281176234479
558294288085813698860737275497491213068743742194301486676625969169
519536885691174938231969755955794021793887372251515997140544728970
839551036548666281965036848684661039274556841436359017774403875651
208077145636487772844383315635724968367563148103943896809211928233
741450761863056577773779414533302578207887933713552328193066778103
474487881453302276711598246301467739131806469901714532318195729640
171382993445866528104239029204404205030108503722889707226673204164
075838352116255472935420977067186526207629467204363364327350566320
411252128722589414997628046891485550759736146505117641257930283697
453203604650615692381197213251056180613452134381768173276284141810
216441341702491755843656811454797775195828066284424975037917477236
204204245057363060911154840242699564336003530143666597511828032803
953421054049191030567314210754130235793487723423907395938930043689
132814854688219705348268064061334476035746590906564609800971717699
575204375563545216850442243908278083480721568003121380513744755738
663358066128982569525355723266307395195406369794691392739195092970
992913488014867607271497851682702690507107678965765304404633626268
887226274293120287517384975542143150499890745646121569554253570152
014746265873588291544869367168210972638770366929876270333269267640
511235659178773632477046116118752837864088038280136349041450851318
295587380336571592375540437403660094312662493744735018369408835012
318057025510894184693666883038062360436168998681815046281454399370
843946723795281953032886060996315478054110539798317391048191798793
376309918240071636953592567835866999085256828346179992044849215828
682554266066694806590558837547674778900630307639773201191626441931
231373328223641811934383050586585544982998689911466813117119421891
601793736025759632185321048687499204734702994267871276133342376683
428225657565015748972028034318032062448495723097390057150931453891
843449438283973734515799805156259164322627014186206236944759302141
050850281203604910993905368478056021662704636855257274132906042289
956351025228475190703082532738499555533044957803309025927531635221
809889882629115980337112570172176766904545680649223051574746891557
171017567240354189350611288873024043144319869586521866760733038549
036027746096354501952529653407030159703240985115025293058865671901
125083284714968064894381300783718623924468179021621735691228872394
802164846473775176818942122207103565559650797948449900827193552814
791434040371387172081760903198856458746108109910593691774379471287
936895032477418648580648196799561464367082487089936839513150720305
653030078868598203607206699167376164147566542877193535910445211691
676928163963645629783407370647882740618340543570774121613832028737
879037858589327455361495644612550505547826687454455090886889469271
859889494234495074838218501843413032362004668070019175045926284083
850536431267686980340268115807098103458986041308417355099569441517
991754323348063307326133913997978800038210913276601454961115704285
802816067516233813538630524295638330950320192878164132492230047611
795358249560591453000424644788062130246897865596926292576357402879
940135692116755390400269966455602568297236950495909960271709738166
616867800483272929905942810296816157469630606061010622671702125396

674795138938137485389535175783294513642600693613777744000566993017
402011366773178770446945060129226074969110615762076378933450413733
651195600329078352359646532657474974352867211162980756758510838501
606998969358671522596463057009139087628741649254170816909684730954
886023329828880010165296280897698772319690742102700934888093445551
218818833651978431853559606747635072216117872873563946565543427614
068559412425912141707811630308010192587621993809895894305093968251
827713033033492664885329561879526644631906349389649279747796305818
237760658035402279669108180932267251426142876850855023403639597056
214125151376204672244428979978554541319013720560029456706340382429
917807512572448446357715258934722336845268000504905794076592611834
046276469983532198933127117327105112938774627200813172632086712472
478310369532505711668466933919993838341653013309247729429358470743
882634240070132171320972827494796116356678261507156628250212520627
638975156658513406045529010926112638166224236689927106490418862700
144211287359239399825005658006432506075094589358500721807293223082
461082581858746713340673344326805154756527611229009421546556183103
412687017228654162269075744666374025785058198390337266853912834251
138897761037015547059697842843812110416674964236193689840635613876
227959545215146892881328239439636612945013878167659092925089753247
166912368348275154607827280445182434537596550492568064853230999281
451475345509275552779627941424557440525521882532395562508572117996
353019567581177443676255097319751155651484513728542407490483808199
558809151611793921910426190928485781613905148231474455310151615917
841459994712239051659694410397272957411583397459390620500775807095
967658989249614373434878156377442083749991461834513411785721356576
510028821653437883890697229988629462268685195628832320570537894217
895936784489997283808225129585737429565314870430403219543301647220
458139790574528802074728588103114085879874721186328648984473405311
460440048001118964742165719993115889037205900314664181261792091194
088785006677801099918546190934892669185091189985328175801561496344
252727420213230832626253782975374780849648620574737729805950490214
555010896934806451097433300599798555320331318269175191591950065584
884365516563352350794974414869955459346826667617498419319232391985
849314290703397249074104335315507161857712844527045561514872082178
790107580994599078190340768484559080348525612112446388323887760077
256405950585761450617292910176342106201632276313357086984161133384
335191595521993423910456556597310082316994799784563195983411430563
705888413585723243945999371608451544322473332574743269029321113405
536052609072416883753354361412870234237825270895382357658516596417
328110042367022479426589489542002462779779309893450760213624171370
310651327597596134899242700470471725333264227742623475663202251798
424952498212765595113945681412700766231548515825735963353826717922
669936333918066855094802896639701633580306357779206151292995868181
602332782682875613869534898338580784048677565029162328102232126286
237036471167259091116220744994447033715467171935579603406495721839
913243157175868905635782011935622777763421623672475667687617220610
152133894288442755463803914298293409706376846651169968454977492484
216234549879019005901223071102488058804992082026734152133452619482
271804045246592288442955419081544921458089045704939272983216883413
429953682586746410836728468331328743219812300745130314440076835740
244627809770130021421871235118844390781428645714867130316274381405
338857603885294690507769112439640284427539211601124684855885908711
120433136983355129831770447543952735118094562627365072134238675487
816235096639875898907810584333722039754420498618992145343945700107
669930233340450706235582283219793912107163390447845740649596837368
359996102705598109343275457182265819162737640832649194463392541412
570472789300121814099502881776632184985453085666790070376265770583
827317495612091752324760127284885442229898679988266283950867894577
143881580967550580114816329510134178454949532484743502461668260490

860543498626070769522068457693088810199363886020569081016645051872
181500574347274692400456628013524424290432379684768326499597859954
187679609888240649742665229584406972977619146264897831510287400669
792362033206040445354794419819989475253195717052085531617779164107
727646139215711774029913555501516709796619652406222291416099722702
986540871469079193291110174604012065208119033479335074093396733543
810667764425162109106409782774039347240922697139986419324018336762
578795166166921148570844034731109857718604143806570305811408965227
990337070679277771732401960636690599023966006174759660274364772334
171321125640695730430073871896976082625377840761689045650369641210
172605511050631805878307177104571678917209315551005131262488507497
125708827760818462973515666064138131857756923219422161698198183386
159109111212964068347645414987489259676939155208899974348348251097
717173347748490424157044765736574577528870313708739190721825057729
931772042125966177890946278107374893967275333669497759775761401339
096400599495991247742405822602276743479140436597750071174906872762
693456375287627915386103348098692957428984900870413755216037594678
764398436269591372899723772007314533667335269968366292608565705839
038823593831189614763613317043665297644360749401649697173956600232
484753127826135116274516934985914972842578011566354011257488383449
578205475651348675253533930949298777856682473832247136341278156638
245905023073398325360830038730248396399541840286629808766899600543
606746374781759738593200109703840094329084825214860785580072030283
926248148421073567689436508478291723943135377307833828620452560793
714347989024775448000157389116577894911436600367935436393206776263
021105215210135921546945449970588876283657933406061323911023381234
789116513396064823273430276115853432570782259674566926399445065492
819990540278815070629903621350504523173250136706243941061807667613
786614145637857660442074924229269770349845012651492167176963310516
767267848837295490056786572397844276311347324977198906007618759140
896073066582151384491345615555711510845132159738291100111428738959
946162393850583603232344208288145043391507378081863193720783803113
641758373487519765079335205354261064839646800228318032347662678243
897034382828567674099388012245584182825061658871841917739713484249
557535536154283510624483282114107566096796995104825227942158706931
518686822890659905445428976768340784284686635169507359290059446525
171865184120454432711637452459124940510317749743271643304786104252
035794032712103848084464363330137152901498842752377949834574799875
281511965159434402988721491706555591849396373620235346368882181314
372081349365898041885261814616685646389742839150595583703947123832
173452734821361569612832630851650382152956508420824710834855636841
528927797777756366598286215650221250746116759032116542096541470122
942838545756721417389929799800524641816847334818021732521988211950
351846705828084292711592599970153750974790079509303318805655801013
980812298456546816187153857992812861037660068440830849839727976370
041660306524614826604283117793289355874205593451881326476050299179
833827163739598602358878513460926732319515887297292466770976350989
467701402822922459093649319251931742859694152366564659951119254685
886480010377793163073879444378711516343580868385509803616734117746
795525054156963255517565930011098710343833359200752031771871321169
429737366650481616228139743691943602197933189113714775792846048510
574542832874817932872278710961589682604151910321603588677947479259
298850999499049216484971385441255339167379832698374244874127454709
620633713904740483607941575293633639044817954141117349362026048512
012305360554368887938629144807879100525559893282527733543592470673
999726922739927756533972566967152409677307351761299221420255506531
429549087426170533585033317774602589152893788654307666139718694743
502046969668750567663782500133665443412014978039533409484305880408
087138695315898917544323055761484459929712872562076470023808833082
557863754480673545385987638085847636506952673628098611990040267981

130204610101944598035927435305744929624227377339552016915800533206
697551301973113370391256119133054329794169919294829390557267957952
817726968793291142577732050021476019969815220206152451794238984581
852682797897974405416564805621008330286054730103160503201457405188
876198453502969999264657956500190448278241738609540179103702546381
436244525088702922663923366404351967800356654544364250362507952964
892139065648414018273697145021452643164662100373809950418558874896
308246574073342630025309949781559142128751970527100115710171637749
883378795656865393442661195440774144399248742320604226615977147800
654896433496235839622113531257289820135598481565702045748210917373
786628025393070446554368897474906584779494095981224478743221866015
300973454802469617267129477879519441513440173011883236744872044780
623663700352425861765683808485736885690237092290882122272083417008
979129256543541940782689930557315191699011807050189588596474048139
046260970734195449422706775403353710296483606203275561731021591434
684415539095659097465499279153763329473599602008980264079468292536
127789832058536058561861189451406113222427128611166867250257033634
886315857173971160328821238663749187456626042953189852087917692798
532059687082732060772049087562497623985063918737880636107372115907
573362989705665746883773515985230620783485667267399450197245706160
417028656143126685079755716895080673861961335761307793385665294261
178995576128220396278616303669765729274631760052262488130026201593
446959933230130444390851414406961294909514351132404372818037803052
701614745966697318233961655755091009447720112313016992708211043728
483536465802279843531764876043952080736225958640787345819153105945
582524031075377215743214571344778184309844749991891988572348815392
190452015661719255542998753345400238110974852027005371147123897974
701015854753862680281323170286201290386585144236448649286552358171
372029388017529410102252028569118718607964501087652984253297163117
441865075201876929274642106131317620308506790665882560616162451232
983338560212251996132072858164070209062312718344848223007894040924
391632745240874566781367355700397551427807392003435331321282287328
689542061881883291418904239295829349293059481391941921015430324356
744769924306848954952023954564550306504709712589530864100115696873
272805753462888209289499803769427671523724690745276874941173761124
890701919879296423247494837186391329220403340476272852904805702005
887722635976788174715798214217641766434900548515322233513050200474
266084260275811143081158773578536814136568366713391740316070565037
908528432267821646435930151920709912343384447619748970136375189516
849863063347124393571993453325119243402486722685096712244422809548
620967064207146038923593401068440047536963864975135973583310937832
600190925157443192037612293770890557454362847738453351375649811641
233689229522888668519991591629961786720819183717347307006822812701
860650275302983390146699957479446107026716111602787170650023445485
265531804615279803013588943109664382224754397716230467646353180281
996449375662371151160519787587083429214674980001529714109167257057
969361548756157178235831117710135901253539556871274579972017592606
546190059379608978461902722181450723587954842714991331503962030512
411091650441966975582513218186178356942755406145597270535238267357
110231808197208539486018220548268986636028695668183486685245446144
084069521826332804876044469190082669676296454907545722369233274416
649131955648643994588993387758700988054331863998554049323067761591
828592874389605780464098420897405506832961139723922222697903646977
678755173039666447415747265846547806596395648953581955700357971668
912269469927151284486477227398117418148866331928994659470600892113
189894296771965704861852768613423688150000417238002829767005277922
765540848554333486168898497387186788618987323238004240096386406798
435171625112697259246586787211070538015319495771649485062981579894
694171428204216416558665990728619849384917548026958461964229477931
498122383641538557038089789007613901032349717969632547196564912274

558263541323414243643574594749297927856960776359148472801212182057
123722912544332455660534074849518144676905895980695200349230012498
661937621085005123644254782643573382132966096697316535354256247308
090288177611337397206298364305054086194062218385024498547566872126
006763397437315325783835487482440978097393361487310202390453380947
415977664560313768110629892140901661232700390050502294761351885912
410647065603129801460888994927862354781233707563735243212718006105
308551717034053603307376301871136693532176984282601761121860063584
896534143606709141997792464097211427449546989146355548286434011040
147223008474005897193942555677557844039936570126377009233040177201
570971402261897254902499639625668908485897750415713042927159289338
014627628178042451243346115672917087218116986695871312610665581097
155155569633481984422493772789984900169133406501392255837452536445
871131537749642845154005364042185976909329790072008362962024673223
965883741317529058662626944673521044260379193152110356061561327177
958332423894101137830862454629514095817189416538188260985813625507
02814720744101032283856977012126679321464728011596824377101640588
292038122298228255056488502000903159908409669801425015995974256102
202631836172557111491392144361101853384556828607031576644860576825
091946215850695082849408530180664499120714286759898668841279064653
948357153197916296821916428762691256721694722877436722690746310853
419544061133608487163008322078153715481543546458370259485036167470
707302758499672313280960162936123357408505167586704703228598724739
808647326794039491393791308497363241413902943928457663835198421867
634664301808689606921433831960422100947209843976665228225443683042
220547014325651194268703971992934248063911831147159679288276590160
658481161372294419943326376901682224343559260799088203400234350990
585913929771576049472707702830957584270709136977043713575902026722
712135534497330430506741037054407734595843092276937484039563820488
592647043863621119935422550000256114497085052705009162892960498473
983059770893141204198377018700063858078442617736127875809955159503
846662074848157250182123540825433798202752568074574177955302589468
194577646065374993269932888205395151847408514744363568210924250171
052586349534579159028715221299536595915807697373406864938135614834
686259397425293493723922991126095352789014741520946191693752339607
918005888183785066885788221740893022376707892649055901783573302904
986104756624088404630174420916460792765924033500521369750536665803
340501312807124279897000627372915259070166674643724566787432560019
555424209445336334393919567680459087133098344796212966325811637654
664808900711247402815156434346310814453273397154323345449268619307
448373532903424290227063234450908155379512377571610492712179818535
358509941553871821944942708611496926208222831105450526017646944214
984796916249383350864389979794372572585034947332112364201564544595
832321025867338212082720110236171813291628134769361336231630005551
854169945123703087471769347530638094914882823181146014847359176501
968305714704713971680541712076085415277906148408154352770547111386
619355191825554967376875375655901891589207674352614885293763210787
312387572064840823737530328846402348829287586745751741196425955473
254712998878441337697174478289514806062975015981041096517924873725
424158606070926343451122180515157680503952320798390703844559080248
976751242811186831122353594495362332805156428450911638253284682769
037798940560973049659821677479429060522906427115409075963049075004
578669480644240791416042498973639622383553426568824892490309401353
227598292267618021399446801899603206758034293979479500581123563398
697279023670197762898407331986142970899455340903726057682234474886
920102976488719461875862934213170932727776916518710024989966658550
838113356789617481139240080692044146256653829452233915516045948248
702775240265603080241608406335831049915931308539474269073234720884
119182024847075732911507212454468985268553115998511179393810802097
734738174933999888973856536994038759525336217482394715478348005894

603936659188928996217521047163046603844441237345091038293248389456
001298364934173204224321656427582862696462987054943708647463427711
852938248043935821601986070062171196591832591807574493655660319057
421033069753707322301404429391360729974231482186205712797240843229
742225306478470222877289889172044541364168301862059266947810650015
772730346839982955110599642751983442090994298239413615583265388406
852983750196100267432796083226766089824373992304583819359944552036
471095908251899166291593196398638609984425245591944423740980765055
611750578961464359199255642675963119627783751287465379652386652568
169570032696428785072018471660573792272520952321099076112702419491
396280748169651494320431930648996967523523778013360171535579415272
267440438354774783461541713610807197104730886023745031213890081325
624317204976886802282925502433493959917827467695941155443098503616
431316394425732596746141758066342449250604023220280294698737518293
127065541377829886195848109350266364520750931961525082015023951281
069618830208378779175314247378006661366107125561380956875490976302
248182547336957774425013633346505272962419515030700162982343399091
000615550249467371288432197235339945293806722341962170161634329247
937574459146657715626682851107920980138236027790852490861406132382
047029603361421239678916949923423217152888329799391129466525384726
864053187319793226777027601787151571127131902216836416945329045195
204615033553473446978714152244708770708456141208314980110666716520
746555367187872873746904987162762468053085758352280419199560732766
591756957730028792070628730635622829071093172254124410289965621943
930339359793127298249018850599820753028058182687345362620769884288
389289635517726997755270892807119838327126416498135850566092974668
194143322037636016031702386454010380419337568874559351238398276056
529937969463111573623676580351575643680207979098069735892895033363
102750947847813570006470316765317984374893859319928446797050501465
842227782696067591977743142284898346229638095752245329234359223513
044120345909610127448589140505827476775911036197187481126259602724
586676557147275493941205551336228916904263820835739952061572394645
174449899129702110657095944985564756710539101364046559061659117790
624364595739346071857771170611184517001545450809988500405931558750
951206165545631462007387394433274391565408222265516671149813613507
373995489339174808637419664809327817100263955025914047775193472052
693611721552919289489112851231256310527709723493867708930988562479
735893275980846342321851624985305036273164555086002448011287948708
902187528734539294131614662088148268086141620159155491220419860259
848860991001008935521986004274340573101214273402947594356726977628
542777276759795406783215499987080260583813286902818386210006100337
642379198001944237044206333199893214651697433457699128223182611409
070898614415408199147374743368164498243252660816669669733619695332
127776912977263579843015097108158562779524101403121972539950098548
370069915726381749334231984170867848596330912936697738356288707840
800239223578231036122923133431387087137560726479553068785676787614
086797853884183975085046835092841447196834356692453914539697267038
657031729624183897923545368707062910535840958625288172928169247104
639591376543397751033038618690541627854067967188564523146253468346
430020306636243007728041839150504839977463906523527004766822033701
569158523770139905412638347648466384117910763416394509626576134524
834091389875379348887108440822515024794471987688839920035737926073
657685493015534302684384838893140272196682038727684904065078641498
395483862399144327100354841428571466367581410868575684974964249205
885698437459468657448018493422802795823563775643882682326241877622
162260709045198459326773477350182854360693935241658960117450737611
406406895988292994464538186860664747288899190982296017892978047357
912479632186915368703655952944433499542516058090830492735940881012
512804591065050476649626758222413393315802709420923435482413754573
059087156567567670109209505467111783773210475976697943635702499917

2477640990996184223422593896684699154418877209465300703443718311157
2870573206739875957821407940736334236084963832333591790227712682 63
0327694877532004680184757705394343007951196667752439615916630827 80
8395905383229511272338207550744153078897776286771662518810911875 35
1973300986377174786188154764116022239030319559678981537333332582 98
3600451889734131385796009297774588061424010459150147820679739436 36
2919935582276023675103478275564866271218825552853178253586010351 08
2258145026112047470924017186025646900684617317679905734901100727 28
7689261945275883358758221947384320834578633052807557454938289523 90
0598456827291413464323488171485846067830594826014535968762159670 81
2495532305763781564934456525782552293824962657511707494988668765 44
1038270533740898921040368677365604542858451695031402232363375702 64
1796577852081754489246557099240813236655786985264535388801118891 93
2862519259222135566768155760927630615575930662647392608983278347 68
0214605557131593915751341973623814379449788885811963343728292321 96
6320335780126113077010857215989820280124527014194405510821109126 28
2616707080627427106208073756237473911790188063039151918982517186 66
1375757275971038981146281320941182432120115782881787555919083128 41
6589810129599397245828288503470905302829222517897243132948789737 43
2150734138953199236450940330089444177994978550611469561529485655 31
1222946235263060515601499246416469416535817179065975346477474751 89
4490338863769454910133847537957012434353283214492982757320649460 05
7035879741372847308556850024140578069949444209656454542067040671 26
9177034205589354592147513994658656379532449893948072963453595989 77
3250352242536697552026259661902239113744647015156377494681734403 79
4532885953949267776387559086479724780886800681723558531314356329 75
4317660439253838540575689974298509517127782488540660920326559828 12
7019571356428139254066130983872519138828743230385070066019921570 68
8871565313698645866717928365735525658627188144014431714367937481 05
9691370932121680624247162372966171539343995336805414569867938971 78
4889101598603095412935298746169109192523809742944551488558318499 49
8594795902426366425548655563314934689356150341488374884631294653 00
5659807467697736019455981528630627612626766355773597675811384216 12
3733145970872986047138417401248888918797133273636262511311334676 53
7629299840890377895200008539399763584744281979857678072104896345 99
0778015426697174567542617238402203277336476397551754916653384472 73
3685352496691562976924834362650474619882335945593854238873901364 17
7046945395798118752712159776844251179958071694546686174982003891 41
3675742529519923536302864099584773808066759416971558083354262399 66
7913719181197456509501421574144502465594282308668548345475504175 32
8090492439697577338340692003659626982380632105842116831153608063 96
0003029834869862501418951961597709853098934159069182644746212429 83
6075434644624346418375891269938235380143849573643323589088034003 65
0356294509895717318211938753606040337502573311825257046693447027 57
5665724602024343580517617980430500157661220685910711916447836787 75
5287555765149553864629003147784335242018223228186288983604995567 10
0947130736251175046568288749334511080043705700857207322750831967 36
8410921087264603086269870121760440904028069794911183964366052184 31
4923073516315889044454805679783225559628577325030639073862370333 13
3937948649073559546851796504296661825531052645982451735375632502 83
7394355101805927205309010514290924335273127869001515130558740539 55
3595264903028131275892668785026838027753980878419695424447075982 65
2771476368013445122704646965861601405000598135542660045553041256 45
3856489931603128055964697097277176477513623793186953564285143044 56
3012761042826494036797480293301901344399860928405868810026888328 77
8606907005752229163788459542951127123641629041724925928703351812 17
7724572063474441407104579870116834865389408608793464288581405323 72
2052203338827824916065507514284988950267304733868941466577151917 06
7007154628493341305459532617825762474557786052890705568120939213 63
6020794840019045348227175019919985035172181982915553739405244748 81

608401142868298542198154173994615194467566539911086257026617289157
211616708612807864422596878065405524084076980926229798908974388648
718812412152858621071441713146827394151245402315271846416021045875
096948375943180736202192937400119027475027176567343594247367066180
398677673056064018589905357512300230660837087116869147579133638408
623253843492671860661390466843378796516790070950960770044545355631
362405135816161738439970087207800572797374766973300019518157166514
482156340621818656955569523059973209613527960436084916464544009853
402960861674533438096899823943693824949550947169541670641283942451
714126019162473827086697693118069609710155725814785319462574614535
039762605546512543502145241434329824924138121771320340323718671520
627359281633744103154710463963111770834535015448259457608665977571
739145766095877536672498405172457008259582124548521961643789313109
882481700384223320632885004325420849215944237347069301246933339188
876395624142540683244296139656862403164128403058782564652342818336
566518958550369909432595309425060808246841425531437037390665109896
765398087358749937703345895301949519517021752264520732036027546394
131137116116222899004570802847540361406381477089041361896398146793
609058294820541858067653745684521520114145135847400424917141834979
108526755786923646084051029640568547162911479605166051298601164218
923584706774478369791634369220302198889638490152417264835108736731
345839534421502246261553366336148347864323356138053007496676208428
757530744847676122129520464026842561574021989849634090361092184760
431288829692663808182477416243214918051745760516527671485956723605
854481485440213290753231193378970542137669259894146244375806251615
321799734696371796455473353549249001405607436631064741766799857256
986302528399444346379930518242598412579835864959062789069536518549
591816028252311296488624546624741498780234896199049347281966658307
147577253201586835547077836728257562399243554639377454477973382960
292239539101363924842457990895204656398045121789111868368461117367
495659523732158831922247696642959496940073685050284037768906265808
500246717295897639915288552871279469207921220672013205280939645226
322708682212314758006603178586184106934504552579097773956618012334
187417941362215786050078339034591252524540485754363277089363734813
762506583880204845701532917287753658510284304303738094645827944631
703476961344868288054938747420783607209181966956077978078659557407
096044302978609309079720730749607010815586850159480975343530527293
411617148317473396610051752170023014799010869034522977048775984057
286298941810215296900745556597243348361850377715055086033011150531
761641696187723661381272278710986517345203857378730216612722258062
394563423895118271063899938281939468089089171426867874887032369742
369825435588883246084582028402348362623588364349326648017559046034
282151721956396349530430084841662178271514494595409011794488525950
494726556911945792036793654037611386749376191352883897654886121318
115303047160619686704364428843498822552331296875029163545865426866
088946046929370596495128448974048567800358527040399356260489828221
525557199699352579454526174074327085989113001429067140022594327469
021898299517955344274871811164211742934346618581259577501754135341
180155914001252399483939017661752161192300632039269350307440800556
485321736481168158330203170589764678232920238182476764490923997157
484669006626848707926979745436105026659791718725654581872259956718
471895396896356398273911694540082867722083973564852019605960672645
551934292523068186375946771657471639851037580102664513149058946532
011702593902980926721553261881121687059584164729322719691537323315
514987881303473988948962542717046310852002030893497607474809695231
438144859523362875963931570347642900052519090875253165740792449294
631761411281605006043323678149217024471810409000252357290745094008
754190944850132342773779028203768777598838891022428946586307188578
363258401140040295820151572777505522049767174180652296812814453596
307746839919743615077556084901483048815266226168875496803462833040

684967248845831448961089841116418534724679049542984233687929502850
535622738086930362906434961063890273423981644437129896752462213499
807179098325385375182451431822981701498047147440520820677173482930
757424460717784725245946185748904930509650979539054225306921236070
170383791085714698302257724852517384591456079105588537047066293052
686115149625701677756605098715221893119931908608040958932727146520
031599118043637406495544985222116311079240253084120858743275083025
736046735590502428762009605821782540707253588194242748229061261156
506709906900009646228666919350261335698044849903060697708791796420
344947066473435831304985932397059589076521205938976976179995460990
255750129252950517564633281937784817982728921626883979150390284154
892848405010183293430169393085976918820760983272888921135516982344
564447333253072962398579235645767684446557407881847532800320620409
124850379079033696967998575698548117548118386688492826248933731346
365620962364360176047562884825574687983523166892032758120831192672
738707762830879194416406020746280318221576402945658339747608798691
752555031704962919619171215072124527733136375472863049900375024593
485960032115144992840662158257436742274475501063912224218890391206
885714990281250332229301019625987938312748207951457466369086901110
213105305738750610287625824804729782975970378866527021744112460837
370072764091503713333614971740090516021354287018659906055371259092
989698875726878000679158690910845740780273990101872583402502706752
349279084556458472338387936948393212193705663102735811096309442346
293573358743954610171509748417603259483536217516712490048287878693
443178634077789561343147653044727101587308359186544227533506094500
454270943829595234500617950815499122260677053695403470872316703773
580038588820185360607740785920309100130736686153320514309483297128
610836602524555926973266001032976141119174374276782789747510302954
650308104060484212662927492258713195804378325583814279728206104671
644545396678275066337611956154718081141066372890445086071121650660
339892385555376753205387993468505034921858653621561162560773785078
336813948450925056970346054311689014345656230772431780451284414990
211879930904828898966619644774295261486897574573204681701313930905
117056129681336246565767032752997884256367261046845139557876174554
261407949927885159419323455730645855363767666277904565194687523590
507070290264235937689217411258335714398554727179693347166990452457
385765734636323402095801122354476444172330199688759484111588591938
802652082412625415775923953557139009940619257885762438343967082535
985086771745203064771259716871629271981108722640716731620311995057
495353350785579058055228056768709400358862145084193945110212966418
030102507190041435180262583918416963342871083924470112172842730327
747013437984117330124469137759748817280837808632835848060410924220
865767728752209963240080429944929304986884989845824998371385891669
131411594805379770420015970689347111831573389010474647987808156521
926441124175366266821681770769432381466336419486790863825847134143
907867852662542025507987500598344208643353203403385407169700485895
423819416463202364499218696935197625148758953644751634449406416198
941671134104435014824843798746391600097858007148865413513572346046
623479297272831424155920800251034678954542752194241325704026306976
946540161354854687985714429486803039101844108638904144811237544371
285330823993732836681962313029569185695856627411377033885853664622
747193167250336110407331565700765207124240797569995015171682190064
511788702874635229298088187710072903397299225664211305601375775977
190139941236326728084538940031909615421499319261336411225553601183
662732783852674019875478187635393573394928471029582528710380997565
439732567129487558224783626807452739034903745390658115194195726455
858788269618859947491839526549635447571365041228605931178327747043
171702175554273381131644612205777914607365779146307623015698777942
799470800066693339080866312852037258042871394552756934418643828321
630754249357674340668984292481754076245634843585997894799507358408

972112726010980185913187269858204360215449353734228209983215127996
754771510867255688821989769067943231991850034564659754689420908586
518688541565005301770434777447943867270393095250807174811438806676
944040880337002762289229403949546456869467365627651215744427275561
854727297092316077100833032761204644001950108825543666118384017506
433079878960184957256409227026453638384878282644377846764678894521
861373535543656377606476678170898450543551146912314274141648367976
459749610075175159580739164799319511126936601648584829390733187973
916908788195618674358831373515539061314098627551521295444877104580
897721910582763398947484910278339169952254377681439407418668237567
124423323514823465867649964519452476330870536440687141456832606639
769454801930943710086795751239891190608598079561897702861704671402
026390040755211696790396797200717133559771467791845713611149407966
712462922999331477634216541227783574825862753499006792111978060307
885749546973284196464487248154923884504168748844032656277470952960
677481195278592514810702849070915018652287534294183631406112370858
732629402433909819838680897918601274620818939502098874883195920209
202041991431102432886184043867214698447218058827477611885531433454
775949915708112154724304881109826753085018792712236067265424722554
951167783499513760704930313675989221645767417615608894882995093114
276568187950445739072603866015581213816955577135842043549347895364
202338974649549276685353620131752865705505880944097716682618778503
565693248837006191686881325769898892153770164294154770352800561194
842247298518748777495354659986473128376681023168478386420803571506
610437608027590099241762684102073191041168647523492506036456386777
296180495366105618145387474536473562955760076828385002653903382204
235925539829328419394494205000899887248918062112870490391300294855
651474954344575244822871583406545423074678494274930963470015143263
124161298211097657797808646208963643472088059155364232264831264515
021605196502658472066706130120493386969922060721205507484698313250
445679036197937511451056109940597227061024553164341842315931353905
307277364315636726458013226763772668618633479296099412432700177449
539823043204002544985446412582181492056014921887888485004281841829
538377471703679191289376308701042720721052793407615909556056902878
841543593704129448706773764271263821528379114630861459968813851549
589693494777530091090895645062887987494998791897733005539554996967
223113032996223735743856778002884728964213358326697472583460615280
371262743221724325293392575924924474115450585976031425395401902732
717953482453447118183267533772568831319357002083161783185793469555
062509874148085073837262014483584640035336912705562119589062989355
562779178399088576495624037971430883909711102642258974629317668967
223404012789249994400301464679220203830421619880771734664735164681
098205658445677184987499742916295695277744170956312845961026901454
223339536443247908988275294511632099275307499379381898314756794441
245959637262578848779824592170128005575802716147579216877302876772
414278390459073912739294267884385771923968052299403405334707357333
451836725155426582639619999309836730795037244868646114937304957612
941570707066203289181107238915527538336663817080430330556707275261
677419463060608701555657445230874655839612405030148057910614581630
901314898861882107938274751304764124868278016019084967844218901110
183925596780158884405085393976838736014191230960600868884840958759
093979887545712509890277211540144019262217279654656498959921437569
114290202041111579248731265080755959728472786996827891626827869491
152476745851922811086526770098192794353379135535005146898579382371
388273535727171789383014221648571714102900699728235323288484621928
112894081707974024421905443693038017492997032084340110873321114536
842359999320908951566908596491522776672296396942242423418831803521
099116402806434847354437983200003628081909768558492561175239297741
658204184481090895126836470846247411739612714881019329455867381943
250861265358837368559920259078153960821287907306065333544905988347

470101680869637317737325829139402014992329209692706783167596814766
966752080774826807111167849293584619841862617211092532216068525388
159185598806277687216438183516049553852793642109031310360781624389
147125433165370049295435731311918042841965032161578090425201331248
560532036085914481767170549766907392764895140552152060925413291657
024918171664437203666136857876733251108285903819215447665286225246
359219175013034284393319549122972792697639531748622320787892026844
508352041249612609478597647640505134461645779957974192093941387311
276724057940541046207559701574182718191565611832096658777408146769
169774837664183860817525478596851524694807752817906293992706525231
293089486645014790454710761515539979963895457354995616420964604747
459853772405194520424469515511057601494221445985078562898005200150
144217236030394428342444870888738111756954845868810158847305082029
360514301370104506990268158198945951504537485723487980716132368998
892862049934134778445964826238868934495641306886939680162402256960
972590583690359144783046409691845826547581534945007765160758195664
124007433611728666605780640979068506843839086550136603417156612177
413653524666292403852731631584292475107182073761997425700526636287
342485276970912414632604391164682571938447497652741279128833276475
340045879787567219728508025158776549056558922047149620525210401201
669876445381749387615396217620998186695643493775204078670455027574
954208283438265272799066404046308555601579354158018388708877140523
005777747910133607583463708160374140335816621710523779547780310828
789311389894479586116939228137724820976622315374165551870724300378
446838734446101858764966248302353552906856208893670501291450337471
297708298592055240518783105621652132246122880034754732559325711750
916176594166482394972913352370543886272408483705528170029629809058
650804794954624582240135714158490067330844573881811967445142911521
434279392699655622571986439196067753038374686672221703556890842503
483294766784150367836819897475626360760561739594959045378728870880
119654187892476530782025541234215275554653752784851164219300210400
696015444285500717437035400703359356505398651785707006582099804195
744951235876447812486104147556590450055377874542573276631373882502
017264896961612910104812793263745673134738711663877099845420670270
029601117226376272726745210181186559105258614533881970128991196384
735029017400070680631462301308053975457760287247409909750691788261
928319716472128495873791803549559085450061798813211982114298258375
305635097899123594054486017902486260767194835184423490587190753372
944339592409185352802957201038394209623342775620874772317011752756
872410122453028153879584509634857983910451921318634956903039125641
139059641254019436292949491921353071715344840968420710642282289811
864026763507160796935047021002318781098561356791065930660078977625
531978982500663151562983354439164449258057007801061628032102201957
047579865658116809332423000560664896736948762426172410119907596206
943468594040616410905711553454537680923271287235399907443591953983
973721101334949165692714299302802031477456050544661845753230590170
786156443038197017914956765394045943560606605070173938931321346258
503810731950386744835560194918228051677305768502688432549589089560
814199507525651893554022636610084816146203865446477107121879516306
983362021407461243273856073300741729085341371467646620823326530075
778457801275507872627830161825087008428187745332078797789429648585
975819284204996482962042735407338531005469939541254619473472170399
527022703577938585129683664406788983746565636135444780666838466976
517661499961854398962350237176711027408909193995831451468723612871
384972420690809504422367855102876286804251881635840261629851807211
528332237580970905745356917840193816002439654325782504544519694034
884092434085789998277191512303094738055403082315560818607161583433
955617281063733110606015264964148156840431946235604363017431750920
771304908868560472738551730953808475014486517604975677360783315447
229253433596384563021521710498738592531020397895814333663841559299

255089446027807017962274521055506711913163262652799366963598923830
060969816001670881344300203911771916307016377800383003711264182414
601498704171480566260338497751756038495491915791417929536849597062
863297174522149452643640004011685127587387943486668837572288996134
299386640236405894482452912428201658004781669418478063660478483817
618565155840174603728978215856590831489306511779198572317164764724
189304315319990881549971377420721011833196861968494405184713480510
376244887581817277233442721570874000852493919493398103083199952288
542626308518145514104967489642576817203145774197605540116651437193
37637218818650652485445039993766092267770747939980142258086621498
719124701387469895676580981634240795135703733486839946074001483818
809109122785049874225639471028589036178924869455199904917116231709
297408195172163625062371420825261190713179187638003738209989415516
736290310549402905372537989577370008817865887049043920910261127811
112935519422778192147007436373735190083294733687322396549476329928
27531835181262400711892034565885546809503026304251921987977374432
637260928911109005219868755372281053055764147614824639858637189772
797761937308767042649704411511412890062126113885306037367229595816
117021395030074141766112848332886016736716732035880470158024784864
639807999576764707923310644566260337307361589922617875267426013536
007295278511447312992791452450623340290963971759232197958011191466
992839606609054620079823745212245036016910411563221953297269544555
151828409453955078674040937185323660387796280514312676627403643982
398318817605978528134663946956055581184589398070501135751682068069
489438552913508828544734828151760971542385952213273086132204129233
077656558692790957004784303955681994015964223359594550228105654377
995470862448559080037069501560801930721464897267316393892553815995
861702205913973027090063858841495346162764260442837389125191847819
850025498263035851006341034437633407334699031270355830801124354815
866116467990470409954792381287897186780109815204978806050476668203
662967250936939607313669337472036724300318966620499750652520175471
357865734643836467637926850195846151069676536390244748995432199723
190611693296228778946122656683064351895616389957450772210945127991
885324449376487789040544224233470979587265217693777637079604073278
970245582953869616412632465754921044812238089336380764949967196348
615540609091415949767808774619122770828684460532572718019232463199
946676789260303597957811827900047139409217193998740760009997069581
634479233605106166460077875593954578581356191179734847242756439544
469001853703038899472199830805883405836720473010593371645853777333
738261881997860740674509062922554889908344358447071868346283907929
470801169686394851185081164381346028123477126650093708643498081061
192511699839069112411278849225010740467001002498755498035240563673
715644048348352246102196750403342268090196091918367697539184488898
103076931360368464907518519208998079674849520642528150398821992945
016312244419290790582175500212464156438780114736353486032318176976
992568862342243651161413783584860345729184564597310145801442339103
436619091211751414322400433814714649570280368174781573399255278767
581363359753605595393840176867674304746201122791642138790162717829
363320257354064982943159500554714114406637280225906499077297215318
483539621059207509481870223099482546729701848378246112123226391943
500731777620066954059960374037654410628719241786662420882146482782
794381136197446758843595640054338403532921278595748814000737497083
250483278575562787738665283977888843093724219594555535436816532937
198863634368179075180196127350934580410944655172588496802612101534
669727381161498560713593318421251782086976441366280313195926629980
080049993801799153449183914186001491765200955505742943903063235405
129132722852895331838612800900242018592068301245576885159986036670
882144036179949757693010158168404896369505707194161819229869985461
811066431624215434388574483433888071994766742309255414252204646132
633302192541233265542251790039623700118772248801218997398674540232

783101115581388876253275234665649792845609117583939724769569229581
647917057753460630170075274314017131409347082620758055636513836577
977785668667231433899715854051283817539517288672679243351932427944
640427484557220427137038338428243358563142551037569101814745835641
467895345086856290184867609167706199880065923053443639571728250888
425996639289712477574013093554392473324079182045553817663723533222
093512540132481590298902642974259278789454750065499469212124666206
626082143493200208055224057223984383044936328281922845488932895874
022579320820777499212636085911890296466098389588810029238820492462
297133229297037751993136100980352670524486853226374478046384325646
301000814486291219945715644790099446084293682847965274461276533324
488110332420251747386222344906972367553788033995966640307214375360
233103696573323152377229874426905668961779628232189871890962510009
667381607994856169911256164664511017559716379949948745173586586770
840471684474770849909769979447071072216462801394627545923362533618
584457602386869037340402342997958662188971415880457537565078504261
021206974369709692144094113468994263087437856931812699404387145948
959983500248233904352960214104347987103068353429770829833207751807
152848088283370145995157366923408952207467531109020004087766773452
083041072554159390052576034609120814028417742037713070084243715867
293605934806649256089060062140073524622034669434043776297371417295
657738443594005475357783364787173858831995725380639809960264540532
720562873151122978157160862957374684566542360082900430576533154127
168989746228513385107670664275111061263511316160924243466569700709
329952178094757112910514811469846816362099491211915737590934654666
176085925249964296490499530084958760781963600471026739400740732084
362442003461449470324239517678532424534809937752802805259240486576
284671412186729974077030839307426174014500322104972620715170167184
912813438981955969766521920190813700036727820825480844407705488949
773529007409396411521592813098524327606824759522533080282483140911
455034964805588336314363788086926850984022754356109530387770701212
000289803251790104923250778850259083263414354851687722009982947719
960230524388558044873833160358617226920300671018787426069417860407
069990250750049323362692993214094658099646531428589402950507599383
742467138926990433088969689317122152250932961528322314040152247200
696225193121876948328674200291736644356806635821053328041767261515
623021242888554325019347747162804383419392847933486122205735240128
775008941153319230976508281811189635502495846710684529264484555742
771213474285886128655316929049767845662596418247266927783440026607
279474144408370664575851237670920004831219403483729208560022902779
773086485414746185881115702402873149042337471022051225421059966070
353839506482334592609712442501847780809771726739247319401655039607
867012304739576533280658508348412526008894658467311915729174574224
177949335497989190078206213086108038655162237581246483554065072432
929291154509266713185929676930903243805005047057980295747163465461
868596663348164737563758253029528629237343678949466010883529136131
466638328071198371749145500064298208172745061751153316431785068605
599580414470505145134434661354349132377733690004775758504046993549
528650821231068855209618997124393434111680987953962481708529338557
609002702279497412417974047571783589151301019483114208868324943314
817802337650953324299552859443683435519727318517804946558350991943
093702256819318024684488318677087309347278038059155250231204064223
609470988530160758370543677837414644116053421760045932648901251010
943688839493750108078235517849509082358995407264746204374288810508
396455884266548692765048403283121820919225254911472664063622030793
455066039883857248600510852807898750922954152053685929261987791689
221592205220551985320147926147108591884318686574115963789931121609
989761109796335654449027343590983289478678839749661090310579656789
884814633779378097206339058401025151480018804012308861312975542072
153696492705801455275021614678086913660749812251621634354851006334

434910353420533934694524974769550862656936276212610915726891851277
303763839795715936693067949298648386633844544863127608551005181894
581104146470845401536291458227457290153410579881693540552831867360
382508835230473920214607034933191067272651277179914138372267050300
428895154913480292363239288242207957730865773544300787149940796063
032576958992623920596601385554180341966989324367028510494283621790
242444777381925654599726442141645880183324265738561878678959852363
478423536809059927119995597854014483596606215632951638907300427568
254001923588832030019113497523286130065109787692945531139668955583
476437080703315692464770566831708735818394804538875307517147833711
950768797640772884648664979182318450231538105517587340718962538798
537621437172436820710468814205249239365508704489135541655626666713
154192176366666445461341970658844048039586284011613603368548134550
509359031416572525760552586987870305119319075536363454402515452339
582336587160381608528218500714103549936084662784075061236838764462
145891921779142593006497312418546365599567512958502030822784103261
371511351983906124159646333982390087897387993371672887203567894869
612784691802988400077024046141684357096461162379484580024369153446
231929702763704581054668618648920064818578844704613762942820614210
703480363084411167800614815023913690139665758030939659044159125120
969529735812730979032583292747939969282438314920625902933092860103
323917403838342745711351398457747832024488386021968076716331653498
673034745401399921598221116711151254425853760916734327699904005844
974347590556420630769469347283565064991077767958926507983234810840
182244891170749665104061875918474857697210367432681514842019569722
074734482208792869960836293587631653890478390048742747935151528419
727078614321965828417069390496815772568280501220207510923634655176
931515723238105018022585517518247822341364317881652068506613942262
653446972893597805755792607832166738898066125192388000169534325226
200528899561086132879950759573554749552474243083287019180305647708
273670143445393759376315501750935185158798505069463905231958292523
097514074052545956314007436631365318598857577378878419026141186895
445650421603370647862526272470854341759779500692649026951120275026
309543674058016472131592679453794369497526101844660858000783127191
316021235091382970425870233641604644846128470918634315198653654660
902676182247471801225355996813235223866795597369258068959753037126
480244820458137018203432869086371659833775710858330103687434657741
106218143176556339621006385831674674809188717077376535589866220294
998738274442554792411634654679406036502474602456189525909349966735
951227127320524011111391852302706761427723092229472881013319296333
997818550318293443263220646980101295170455704300632501562504315083
657628326741230020495063971736784188910051425253052496886256738738
477796628662164973624028836930961735437337313667758358357017944714
574708124906980229776815688257225708949890899120660554025206080132
245048251208137567437661986796426412986059431128300054088818812331
334729747312126744443118675943209106681841781026557335326213877374
737553457827904151159313218518285887774417722966204691386602093496
942560536450662133317325961987682588594298794267093801141054153993
918960836361924874187916930646357844807215658399312037940118324480
201556714142859863727859846970740475543618234815879601141366235245
480672034561475693978012289565852162256169671298369008539004383451
036299591188765554858501038242000728257383191539907527071272412720
139581995535663735512890906976251070304892027945259155650048553046
678249437412341710845111272716022109419314554015799975257597062357
119650920779653514558284969464124712726275202638568898807683516345
882147443822121862964661262708267422635057195047392386350754121166
483026200971276710048982671613245191035278362070128544446701113052
325226930150870306338451974189270634069245458809137680372957533468
067793504686478745877073762192530528748136198511385757845429291076
654292834071343502250882818892915244527783987472190081314380720430

207245467931758778466626656846528861507688403122321218733296072442
684943391394823440048794731810015672345261770257670886790779488435
759761351817722330324699911665759663561548880404973201297560095265
988234960223329496042355117872785529240802858776678063370228800022
181033547073381937382622675719292593356370954061572778057244148311
164042802001173781045377356971226702822063493126905454981671849950
281156890107968802900112565891790555923454722921378528723282181212
503451820595480967722776607131017786034388295733182064235872369934
100981061723496382468683009133256534492346840680693901747353201504
440611383475519042887754060775819161781154130039925740378644359130
190784611315598122874333833098537839728020727286892320298943973394
819817757139247491694646666789612342910937033879325123377397138802
549835070664655016435659685314582650756107057247029983740904860172
437641981422704314803738452936874360053639126726507615680781314200
412241195949403929770163428124078720808521666306459230567032070981
617225290269602306308129260227978177435716138102919298062250972902
342140272119169380327132983200837285066796162815923582866865760999
044159915872039418368224730903669496907177457012177714467268351119
457992357643789469356535420860629730104673071982276607743930230946
886154828109515202159705255023615647835579419688175556091385778521
922259647769941023057003836674762355069788231896556982414650286786
318921131224060618093860488326451730840169501420821573260642922288
691115250254993602180051041932609690738474883239140241558533260115
285070430660932244424825241441746074448844534185528241403762246430
116084929486645829985520542671517405454420206280703433294106933727
264297066891081535848401490945693824621684799297070687378774062892
832545134226040883718721990383555267472209412312676596338155725024
484611269592746975238144932164044468989516224006928370958627380688
833629163724004187595864552046374627569583050798453815347152306641
100725692362934927639367109131351270403054576969966845535847145591
819283771246258352141244581202749660784771810569945704336050816850
958945374630795183950034717251948443599494854468526812973590190690
653598903356956031006447968263120457319101154449655511226841732515
227738630308135975821722905976613762764176616347690912507016199955
375964321155753439662168827108403675119299960008862463219998754180
943600530874133962692998207629668015488090523558718680761698556060
434175392524049679996465176000269269165516987526525067739508513040
805388445060926010964368810894202685615907389985099082501549463918
220970064845536636689968589228638215971107671797678975011542808723
039128878869961867893071982867549919743262709341000268510325929632
688185241489579124432764872180145298218574977142929436668937836438
222965859111417940518494207357064528325988459122593949274445571466
776515114569290313952537580463375857964158116362187227661518982412
205351322422488256167742459676541254033178449883841113760735007720
085697277626487365278338916361424964210630883493089033208487794286
440497222682861859946689343794851334855905828206964612394649757412
236283139773381908745580331675172722386647360336322942216531277635
847730631534297372774923149739427339168139875171650178103261317455
063776577097886959767574221493716352884568741975606953600393373320
206516493697081492295834331163103727409098662574705051470227230962
962287676893693773871239020465167295592539637570422968270137215978
496180362348043379063970358558242210882352987239496885357705045182
895099193763474732035193828111442092546739336782292584965322008001
526318029140864688824845131277306267980815595476482850417271139264
031553850405835488218720632498225683083781144749672788833200028717
670034369690112633377140681492485609922237095518547384457179054176
873927917178516593198682887564181867768768410191491807939961128907
075158854552469947650821767567721164663642768199852241009652130504
650834072757448496619761614608405906074102214449762236679944848377
775461200772349048346804799553637492002228711271851356066168229123

2392180055827814185815990440624052625463677109244383173398476328514706535000797831849158240117595659005350270640384087071233412549043005892552683369109471018856806309748638940766073009576591462156505019760734488992170674595990100871084361834433277876536825877230822334434543292752645035082751036885278769677924752905435163484717783060043423068025104169270984042942326154928313761218792561598055496179934882234043222837656531886125750264078045152954197194195477977406155462426767143364705108681554032166445251623107122601230893710475506825086032404639086714436907732441343984928414678828471479332996215272656768340104003538027202527541843522537228344897065811560857105993366677451985660472200841601908600007880595268182669131384173418199055901058235929020135405146103729259840892444057996292612098298196317512145353321039055651854357550155063302303939832174241638876581418283754957382481357953537641564860019910209763533920754849348388692816112409042860516889724156259375795831898950072924596046798855441909311233298527184462335677735993334804074703720532803470697637002715728202307305769614148719664204255727504919503663230046513954181407251089307094439783121107332766875928037765071725136087557193764856367448558888257887661339184493021191882292709019500146842343636992753199546115671386857045074414321633904078029992349058144656520449623351543572010554182060440262989131818118356521480138655484650393917442276899832095994734532614851533809088184406737269357842931940850818005411125012034574453033313973804469488527709899805696000519141141422794776296903922415244615981368125575139849403015890891283903969068237159676228265437559056160300204572745615279459651918250071334871565451017527723448508700166716220881347145595773312518768056485291054073928022211200328627810564024398003807019056977396529787790988003162006689840372155196243342979928100956086160201491088191150979379290036944991206217653774823719553245806361501300980865044242529347835698514942884633840196508628261926818181331453522710221617868856397961804255727094019690419527822189723711576046001639909088872571825104688428346189131812029696413348931760054804610495092798975176311147402264219675764519848872453240032533025182483077491232525668847561695423934889778461915757944227708558205785410061634879826139855509192493376344196938647024154343282328276845684142699438372354025409393730738046343438282071965531403267158470169414833139149967410908125309984316312073108505016906329319101821105395585567039824196291695207657199927230717637308136423894014823262654705509038419616639574583687476267352525581199071918362373584368718343059092217995449969222330034287082269330565446768367767558779608375718328106825559568543168045747689684479201244439748747005737572457408749217827564247332585933827183601185506372711682381424624589045907602969214280818057785601886552690999279221547127089592401794765078445144146455171727245484769416076624783260657354138944619885837567498476780536983929576326602264723992041365216237363614666403231551854151548111858108443398551504367348070980163062524751019715046695459749141410113086616816368604210338807456519949324586116048711164862799838024812539418990136377273111338342667785325923245333448537596647162083385374122635553089374439019515415756799424532380334083072168419947899681242688846165970608333973371771443649867987671879725126150631972885540631915126103864962031374005154413457210449044670519451569227393667324976857391603105431148168922251592576687809534620488181913512012841625814721027809659799919441603443841823262314480816732189123799465974694473719947344754614472906985885420101625230641968059723722842337324511406540283755263039707842698045973210194934570025250559594698145422107028369067651113380082719704304519247809251178562729103526279169742580684026273075841902146284409178984425616298673909100537002978855069858231909288554409934577175078784925479171378543226314655666153587021169160431720984265232313966065488930853830196834019241368671420697

633671975814778723614330172612555205583002475666557171155769559720
731113661647649212410007432536721117181902698647349658130101367113
732229307682146982330958626017552721672584247759443215834483251667
717953813744964440656738138326645751744905748004650568402111858982
706460025498422293207274982206974769806226082660110961848556935211
806622929940380157261010384282960889874606563046798502292990209291
932461771606160384801422508869123734248586441731267184746634512149
080855321275811894748251785940175844722914259381996647903390875103
666661541646865470072022022545975348098423501364848574947885547459
213375096376782165427914135474670062812767442222991188279981357269
073785469091101556810429717305778842476385374026797415237094624639
434605121639245148210507976032685986609400873234156423535667666375
312276348010107704548905103240579565966741308311579279748096695434
726072474106920153392090933458277744733961650093575247112417075063
503208867717412193495146667638712637372846116040877063015837600111
533649212190203318068500324666379221737979268046636376195583620471
957455881725511200080419911461363395552011300394239159753566741136
702232551901934176455731469482202225229548333297745560513730774251
770977444659807607594546606593103127348715553264389083383702773822
074314568944586437175412106604933774542490470014903959465745943771
237897280058429396210552675039566321492376729814066350061202360793
595072500261188229881702440932306066540097229824335376524377994159
185149339041722501469974253353780504362141093577235490088186907390
269514016697214836261672332385111763897273755722811689919980399572
937460322172819284534093325844116963040623830035426887429021182429
856451245795207347984627346195104552425613736299433014983937291110
870529969519183533650534844242848046310476522083420859365173096584
496130285833654819543598186756220294161384321163257685982562967201
828906781124186868784597313387140418729700711919867701293106293096
949899354813921875928804839845138740758643027656157147335183544073
506255312343664960053109148813032384462652043513629026265933306812
051158885104358569945649938869570706111923572757110294196928994187
655436884256928063861435130310638444334313396196979733561523242666
417066390240362365593574944251038356824938543066369565628381349757
831909024277049909445141111241230206043422328892597491438231575907
984423517784541128724259493533330985710978755386839817548252121751
810308218176505155563452429948453904577562674465785517591489162251
178070532881170459740597598645830080056103223325384300750981134310
120450833190422865468587799440122965616563890815959223940343922260
010197221765736217116359902575752900033866022749259421935596129475
518513699393249692786635065238826768941167638908982314619095968338
612311858671495757270575686399745427113036591818384717808180841752
010065566213047632675249466820599746393688064999076413425808930820
409023632383517830632217617206433632011040344099409158405146878326
260477568040712615484260346833880268094044793089193734239036386440
254924481157390763168026646799679017556718706413633240288705087457
165871395916429253614402597840290871343774441758956655811307376296
889347527173711313779000310082729387122487986914124280084502725122
546352721992018762423508027844796784337023680736143992859048111112
541931101350959312727661124888954689194535563621879329974884586783
481448626980470399009162895288368911374616731561702410045157757001
603778370339572539261354053250114657419224801218243169853035363945
988575041132622240054109705194916292574379281916876204926756847774
860345138396946799094353055861500427944483112063090593443247000937
536710056044926556034727477807907836395045187624483926979873135352
843484638881332304397927748022015296192355486000473427309507867806
253076736433322824196132427056557794522660656950161892625626948238
005695033649150471162428579689682908969058363758278283892895520363
223930960420462287810637658111782742762532340505564585343287393682
881055582302015544340256660561199160833124527637674938321952334956

3178625842213416657482628877447179338703290836250399594515911132550
0505060040551933106785402214013928930774710317833410559482918371300
7692456979522064140227958467058688577578468725289470075085185004530
0687570783974666384507360195357370737853567003625855820667372433380
6238350663573235272550298747371571049578276193935635016759283674230
0853838573512761288261732009487808731297810994013720875321879621760
7507234310420409830054307545430893475609999670530062600893958753980
0300478168171271950939341910683317924294515954385112109091722673210
8321181622795705954478225361268295095486221723123631665072572186340
5317410723976503826472612065862723390028195090885740960057687874590
1353731461515897681028944673460860109973678031561291557189237969410
3783512316274075169456949086805441787597920036554692634446181773730
2271670034442667760460949248120587970646584973528807924153156393240
3441257891779357259017863758256938063425044305458827958137410756020
2875844478109654276517670622237069724197918021522914548339562562280
4607838662926681060526376677358438248733782586428850121233292472070
0960759606827560580289356980680090424779414480522461408019298274450
3591426130067315399742203980804453750119539726194484844951991140280
1906600326280269709544871657792318799155265031123235536396866845300
2430159619734922623522743230536042233756064177773162385607180504050
5918235089414216126043893732003497532633969317683963974083408761480
9660534676500201801809501790152475738159051446684042332046251958590
6479602895315590775472041875168042210488273979524827374967425882210
2290841842673273540506297473956251860978458070132276611517332515920
8012500661030784565522793390661195546769846706931144543416538587290
9991177255340758362673072059819231864158196833440775617358760115850
4106288590251485970663025662727818819343204435440594264174728744460
3849708875389243654826954256770519550050304857396719259369183132240
9952382903951907875007477419288341283393151436054565549927400340000
5147528601176491368819754058351813010642819185427723979888911556540
4206132952148340397465595374693176797126059326227357889369439528140
0371554981256229183602897098844835199959092724761429273847611342730
9427076465965860996751230503243760925283745354475985587192797451350
4560409284463123838891929763872245094869466433164585861170878840720
5956634464887728389814480697593346348920920847479336641147691694830
0437595998302984485104669711676118031575670430748683191350151086620
6814811080662676444881876373411910463014864339513331694386486719120
5305119771222260512927206628882836514602219447081969546319782481800
6230642959193438031910707567289113034166693906837665143733400982910
7691778335023511377237807008013449375124805050073219738123851625060
3208104966695365173928688581397749077190782452979419561688697223160
7521045066713791920865389367499863148664101700444576299589453219550
9866395809179418510560086861372835205544642033275428459604284332900
4254398613235909889616104911040370538129550774681638755768131629910
9025081570271907649077578436021697722790417283215248311154673779860
7534863300970984071885291772936383789686704544938022017157424305990
0922776633024297441704500745899447515007657427829025938963776349350
3159478320022542432672518423005068820208254972129214056337255815810
1271047415701853893178293987877127982748865671504632246643855553480
4887868766413556127610485824205891865197234353363957236099480816810
7397403119030930451000439618069123447708555149247296678508952198610
0901655248983577004961920373861655837363132652345982453199510591600
5837900039799695177706979524695229836760743149900854856414332722000
3498903384042853124211234021004981624291858924222434957536080826030
0676240154695788064729619266845275111600959053785483163671245484860
7788201725205463985586500358235002021508516423663500787760715198560
1452562649515910555074772785379815406327168195111754102288929837820
2254533675665190251216823016918198394259899975941176958752150927940
6376619633608719250944468590221362185710407220499663863587129905300
5552702841046772620212744667454521545772370823644453357064522514970

567870517194800500802567824607818185487583892258881641762049036112
904312816748320766934852285776067934846458657669095206610087879064
301681675339162115205681084467894159123374146368211388337577326140
274624666451509892104406381808305608040137010089074171937662958444
216912279089328319826772333212792007680916610268387238432454420686
7975603948267365820673451550426763088818158558039319161732754429557
643651620151664466855759372594097115187836921732999384157882766022
670925291474618234186636721931122698423608685452041883128019978033
487875658827105870237096130274799132348225813769612170462274224961
016733754788010634085514866228699569152716263350178980339827364487
742823153814829001343256788832287607165110115958718714501057834762
975288743392745818276860004527757177247880209896564385294238817387
999187471297587411654133239155651089087752576862866168071921090343
265030146354274920447493124652014732319757703612045011747939862821
525354972026717908950519508590979562153891218056487899678573068849
963903277813229401520730505202096076546883252517526410135506514502
980213435336587555916168367494289441214804865998225611198797208669
302128499501664795238170649564273515525846846289200141881385743510
670806803934006493980278204084501559743111297779680235822043997189
182740819520245230161759947970828058600328892886741062471328690946
946684390420120577410669946215723851109156923759278558684493977360
688001922934914717580163165254747272854041117825003154049416495321
147450754966548023101855184474204933682149867867387892495751470690
246623904739663020066157810935792046362771350394697843435917414264
377803119021954752269208954796887825485645707135566698502327546123
988230278689013175732191716784930163650138955291315901174224896073
749460202948512798559245077379356908133386974703741573965582588573
741349035827814340746255423551643968904607795838664996649445074756
579699351493513597320013303372081166289167650986948072944032991761
290723011140465891138242727263296851760942841879398026052395654066
459330078965741576697086719209294525393155274373528280048234575091
448533542404918205830211736693760497384227215913483552040425761699
280642854714019368556141102765828085704034232587586569465009202308
498308267843272774869277955040661110043597647686786538495502722558
854224986136573631739614809989360847409717649547154334062370732658
697527645921337429714124207051122564494990791441924448328393791380
420636238002970028206239318075619226485397394933083251970873138458
119857017100249136525227198684083184047846936429025111292751766993
988620343878917517267572217442145385761100283487432190524333293992
809488390615294064110187937539411343031719168526355316735298536398
677616350661196822472348640340968103858504606729601476131074024007
426534024368037921068446153419708080881220768071106438905886342157
852825822877436754701408310031138429853493528249358504036234592392
668831144807754671059106940654723734658778941924873236437024020240
175175970468295402550796773098444317986354134645953902276574320351
884311155975463523304523550552928506363115240811767846454714132798
134065927467320835452822766343059530547343093817503778723176464890
964910442558796940411705277662970232569524636717758458788220284605
305305466181722096550981839675444011935670278272108335560644665752
280980586287033307578738210821129210210389616523122848792032803766
538720195820518561825014424096283660984633225284110157417361488234
146028737749849149845904629889032849256083957399140591024120684557
624803459047235953688392746190063530060252868443454660057857456872
500288797407812699501435969649476414931850496255521694445285574529
480723243302773655574561042966088356974253073611130310823800031585
387362868849210917491803390548285054627864100013169471998948894209
530864465026796100715048439262063311711860861208187157327345513700
141867686921967048859010362423315167760172717422330504953061585247
919628896759444213462356519312219428440714309789550559858862442017
362826073505116384635711187846834715883490623342588343614274793829

548341263417416882602888735547816653238321540768359096812054884548
171892692062036709653605640898759284508157427478621941367169943229
458693304953537229679978004871910203478247394917971719767262538849
528173051360089227052430855648745041216033551514931039641863808926
595190343501979503662299371070610980328347286934541513596718150629
766374430994932369570495349591419352727151418737658694512236367107
938011524216624494119800446557212597535804639991023932797708387184
753479985436030661774685481674302535091141422536356338388354354468
600110863848021479276315847935107106227221232890003040085551034607
680665195521686567189181334850680693770039068701376254055246684976
710144599349618422468980417018602351019649901337786508323436869443
782163920218850859965813111265889482917734897361101747392459963978
823770846435932564640554466354564506278165078910000603578958471411
788114001470455657924684793389859044356095193955983048411907085968
390826969646301033129195405483566334707548255971622409572456078995
227513743172920432944214571757021119664927329504589243511542249892
841829309680162790999014391000651606646547657233038464624395113830
677701241619910309399289403981160616742076033829175930656604400871
622422948641209276800548402635460460212864312968617604867685458733
245904904458154468976001291767593717828778157463447497443174722457
141782495933265895990123263165431809785578257753550495717798199024
612577728494463535252170334339313436451383042589815147736236791994
181688328599187157217228765199470314248248787596411631008191276660
288566473109611646667671189367634721290963008692396234207088629338
631255612873406534679097419938288166385060278732800485054491820199
337871130829493390254440845445283110790671755781580093867536003860
355768063981064235751099733184028068507709966620139938302157057490
439491154383090561583001130141099139583290325869583767619707448919
113263121640981843472560087662111596951333890462589050402103971688
752976341156530163761401724174127541567757338515633409689244301406
179749753717442566473493454579246967993011026194337636448667537561
087691613043613748330479441225952612415148981699807681018481895780
038325763387804353118569719951740840404292157320717893877089593155
702274272826581614974080133206343384008689023889391833314200451596
140089861121562924364169472543135617018117920055959285439183334369
451919451431715413500742006390506071676581905824216202897696844090
552454470012818868581435495454205566898387862448320752121741094873
647410915786040991025855586394013091551756002797658653840756823639
735834723364825533520524772296088193054082105328131130488092625504
406239557590391944317141526527540808952986572630716340732243950379
987148815126244606312813852410741435979408576657852516943899274655
621805886920662325044937029212885127459270213767483429277774127189
221554062683300828600901792187538294862915016245407247778866998890
070980505692506985818373901350763943654187232930311836581686333644
779329007078574510611399148091109971279294384939136701584241896910
938623802725764521667814022361322904680977248778268641881228779934
329767071638705695119901896323092458999902179757131345174259360325
136902088395860854675047773229290628464817203195072814911800959505
125813447571570554678484436237769148191799840529066771547929117426
693348858567088139473448486214381111595475449852804057422506951464
720084246244722993215792264672178814520648208302769361192173852367
856740962791085234229560906326667104802881922637139090737684448093
184449896992931060368700953087272410262136788706972698569734002280
363504755236880049558697359039020691931283070710617913556767421587
725759822191294318645745477205132894587827375775210307119425545175
288583633445935800552400893120991882570655486639231448086237441459
530559003065809529244042617675254206771033553684955246546435770101
789796416313038674952396108289032577244899186229965198423278274995
958934083103129326766102724108073795462818807634269861761703310093
468008306518347713287054254996232603250116192827302129934934139799

634261512648506347348327591363178682472894449321466061847965057304
067187482841519147416841690897229561606700728197766108311410618692
743573355356462725414379409813463832286243364133478978890912641531
873040605317247738103537082669410654440622661293766233632590613838
197631940130398985582094820953918602481990989664862713566498757014
979534006764478586820491076270969775705491508796197691944139015941
256832679426395790182782545568969968032231781589778225657613871677
013214802115527276731117341653118922038451473699023164776475938806
016075537483382328545825950629102393600165447353942982876682073712
192752999073697440811342372020131423404505259316972775590585657003
132022465479086657583451266545682630554619314754718739127923972118
469217783762006326246681456322496877656028010455006968281528657542
598234834009264710128328430643025697652644694135027062145831911049
179319414349301770348702633346016871029183608374125327587763154022
303956288776844723280302142987294946474939503146491804133514202393
881524875937371592838326600354064289535416985061992235303829218610
486918255269025574988931977847206199198050179722622476371814459796
413713846207982090839588211870480155631852081343051685237415842174
781458011563058311767877089770942569153607878091136284354824022828
394565804195220130311977227965959838840936358355901185742704482665
056343842162536049834085438904028543049268993066135302956244002028
267343672871926207940297350617969254101291753762660825396822180621
641812462173118967334743094220887670606305467169963141821559029243
513784364350632262093120680143169163849781012271071502167924720562
634687067390887567539442448270838250878826535655819744166357784924
176318814836216441222232363549938942990784092165099611235325120110
314233835506549388909275961105369398083023861037130475667626055583
092784943578519785639053474326745056049094077085918865106554530081
982644525281740877465478991615116348753930674193023342758365049641
568635388344929702698830212838507501173072253194741218860306066086
656547714244902618109150955830742760829485811035201107033030587092
579512353389221572474247856716767883589737676177211751305869343355
367649036743738817044405436987385939266494471535038152596325055300
204906764624458522605213931219629970578255032704577980448589560702
099021534466953706842845217821445238667104694081075061673174785697
189794278788716052834504290221224398343390694767646413145818070481
842165818603669376409894336493814267999197179815233510841570647616
502760453863299952244303389384486986948796492541509969476646546897
692164861423923568275318509654088133533236031501845430918115897953
009608823801822954836466507308346158753739094675311255426108040965
927527145627225527350121765782432201282217368454018834091125636960
586741735441883030291042295409312139163251665271628121402003934852
462926770253355678013212110007468751049272921506773328246340543305
146411016945801523928106487165119374849628471452059228602216430922
707329113148505514626087654910369689708578112513994774893832884265
980561212183161153030419155186977220696407051706558307454295568020
558606479198561137208320213973371589718010093419529924086318041862
299694415900148445348986206796450530773611839913611440073059304205
749678639537317291277835848215629148003084298917636403425821977585
909988615422915064881854893919464924424427073460653662824110438068
746346424452489217270080026988968400977049906879061899434905998791
232993931686542977873405363741086041168212232803214430184507966819
142023711524639482201770931427298845543362729864739836067619735520
646544148606206582731163150571772420887655624872226829266602037148
511214624414964999515202973569634689579349118486138732356737272362
867229569307022272826189362420914468343426468002660771995022165093
651912429912989094967348869160997557084153856326697999287231066968
120038735043570013902925124556125259003322197307426285577090519268
291420781601592068468518949602680324164502321797845493500368685311
200743998786753531880447347851395431773960600553611144063536421618

126021263865730946905932559063972194920380562876788287430919096154
068691521231893627892498701245388290743083816074862738967877453782
363709467889116034175404550891697540592273940492666239120406468558
191112089876130221444569725686254529501304112171998091066911541574
687485849599866199083983781712633106815336413320408361685895059251
501682768475240163473441553578291894992138591091122483181871721948
688386571304048294777424440601099690156383523782761290959674815107
225829181329982874270549873596774842208562067520671599421809118851
021464388153607962345415092134034300612997868682579602938497659187
127068051527071418619605739031888512824338726837664102076717571266
109274582233522905129948528281613592546990669160185027594016816244
982303860880138242498830699639176230939613485459945178006710782255
193242050873901267954978440156989887507912316527747212894791531731
284579690612883700197518951091669085067985676051658730747998414456
849249212797902881242410088408847783731591936132045482630356747492
775654138559987303215905407629514363788522298669818514967083486052
744652644981763753211029230625903686358567994891492488089604126511
073389096634435933844124958326982682427601020989659454604773652398
711801751865136733933944944267677542321191082309423728968680220347
439593248623769437410866602820174765563194951087225889202215249803
245839271724279586677378380658016613729297771184466502501152581240
730709630180406940749655684993087263042183001570412013792245678731
940258213109454610936997492226185837465197323220368127821679785482
540385357995868520967119563235803556744705872326862792820603648717
936660559441175390180898377902808434422479687088565952716127883634
043276080005804509481613762417573420339477986303223673828425719406
058354743783890446415406579099993185608124308463533967991722881263
788799160033833788588455471982316793889336283777320641146617025954
208508851805129008431630715043310753954554199079646509023164428834
474068719718935466735649456812354304961298884537609297708931994214
630482207660235398243215761625487612842541210616113313364882245413
244897545356626534914240822491340206617500721126943061249663413321
878554680294591249172174641038186713621514571649507321984896957276
872688364311053604427157154289136681571274428332133397633430005081
273956718748263504621039314324319975491958090961365625700243201665
807095188730589919787067936829524404853420238652758845077629278714
634221930150056380457251317594012285611355436854201081823715869013
394106131783292979204109913274541054713071745330047233839565461871
634457034018556047181381578089815947036849425786821926363634477428
221860596424745794721701500258173333022732047386573215346948938772
327005556946006475062041487331611568622852690741688093499017469127
606927198938505564840024337032655975293686023874269601591645095650
888549020898484988762500950696676359381231697790345117805540667349
228798064769733991389207356808640524705632218673824785071644611430
980954948809247373180071966058926964767438019702682241032886561113
658492748669631268073768413367434448435491569475817285335944010063
322752305783993875303255072167800795954106798161051287012353251890
481593561721703239862529923914117857155601316674495414313623225134
309093811713897244019512308210327892658362850240295904940492941532
776864235979783872458059395139056795560489022429600734317792826184
751933955564593715046875619975797431690153572144066875808686554524
850048273571308531731244135792320993581940084780355302666178999034
001645004709491013833401772294629926564233454788104605647714030170
786181447811161624796255323924406800969011790922851352731479550364
501613013003828067884533563391135173141024267843977071244855993926
430774456327190903208839351852366033052369976131317334834526825772
849605743916715539515852956333008194184226563499761732066839099307
221655802854054586971189012219660240669460829422781432154324365761
017502059129601843671261833291453458847496239270976581693940402863
874677684859859221382070348649830522504843916857753454819551137494

718952124618141523990215336585113352535414111656440333991014817160
305596064373428680323910031407094111326232632399839699537619227136
973500148398583884971448168151714974590795901774492774451113062728
420131635843764179209332924316744005546123114291616263976070663560
386006560837140438303004134347463989548459451126970333775832905533
641222535927524973455348333723258625709633843342035966408972856443
178958761351810094275452037400888010727884818895951672312621189125
001920873733861336501373434886404252252001770462072668820070446561
847389682355647147107826826300452149043241055363554525591842135419
686511373978866630975008142564319847403775914587895906098457426078
857863202314402576460524637248392024315470427111900318904204033381
700098642286434180747777779834425559893089229069745701872020468182
941675249134855996061980098948447489166287604198006025970012736569
393629754093208594546675623408046150135458215508632072266038934013
767305762534065551698152777855992998824194642665167687761191736222
702092278336052507704807075907180343633570756382836596813995390760
727068181365657591986683751054611521808378119196475540967095824956
017828245672736856312185020980470362464176198682717748478222463490
327810885463141517371814329792883256249937115629715737390115836310
870448602510300496946914258386937065120377046630824216489443358000
596868730214852492879538242286100073642036496791486942425477306447
281042550872919341960667052564506409608790024404064247311413566099
006514678880932791384938464806546101789056276456355644526787973176
600856459859045759450452936327322914034062409343851631402526002102
085325002803141809837523389639583076237367334254811893427718926930
339828412036495177176010034675192081583382936321282066313108914560
201482252304552882944291740051438913118279809819848432290298386962
825148739445820391094065328018875407720949074786117915770017190387
912806376236617440144045207022924523204540576280696579308502039812
183784020672025012026675295531308349435347193634177273406360262579
603136511978554856693728464042046848927715778043458677610085289607
369314413346487377352501592452119765975459087695020605617578193591
077403625835765360080893765328137084369439022722986532221828843740
013882581116297155345756740321498609755428688657987436900949705097
986093770278357223388331453980493989210171433582618967400312252799
730336457106160728496826402668234770455830154585574827171372435847
099486137265871302549402449573855889966053537090338925114540555812
456929413788827165199000437610796725728059987482047989567855938858
499483469651949308978149972776347330585707179027093568227576306393
049702296633955287633799130785859314207811335111432012102601987304
216706260143575841179770790458083808849808816662618535883559242006
305302464346289923082030708064941073041567597710077523985586867594
573174476709455684268903853112849498801814477456650509614898991517
629924164287800047413850804520329530539184097689946319969559127867
694931959273366205430918120556692462152740786651432352659207070867
879558641686045277535750207487671433377060119129403158574310767777
795213590261308082898324883948320949988456830767241759299430340209
439932270827548357388507419917136940049879858619423446279608414447
356652037928295317016335118153029312723025435629105545863957777802
211658866611269335740729443614557490563720071282544811355783402901
604851760524329698135502747147052635429352648136623886958489819516
790476124747446800847725887139455273671088784750842568825983963683
066764766451330823429953840637149396551260259641269166395532942221
627797607874955291748568842182486374632474778324492983235440257156
760792867425952849433898967643436575482307575478403350369653768736
549802239878011920354404912882683594195397184364725540905314210556
663207320463884838276837926105500380573953794021513641366249674935
373241044043486238233624920495354428579053065452772650722034659290
443202201716324235831378351252109576415274124465776261675436094709
743356400769041436221806829935515109138556573734119489032184562204

4387715270048211012761208140782452649886361038326508480852529514 95
2263554264606718445430426533826668610066557716951714429565559054 23
6819339387175320386411552242884740879638726559965035453160178728 42
9959062489756943146572532979956564427538102595666725587611303086 35
4595086848420817023090377601073137106234293378074547508237856054 94
7987690213905665585892860091990456026032063782729076155397038311 01
8008449011214811927779674839102728820575597820535088346150021903 48
3765764631105684014250421063783316509790934725949942661704520723 26
9101718680689315989500806239975869483897052416122301717289403904 66
9984942721339295681261610046509028456212675739414392795031958650 23
5048110471685635783540426485721275402638812871946209203813254648 11
6170313586767106436587660551655133113317022718232156877362195848 21
6856465284606970661905439540140651063097333651381196333165949030 39
2164270853542280497980267149118956364251748913441214263615547808 92
1452836708221694025987112632114388529939169630480481789296298820 11
2380749013052942492948016114353302390080670657213781679719856861 30
2903012993994451249846901001989193605982791697305147594346496028 83
3289696608150563450566093781292361334905857805509456421035309073 60
1958446371216507319820156424220132684566877418323310247319218685 15
6434120327170305730660785175385097069171707917252855117436278713 01
6009522089202424050305756402153727369592667997478107072793723912 35
5777093468284756010763012791311995391762818615943038207783982432 61
7319663133362063793496768750895240236424692319045416738623583604 82
8374392788665477594859028920402019395937706567321194909910433528 55
1798714035020307605578201914838828809464964820842417669924567583 12
2624780703905576531412632602429224362037195329185547180915964431 85
6852057882350103091076128060445704425147997589608880281259978623 87
7435496599049296732208449724434582435036897803651849099512142294 01
5669174534168383090352847796430676086115997636787204955057956365 16
6938345210212057124671890236358379083391190802068995968969901881 22
3218552528693485736518886301604529410281797360806895495240360664 88
9446834853573711706079943054719216487594313141269759525166102522 90
9575375509509337185449000729076761263467652916646455803715330602 05
5347416205556683808723310114567060821971360199116696011772653512 41
4405109362036010017584053344689875653490024475801849902851129056 03
6281543727967628831238165774375176624564045783704964856909042818 46
7414341076607549841146574215334379628252377393517758770399425521 31
8169017399018616421413543927797334708765973694817101033181863768 92
7283763660230192059197929591791482244163940318041477900282857125 17
7644841059315644675363309241579702126264813042808389337706723982 28
6543417317364814245629661807931369532509112875469498015503179945 16
6912284138446463087410279878209558773461766677933200636161412998 36
1123878526984496762249494601622241984818828441759725089650432388 38
8267762115386944907223140800386409667479556596033658655008345015 74
6681003715498121545591770828552690587827462680189548409854806477 67
3225930833646432666789519813230343847805542571189332448803371027 66
0806642619768000401457681926141234214210908378826034880398715896 74
6918681275950354190406896727813951321988421183256109487473527648 66
4367133593683737190716713615344289207252730570778056160659161544 23
5891078464655473695634397073722178185912301094436923139522030101 13
6740734570595261330293674379321204061599708906812035078623541278 05
4168265823537425938569664357627109735408652303333957492497719953 46
6625694281212119266748886652563151697066072400219396266842825154 47
5614963579333658452377240996873579532275919009797415517213348453 33
5786814228739938519020936782740215599914204564464383816000999065 05
3718814849381608655035722706417743866297516789666554999878895721 79
0262309084544806465185693092556964531722410894516454267967618197 28
8329584139351338445960416728545739914150804959446613534398450142 76
1805422096598486710994408250815132392521360695106267337367922332 21
4259952302229364090476645961545055948420488131144131720464692670 49

7597490599351169204390276051574466773968708032478040634377784167250
0219888494354098282116000727729150507598693656847220169410461894440
5826185511600415494510628158872485140345190055563466615244737496070
6611357787483740038862938848861019502812807817927450349584057529280
4529838909157649132473101056333147813464026504626291567537790921370
2478289700319632596891251330215246561205435837622686092820307774160
8700459043526358174946367245517897849317506753904640416033638472400
5464980750039300245766107146606057194951091402482327352669122149600
1607089722072205462881003873076229689062152629711142892734633921430
7857583816799570965129751212882470762293756572134890623618601418990
5950002939343301174633003329729078340263825278379605300004735592750
4684871892997206561365337515374779219624955179692200855731479445740
2882259242287677732128859806537046540246199387296499359435632302130
1108482424950180067571893986118972621824307783178334458570361181600
9413976344651627256582886168782130134255890738184057342227527909440
0150796335069630683158584259597583441339316667997304805147104205160
2135621754090487773302273969806564959009456956985365843208356206150
9345292542418929161730522209793524657122706640054135392126209537410
6070259881312679566674617093237174052362963196089365298444250743020
2804976641640382829257137163603061762596724995717615369585248664490
3172010960853457234236254503854441441271638476726283333081895855930
6476006163524985906328874450325511377681813053346646699501547749320
4209856865935049010621141299141773099804599788653998555997208865270
2973882165087748001986686031630561230114449331935784076334183313850
9772732345270212652657729626488462044050323775092702644091599212650
2486267716599659132457154139254001538116996614014497922059852865460
3119881458741918733755185509581187101969241766429242389375494516310
5947724531101984145080087615562644078821720935112593426184468303520
1073794000418382893605854407065172644916885787285452650728104911720
2412941522346848448989734965331556939326855402116655944907515310390
7083246234459570196856432675680385445193586873351496819597696008200
1253799008400105463352336418912796054468763570371065141356837155120
4483618491925094994141446246321784596766719116487767444895994644310
5839584871818846627420278441899928803275124496669648679345894132980
6023303482928876260637136445807371340101726992400314099962898759320
8239973248787138226525474190348822177498195455707963780042780145870
9194411890770714358011030266245429362515054346165151986079342385620
3906645515459086899700987275783385647691033468638899428963619169530
3138310635144431946929978952150427343027450548912822404656751683730
8409173741484373181971188226411967029514001048449736868836048926280
8540745371246015784688794778131708392027701850083959940135078751060
4535614615484503534678749015340275140901834645675419760454833086920
1693902489806750922992294071550692377787826669912301589909380813370
2850555299059934716784235078673905803655389520181114771552751613830
7266566870550325145683158295906535700608065726990227214337914923750
2422195825551552739047664151524230841309327935561940500532444145390
5061094916327038715303701528100887540809332947909865917839654089740
1191987143734113651271643824052441584288769757149771141471427950820
9588702992792468332133705152675643942311350262877689034464663632180
4445921715758792411319963298754131201832522267869678996413293411310
7636653889683205119163622399637364006506242186919822306441981351530
2197319859101563625698621817485470888837822021617101491243249216530
2386557690852747254785968298124948068606644449351918303748366550810
7554225733526851403898786503007040289933438197230196147340864828340
7612607301982226861441179898436755838915900846999131405413831939180
1656430884349788299151717429748649096383896734306517121736027545370
5783431135217215018269592914932278747374257245721360256626384138950
2626279302130009966196300323252201313821884482221538525312767676300
4855187006831468403992681854876538405638483192100247223191661009130
4395076785551383704821428491510169897533907897563233992177890388040

763368137484651689226357162307184064156632492410866923967601216010
814456092321337429145784488061247863773882641020861802495130573388
369415850878231970981515867117095173880286795801510678804493390248
068909905291953284466968288254552920787080905016614853675330813369
070048013388285854616540641332025069383559631742436588406472615757
600993478411408406299823664823574855435335905053612627428200187848
052953044769863226366278296327416370115311182340817867398766107281
273257785139211380768154189444041763294630490061864780759891264283
257299873528716127741833680517563794195244023212888549117741506531
116818362269895319004959229250837626080500331743338563784867495822
310586318894073980761449692017917513933532988588534336449979130016
571286809999515576368835796903449984723426041943185991220465827495
644137636777021611431270014347716120164648321329271182571328791058
413578619311893745953236310239127088901391290916652719237745868641
703648012032953287516120129170609592709077735616740193911744124471
246014178496797282493661458990725500824349970890968096364168915696
208984519256267193430471714563044323998155688693543372623026149800
352837166513591216931783823097964852220628541884734869393594384325
299875376511924923350991966689310683934309929177429112608797283043
316638758402370220112172394561144733654127633402705845417785774852
486316499991704854769484320531209292739986610752631319764337653802
952214163742360237221850677911388725805767775543742535744238997963
358197140322779356139744707119461141651761515123882362790564886358
947268605733447972830925709439137795165630585389041681689876925808
365068825009361192610789112427098812226934685319851706637174204680
963766557289364171324938644334052887352790255086899509376151204649
845093084820946460641779407759272735187506149345281817675171084502
365204423677681513267431932510951920058767491849302776955965409812
253963577116946711260602360694394572136480764649901663784374841097
357300987497338721557269597603311371288315838030624903238330486195
211498262358667333635943608153309620435231806990586725316679671989
775739671985056332039162769296127845043250930278493655757046636650
050423538070002104337905436545267691563211623070815386679328752803
991810222879667549274141381460065654850877794899447855050889491480
528826587688444566272939081961440068398308052403725695064114389933
181166377016307519304450021566160912397787650073874339861213776763
163799499160358002942539415093611828779256489019970636115118334377
322878051378170068546189397707800275450470574657440961151865016887
216781580801618548641080898632223340991247492258081118532699879573
620303636012024863397052946712401923986888626998354310920045622791
699844169883212018095594550534885326175425495363851506311896253092
176652916582431590045834969397068765865424328194564764785373552515
306898910979666887810025698390687113192142541988664192866687545377
244317614463541566576287140553536428785180176621964712668996243194
827310093974171042590552437496873330365968721460188999669280258230
500025049474319578873617743981181941294800460295054273686692310079
383355277975003835915620816472862995161814151182430486495587047642
038715770645275872367708081805904084235237757757540088468775611166
581392511935673190940209614289011096489957150397207159050424785782
964191398186464569806900388364679836798101237694632288836091585443
010494261487603503799034417768599956759933050225323476525468899552
580628931781172182316379508778459343728786415144638730344373009824
804924955400332234343780588846442656516711172540890242516568074345
760295714812822409478460558543210753456382184804837562589157517060
137146819642168971776054953019924695302390199614826260170628481879
635799123969700159444146867753185645831272547174394450082162982830
493756959752133974391203106521261696229281178721499149753725472129
306870385087565061502752264203373041216162349639788099435270804166
933227218359322427911165736309254664967124992961439907500009763571
020509135217210267487838180045968331069999559077825546489128367433

945158247815280574610341511343563810566377035487980940326526654845
824868458290675564358632459180753460775801695839975806488137704343
413010596884392991793174174742867125143313255177595667391206113546
736483115197935420861547222832758560401773389173211141862365202764
491763082599430939167130160355550663966400637699177448238398404527
277641720112291229061185595127506650649835460296102965747543759069
555507510185935075883789469234080884424210404435178451018449469776
602243257275763372138266732831848510419137225727990030230195198814
570212171657227651891902737558032398085602854179108696330380502830
582541552079221546755099881660712637966690626696222880410521943755
535993478632239333088074294403163633929743184574294796453048481266
724296055477893724165925475425727294818303585240798970601383390192
188164731155785052643281067107830425382786255073575144178094379451
520876964418039294505337106958002880600959261554240429538493922366
928251865457871541550543768172161949416243980236697017645851682241
848234949856122612205259406946868433558288000423604267164920519830
030400639082160494841822317937800187897147326541391659694146628544
607201166338527550831900032819349165007915757425415726422107319213
142403345326076600054088324224303953642851701019071959689962221685
724205827008044884586616008524685471176644033745417169725731664357
129934938871819929175946631813286486618479719449399756737688968894
218741250518128652265436890284789523945318907597818378429373869271
123324522402704855011368071301499127539063765677619504082472945779
516147251783340582936314389374727744967896513648114070023132746198
982924674668855898433555455760427757376276091205804848027199984955
395267234262697175122246216969012780081098444425535915175083609503
915428095603229402450125344480013590713294374264407657156719414139
579192271365410090161702991031998657052584092579984341415907909404
761270738304781789551094730906625750499363514227862650746766596040
918727372254779472975212156735685726097885664645754101381930184782
123365156997722636151699971162308147353868744559534540138665599995
625362468346296316834097975504564050102772610837878518203493705332
792138943408370417286053516274318097196418515813346386178640580852
899326162674792028229007798061487378774117335830276131207960256078
488189046862289627843902049983703685368810277112776491648078939944
439040925075904833289087283241424493352364630816798184071019847693
663055389540287367449033739847490758595035606072003587845043016881
102144264988472971774495941058452003823012531660787088599066303712
804121528907855153422131215471139478438631378025693727576221585767
928915212630006697169938472634430828463068278319532124797579764030
143681437346152646919895021034218176259365978453266760250667448846
712460966866173009706625245017692278852056906735900843160412459284
748056689469781827677947558847010378813457163188174944289989298716
727868572546655367737283112444617673040875235065054391728319619830
505638090014071189077122132920908376622049304967945786678841810035
863738342709135352809394255181980793497854644802496427368668433552
167080896583682049543336741086899344362297041444343961098861270196
212361682942389358044719702097389199208230232314642350567106499113
603577319563884719181976988071005806703870572501530190615358555901
464126696691923629059503854868733761219137217442714461555526745228
257400058034707483503081485510715399389168383731109275020581701951
231311776778518448777687268042139392860342132389958185132776669365
598180645571558540380121592971267768643842853718880917909957308068
010225411651642985479859780120053032532257524997410354310883801984
322002357567408273306083966425559365951758305161534971344382636799
028771794289082660425974949114770714229702525112586060390052960240
254582624832575575756121613127958128121568538408559162780570929372
466124367205888681576790769303505178957563934003111259297972535777
544200569966402202138347356603769169544131890619160614468251813160
176609861677232066349745604650972882659512753972733368694175508487

217889388640618398460037168689685091852298344657755164156298149054
346762684211445248399413123038525805184868019570889226188325223553
643687364583479146903567872259825575975596021681452229949197379268
978806572774996020618312361912598422999744591793191907004469955405
843606932673167089261261701339842671888934212498755699024305950595
367665402753307550309490689335933765557321753833566489041072878037
317426730961814074515620721259831472457483012110660947978796294904
381332427061165526973317981222046734271212266413819291473278943660
918278788827641461469764222050291144484184413818492376352771491469
069743360808145042927657615875421705249394092838637329473577842342
407795488209531262353402755035057102890394313368148199515356610924
477427046999116723789895516390463749839660324274199311394429039057
605907415555332506554821517929225476425450871896221311351669933045
431200007471829800650638738989262564890543973968667943212705493923
274442799571733635910633348441851469534298128089686874083237540802
626059432986205629181754412222900184021005925843557050011626334138
911164722410329354306799246863155390027951392329972227662129951309
940979505302073905595811915124333040407885249710925372417474301388
303179701844108570451357681512915362442949250375261611011837321004
651896146782697244426178043464984407081819464885701556647291249400
183231574748921227215054856761733105517328675555551372752572280701
584444306909116842079448527192751675238846945201405843654124419006
882995745900543574308056155946524228819312720329234092490339765471
465181113145925190572580493515112436689165402260062755458017611743
528143148949991614671893523814433684640427672953871675260813395098
759620778572778924985598283482328917720811777733834663342418849227
919805296830926375673184709704872233707624758369814717742114804321
363094148725478149263087466784789524555610053498907888898459211841
022359782737316521280197485413419869770543953887497390145741221190
480539008552547517769182706070979677126597248844196823381058259943
529823826723631734242671557829646010506831004613792748906560307636
325981027936611235706225460930384592230956994474648995943528035957
281220735900214846748760962849701879898071617087186011317039698435
437109684351766492479554420274224706377160003575229427613743288102
773742437633846548182324254585865229937019088847477674002680010096
731972668495586454467670798787717513539808839832073277017804624993
278618880767133092543389284289547339980467826791459819674690198306
839892263439290357185733095966285388450311226586325701495178443681
391853583920429643375838949238481221756550210355406710582772688757
513784359797904449145269179059270350881467187781681401490099155462
169014256978035035958724739149761619033480456499169804389482848716
057330970807205046654803487557123331222248624733016399867137951278
867986438102554256042535792751624131624549552973102364591993011349
614295221853169829571040685148038221398883769639075814255195711993
591711187550877596254773775135923387032299401391763658037067844008
595624687639951401471457224685434012807858564304393947069971219759
406459214429010712931914057426533471341641286645107585645881239511
401177955080732163678101603734337601573155634925565939373671656193
550045881073223355930244825696996555838830534131866761689980856668
282771323568706812262548462982103131760771801239058725534724204741
520016176660218058824619496648746064563878996315071244291538840423
245075603214047762425803652609205191482910102715774592414262871044
559729269995650112860668854627487571876650669697796028230413811084
693087871684835790925462780349442642545861204599719960800316630347
958992894563255312542534431739985369459805836028674518508105331304
764752853762874570977776754130771424300232534740409303069421829116
816439039165574700321658811000624207185247579746980527651709727451
530250946186599372850401168149577814259636124014780968378688851125
147127622317915331487044871205793776550304016642970150767388550477
383288817873121246007452761235417666576881701011494289925734910123

564667639625806511271339649842282450273056693708923735816460953561
164343750565029963151679745340938235328999702562718021656243625511
798697216249832309565871968296025466806500004671622240239665382418
550573065814460635905595549641982011396965284439301573931052062830
891492180634287155353700590035047086460963541097884106096566034365
354449061700707899583180561453390650477052743156641760972151791948
928336481286604608353071881948053442177304236040841191576164461309
136759315286399233963870540720547988479579886169962180644201535353
179004476525582272767064593635057287804275734855898768296689233572
428808680624632489791895841694457900295928632288829382800916032460
635320238223124737736787406179409010413815330576102830088488649415
922557543809460630258626769891731846156393679957705382514934153048
349312243480633331688402699767024473274906189736334543327828082077
440266709778178207831208572634456094708554852142658489101849573503
186642174822985673406328525642088746642534053395045023102754493429
019160008441503984952021532560016392766936647780958412656042906452
568061709558520418712814813474344515393746475496344220538926109954
944289146367538957876055842484190258311817288502158858378806898930
594521539281374654088777536100423510149310846076543290946086796910
018840384162250090888837411244830646123775233176545420148684333531
525807526673468582177646255479877158003780737152412484086925690704
928900666781140279791636537433395145161411107226456176282259912478
849099284872988870529808306524599355173740824113367757972723356826
803378116357549983476669908238378145543916215512856385576818804480
343213210293942162408135480262308822241912311925661205255016134989
977537211303331839809636216624718633004541360033833053057938607902
112932032887174995145272045062395800542689317348183540808487347093
887388619010213621756502595911351442127021011648093093037494167291
593624568786003466022400339535225142449151606042997647942423498377
961134986659102717829299312465284256303982440607897986973420603951
700753187578630616126471450010032081159416960435788247184765644413
513385091862089785746218053947270574914758885846342665182414683879
858080482488208055020192887763490205355158562400189346433242686366
341174030312234237172519433745140146909287147290589015061523895622
846152031461702617566758586209515477682835625450643162643745807607
141785780027587608048332596758878853180959596581481600806521298179
195843985925295184458469272466477076091516851746385647187622149193
215623010127131052844507481070026502446417858724356779922130399652
183827914184826528162510461472116304790782242023484217623506439141
529823005543625701476369958878450144051305748180118673087237596524
652046435093431303966655856293925156810381694666620313639439917344
896713982981562741198826272351095251221821704750686253399267537797
846680999542042149911343540701022056926819994042516658933928498565
667347332579493437311852048961480398907491103503139468334077786693
687354754911077611269470298782112564765681491566691909552936732055
957727929512982090715157730091788477963374300214580360314477890620
077155490476480542427051316776689353266943735909722400831594023758
388314763542140440860421299577016536729659902048363057779854577067
028190587186483061382527527860075879070243587438121184097439290836
223989125389316731842659559659548495881455735273119107469179828345
743767858841443980936994532326065725996975882421929358791454369349
104390422637817675573224987314756957013416041498872979606838574148
390973894482340813010956583016594628071917844798263328455536359745
121872603325357817924068700106861650620278236810634292874145081373
060954890892474450662277330838526810902090813243131511849533596968
989039103170864371432842682490648126662406926704213367160470574265
531382424342208560979350065014126838867933302418654622307472025320
717893805031719917873491122677621899708478236081116007980195606821
356266409245951405941919888659605278045961898798897812460445075204
391195108742576253503374285344359966802548772112938561910122074296

511208884295468554439251909040934596997623225136684493959391431058
220054977616511932363355784477387007275167088770183360897310533306
167400940748760848572870502540396522062498438780791421232920380618
831048172321093001720191485125537211230915157190161271374065368354
640345909017516919077376312212625722658664549644959123749618371939
551519665045731490348698140453817457369758982275113774563078672356
216976682523924529815904675621852858455891453014822265840535952639
098539371766197101587838732782383755847244288253637262108186657407
440201307721398294034324598455034889846916089350460604602972075243
052225050884840981344559999075868131547522204656145766233140452632
696535279292379792937392919037486967196463071806072478474739655051
709747509660626023429037646844450582247222021323863885571451323474
982034996604066211777772978606443414673662111064805331614307054651
648294660337643562092912703240902104351027595403970654729979272108
961839673150847030362204984020805668699225246595358373749601331417
900353700524645605869477674688973094413691010744202027223857514205
225470819089634991421944317404112374851728895430801845740910319994
611280556433442262289579340517365029531336028314329702493656220118
807383796596866938563040365542449375719742102493740570193694513848
256986001953215162568971401835116525496006360110312028199534967046
160974620829177365729978564571306965165001622777885273834072598355
967397082404631525917673804229743178528315649444954503695640110936
985581798511502721191591763800482965813078985947039731206537802032
276034416297329698012059066824690143029493995250158989047710508025
383515715842805178152642640065745840279170365562834115519991778849
951688578980881405096867648256081575871689213785261434824019867008
595949183437996872749380392439900124089292676454523422192207578413
785334248788335354749324685978019743073891678142961050444496628579
719868493170449749155067552127911161583805706968196572594815298667
213335258086767899959649515960610988893062288696613263121755757586
483262796857114153350264721407950235985958527648203136398655628137
447612938148477402022504450859121825095624779073889654945265020370
785100531156965622029849937475086136190439762995990313119008043197
524580940000914558217454526625805274039981316932570018276842172231
805140682005023092966177270185446003704330143234525164686645610521
720692906036720273335396157708284888237288135889404534490226994538
768784657248578192875582017026334879541782535545557549068250069979
739505950461342053430926981905725531230338713302912850319228135696
396012838534552115943569140977460158198777412381988958667271114272
958310827089863920462180345379455624339718562497127140957925961923
078188404535552979777422106889367338855485881072236768784859382251
540354409948225290592834847801360135009151581145329214423539629875
548306801558853165966563394478186222393658069731261285120024220474
114337596177699106333914637580520358154703062295277217035148212385
304932657058446113196562254523852860644493309181674712723697272029
500262669493867606739072357441326860714781306327962522521358345146
175319707352809011354314677739453471024006089517815558307572118215
079950055883774454731926129253830499817430402307022389098160761531
109928886528725602179498866339642061820921316043176801177815429663
673507872419183405805978019413641380162857929818320868424446974760
959467546593513927192027086066670096446912642578969760050375281909
661537566185545806264352294921657908349843792574319715877064686820
018182320486899825645633405013849665576402970834480618786696893121
635133966878313623511774979419930548228986619040064715435959579227
544277779439667263372974662779775357319608434724918119021011929439
259038026026484174844478200516856843034661441250061225441185536036
696829948065721395351334078869245327059129149828017411210718841342
687878882980021071193184154769063232133035664704280199834162572610
516704131168493867700277509498844108513693169564448607593170835467
673690177738942973154551145922770111036084305577182412122340329282

298744398644640191956092300014394993453060442579969384917723978161
494511312042048686379167525306349006652395804402898435392555784845
807220033202925034659744813261401733733484152208726498583672364880
564331283046930530487353905968489776941066248996816465510182556276
908923306543747477325157482346420761826937202001112884908374084156
663787904917715791626174472533569211027963136363961933383031690960
585634786515836410409521854218925393845365190009456821882351219678
534912907472733457619087952770071453429642885777891979700517737331
894256474677870595141670950151254363254585850590927777223574413690
610705925417965794073644894013368462125974037769436292671078648069
165694144947649627554797526997506112392906590555602998061827757923
211986904515905942490767601449443302144753811078861683941736268247
379536204857866736619434018375399507887357076956973633489060966234
152033032736644168409155972675060681869195428972955496780074208880
873199984229331801642263918301140795970491267195672661938762353423
067783745037399215560497316196545379184136237601366609873437405615
646163459852384782852331973079137019825090585326929428640128896615
562366533668086796762690219338587009470620408502701789450516817868
277031934278430701645193131391148579096169684416066209283732083338
786764148839135298925848184530866997588412889658670242875568773123
590034961649957608292377522689365557076354134082655772488902435754
853975257909113420179830261153474517489394228238827710449742344359
228203662147297399136740367101215970943082487534476980106697699031
4194078502080100063845162203542748953285695552580166987140127909455
465844685317297663885922327228023922957255162170439537798680918870
851195550148345006535420589588172819071594632777061363476090473165
184177320017762749668619298300484784222251662526812410603171436519
456728348892810958904469510765410361898853483266943402184793134763
806133555152023602176365618271131545325315248318501600255035300235
099811874568401397841324504129248995106356188398860593998518606626
698374306821560893536408037221056922170621065402903346895715239006
679969843981971994494884736379926562713791440855451262773768033692
487909647451106309430481047440825975290276493019099618286720668008
381247708280425348545154944826733517709915865139720744453559629062
029789651482279964382284624100494925380966317158494746496877324294
171486011775792546480922293925634847344849734476876789725518676844
578041930104358838478744984719157546612527742106519834036887682177
098564798974966417963758532760889483399378980386935905003885915004
182247692621391632221151170732974075729995059216141953417954539564
825806957558191410105474085836697638897485443567038088777622534237
252366858625286860701112073766444177034759239022054029211833635920
768287468191635734436212258468551849117378281498933173294328687866
734127709419506140678430955963466118300937723559315500840818820429
901112536254951586587987779332016060230253996395820888578524640683
893060314881551188185106339280138068829477553386857687006287381871
755096202301678908295772993703948123553225117730651413774797053438
937964519477623368044456610377282423774640653174719122855087525701
248555303495842547755111923104174126089604176453047384486184959876
882445549497422370796274252261378595615081527071735522514060924714
662877076575923280000636236617818518201466129968973204506701938791
223390280196792848576421517536050324280495374126017027574030305342
271641863949578600006459952392766917288951034783250731781367442373
727643857425217753618604996157784516405621251200757112686925439127
054804174130629085265480196487981111437341575547549991708223661965
071527972205089698520513649053554727844829720710781457451456846086
111572956596317579388647484246331637656494481161619216046287370290
404097536728861306625138090935098491430915201368594034990362979313
644033125901186964880120878666141208928978105070175592631593289475
933353555853961535737486473277884692900514837562696456927138301087
192984228256114413262879693085543514821959294806708059222682459066

9598704980565202263218860004581338482133838010714011937050319998655
5891249460661314089799465045029166977232883060195184978556532435552
2347947617679257654458205266051679944760722705502604025380693054988
8610650921746556588887301788838412895999596591593227930457380841433
7898235779781221663915400107412133609571689636670057484589520547922
6161961736661796689247300318163307768429123981774002938069046482000
5059305672109704707235857627655971528668574058099115356058690572444
7224208349859427076514578043398793416795768137963620833903950832933
4495580595363760485462231136251679236438135424774841948043589332144
5988194213605792941674122615999836108550167244026493529026929476244
1342582563872303197435078616064617695101218541063220308171661124144
8867644033887297576584439522022196100737434541485089168713374426788
3595270561315212526207386933218305935658930621030492920953553814544
9511601214641984397939037189643986934878415890922090939070427578211
9059357094307672370243890053453120967003508961922242988160876864322
9829397148824960412446513280821124892241883314447492688036342391822
9666716628224156781839675243796659674581169914928136901450227978011
3597693138653945547206845777717459138536178479266953710369508963777
2279061281236547915708886907667689081937493406103684106738600541100
0262787008747059471065864514391969805597069505565050151233936665899
0571733133644764213070656757319919039388118938253075210882859516144
7506809468839245740011135470274786982168621274321497665188300319600
3334562235534421417368117005957663493676223290691848803237345192433
4912465665329718238417396919865871333134120710517073683417241234477
2371867249415108427049615549503795501528738224860538460676720392877
5868626261698438228056015875786683092512230401599897538489228360099
5980752159490258074717157735374806690050015349853590369767229710433
7159210984693912049054262463396085508249182328658439340262938268566
3715259623894744717833699966180201154788249913323652215956653404855
7011232582770818886215013071577934600274395168927524355182396240839
1501234739246686510022276735154153398174438062936818843187021953944
6745788068387330450266993482047409308509529400887069518186325483544
8249662607066502499564681941064704071227311004215441855491231634077
3401961809074987236703389974993439243991658806512836679056416957366
5216050282244885217573611331742947356357748308478330984929574305733
0604504128402971148973655233370252933328593415448831374005810726244
2464775155356118977342742942596840194068133338141610749091640443077
8052777297700938276873668269280836283467725910032841281289357876111
8865330379943915710991731308768414829814731674389241507081233304666
3866652688517152287734958086507090211027130801148807052510861641811
6152556748171047862194001056128001346471000489600816181363398613144
3759537835734463470097380223970667333178847121742166237978339505088
4945840564804300591120184173005022419629811376432555086259936672977
9212123968336262543307920197457555379857786033399361139731479735855
8804674826631905550317147510740826575455384526005243911716394798544
5438546404774452744423208201158058940110410945383309204755983130122
7803405876733811345178470423962088493582933994762948927492630761511
9594758086352305003906352697550897371963214320279758088695852977311
6219835944256689466634986556641828527840530710394603837055319530700
5781433206165483720876373054215104981963982316223946155540162448199
2274889889915481816161014129111422332742480710512027849723849044022
6429680769803440316010136598808564229607540695695571335080053565955
1888414562653198365459981493547035333965788049476127320900485531133
5908697471453536890157189698415775481177794107604190191456527288844
0405188279508490082645360132429152288889379751999559985968288936088
9112710910309973067570621865972967346398430619284295504292105466911
6091541828035178323684155218186556796340711124306438551541562489755
1763977188126209840873609829923836373030275059418770626263573784811
3688683682933396988927744468696966294996896602769160036986059689044
7184171600019718412362651997930127874191392722798698022724595229400

152432208404817539812400825763713606703033447765411404274369962054
125145048270021051517411890882549260977472146205536677900755200879
989232346535925261273772769545671215444999501484526854325974087574
445023559503175888094678670624279504968122317381953193469955615100
420921536083260321530691857272259929860039539254734318064647706444
154409630859833209894281173897950682749552487066282732805364792474
107235461194594426537978749869795964322144950143520616632736083387
789574626900889609416213734426382002676575339103418924761056359888
170083539644955852192240769813052521731950132374196453428976165813
540733130263030285478022485192552078323237454832679632890712562747
524612292929641409424850290594741557599275124250850699603473537642
940738391820741909162541609728445916256144727217059082938576767130
454384335990826160862846719632875160286080403534720853621937494941
366551991508536892373512748507429481445196541693822917931530918037
820472872238945587726485845658358368883541761056472125564386401518
568769577988275174222434711115526234369721170763345046653272476633
423782119587911761578339722874708451279886599245183279164144598280
214437270189462668035792333375174806410499318521884550682118360856
897563251181387504609424195574432639719843107892775247235667228839
552735523606622598788598539632877284454683694923676064844122735368
292191324554704074421666820674612656707964301200553515990474170854
616373362027038659522738064231262187406268909039981671086150219582
650064497781735731850521577151608476313142971006824824913916249289
255612638476738621823334522830285701381554374765057846569058839482
531341998139629573625019198571058084667923649110592908805506833821
771837094406269993826919706824470532005794540835186100366116156094
508242398650419987316238383574666454521887359026121934531604858339
212666377250620851905462362373373281142581664384249889798596679541
759200369130045370371962753606871830137648121274105614824487959863
510850054873490298447752975753493966553071505515441039093865374166
652159183354997382566893264526862082359621402396340971224268268700
253395582693224380599832426908453047814199149893110710157169474955
576352194587457686296301838990582420127878675579693472318503074461
060348391459879497794871139135462902548628222497438944743868266164
360683181248859872326879107661623053800860292158338144328453224074
623554187998881747238128535968382895006202252464635731610826636036
431485635531605049915414413088721541443317452537321065139611973306
948781391309687331861366696193940257200499308099995348219427655878
113235218778124571834239764680697306979340608138301890778537922762
154846640882312642981642123941745697135666153982555435294981722339
014522235919257419431464218266477688866772502171232941522897844616
291056628542007145388341678148913456674450692912906319135618469153
315855813507648754132185945574577015648665261674662085801070023556
816875810595967699890198547270641753128848749413907086642080806276
944501319670197033551810041719242513644274485219781537035777096179
780365547150100641818050275407358363121007584869042036045306374303
438876152382898355737285260279010965811358399008202510641500684886
037785145170399362693832261888230189959127100087907541662874832239
445228502391848679138156920568635432170416335863703532435303860313
824517889442520080485301480423264006520996296009664177693761308208
068702013088347209999166455805747029726506424859031007184698953106
901743228378475715367509849704348348205993122322475198548535455451
980842281450746416932517417116603293266776227819083489722751003080
897525205030246649351264612784890874118303858779985696639063450520
022123934526686579920442386148475724289010511432888381458370014867
822833301640727611403694136211573716998560584173544560803368889069
252435338105397159315045259209401288682676195785113132383976361566
212857648264097235668922065045948831798586410105643818698894289927
631481613114119783948514389640201616144702822217564827342006461530
161701567304518618437705212706257342258715062895985488617620522961

6886565215837784247149479866487707067324817990842497441413030772781
1221727570393898531076626569482761976332874465960455935018021232311
361682946910516536799613149656188142307979002819702075307204137744
966745306251107845657924638003827385686022458954061439361499404848
428696980648326210846438074333655839868808998847151429570101451205
496684289667486610186687651297313962832144102683416586035991143893
180762564434460927475028253732472243963582314418661898353373236916
808695029220481436237204812347239217482268429106661178494353167259
238504105377931104908157295800821890410996537405229404620198482059
471956546843007682203732839906146792078803130621080742887826745652
227951039753018549245010806671435652203409852097171275158839048613
112946667339640992434926471623122346056816004405457214628656625616
892869974683821633904331762863708095828508190969741762120740550851
100181533020817181367176854348727208917260674318103868754990964287
428041065285744478313994874978924434353732018837509779534604400528
119785269275442489632574162987942882550607639516510838711766467376
638752697508837939890328835740211229563543208743741416249491051576
822711741771193223294539197409213659086000047620243281888116116364
492871555990829981454358403717095653052756790061038582200502577422
429256977373229660938546733692944968154326056858234085073909150459
231508132267678106363250595862745514892282856540694522210563558028
622416764055769526032218335623963739880801424611875505460955509412
272002001667329078978000709638482831244629559654502212074332643657
186971345144689688892295108020016256807995121841316098330970217827
686024487144336131445923206014734974814869132077424597364339492007
308857482067224118479268240533045986927545897072131545841540477232
222083920803632412721763116289188164339403686931713558268000635173
209745052437830526334298205158572929372906514408225209314003833442
860094371776965082929411189712087370784093552754759466760770073958
299632583886106737450792618043306725140535211613376789603653857985
032218450837234572589397448244920328733860279920420127995062845861
769293493474864504649196863533839144956932935349913992245366418810
063103071095056877344542309645895436141863087624149444741986669834
771340530095779787207929146238962639088463929969063931016383363832
131953937930428049848759627949597793364835848003784161018633174149
813364342738798030257797021830886503641810622157102928202158718144
562664355191289239074644949104273596927665231146956658445818114476
377375235012859312659257607505565019843356775432091750690113587867
161954936552029139094377173320155808072273331910017793165196815422
808837057650759883759702175411773808713798533896289683026298162805
530110755775897853482385481298281050149628858871823221804888260182
746164487902917284184000293674697066526008628284388308813356335802
435105776352859335154443801010244994217478189655318847087378155223
644071454282954832131189537540818216074865979777622791023082336484
361723366029171933992616788286898005789119115696128611373040422299
624444564522881179747153663579146150494381217969991171955339291546
798588856908281911031471838112996786565145305967981319080042218270
900569304480748300834564251502360936375255638319351742703436292684
023477641389903904336235185135026393009596644489877604174378603817
234206079071437119444753952284355167788857090934059098426280075550
024872583065055751125935389631517182606584600128932682974216179130
811687821272103921757969833700705560047926599743236495254475598623
484474040961714756628827532509173759154603250809601144327041198731
596968007968936040759775018037409417146998188504662898263050340628
173028231979912553091836280779925113306555777258958054972193754768
545034660721841155705309674742472328699207294954176864890518966875
077362184297915115758515906698154334699735695187655323006157281995
740879843326878654838770370483886796963447104488103666255295862834
343848046267812214764251660197642270203629450879879092306899776262
202336341177118201539905017307149399611554840371522826857799838510

9384004528263675761260563984391352940873945574277648499241414685824291385791775623295402016824786676002102151382666411013004217800623443217919523686177696138805006592509070252900155749948752601372319426962837691739012328002602992780683106302734901011003140670779004579276982793136849451630895091829048302965001908928336498837214396180793208742328768068649099204449507359860528957211699519040408338984083563306643854128890071475438665670708501846953790032571643627157135734722510592958651109840684568971565825455725633355594576577747618020156837852364031497853809831566253185809425785105813904615465248072719832909577295805530088357643935465714579135927674664325448384545582730913986167177799594349945503174771436597966834564542345782349530220337939230896227344286671746679865568253732514537743009223721202753169385665977610782359801886307507560408367712741871458966983457027538487036030425842802127788310713511327727774992046483037340486427902258367600773900836561591221966284269036366602985432353631799451470339639496138687167177630565460918856551844344516890334624584682912414317535865749891247595560896040292155393977446428877279516223061246477930882654235748010717809152774016548710468265535703098981310831043094866753941511631676658281403700866865547643833977042757125044749221422969080622787608544404858813995712747561301902637515073878311885144100537103141831634743367511749232053176825839150342354505860226305868702779243229691617545953440457447399711712119207789915812180624709441550694727351401234550204629067783378176214191890146908807079818100673485939679726693487696523832201910820873136965799813776062143345608391307991994916188426151766201151633013365240268650603921725403434552867518082580104629058208364681107351833729751961456122525371356771188784251994023543962242477517373345353389150726288232132196100844063151547998599521588884711599783751001062597243954442905647837242827112768861308729717667450387784470605049817926326301121793285779630213417290584506938423127857447098281990368933323225245658784864990971750320221672852149988277546583065590159584351618555205489782673613579627957493305220111916108420802369961389004399328350663451816407683899879224132306415886725004798621914872760913836555345671757845474556760412913322446095514831253536112871452107430436355478982136977200927930137261704890828039390999835574082898005613032632804878407025880190853877303188187127307461366420509108749612419017691344997077457528363397832315611035648212470903595368161039384137568833771578279382941354623916270576056022717798353211081825134419902677286104968703506073372089355308640081426599165087223597269462486048366658911303958507510474494726993926452646055226651892497645308072131093520962315760848831138260364791668246800841422358877741046115569322707887932687436128379575768538184074677820984677627367244691118916546554304847971042152397792892067638966358963835664180589442147453962262317532655797252681466311769780129937110982453405229270933003996295137144383195135057317880566639610421225778725280132528384833082997288182507498851831471768420564258524847512955453433867631293546440777340500072199683801405226959470919911895518840537007723165819521053047311491449137585879146562388719464798452652848026896471317271515010401260230712122287922468881136328743346672378205581117942027216479225653704224487763296970129276913150042520225981080099979885590235689043290231478538738724020947448385394177836794323325613093817720501734309796245324951033905554193731155678109600573604690408793506212987488240528497439396469465846777436237028014143003044016617901165797602697905113693090919413004043992505664956242468380203405089480290002637622005786405521562274015538802800346895591754312762186131476052556899895094989323834728790825399842346397579120047011707656479780085662647461192149320181526856763348584378214733117677538206424894580965820041347269571623703837207793565976200522780225182252963200325369276531984459658381037550792834252785825917456435

062608434416311297019553754748518566666109082130176889791760811867
452945298815710766128602140319019653862395629151313915405878496630
720194218580207054805464477547695567872089601597179073617241406114
197727650252901385992813531379709256036120684983888215192251813217
998093335978213175107048380602194223577108994591747051824708603819
575788002816155616116658533162847263728589024423372208724629332702
835317492841004434726304179900869416928737222783808028826637801392
053292867729280423656591256451489454928932008400609684183178390593
490237620500022433912426191828329180108477069574155867364119280128
349645820683311575462623391664181390619885224573436830677398361010
464231646413313553235227375266445338203004095510321928897610402878
825716543401817838874101554129489492109750777460955977152478691288
112448292842571974688204885654909561576851286105935267802656143938
335859217886735660059653009853654620642543463791062988857389831835
436967921926477578037976099151997763156973019113881696777038313617
431644537854570073193605219700151735410076686960130543727588160704
998778936501742224661743819326919286242930106198425416346048533061
312244441005381190421705295021020394928499328022918752088000318240
833795363864223783182669354546763785703606403992213306997783815919
525955558887819155273311550013170879490166772728426303449497471356
587672814394265492052630061908000591094495621854521757908484182984
669384194955881207470010603768356344103320545001615165724072012529
860495889470797218342597016438475984865828098086905490367726146202
153986362941637717930476272183136596809685002918031141079704311381
186418491415869758498660224546492765131028727586293867040021300059
517816358644077874811780652256850653071350734245894460268346208345
803133921453542233875444863038607087278502777777508677629920222402
710743245913400402892872090265865447356210842527192228663131418011
220286876581195927271283513242150881645019120899669021973736772018
155467098939927354219911627316526245069499200284852366347161921013
531794460181932739607212488739815750393461817020822302795639335431
676555278850293516327345947265795104011499734482377420658757303463
602505161561392726898206604832108554232208407202400309137515825417
460421057455961533919845890027397157437538022426415567778759307934
804245360144550080463441240544089726593996633007997972592129223109
419470783842041830759662553943244560963589541422566136737969285423
713764749526337556977162602199226734913942723609178467619658720575
970336763996591575636399342505878894376683014289164175738503388810
078600218625038800881754282047678427259567196048406057121007965616
492691699693920855774499424977562114141333324323795150936409664134
080844752861415797124250850592580508106462051245722168848201979344
115322991552482048598975130100755988479695867649524880279423231241
980738873590666649649151139629244887105704564341997817437109316921
664762069094056656347912220876673531620143957944457621663868466016
550053394793158087747107647644547839610999272348900285145797974434
466044051117604558617700843387605314800885367357021156503610454879
928403753217591482018829939970865269064553815917395418408308262969
421422960361926568803854599914531553195305193918345501858845493495
578823746509856082129842400795180417637267312953711599532987137948
096818664554688514436258350366624408525585930624414700201882122046
421925917234593398961925790163177529238655519765624923716284656853
893447270690882441102813258419107757550548159667543119569943978415
163324068894070439266081121561861902530322071390646769773268368150
661123769280024896835575713723112884258276892878231095678118996696
977409489348724146614973972794941266107636940295823628303482422371
763319971843239990398128493939858682724464605407169925940845181835
718891094351264176846914779092252837837532395601947453490905510164
233807811599663448262071415872381354203240493175757533707935096946
134828527465137714683420562623632197172961999170866638304381504998
872606717267657248389966739493478186405997311990052966003532994139

326485263280930082210836770501971287076699002478130085130527296684
406061016437823071913630704942204938341960095350999398713515879252
197394280615135656431340816156888490174782485783660680040392675996
290863093790311150672767194187688246283075188795068973905489798893
999883626631762238054216550097343843607589214242046806810224873073
877809478772352739016455743067898417558609780598011596558666081808
783531930027125973791335895789733400876344311886148697683788112151
087712667757231018332511139198516665079680964485325566384175831166
949388592161416674567555538237860442445571263339667721462244674158
690129562054565276810473636826097898649630056827907376919863156012
916142569306478100698919702022653867416260304963399712736676795742
895556631401488118461544582007593167883566826708991945569858024090
677654274445079856845354905475878108274277202197966003820209978659
519699449293354316949164917055441294482092967609251479903225889004
953954995722993018062179262112407110162209578552704888605381928423
608529570140657674221348313326026342177054373095357010890780730221
354982636285288782655869156856346625947313258519565913846892446244
583440227704967066534993872354752090977064881709000110639125571874
068247047136722570921712228672111917253220469145969221561229752437
455506882056173695494066627332526041370446290865446151044256007632
917948614510692258879443748157789125088591113417223303156749738192
086397220651352015828008698246876537375323344666978377328101114526
195995886665010821688159759495666029035275833214937286435874599676
476525820860555244733912117129797672981403798909728650697649203220
992792404020662929795608333348370973437110383136407411648476005069
852015674472277835899960842557884272473530611705160202186456818014
842377128587661659119901186881409516094024580682619905112961121275
457411927534638229399475349910748595614107959401047161296588915916
567992554444225077969298705769705847914304011825454535611172427337
139999943267212771932319339130006890262678523004204477598136728474
379012867170965176478255946009076012677038666595545097404684858912
713323990972933798358653508097267094853161645453079087157352995507
516924250275201254820633988339034478284894862532638437039404450543
436312024049568194850386290285693371915547792962898845325057659768
207643446294689814524433420558044994658582375053659570536224403818
429935935441506813507092057744497999051667690538020962176636560683
578158732037923102676052862595077654529057952721042041385246156860
576562821874755389025205785080074069337294298773746305792569937750
402685661586616804076154221619388979463853633831125958244187970971
954952240747959539519422976858251390076954836547899338635688061829
056793407651975802467421791025033221696437760044128207799049032330
812317611237997257214692833121847175212958011916642273935144376698
375199845306457873664077738069965291870312319459500416451412022582
697246981461488184628904987272836192381272041977916155713134479968
757570339354019325461289360256544031228921782203409543443883693546
040895445802479018084762970341979623021602945161124769165018600598
116417274382667307289529784092440165695776572555572957613024253354
790950676198191970142415166593574460395967361853255106100792443466
532944181807012147646030124862963997533347247459834339008685160467
240225216136263343752004066323425499308421418588260982094361574324
084564710825443101883090772625857025112104655164462007203915374647
3932152920633797970985170747730380605362838981511196954606442017113
929566885311883280626433431701717020517026485281318412516343924730
717133554950605158671361101058050469783588061150722926127576939521
408030298283970431417265709132950829112534317694308075468655132922
242764990417404748134107636819495739774643796865183044465668398318
484194824417605986382138378235313730452285949831010176224943940539
018649427132324272489432022720850526670401611065492980272688629950
320140783550068178326612442947337934708704036933947444883640146301
430766548886919995190654063116647678194049730100375198570541672527

647023085919922739984234149334998390978640343907692242729337668926
604934944169471569715547059904217421925882575342592999565986426768
451410612384687880654457917717504027762823606330079437584074366948
131901830157091267666207989331700172020539549068640945149774097741
094373452109428596847172702340645067100714287458635586867823699633
907994488074376088353368203121137324451571040418642925879449637775
145772351175866088174938782675387764130377951906050406476302680647
426906879414474482693519539380970178496731946452891438922238632801
012183431411809807504797024389919357272570527060547047281474647446
208222454074714169406520696951676001055917701364897132278420170033
5664320555114622179331323222171119327373477715778865837696990791171
131728353740193571986318244470476154481845770252344124845509681281
166649709060432274718336680981167836515700468018768170956889324184
407362310602566274757479697637472090635484029491734727487308120195
052709637583607462545479352954234171272681981339902641902576337361
165697385508744130241104699836432221001267728682180949890762368689
263384417518856262832129659941213751796989052092475199878946684512
057837358450431489084456881613840158803969872920098540862969471322
598632313171273219428914135494323359122937242309660154616499698557
962763275554577984454403223040904934659346663308857369596023285750
180268502120007127142076555657726407983020729194806512936021776113
609391135939353081217736284318944173962135545360500246138787960676
040805316930025093441825713421613614440119152289530653007779053972
003396628941794659641777983559253422287774656400034393526477351783
515933055719947159812125038017559547577745951520713908433610011537
904901507890705670881844574114508830512299700209969611309712189372
853308359428809904927007467960128096971829283941281989605213233610
705214431760149950199589535897183369078283138634236857956796563419
293049769815209974528878312145973684607567476636060039687917435421
385034895326295820544748769241330366118328689112778317546029127912
955676007418733225542908244759673043008045896634533781987536994863
350537722445159010541656658870698989013753888024327585151411858454
353652987491572718865356408268327225110147009098986271677224152877
689862267703698396995978281655794088825371837645374022181884118744
813382879471964454937570020723469625336015922182028081797260491282
924207267129800242376002246485008798898857231588422146946147491027
891554652123059424861027260471269813241493814990176735748960941182
680504771730131645894682345409075051861661015410701795541759759828
042293862715551077779967459122466163847477146011178964858677219186
104417530731906039973098127182191067244244194814711527834303920653
681221424655022693020656758812764754343855734742632815492770562660
066546711848765207267335654731669662177069833645835826830207766337
778647489587312552194785990526293246984363824685738723284277789839
925737597904038285297787397684663809624175477591483096429915528145
165803728244231957520927726582693230597524612450564355755914053401
429767508244334746624398583437614879389964144402514113002468869371
952157830448693443840734559086690946448138235353204219253479168899
801439178623237601755214594654274459179747606361665240186206188847
558648738058308937960029471475549016794959042815618428725158529398
298363206691979956738947880019958798034828312599253297599105020735
073626602542431051328629403495541763991094763294485429044481026891
525958952145732012266399103321680006863504862007357034858961061790
277660718167706817936631804538237919125956198438857609518028943215
796521205657611093989915496884031377549393540856953449908009012703
840172626180182046673795994682954369719423257922064747097589525107
002037741719426389346496757154272504046938718835727756344487694459
508498638877616835505884970028685726928054212917958581319142283803
871372827552868306454333148688092151697237876013755279811045966988
291777962410970709137037883930450645012459886785895788637091048216
529811520583322780817799156082638433465541976031504888419198608484

062649003995878169329427061962297453127136532694441514636256973427
524160873440269797879002146362696262012037753388367754969157208241
546392424135057574943231795379554632385241993089406051134109851878
055884092735591167161670187118155350582366098569193922700064682288
358994486575226714800463165675219420196618307034521639282318251127
783428328954142472172600810147875803021229475153440371272332167086
572434181080477957841442651899778860114020271232948237623382689209
641111630110322175485080943353504340776283415930030005339134180446
423526240038073951095137011158509534732482237438035089352893521658
778097600325712128354195312255082041269876035418900771365110860471
819410808843111074253639171389881359753193233465157986477504684575
869893919631188241144154303570400082640126777953841106665096407904
987522171722641564904349596267065632899045783760113685132624683460
213484557564626077735218836021662216832732675246600907786809348433
879198156466120824848678050644296958460210293045372463348760259962
242700993707358710745996846332376105029378740807906736268831432224
002634254183494649749433787642510786294049435597088950968013376240
248190955811349132979136137997670206146980435014907067331506378762
402066239070271832790480285148295606115474069599725619492966830210
211930502506226826388089654062984556197933891284197588113582007257
435616857677236659365775185363740768701008248672732582705594735875
949915271835476599156303913785716729854404027517173882658738499177
463098812776933411133364070227666786105071688504509241776817981250
769109509091441158337030312240850672305458124543727125939201379371
298950497688964104658348507481945401185770235917246901296651148215
007434229928281222799787375669920071296284554728348592496576820307
884679506470219473098014949774430994977910414662850090667009042196
029866331103011001113278230180588984555896639346087537285190743600
228423038962151716195641806562700099995601348969285573932626572516
364002040799847141233603888674683408729576146976265971507573970514
521674038808385420153198494093562083494180844821651843907186454857
935411988652622403271917749385275782250382269359705400549454563248
668816693702136705498488652755267963759254295311527394338996216801
552906883513703290248458258150712763600548356859654294106517041963
038966990987130227585345904165117509748613302711360435317037171841
680987314181958503156487077214947885462800392627751845665043091260
341422184230421013314028569150289035417750909654228140833298247325
956328247018868131890697734122400982457204778102124425786794196217
970824549471516573880791213055942557982936591018592952145889198973
641057489089488774613063868425977564232526863463439677983839121192
848155904632572684429806903801848937387866267760146675569302143175
290992680576999578973176289166009235193383288594182243444483733745
857062267504976827361392921256590388559093917896293628679219569856
722077114516768711517036384009901803018928779566852973917705416096
145306993759159622783391711279810129843002774890935874894539811735
338157684613950841856380458329867284936286928780127547239866389241
352820450578035388536484709732754492568009427559651602910345775124
513594193215268950901454459524169611369806470811023153333882766622
987028410072488660528760375404302185784296422316353133503406804027
844414752008268900378635478415653636895673116883950433545631780101
661551036438444886149827139560795729139057900864661298244152281347
864422645334901586371744886261087774283733758627720819683069638318
058811078938957283767783011869997008943365606245718983815017674655
124808934944770008373453061948200224387252360495475711739466291361
825244605762600948866902565813293113506744377932320250380205435018
529949807781052599853044887550724931255065100388571908248547838993
266028603373935687364455746756966011919160143880775298766439451357
947607144709888932776605307411631153013911049232821931105880973670
474323440589088285640026797594353464274210784149061540929624083387
910815657899094988157126902366200432802152895896157752220606214579

882840491823383657351254312693680379872686847552369200777721381179
649240036159023457700349411534068335573824873913135391914758158527
625413375899842036188795513807317346224477123585367279053008355143
691747085161009147544822406092245575761039860966356788289455003336
043337208465567251648946232727869309895094558630983011437878258832
122990671329181939765220257245584008140241309321334209506896941907
787020261535758021821051232908135283195091572599255500671987968751
463023457131529536331288669612988751046150859356338391507026224045
056795116886946051109466276723760723750528845553323504747748998015
828804575300504609169021596452383038262921063032258517321567528089
135848835485487124126532742471657522015793560433819846488377660552
702655267847083560102435686088326611788097703136061377909360911308
723407720961810239015785329203547127196910567479470441464331213143
956096751662611289444050366388193402864204850380728609879198298048
731334990048455219406573465415553780146623057839211851143279665124
261860447837066569424651096974621110662557267176417196320000606794
615444473830095878493631232523528518998571980916000681419191861683
890151812480464347190128400070704117380054024841599367102849240755
930396348724030137535199115751180444162615222008808978968333324522
000440429731261225161765569424603020753595893240208528924924352707
396565138857291831649476344881044603214390876483265516729876219997
368370945854939343383325884620594015729844642978627786282332906904
492327659329244991240461338339690152475856010196827612372034305510
897923175286777387820132668450988071802682039220280484921574342425
680467306971771218734560857152035670621700838936982753619171973710
794073999060368395206127922854971386002256544673985627696756447769
925630094957092701311919298249557757637508594236914490683476345460
439443713186795630258838268179289757907386757743819735208131268068
528419443653155109713356812574828346979017890143182775261808833136
399736028295990100005197243770152555864819106123617676411458323693 4
795506473752503406099278972307195082778497001196031316247555100872
885217381291856087677478561960638935124092507858062866821553712362
464896932592034892191306713471710997703373628959597835095325235982
712896491987110448156130108291858127392922110179269486428196832862
469292108464389599692881655076958228987337238615783294284880756219
323095740630838089146283641381169292290832336756904067876535761639
617542666459380243601974719954034836508568871288552924293518679946
556844513208663020748995316987888798390898954565467592320605819226
177883766122253354733863709677295930239911805566228092649500449877
527733462521733263893894949146540382124321807361584536114046021555
259753667202239198810502846810737704377232931215975362275051572387
645294363483879135289887879058215501111042335845183102276113343358
047897141497715251577898482989361644918289793177903264672287494186
754532691836408798282666191059531425286630926707017324059507062273
866705792873388271849518797606853228061480881864659328799427797461
245295409526712496904410461310739091921123969406835184469699304716
866174240505192229767529852966848673483681162576635255457522440318
439224623325561652251410423592327320188833636089013605047263374962
058237061848468952998652674663630219587161369367867248353561099403
738139969890044051538895903910328279457281511397587762747445318429
305366136379516981727460520885464692320417591143500135039507534848
961569249509002075560557543841702901460781818699249239391194382411
002570518213882300980354585878116400455303112771792666147437748373
662374602020735384034823096876778936230561678938067317856631371635
387047158740172890527249125208271689304373982296588377632265870582
768134735329947863858277438165477936098561315677934180002014758042
455937737830360395631349135763401350303484073992757865953439127551
602075308652365385274503788859712486671650039877419265374145011160
495071001864930153582757306955302684228758483403210477930534852209
549079257356397702757373204550799101581843679809773130351644989780

684770092412465890171794998639015234524231446407331462397045474526
050430187421299438212570644915073546929709320638029037759118818739
015791038279468492628606493557705792753569998447487845448455800506
346031019432771827220312508097750299519197688024658963981141533713
506843610011310996298251092340076886268173814285820414110607895701
149506894308627965260288795353976116845807304352996562712209219685
525228849169734490752782340903793436643175688240831929497835431473
144939914844944463428965717965533285040094675939963594990733864266
562187481072632478724304062904946792025384859153980266086302820683
710681925863675616167488300314934301281052995998880618862997236896
416520456806077951010091774657308145469192581327312967302559205871
656588042033913153974415917287194875701426222147192789110660275076
128944273224291366994665927065725104193631023859817549079869943892
438890089393463412138281362194718079811145030002043390157920439312
553995192226090889997125630923302714291250144039818705004202596087
808708135868664901772444736952194467034906502238409693051825939968
039421038583216016400769477891924212148954359374400999379643728561
303628943116743708946744737971676182086415931683561842400484542707
621856066439597880214216431665190096072817460641376846555288918618
196034882585207484555661908969318905511599162690872569882176388463
745955064737773914158066740766500977834149348421618440383883109376
015393889363106315487134597252904837036883415016860751585799025411
531953560707703814971227446960968940953052600980817492700921933267
421388744897485958260981627811239347933827705619740666378971366211
011150620641783273090943864210443410015684879462446967599935247049
308499270573111248239759233598986452827704154827762908516503796081
505783509823027587421577959779004592060888004354874347352982814703
676657845392604783416704594176917489468082537728362160668568691135
194523833890891891110912798514587414076502852590672091111527992591
421284355439757589985220717590994624144692846326862634021582660249
829211586948010765766605491619087786452758667194236834434314341938
123350021289777131425000529224971673107771001716851188822998892084
729467521062242455347160799120832204726268215968866450816735096164
3933399244775114623696703082302094264625367491347034074245876652408
826191033625198046411371161227393497964475670145458128842701067719
626329369178482286279120561849828090900732388615464457885782858409
709604774411265916188951776629166252716872171876251651363170897961
764648430969865502038327499036901395661677245334777359428410507910
768933523879355498187846781230812595819765132635425639402346170289
036070816642417750144015178987133940719540680368401437775382302327
416865127331446717927706754152593737093421319759704093148149199488
987228678226746965193156630529145957136183974955247480194339279493
656351149799084354265713102019714434595201177875945803750787462518
049950522139898147845950331786257848999775100918367587992192282605
503802850781001785441580731247007138124481319901891828791517297480
631535418402724973198667605030469892140012207784918654167062889461
437398736216971466574033954035465704207132586866333627928321215614
881054507326446439898380024170684921991297480094285081669435649295
783434412365261698482303194094863341021660698828462310983387014189
280782073748320543074954164289632481395094558993370449182618664265
415081900582707235884189828099801915103517706388164396642793470437
736480269578536810367986653193903768776582660850368718103572836664
336505771722786667287930908099722192218881367130934805010525726415
738134064117816210480678714302389166811566310728760536945753778478
065058502995269117032333037167196011235234440747526812892835586828
684026325716056974500194444951701806618108190644105455246621997460
551083766582885812981445152674903802269567811500703052376160976160
751647435839334104077980557722934775991343313672159786610550734227
837116776183199485930275857261397058658470986866795339609462918867
805571711368786100785500743881857106412692050966991492894227497425

4510850292688489395447482286306749939427340324868374491455647358303787886059847569183700454233012866275857927095106789690533359734293614200328824671488045835314413863079762659740489308711076885123230786079342451220171545580184169216407608957713287564519943138023272075005128755637620339753300605391520811588010542944317855589339824635645831046924158286611788490100463414076094998214465414603928375102473505894407349196495403702722453457220124463687003138483398423091832402490157951865933785992829470159857959196859838685981944905441298097484199553689636996354717206181813585525926232995399169375917092428613664218558467667720623054441488582625370532082454374482290302780270657510380017108817832818651459865583258719554645852534197577697821772923612071333641240281634970014373150088552712917589196082897388980202176082104877545001333613191713197620856414914813796406630406540354290848751446093045428797888157247969800565660799594388364820283160338946679044511365530731423327605787108207926760439535354664225367818502682922884743863930395837400973858701426510863446204705175847605499045727257503150850585856819746842929041706716614133188504384698079735601777104811768366410779396794362026848191177314824089976925551288263145278012643813913756963948911084647998499767790629954544495157317870080407124802833371117026427230154423913602066185340630711308281520749753719314684009710622503719592163865824282289408364927262824559605155252350591207841467076056758736733618941117427616791555301719943675684792853267322657804559329786442566694443389254568991712253772984042896325472825553367989035077223103164222255936866224029328970790077496213095713496292896492938787597564476663310010012085380491365778048694771004653842197087555332495654302279840491862319679062531769931473584528027778205886769223247796532393559859917992633825686079312971530659553948783277738880713698149746405066251751431410646697548078882506210803693030149523602476687170177830459449398213546668120189155589510932377910663974321717152861012900733351801133111413566846800791039962245315059620716207040285515702614335810300780277816502377517200967856240169078815127492674101606302319578673330966741953326317915486900877212517307235789809252225302256322654190233991410380309934353845802706803344427165192772582342536905924927564449959931893373020241561339217286882111688625658527099872906016565710880738948758361695217062095632682460903996183788978720182268702378535683441810012149346172306767528635990112808891008964737792459795688250073985023807750959129815553066924895357372764132385668467817781405763877234876040325129467647135943665941345531063140695856263463368973106516380743553431261006909674537650144051981183492353188719407993999095538928957798750477277803270846609361548855965799697025956232802846174744164826320487241282989494781029882283774618561858232334667185868834958184219194388322204129256621821361627794490041022380140242165823660436391323122954434656949827222067908232880702415137352416231227477573032561247042685443385322470127977785997835181995430214875947781607618852708382020848349974712755282025796946996655381939593798289613778443007953018540036966166115762868120795797161535606620273576267247120993482629114587258566100302026165460068481438714608372797925961459932392110170397337698734954390474516654195473774411618809167007285249734723534800924594736914410232283436343841037207710013462057946640670753098240855503576886997007848143675510401545336522149188838320213279173749522508591040941264626158726646161917696317331416633744493848851485951358679018700795817364758504070965634445300631086513401545686454609857793768228464230331017327992712144695553139665054817276401972657906219538813253509632509474459898910878590169692258198604873251616314872253320868115250387783903092109639731408701463262774873619992516036903516401813228638410157789138345482086953949114165419212244103725882353735283296622540405395995512541880469553470169279658180842216911467794957709031814719952242

048905885593746441615349093468210952738190692493401258540162129838
882360671129904727853825109322126760086356788729911106064744385406
313070269157932911471683574893086073417620348424225579743251001003
864368816055246682773280148166978734963320996341723779237883035166
054871671792874001119144726245671247002497622458224027397707027023
503237712416913149130844802726400994497259572092359302306992730005
224907365141977781182720305259060505366479310184870828397624359765
410245471902129646244072187868542913071991156022134359810926127809
924492988353214211516880443052422313351720366875910920612181715721
501323049150385243127601602678071027790598783630284909951332333256
554242832331269708260482841091164629355307970134715999285642688988
970076744233464896500451148248944884381190520316202395612515508011
429345593840225890445235491606770575264177519736090440204483367881
891568970277893660449983167550333460997434539066796812379833136398
445862204918269859801850628083650581758563282867239702164703792611
575436878345664046590607888585936157260733764794736283941894928357
605048336449401134986549120821004813255068375628197025686969954918
762197639720450279004466756395119376131560064544864855250749799420
850028954444995335745046836622766872082483164135994803070601611822
309156175259528490028995293428737617351026742418815937159948909697
922257721440139091272246178883874360805196751530314791141433573207
365859049304277337984471291954446454304400959751830974182337618633
781152912801517866360090164769745449589573231467955499389337513949
564362601454959264673734721602188531326544686008853720772213452751
031059526253071110235537885691649959116922083888770780517354383985
678670150963780886864757576698253235404424542840088268747777032853
826199762542581992934205912179778082778705118584523089729856387686
511275072763410035994146601222794895749559203609946037804848385525
959910817123628274420401784980211031762787788750303630226361609766
675801060395554799787456998157973342339974244475884531393345366459
175525813475504634426716109489081799689592267046440216917680510059
071844735263123541644248647774387877651738534789750140252040693299
113532556148136043532968312928991295356152904027591317677341277704
636530852213257548630793354788299638340699937151542249438088240647
332631233504613882159479516917592545098480979110892331137789539664
074608345730097651170607524143628834660918003849063569268532964005
516535997857913060664047455719084866250414627633572044250876603320
764120027683714720258395775725483081763522817065775941532708326625
539109689730585045622593689849897562270215826526528062002518441648
981919690955821207898972671764613380083956648772201932046367188172
395470493020927986610411846957048684700496386412595306737666603894
217618938754237522401874581597228442522907977372292551018088673990
839885492144913863562538863789161591888424051299819365171369259169
577919988494941497711519431575582630705994857586353474963975685597
038626780540072008974502527051939796981252968831191645904520975630
528337309486023832962721322569007376753391116829471981277057426243
752213758250320087363753204645000573891793465923557708362204145285
013907946406724667360182753798544781407692125608569448105416619567
526475074523902545170531094066263668247457573460704065275753577743
201023913341138135775033225611439009760994695213981770284146108841
360856591839329939313580819527070692709276077217177790987638546344
602405169049949774757748287300933978940641473694571985048299051348
428670709915093304457966391953558914780109443450982701736772409790
494805928838465752690821406840936752248884246612560526950978010126
057728228735993798499770457317611758694198467474290486401231996744
622268636332600764110702934889723601262149845968416031874245315843
520548918590453569419644606333798849315311695475836111574976677407
031544805789781705045731922588154943114390257934504998955003727042
361826456804158997001369770936461843182966606907313547636451203468
088044854463947988105468098496701317954942866813882765844465058517

9771236814267458547557138229072663460316438137501465429194535993 43
6082062827907253188657517973424574661225027443019092242962776936 65
3158716809444242786249840749466556352680450276843578211362734069 43
5616425153792322466645823710793214590444611109221070397604565101 01
2869760593556579799723039393868396179918986917991593869470863242 41
6010161030988737854395677314829723489659476714272134128400437621 06
6020055056620233395195755864512830241771428237157769328767978452 27
5710423728172468445461622447270366618640546724925014467120456547 83
5726921447053879805427443650665491900369785230070372006141837257 11
3091116810217228672125895948574600435329503311469579656490062446 22
6953912511252868037826375208346201091939205299406735316501758378 26
3276410048994464890719508214784102083666996441555489973118544459 53
1232788198843519364669075619174436387489862636276503027206860925 18
8097236088479380162529503922552102831859119520952160308797092230 63
1824304905136125178526678309896484076261871121193856452332588015 63
5845663256815365974140063516653852783302799332761818731642928434 36
6351615663255280877405476696700018814831299264949756061744994556 04
8405651692066062944190747116474057556195518345387406404646634465 23
3320351037784476758856666609017287520982244711564504556724311091 95
7346662677919503511119124849140645554352577254965663926785221917 62
3854753819710831983228483946922294953737493172577554258096479498 58
9102686359453576135514660375139149684512296745547842471779306074 99
9924871503917371133105984182400457742575917866712195051742896119 67
3898889045793126077836316129782569411368450788843444978664044958 95
7817797753763317503868656921432845659076387703508545492288177459 21
3464479036409671937884800156599085262761750977394016437406423215 37
8834130050262017131975912486458792300685002533813548915131998471 09
3397988436544604827289154971076037317445126097171706215491523093 55
8078456283921799509366499044096091569942149387112429146631205469 13
2238606335268740464186976497513460031842898257475120258445983103 98
2014060948468707691618383086238789106146824197283200526150385110 68
1990583517695632365696941423626101521553817250369391988202927136 85
4440106294367264512033344244808295285077865022358866847987292336 33
4526758265461364764488099277633165502130074494529895433961752661 17
4901691213005810955424491226738528512234383695983978048397524645 10
1205882674283063999608907655734436344801490488298357189816409645 10
1192898539876088229692264354208244568412368752332589778385243845 42
2759205676092607958467279386639764013337529817410380083971366987 50
1792518889005096162725302906385122448156294734866718079216757439 50
2335418797146370341359507068879603101501646447422392328672923717 25
6538429014706590688672940694842542715905205340933901432108131385 45
8259704348580931485506339418705437548201917022688231751090132941 36
1718770058091133457961642203012598022043107382966864907037504453 86
8442844087909458071383896209544920759961553665571306844046952712 99
4878309713450788275724844899897349703962246511049877700417937126 31
9866550424826450427132291612309324616413533039167689451483585692 70
2166031906568999303527296694254093298585047142854083867108892734 43
1087363457002691119243249637729822940094402075202466206644738391 72
0442575483401453940803546273409990964069072075622907374684131198 58
6578798855914252147080351784967358936933535007544672324613125258 26
8704637563439646390594790703928961259764866705690718158460299360 42
8566416523782711376077456210903179808657173199934312817969129429 62
0455695201243315446083595765650783244672112585007760996890714299 06
2146372250183703199851692200508139102053789839156229925006468735 67
9795406627829502247459266561768688629321162565605000845429455903 291
7372009820858817353746878318206447022686127649760906343394156649 02
6426219444959997262787988742068653774840012402712025274733443616 681
3022720475458702704640986434675736414944556040180469025649085325 16
7271670951279005239342170274303288614132330961696475560201838621 59
9787236096212275704210996873700071225799429518696300412954188779 62

872409327846179804864790769989057773388605583824911422831637486928
785381481431462242839849623378557735086051101050926129323099492474
189267513161881862075325740386848069649046982799912216113866566382
032601913596840251564924790644398333003180789523696165184056141033
843479937617818210047435190907065480640320569117166432209921547124
046169424710431522220510488536638270472083522207228179230772437862
146298606683003944318403189711959387588071981150483977508624928452
053766099357035113846959784295954406485751505062084971228123360639
541480452318303759039230419312935804702532239639115127937593601514
087053514606298995194074575535488686198226932469553821021947202124
884904426365539530539435330040506133599683201666987947720795258669
143318990921186522605849608814962683654672349840481438109431985740
368377466370936580637339294587946644516826114833345980894813230142
344973630008177003029015416740179574436162018422076053577654231628
456427644093755689715537872869598722457407255862889162754227400139
392489093720555456160784241539561883999055824797402970741478814357
270791492210435577454609349005737681596828196801977159064579660575
494254181445329924798199665711964551885655656812151334909804658037
684761826601373717568372741306170464438082924391653713296382616530
723106068233388999951025530732744120942699413792011010466320874971
541058744582611599590687724094286978759462694298805477860776458005
229407570308406385160436059312555658553312311655463865541030072699
344773118169078662801195532248099561712788155639351901256077112884
694732263635778302596564232697384744696747938171918349844120102842
351921959479411888645207796023134306321717435406924886237588135079
501301954212568538960669312542793294445046041439975110593068307589
866631208970917867381443106267328572913524733573733413996498162256
056419741787984415602133012302960042148911478485752643862518142961
913689838222749415586395787408237809038341408792976445118888023372
009886401223617417643050637038107692783411890172940132946238563930
853153224422276881857172889388516865007590484415709736636539394113
814143300708417983117234397432128982693088281790845460835227616883
923670670181937790638751868898267898592612248770725537077468090917
381219556815424678175824986359084577528221087337094710053447043162
645326509875418704826040850494328944967115115564045037599221831531
506218941768079740040267805916373594923058021891056162459013019130
734230922011877489054176347523478720509575083012458009760894490201
422832151708178638297151787541023277937785407268363951803722727399
072461328116672620238536295804476874489455893556129416678771151444
595215072801124528978389889243980579261133951171633727247632203561
341376655493609107607754288639415375091128355095389101756992734810
580205244749886065694140688059815714553496102116404129920711915738
223964968790061577179595751167559084819296904355934449028936964861
900866118483640844547092298808201869643501024165892806728934618921
288399805886754723382266287467489827600721396917908199418072364514
382989430173553032251147891184679935694376925654535114088246264417
878175405852046275209119455171507153223229003178378639299726457950
413622430738874742958842038653796300887828497491015367140448727060
522398327465443452935652807696047722150302406032996082014428740664
630902436955822017514819021276959194854806500251596627667211562658
270387072145811474469794369850676576882350350632790855260275245784
521393118971219595602227780105217056312396344461127002125867235737
090090246740694925766696530479737142762657053595744879087619929979
754915470956745686626669331781602694992456378613345040128648268256
454678144257343138486006682679767270827808689640327625941678840571
459411480462916488128520010261056198452785431676734301941800287392
809461519481854686631099079515044881336501254612214135427912283913
036947262589780027331680030312219807922272339302333969902493238136
301781213601131368310388677339001225252410376288392001146874739783
019681516234484584417084711540563067122150252400600956684502099654

423577855478800658445306335458651974851727110468692370821037423834
451621446359164268326469767485119161178393419514216263434572806939
369671644034523111798133136747255810302330033564709193131184154932
715418721453955008962151995577648095322472817056846283525646275430
576200001721499028964513843833117116585841776451061858250821047245
469890855260571543347364077660598021844622302303576492869835354772
286691167255092926423495359112977808670676400914176047251101842295
428946972427193139578251117713736466128861099385961544636685556640
632424096551152712448740813863395840329068301663750515937889447003
244679444205006232380567807586140516179491567587848547537980361332
045886720131374684222777393383010159278738266403520793857372733187
872211600697886849105688767373546820717934420516918691207339060230
403595314402484827552498849668639056151812913549133306891980509583
195474524347688558773831041434453993397826437905600793257790326877
238933597040892906379862359132688276912048235322685331113094927661
454578911147071816782987954873977966493933404999580445111442637878
055006181201942856580115116049659751470936084824478407151016568819
151547630853708991777495003154677919940554302384555684329587122807
033930365508052035902690222574326941773378330207785088164599774998
435514703041899310927886362855595498666452151460832243270293986535
471171461120978644646443256180023520004864169280901251955587967777
071201415854032429272796513998214262542785238361824897440083764657
199183395660336509497078523288974588149334773099486397383182019324
468791919227598192870591900590754067357185234811868346434778505415
782822449079858408700586120528447163358777233043808270913739688950
568455535232618221110237312713688142058398385474704900053609386576
177773048783078559721753881861727200525683687300867217691544126287
754950323922211648722178615226209112425923774670550161255823546154
420874458421496477602559572740291847164531588852588278842868558894
965084270394298993544274755784884092534243675964612654381092025562
998205154148019374700480357966774587410088413181187258238578544848
881668277133032050914804990270633866946909935124879227100509277461
414952914626105176485990692992381759902441618794970235657180951442
585499576517929621056744600221413367375480798603596959468569833797
726728528759250604441846435778240362377667029872832370604527442555
068151809555888683589147533045701169217308190413682196197924446042
649934384845273237461911371108244643350169480155025328418462873349
226613456894413900247066335547078814160548567966865643266981303178
362164646588208300503644548129228849644616410125023757682821894551
184580595732090939462064867750938024379128960180082794047481742206
332791471284209513701056194327176292868579090949321805556897906628
628915473754867319869373846641958561889977082799001692464942519034
737770398863014920111835283723279199650777155816340617619698407222
318678270123540349943842916855650515174383773539203225611599297568
796557485637139984984188981872386344774773551501353507919108180826
989536012524782547043214097784693232943801472551258437608609981460
219969863154847357629208099670223123077999976689261493709481313117
612672502902025112501769538583175793324823747587160195989309689954
294571523802778922356850487641824139102326914916557444484512460830
514578741750738717674417355110130764553789788752222185205861330107
591272012841581609901291829118566671573929980929179914916100046603
332922577608675656663596534181854225605988431844272181094231810906
310605967733278403950596066977210277736141182720643429853844246587
728471851788363375281932542583005499614614837350414191861619862910
670638791195176205055641054814853078236437201653999652095042389041
167497643602902434195676224468514208945656803232777781828040235317
172716161384745264342561703004038807168888842147579572813241630693
977190486932101774849343952208897797746064132160659123542873066349
856495138429915119375415682688046403440740031916487524228128990849
604910887524818976629544394637536219830608530266297677622972823708

841064030679839570455079864255624132956970690312606937272270497385
849063548119466535336602643153554561276200224543650140928707010384
502494229968246989481931106380584896383496684231546895857394178100
478027431024343617063937322667141404764505532068525452777271337995
989719129335109533521837623781448282123898331839226954036294419444
779393386294782085653916027686547422160219745416250347948657330874
869636214605079665721155856826471256401983236872218016273702740854
612331531487465319393626134387278498409826789986196912202669754590
120334748717152720342378485320199773941089399183239935343608383194
483504071701605001971940795569291694412482684602905546024805566374
925676902358565496305630549909473833868200225327275101476538201571
896891764386176038466914712705020901016679314353889817992613894958
205684315254271733398458496778421955422849693775382141987539836280
415138532709515070677831761849268674924518788782565238807875593398
741899239410646608428415951768002918996744604562347684174628436149
052409961460913299078250776717299487379930049706095219029159187881
565502948692499482638863968238495608685005799920812591698095762500
632522742977572235324464631299191602952782838780863743794848781600
798669184494495203389091181996840014360193709330547221904717861619
952110929112791700197667202021639669184222413495352640541503434784
937300948107500099230370915388201550820033012007604036740047502823
812172353310546983710100965755488116614281741971422411114653964940
881068713531679967489742793722635135810389988254516055367251021364
169290032107312234300723995569142252464301262735666817822859016903
399525588647085175428439793423274925339989258403923207983599325215
743584252303743666138993863200080064574750880709379984627470966570
809436929936107002734538156848014398180022649796165498392424721495
385516649061338869947944876407062566016055171789113105157898124840
674415404386343218080496035776369336965075024967546596535171500859
975076400045595426370119626833504239694093247325407321746536577121
897863354556824170391037818242656724415781843849453825620349781174
947104658950823214082047820539992217083096379247191435705268927378
829630172045984163967659793992468451202167315575940610850110840150
149395848132431432648317063835229338983573286296250064539653232340
901663455349761453977754354551018002272987816661057242312430623503
991266927255939838704468224405690217527208905973140317194993937576
065170443081784358468902322640906702558256315652710399198787449960
056696531169420178903331930791287640450024529260777573554483085149
912160462604079663570042929414152107851793951248929311310872340368
754933321199716941558224225323452699165148427080749649824320910870
913027192207360528239889033377648244024821643674489283893271787246
301295213777584065676650342254844795273438929626352170692482957223
372372605212148675590124375106886361686206848107532525519080870082
393756679930005256400410568687321345774201100430212747964046267720
796028868075453328446116396367029616763610612095640915903922675977
256127708233691017979324027600947790504939059499035509762328552456
920149233803895551145369453798964243907753154386610796172549357971
644803446126662353804145557367642625144590571925802222930640330494
317739911077459948051848434169030124710528400114530117015926417603
100466879843400676366135754159381073949023384595997856649006331001
925807617965927489021730881865451249156100845649219173398418493640
078924253400528851274097826072818449936233443967778341643032861707
465557447095887106612285979843832898882778608994982593444570625520
846669336207364561329951753464990966070993431256359749029656718468
035188787644371927343228496757534874380605868393873208710712341196
033089306023521935023796475301514159372862118229525906701857585590
486981033613106195370441077208602330006694355982298997200389420507
124130963301247398988986501613446041636976412991855139856413348024
401090382042098050981881637076560253542288520642504748958680899179
466861171932503324823024105980558476638045521378932305723502009715

574760259377207677608746814821345225316302087888239853556684084620
188776333889382394005969382347555811966044053660170851554314092863
357092159448116017532965834133347177302711059709051781158901708660
299016051247945070243012323067026217970114151068200226813999750725
832130356166794912610054201286453229800672689000948209707585410219
884885295459601974730636132842969855385226523816130889665914509124
886813125953536296057660319750429504118843939724705360578947986283
171400396848076421190941427568120273245423319593111952395056290622
611009964398948381646448745866830754857785328740819937572748521974
137180942967777411722239364135603321190933440755678783811304519984
514862898000608483869420621852719280187780424866808029951289703473
294463170946003859512545338683557968905846517230067044888968406108
630406121351552038742139284496202225754658582086698640604986554258
859081455309948434938427338421786450513985427397429095857008561462
561834952700228141732536765397946912752974701317006383541596544634
244968352635059485344744721078056107810829649426478810025979318775
639239043291785327634203752297565752743408295084547947015245260899
313885783123911751269225566757288513340439769625403931174933713994
495293568010603796944595685975249877267348079073267618245233552121
621496802344929254288655145733756557659455570923953342814246290317
278154039983415564198377180189821124760855955518999506207300714034
520815503329814975070244267726436033873753973148431374070926654492
295204231990073459463931199653505680733298148658411091994439462723
284536771128484736224606331360285910596352371938716345986963644390
685405322319315241354693248757673046338170302944798352260205181494
445850496120326909233752716235513352623432072194300935881503393598
974493352695787457278314039670396910017073414932531022063263016925
237018012024422688492909819555117195612083815501448583657166510269
086648717323819014860992469913154608200199270504730568876141893298
108310235264828108102485450220875722128344134379484999727920258354
341720442598469327409141782143949280179974565987369828742826826748
442121371546823275112853416523703165307043258283372112371376096959
399375495362232222197465961933252907404248760251381952426973910175
637197534300447961782504311533150675825627353434762525391425152757
047878437678852418719663462419927008025761083927497622636549001865
320645499515580290839851327262732196728478302538522190479278689389
538780368699318846603104363352437327154699898811186443670114028426
202615047388235899747281493343257065474637022451887289061255030273
791902640396577417606898976983456646470520471635921448307099584306
471727507633718020714597445652514188505037163773818902969685284409
258193174410055576089850292327101600898257223817394543698529654769
490187384046465643730713195901140761317428220388331360297085261451
234907307147624534050245423763666685575740120604059886955630114415
443141696986074032207886003132790553917869674163555240250767653085
632242737847149746037784064609346812991871902892759763070159840887
781745192690147691030030234979458511000180886606216286801110915116
104098327308808995433755118718317378655877648735885449036687907416
918253831330636233820582015488544982788382174243758054923815972964
061963105821516709190326318730933813850113091332770930342511221097
215505610491387050426219805260247611607505971037943664771529353491
718612506611636738330499564878779365697911293195878277774060107533
372432790009732407256070388800871137309659634457096041175089444791
191621745516970964844762046174128154536128422601551301589525862806
957063924443547802390516861338549861926656762276035823498556919224
890690116459866096156795541549215758128354092025393170807378146507
883203526651345707065536856992811242656708448017786461497404549211
843122762184522441088471507570190883495022437569885049454241057266
246094583209596257287203099477654010739855806996619801953450050651
450105492401886108913417306075923843946124656986160560909454177290
736400939132195676836433329961999796542434802656940683698670617587

4131676505060271358825744337072164588195226133970545205234412809231730650519899545028585383522873787286982917275807824209826106060901509252110908989964389297862943014111400676287749920781723794746209168998389618948630773060274910267038839433524742434212367121770246101160240611185716870508244049162389434350470250813649155155104327250747941024737478192265205933551362553018121964249924882129926017740801037198842125474472160296950027742685077521758669179938013625842241739856076699165432757061230452867280707631894705895440618842131571380033984874086809414461845854230344951448521053991248932455486659305335584578277144237743385339208241277632165967538326650643063880695569156202622259469414290079987698344209146999897956832667090414139806863332515652569687878992257432796139643702654314463933379900081985753079788176133743609483928302233803279732038653646242498055114022469226478931592944918040382983649034888638697564414855608560537177228737148228236864278113657203947496906937239915610036828075141178473782562212775995916775814038532986888513655232313938431742258535628070191544007763016347647781261324380248421865669855274007641051190109545289838256348407045580809052214769722042873822020644511165580202158137220466347663335175617990500897780885600932081454176443903235241939731547218920920202474270405857913543792600976807636298756614782644338926121213456594456801042227616524183764018673453391488079001363603528432174780401683146726188067936493046865873646311483282698049202278762554540178509177497728294675692935451666098641948145836444789096038304582853698956080665666190360310045304720024226393881572068674690061929873082248490016816348921255433754447580388736158658859248597558742783859992954170991722511534025422229692234366177781929653313496747757220978430193818445059850750805649483189679220583434147890510257617490997582001234724410285079412318437601471421378295110218735899391708168680559881335469913794537831377114135491971243465810931127833266217592227589369934770498435251921073517573702005457345130587313221438462087602775184053489371323766290711205526949053003888228042048082108519287610767728145489279440322723628412479431926441924307968137038294820058697420150132353198720519920353877314215882211485974318238790989199325393415037876899596958043272517776898661258893954420139171306418862951066526896062414520844803403474113314880043138647317158446815754836531670512601746640760728095967213272942245361042667928094697735836383498228114766916959695573277028279120997926086381701765421015111581109268328748595064626236299259249694378182229169234325485361604152514206369252147745980941988926814776443905376111917463026074170414492241949800170623866816946607989247516971850009428744446624100586380355863065063609572709797349307096488907606301907923346170197456656248712884986738267854626894512094622905482754233025173213282785316517586934054111845715104834632832008101152525413119367954561261216103197427832103879548253917431409877065257006037671968383047869291003267483442066840667351508858609166297657227799692600386827334964187583321180809168618517134591156850893149404481996107250233789677989918872582686705377574351246508137986281348350664313246627092452365469835174070426513698824143308835526319454754253248458840939937846318673381336610310058114645515187730501413081566601806113226835296397114624010498314846460439520061637354258469826052125453859150536462014165930615241377433037246441039759850015689210279093786786031851767240469599157234052900381676072424770169781521486151947462705461422112569127225381590502039583051468585003602420054909455026826185095875426210973991322095029548958289174232981343154069257570588015736545351789274152712894131431826947690258885478659919689883599904388542274846947311875197488771215019159190888581326376998121590808969182335059079714874613336803970635003695553942259073453693326389696162384254104794629483793746381324612408253069026914650215171965524256788471272297526679202803841296615750218468110880

6939399252687943950326728700875818861049300859750196928095204823755
7138945438844241621756626373518033643277401734125942745582026754440
278812140928688041203000227063180825931867664814904472579944670459
4238281114878611771247129940234353193476389778948446256041745478802
0529553081502542980157090392382147214574805502696844438096038016444
3726195300440399081842658748795326360174773439634741333029275581822
0008464886098183291707862124370345940428150160414770581856441322233
1887793921639889612736992400225160535128293723655737319319389834177
5384397083090358533308571836931136503700819056545043298422099381499
0045445400448618221405506052871683134142627896441695333980296879511
7536667847550967256739077347181693399759001189891113962465206160711
8856491192664269401606959061610443780149866699828433246525760882577
1010899195911118083503036507974281230709395198402548016944626205922
3636351071990148156774400012313072541025605601593168405328169973399
0707153720880901326541540840848694648513376227482849916127474705322
2255057918337197829980217375914243447148663438084599101392554944655
9667423730119121569104847330698050817129727313806629229678493165700
7003108305567889791232981303751031746783401120813530914660733675111
8762187223247896837038279501239544495396758853738446641347202470011
5885201761312154814372133479265672244691795625863300306994583628911
0381264895233888076384381880921180739792768314123086880946917176555
2671971341129027158146752944276252132950154301153369038922138410133
3788327539359202090519420939389794128938076595308702735507730422199
1143004325668462407228903402171151273168905339467851873822784851588
2247048412773926828056517260376445844006828466737354482592496916211
4239033889318117011389131501922285410738181452292592185148575252477
6183848077583829866667556762888310086015263589358635712742177728955
1544583129347098008471782896727341290370760715970897838993427926255
5738188956319405072752087325999456545608586855358263133708493406411
3934913749179077218228531160094982703667927892358788431608491838955
3362361576576833422289592702393915386811958152996066452081886184388
9697200189356785489494221651236101718473760460603829616442733117300
4025869985215372164775363206607206123292932396240780047428067808122
4542992795093505143976021192911303780217039508295099069944393911955
5003407215741480177592299719328271630397133938003492679133416508911
1394642479661320947250898195723750491133129166984273711489586628644
9336133970303624716301283210070841520262768996306818969526666944055
1675113293786905003412004284173942954144584447541246771850871030199
4976373064645661863494065661595559022203881357136176823477846310988
8547480314160751831305440342811270350719599014203058814923214884122
9356944529643170313190357793773919016569125771780698512180115203633
7847182328949534446551462678468202630396663019906922610623240862577
4936674402658139719248013316060412804309403011781839533845697347777
8755496505226719892039806465088098765959904026835458290840488743599
0121024857071905695585182299648163245701570374833507162561778784022
6024807954364314277409752046296007705952321593783926560584763183166
4539460869129139029707529324575283112206316530779455997093588019100
1795478468222029813794967339008709934835236592521531747809149296355
9576803641645315741984082949704240390235340265922135259853080332433
1785857740605690039517496624783114615470747101524109270990190694600
5559239683056148077265373998499618880204526136957223089073682258366
9725346732930434907962315838626126344424086314103499740365508692166
0500462809793942595737077522421277559627928584177313693090364594366
3844939823392918548955367647356087898997197780703866209274631851988
5085192685262453825870249573805010993816323870820228564474021890355
0370205158682457112552023153087809016194370538717681644829394491188
6589768122858228286305889861029605283254438604524159887904370477377
7371368502135393822653949023421710889783710051749817597020686825700
2725971239990477731332089067421121200821839867778705656294246938200
0423781349130666302875875209256477327316746369664746257061200346711

564090347896314818682134598061272968256545576749859197286737975381
067421738580194869393292329785455610079000547253305167081854955082
957331645303896672805738782805825883386743956721320161223642719023
999031850697809484729803770517200091305626967205284316649649046311
031340090378152174924340671446624526247884447970326708092047966021
525362297779841303529182491667754733386109757717520892570062709539
841927672468102127146446516361829038678557363550700118367241542895
404774834328434837475643045274450680844294328800326353481326604760
172142269400349628563970257256283718828008954760238666306549747045
349843766403859894645814480531950919925945149823361365390441231674
071296632618704241988407865603468894409807356511171908841621313370
383284752715801402333740874605509019733708360472009020165095766376
037863721883200386390086318700252115943278393284792647056206906139
403648830945520239437276001155644876784475408356160399848851377292
303432353009793967833698300912777997949717046285314100435349333822
674849658177523531271960159061728284621371401030533439202703451301
949107034461745657717921913241437364969396904896573282575669132764
531083445687159449900509202240475799421485141392454572532607827164
713056995813723489622724101513581463393598573917624057344627157841
431895806876744880080349010473159581907241464172911598289697025937
777675006732038336759992089814111989857577054569008806673510534703
721329348905545549720535301055732469661053806609950070275475226267
638316527252791548331453619391671955103025151941717812391244827611
145322188667771767341740645237899301503710421102322388477693731425
534798388888374132460169484945229905107108955879321620563220851565
300740795055924944597435103491904411337915663666177246177234250577
135160442663034312685087965410397347392745290514055124103029836258
933623583426786553204778075390909094601404380676438291147830296465
182153861892014007114945518626929913247375729922061152524782916654
575695663832511478672525609757827406443804607071542461773873376807
193067971913031072597471709514887374746950349152024257187438661942
079828728831057102815793640271463453279847349413902420822973866014
373548560908029571346922653311826406796525443498999697808629347038
553615700103796998646180680289328572972529014282901970405011170939
604017994007727907300595740645359239166638811445976418742692009378
297052256405569829948514511625396658674223630839350814877821146971
451562642183972324519725639392618648161829774385324106434925254168
626435227043137238046625985568603693929750779400699210927268702532
645880616669225572963522442048586718120450934271666318905192624501
490846006880522350944434658274022582905129503049799614016607725564
487461462709786889732567210192923009824547654380086437400109757236
660924137231868007744762686294526391724897026767456792734869542632
962933077993830606951742589565375330331982513746697462587161719676
711578595912938946419005195942311625542655890360404261172499890930
640509531999646107199705169382815884249161492363960011138453259171
654027649547661729565903127916495173602942136281872645926776782768
960296649722476337423458853255432357319176321653972435014685762391
656504338768002101569443582360863484573501025317463807091205815681
879683858394510423679587670566860802659482952325594202921026887529
115436922289471789836330628408977303931369921911471481628943832342
429101443255465123776429921208276392973771594064139740520923053096
407841631655435542402370608217818229921582821565401767669766120899
144806005952990654376236361202630598895100772357556516592197145167
836743551290845111362955595308758670837780019199618165568310045570
228278919161302403618351641223162709045429397967412823508433094522
021606266842689197180814965483076922146809272437721832739709295506
752479298131156698823159331096989939122543447935774560661126904642
965640740541928822647854797979744559229982135300293155312717617221
863197089822353116106940684881575528948162082091816672481312890810
462376990701322935328445008140894151893110987965407214618275748055

858024353816151391877200444585065798479202545694411477966399229790
532027713023499786440344218249616320189181180432647831115159468111
481647264547761763497871308668875695297626030316668412146343026244
079468697828598741839503171394290013559087722557705373858205488953
169601806863232587915107058893271685942207156076389078597607765508
430373190771766931455239135186223631142711608544580408475000247998
758230058708826549146220787267268063637453759806741647944848149738
923875472845934387527928676644327256479556156983137246251045428885
007334895130250436750092419290343543601085669208294261850388397292
138035920978526334813384995927253013258210860871562799411912242653
301351854683014758836172716488218149835028778855753965978890610683
222861861952982764025772256605724744655934032528658160143865185373
616114163075572970379994466511411405407942714753778111142551339728
349611528753303886443281608116519009719605585040319934565279822223
428072991817130543227748759230282529480265505717408619925237062968
149812420426377685988195395996847506801203170391350760070019492084
836887963851424058353860689680377544207064271651941908844817749095
380525810448247391349962282964378356130937457114761509358959457926
535184445824407348448910093955756022910560624484561256004382122790
034279070393187107523808563892113640393583540105820737115659807256
303077282358517313619370779490857099847401336685002084129819112235
959696822259645458832143393571194834778926834588974007603069394540
213572747663428486665759667909377976467681630158488167706460389706
583275923630814092995503945837813851437720113532362892642037783484
121359508214072712089533733168788100003420840576180389037755660267
923579426458250463428582640582466470413641994747054661183354387910
763314524200053780899955034741739824797089632306577880661508788209
327159575654484261688320589402879672117198053728362406561189079991
380288320943433112469126814143218206702353906652549656361761513240
156795689103548807955825825328000037407243165059153059069416552440
264422265534657082709714384284185626503226274931962958902475416534
576128240935354062701440070911482095483336493865766285662502730215
442597984538294819130149993816839032640802982348877414716824958784
818180055520669101561370253273682398464025891880120337650092064772
911586849770591281425393646332561493813809881934729589219122373029
584341575051021773876002742570067130721327155850271832631656732297
416556993878969323828886666047534639873633285056162548773854356883
005726249740754685155054477920664951596322925802293266172296221390
772547495226462179754608682099390454206571222320193765629382978088
618030619528493132084967387233260394748697307938567850075940939478
674254988202420415470667198240680737708036607512546417371045935695
061956103385552732209810939122754665443071528565396608248218609920
130748257076988534894691543197165697224766161617667065198873444896
624586286251522253842901560874089954342176951754103353363403734750
381964569616208605048641414584922244531855693921046091709499351230
970681243367449929819627438739313209704016695375731733639240662067
336606643546095104780339053198170587577123827378025247349903133500
461177887772747607203425731481597071163454090918423175198274427763
779402582949213724616142441229924935894614340088093891446700320346
521898372728974239743797153198307296124285026965615884663944840556
777668605819505314833709768685171863066764959789067888706831505251
088021562700170042329256525775535714748807170330384064659421313222
560288183751881800277819930167409986441062719982527455695968061642
301490583712942032835260868134658206866112088199942560871923959865
755990688479447989572847189711576011266352332118719974665840035802
181340436535578951022409632306446703623964969102740141538402618604
002521040701078265991504497189394637653897423395944478094125964467
938810595401770617103493179060102858481794286927768025160634698186
487615862337015251602363718178799903437959551150865145402587972642
320057250444419433171201374682541907085310721520851269398466280177

111026424456380791588249566743492875534221533673980070184145968906
406936381641534693733580413486216823628124855196282073725171164471
004843392677129047095449821771245997353794989592501819266700991923
198151396872039240781317332882274061834899368915962588277943418125
978223746823356556966161707037739424555386021304334936400753195339
849108699633356133084982004622052379421261127386469773435298406141
202933574769854283798507314230296086006458390203266832971066474859
280280706222894119846852371184628817825233780181757362738656338576
525114589769142517386579768133455331259610892167967599216200477777
366017396981570051893055632093476805752082392470930750564865354014
709692586332447535240023579514208088609935236904979271649529733073
121762702277582805843309927781993804392172681117659365167746348586
811523913603817239938043619137087041783245836870732687927591512421
327930692493680672567164093795811543741008447431807984798184562295
337831592094370585987930674314958421280917714693715998839338365967
633328550845214487173498729828022872245972111003370678851957086364
693267471590612320181128619220703781668982540615318307653843983956
690719804851395299403331186528088123217077735132700970934377286450
690552483201886405445912131117904412799490178046065119346213835182
007919417118694779020864787750881187224477634397287600533491197235
765406868201936808677188641543680800990685123604632696099408509903
969483621715707186981568085994319275507836176310635228624435829757
772397161712443900078527257874425455388265166580154504944151640169
244989042683457345626173402057140117938253155396691786508532861602
277977618284482128672946293714911091163510449320107800723707449634
925691218904931357361767273707579489881987081480329456080270142457
402799289156950749771877632590121855832116833245638324635426413663
047442069533906874618048742695730825289285497755704465530725372653
544909165505854490500908073608133007772880591762113407812702207157
721799184691999647647655001009776601727964696655224452669933769931
290031683521179052832728749544751298134025062913810954966857283877
952905044288966151554228237601744913735138627397538983742878364570
857778791777228294183786250926281394514140283818107124993708570349
600679768563369686476720810794013433268992292032107971528543223093
687838982497846997755897775841621288966611830971893956180558988873
478822385862983606148281970638853766387023699719056887914200150058
932781576679554126561532407775118370166626802333634507878413669795
089586402858492504048493379617118032804557079693217083088711762591
995943564413971495282622098711793930564122549381874381430808472755
308389172693462948996786375493611546243336309926769946870192230881
483903481460666095445247038837612083165142010076318337589349399962
008248009986046283062432490492757335719180582605324935512741107358
603022530576982049946002145986397578505832139101615820893810253664
043283856221560504818745659654507487713704550258145886878709415841
423636958253905004410260672794345106150247722806223509663315736125
142667943414074665206353454658392226114632355783939937097026201916
221347388562453983020165547146208476297265257464268723386362315313
553556816636051903571895244664237586619804114480252199013025958934
999070183464431270680599004325613871121045068905575067907676256305
038426262251372906522565494265482732134998484160539500471824985656
018473144907426919645745265811357026510716238773346883372589977864
367259174115570165529248420631521873791595246448319525159806339460
374218673502419803903429172882058569352678665815820119587606982523
964929234891467944308478657497450836696232960790189307962445874843
725174922985957167812557484233167303580613732387207900933633692574
245789195386758667611341258247160307089431687496491257167276344430
305543587943967279839160550213514833324054482959124012187831340304
592944162129275049984501670946484953440915247183778255760029397942
501489342146338675883458963870261127297794818453034442314713124407
849821484673586273265362862550103973603017946321255354342329834650

428782992697952507621176604162749698363594996032434957912103000462
192014621172228858441330174290915199745617412214254815101274882630
094697483512300721702238025163626542457316682915474442181002777612
760729789236825861162066670221065842569816638217984120387841026448
773556619962919187799243489762359181312079342126285808524547143180
977676372136458404335992767255515876687292681898646645773718156713
727127327069174460768370230278792424382140383043987812547006213796
556007441290647108353130420289291215214634522567535668396813627818
999544967628545917295133246231268627120730703168674086601595709916
631586465223887456234496451599074979209945903431392149406798483027
225457243051435304549078550468575655985031418630848348650105751244
928756718289912764572460725925529643384645472945207641184438179028
342584640929845681217561693893596597574042929557152915076829707802
023978916969252199569167435795107281101358448780347612045865179866
632782748015063649022752319205745215355728802481958656569366630546
997062951144220612555045686914803274486028172682810274248864026160
189341813654088170275190363279822038270382089835124557790353616534
469844285133454838643525481083128499832894181729161208390713906848
687892138101036796504435251204222146561436472201498942002143834420
124097014662363438582726929610862525525118921290714836045667955951
686533053105451019783216574176268285593469187149247242547912327152
909308767435328387505631625953639199685925802257094130454164678572
397376266871116228209347413738395309745385622839540124847808174876
622182715157013569546601451452768614882194513411059801959086376897
851029047454766574382151811345102502465128213078825731151825135732
082734220695504162056314244492977578541810479961944429363946697398
135936691118451577779926435064354447789078668856676365556751013302
039206410994467486972380018901857712373933385189115176152917903357
035783597959554448978594989542466471543277067082726518943783794806
403342214337724047867869406306620720565027737002585237439345579494
371757594822239484821309090539231169866409648373506830772494450468
792906337053879637101170440903752038526402962570300441750898478007
785474006909831594109288735871895339473582884735120247775144152864
143330152376020257165466393135151695802886647315383402344370579 63
764866980429174989729433098371512156861929654197679087543590065885
191194910142607559694653688445618809901450714928355936533286587807
344656348810329886796716467813573843886039356754812673163834632608
152226774336103425627990445807102437290860556394198440975135534819
368989443858562953654998625886048571349208874795326091097703034650
129404022860283613342235054786831175310480437887068288281500040827
046669007244607660813283486164716381696784460515517616537118876351
523592785897555315812735391683028019688722025518660905434784145591
634664587131734675240423205137846651454848521082743372800134867245
068256794125326197616598876523966888739252407998493528141270966542
050697694791090919691843101757313225070643390879078608673290030639
835351651598000740530826896024170370232670697644702976026046981576
139529220964311841219908124432974534969714035525042861389842059873
557626554353472123109964180755739430498475835897786753408277752559
453469072029492901386136911719381317360164647662549743551192372319
033756640399554244778394429835182877424641232791662248726116615311
955651531837930374483071056491908637692464303925333281823210265162
984382479889408161531526098178358205420475757423919079066108906172
633363527535883672852532356699956862701830812167405280180002553689
929336938678811674407772991654278804467841356200936297554569151807
671331296375531481657990907293104137962847599417790724890998839946
581298870509883672688417262456006546811448063717429508458798293125
338228957064263555895195747921004748780099067471349081771165970278
740048485584618443621880455975536139781877110016001209738065852060
227467398432198019506909533162304589829176162586011360218289353059
467362871285557042048740358073801752241601053644920727003135873627

4465470777935266484464080671832023727942014344723474168049821435 32
1906618542992546902783902394693675658550471520114175000886374437 52
8098633553566630531447427801085599461612399029562865316383085174 79
7943117702616621107506672591136795657312610790687425271321020893 42
0430686442656219088980102687881677586333919879360681779680015207 38
6458111864332223002760660979237284918816522192627682090188547803 89
4435603204243307256873460617370232452680436617589619974446116911 03
0486059055319970563600863393574676825493273026102929726522199970 13
7847456683369278196032684120538725039677338741009430233106594985 97
5756289440887494502324471045141157592838543190436560997944177869 45
6505908673727940501810358913300780225183670471294785839325894520 33
7371154096525172614324582136510949286496372790675667757029078810 82
4521987372794038199950249285273634074361722349146013133741882615 77
7539449981758244493738170620495051672294242853747166776178806443 47
5674224096592080380341627847256942682902292521252384858533734791 36
7159246949973608350100908415999161378048415807766179309191594718 85
6909961023256006367965097758829543573818629851803285928477041372 43
6648951461450501920694469100554517531628065330522640076777089331 08
9867475923631142492119647379838595425577854479230575068063861269 02
0901325063079395192221338609185950651259496621115675247703172613 23
6327036342371720466923617527296437171794845104623856042582227382 05
7466941639979217811594135596464692984830670920142577974238009352 95
3076421311879630325003384984642860363407249831285559398096274868 24
4319578185903888755009025913675504375891472026058362137766642009 09
0107059305338719095934833833029991281661449330234883242862780945 03
7445941996227719259121297396187159202084731553469808229179455741 10
6929562277074646829225064076988440475901917347741466498926352361 34
7170216506656059047328036496824398368514816737296969861572310728 80
5030865542054653459983217996813769385218793864713741529934848299 18
8089577576066975496074257348997204999445924747765506558813098857 79
1532212534825426618429008335815330042553324053214212483604361281 92
2172957838444800154600298950501182389646309785607091078801026493 79
3765650947187932258338844608895546152946266400196083891130912856 89
0749524410992955918508708629877492462935098430541631892065189010 22
1083687385076860449558367008844971994147118076441320231950290439 87
2981974058817957555924943246941547994050095786346491078935958277 27
8660074156011277589271569746691856720880461585956897392923464608 65
1825973480987627803273578312282423971491807934995218964891498748 91
1954466018464859793933432798169521734810473007464831253068075519 70
6380791066795589876645300045068524334584450141943807605732159724 28
9332940953577690289281327309503733441374448424049652672649123074 57
6028003390297467260071906965178930568460857048624192192189552950 12
0649938297904522189071154499699379144340897775117026140825840144 41
5357391257526878211204779567643328875396972624473187903295250147 52
6864259374561435487996402355502556241286564188871149563905477942 76
8587250411279911978525278635555326054907754163728187879421667567 48
5785614162304336382407650378801560198809577238048798808776868188 53
1550715521356754582486210745365289042299172215641243296548596040 47
6034010896079300019701881603401870668767349301168067625375834101 94
4939599597517992945290138196724876429435303494038404548902069081 14
5170358019381915900539925385499042811644320959810429725600989398 29
7814280181586790336160128834089182426560769657275476319967224533 07
7566356514988924033280178529096715912155922079660592005166471511 30
8401574719857331559508149313274438609677728968456286694798136503 13
5660944529386858762164723841947266752648279780364616646165460093 84
3200963866510587938358408749636141970634373244074406175963950405 43
0230842045311689261869054774551230814292867131454787249367226271 40
1948058072089560729540266035730001659184622869442970735359279779 13
5141545723636680561351033735941605798693509445930764592536435012 94
9183407465682210680243295447211988604208897044877259785222935514 41

4359586661710840576191296480249689572963361908106473429291580124924
3341595072790860874734729777928310221170360078554576950931364786904
5913019289750813682069374766244097973906085819570369479562173390924
2423568787195448887076554041753864894947001250532659549065911585794
3127048165934568764771061383451657286356567308144810722413625202974
7151230115216366436175554153777313531260736738451161060841513583744
9649991446718312384781726612783229101190230569342678897476884530594
2788790534903105077614255429962938754841751963997912067148771056694
9673222538913932234015644585015038358971663177969650337608726334164
2566515216857077375304022479440398754569309976118475950363021128884
8392344959267003790422257102806512980545469553211495375827664971864
7066319707916922605079089218874076177663472692934300002854445172964
0164718901564120699430998616936685189833401054866295948994656903534
6055415702937086950368322581323917400113357891228386438186621427634
9112016762850917015801323940797165867875199335922606774097310151174
4226890239632200130165011170089640856609159641996020206039985951674
5993361646087251610537383060830138547011469178633538023410741772494
7712969498238933474609781466633088906239419319707976848862203944894
6652185530855371967667509635988051779747261793032691283182674862054
7809265256529034280190882705901405466374700138330258893616017150154
4888689359105694404497217202113924564847498885836600119303093340504
4248190948084678987600382766921817190867696601829782035599207189774
8042923618366306679457260518896053823472875932823011951586555180174
8283133565830986137316525935030805823962559082865729213865472195774
9312243359147323752403786908253602164629481320488457398705136724634
8246505998731146037622534977822103010145429875113822448213673526734
7210704666777974242250838584648872949096005218614774771519966024654
5226069621270620854168787239515997826861207922328864955994712943924
0009967608462614452966881819111809448899195588147137993148152932954
8251607601071166249515565937202893034513965776120215825001792716584
2114749398982521641313983316292159116787863114903503708046729113464
7566457367760316704471187228697777493720498411552534228368936469944
8659928163890293333295967050233310631864547159461989211746960440744
7930112114166497492276966387934136055436280135652188591691916012654
0170347349219857791215599655450788459028002419792836146886166968724
9406732657944855141210293316476780504320302389291620949699409462684
1126884776194192988872830204532548355595645610497507526105244255804
9386273420635892776828442281295814647347367073622559728294372637744
8776839928637632345393663445058464032220274973415024875765991021514
9544839141489452822383268148398051997076559268898315447157695118314
5551061873006768568040571230783243356862781303169868434085520815414
4852556772088289519403587858372024544781686346084119703605994692044
2050223895050999054746225247328128667550756059266570238196798544364
9738430363475513530101422313185966598355017290912266356068396272444
3084046523628652842323814234990867660915808115299856731882700013104
9382157619132965931457997811998234263059141198338941256260215214744
5561859783940816914555513000175131020838255631736162154590351291064
1800153799212994811409282642152270031879995958336372414326471243784
0519752445258629866091397653631205034855196870142616427373944255384
7041040934011786902848317324446696438392741321758809800049498861504
2455683932136997226039513159990952783701454801275952792565706687604
3394301212911978505936574394130654178468202190033810503607149529694
6827193408249954082421616396553900931007144638876203134913407756274
5562058777480798439458119495188200713205259403344213400124368874614
1015102666890106725161058423245264855139823924004357219566830736574
8634636284713947718760514239870777535371198854467657293463584698844
7810339146678478547087315150429087424592394613261089291950371011824
5492318420721043794200626722449362643509595503375838171951054431164
8732796056753298291613125754356825245646500812280522636814611597534
2119917066036435974480828856219322673936865606254293822490061995604

7753330652464844307273487208879767292696814797485326374608211517 12
2721743446121372624336324011843291889863711234758307389741059168 18
1881668955953718239958310915895586515510793911051537159282391972 72
3851893459502417779055151515726497570872428767944097314530204095 90
7691738750096132648370745595341535133134490003875280310133785644 19
1147423502245236200886553420535485956209777634859173787806212255 44
0225925273848307765179996373823009096197593801747525783079615632 33
6266463730838957384671116709275064415747632824210968186670214207 76
3268375526077611108988944964673277534390149108961636184144351402 76
4581222896050603815546531573231035915735922758911349256900935607 14
7977688700731954102283427174875749070918716304762388723409696302 53
4078247465097250027224145260335082791705095244089375733312319820 3
0215416350786778265509321713781712313716114212318124408063309815 36
0743763950265425574723877774795160370760254863489482815303352021 94
1346466963751432715280802910028162934418264108275919524951817369 37
1136515145376975746303550396881557703938983487154988401323876915 33
3088608396152038792659834262724317749276862696354131068465624484 34
9311650896687484469347103405348229548440424944548029015008712091 16
7917658606527872481257977534747880316689003510874585681745497070 49
7359957113398345543688948216100537152614530056399124244539962580 31
3280228578155567533705179614335935483126071990025851110866754290 79
9917035370060643683886576034328421346749363284798134599509524459 41
3666885886365358016564396724558897521380576361590214842158335086 87
1769121384576004437560818745484730537879160685430938408101949720 61
0599381353773087430936080254374618360436914874112722209890114767 28
7794789539517337789411265620467480077129380534584076556161636714 03
2813645067389621785209078922246439167986043804019848760595357572 97
8480805364654179647434163208018815226299727917536184190105725391 02
3526100666128579386128482872115114433121748164404005618360186728 63
2793253969282324260140007259899509705126468119851380702881169297 47
0365138827816180181143146872793323314543151025048027376973590692 96
9718888934545315353695151898759688924675788779434750697095948389 18
7091999856782139078432637031657987840807613470059542315330631356 29
1972347631112370126374371698836456993918020402360170654847410448 27
1684991511973761915708006875431889672294915351919561931247877010 48
8364900343071220216932716448737890748697168890556697893495574826 85
9945388159342379901066924553808660356930934748516271997000837266 62
5946091636911918668340876039816053457187304488378784459945641066 19
4649282790298714485138296622770697710186797262748362345055249868 43
3462175825351994893583892640008216042578581501014868869194413913 56
6869688314459862119923349722584933741055324623722317841154042257 91
9783776260572497686118088856865797980045007436559961684910508497 23
0735345599811561675513166841957334475132922964429136515799663255 38
3479450766103289684869876281724653418103830016943452175880854960 74
7849007567303970474979941243512618421371502775616682736902616881 50
8892134935073218269322806605182315763054160723036713898748377933 40
5015841980710583153109134517143956718801250305988695063116544061 96
1806470807361237675368395022824398752860510511351814191973795694 69
3638681274531652810635038346828357384405514229348007993668210804 49
3606862164600676634483031922495893155954045816949724136805749636 56
7933079196367152569807186187473119745962143444787453875567679230 21
3614859728630338941823745049891769740071428842397668062831729011 90
8574032503385452223540337598944008979329603741205460354384182007 63
2588093628697893595580850949756506799535033458370680057239672681 32
9462140754013128286368823074537737549664487670662370586745285605 26
2876843710312085978307077429889423331966599337067247096895252498 54
4582098143949212079393436556802569455922608937043796808830592173 54
9902808187239423500831667258629898918865217070485809184394517416 45
6009022597384114577622103057688690926001961997563649835723155371 16
4800780419034073499583084414551229428177602152104935813182396627 67

871573714998284140803688197142273883020874501573985852397251066895
699623496283549272734508268912027147525704270506111845946471828532
054542723345159408698624119906327074618266795601170127525835086473
884920460278571285023478467533903131878629664955207064550768958438
391867679066785694775621300377608024518082734525214320551606331504
036994154860613067595336597168002359216089478140468185331471060954
683369162184806558707134105519361745103710159921613619950970865013
778053389759398836693787395482278968333613816287002510939802307692
164016669599177393122483908264479128099857806405324340913718621885
323049102890113716108308680874867238115859742181565370929674465518
492928750040651580719202828052992244416273543223825649525174246715
774826896121618525639989365694450558351032818566413199762669743911
116778094871793696573690376143192238347665546373088851777088449683
238058186610490890214787876907311571261412345364963900842699447080
255146246808750232039897736546071330432841705373441390389323484250
318168830269138738845884794203557989165117728792068933863168270043
214700842467578529416604696403753841191237643274386841834063376908
656334246919941284466004865121778043276898551840227751809879011069
676458190953231321128789090149768694698126335988541954556717571267
667883715576312670276152597776992561643721030108499313035437189899
247009395752824298729692241071111800967264157307261862392713715782
806114143002017111426482584889272072257212203277130099829499920651
648922455188366142159595891282375248360621720444959024857568099691
558623443816516714631633100487392293226221943195365465767781209844
862542039608301127767452831340676229436884135422093949607182598326
001355753099690969163734966559745037380554178792938203007569843076
695439031187270674422084002598679309241436629052273054873320374993
181703899256416167449649356926652153481507710571777303188284522175
363855090902876005207644455852172346692659704934706045532756296067
906066323102672442059559496173835522058814667667226152539099092237
347001406561397500633569448750968771520848323518979421232259292010
069507200894275409808572680945059064154821843092352059880849315619
983713486308631608177530993431356826119391131319755311787891831559
922775024846159670664664052848809211928532569954957327013366289102
018529597151020987318184639442800526951909043300223556760197787053
090664264844723116541768542221191674862350821405552416336285619372
915602656303748519633798312493712512584668544944179398939503613056
358538146534974294520242828047303931963919665686795097812119450371
518494839553461857076075329697620604212644505057272373623975657440
000518850643825547281839696475595398026300097329759096766811250192
035086291396430856380268780542422691206708466695667793808428879759
066333385191831658073331288641077969980277388121632164618197229799
382327922503439232071557065563693152921882935546190236507169076916
658534114162027868814520633343518244458692779598046627970127434881
999983671416159300403854909347712321623085392496688136772265723665
048007428664506672319728135654420431444220544279556928924816510679
063605431422762298205106039468390735987427441902527429805800573784
246772140507586893275782389649330295393167543655826368293342278667
996908620188089559616889819483366568308504888361764603121668763086
594919836752609718937985086429615427801315738842262690972075493012
383476933259946850644885035844843865983493006017943549795468471188
058153183483885467009000362390165675090985197438260891762970517516
264463210468224004535486063995436349987617932954392450932753221167
185125536171072025658333543526968008511489632677184139489710157968
223712323777998170453134977953440975537822404146878310311873204302
877139841266742843083009963756515199425640823532499590528093660801
770815480297746804698730184428172248913336690764257349831495301549
179718603868488641641366820315278415073016038287609047855070467970
510297237624004973267965404437574346149263092329939531021385733403
946546431380393284754601668289457039852028989705619905005856633168

1025424796122497994161923808081718695617683355593082034329171111861
1940661424593023416858928325402281122375144878383804375333860052 45
9837715219808574847409115965605101261021357390877587448522307072 78
6751026934059525840044387691660888998376929711576754644468668682 25
8216315938415334021845430200445567878616535387790068479648161154 61
4774256766434666786165714321395605805106852492930203486311187697 90
6757373061308658049805399624983088516297448323420918709324865566 31
6859988821807634263361803803309370806856552116308357042659878493 96
2774257427221268652608755377034324279721316247186562181502127210 01
5338143527640446743840817921398524717656064532716663053443606587 88
5020021620083222433975474388465690808482297610959890936151291814 32
4694190177542972016826029260693628677593944130399807004856247227 07
4616381708027260932449104071616943112721693245961346699250726493 58
3327369223637207752705679531859869893932974519234065803202897787 34
7160231747227460805571629448861637690049880287681783446200622032 71
0191351233577036490080845554425576826710914815596736553858259438 22
1951358015637711971679367020622245686348546905987780346589745658 44
7852408819268830922777054604946355615841409745355423947767342753 05
0083936054265338583429240886791409368144232858790092230529152799 91
5905009065192474441417091004770849988903033856339419441048643919 02
0225662877398462669712962868737572216188171278212356334904715499 47
0758868040594632498061324505338954523862725524564400813036863468 72
6841379219379578507749890278243158382732350331096708993301570664 19
5240164048025986195829466611465708789699312666194868191195168899 78
5713826088972016502211515000045916759183141379528429240162630759 06
9281025915047690687227211554583699847244222110127830084214948985 42
7598928757962681408284246202734481156377615885856666062870759798 45
3898588853973591506784666774407355889621176490263887730463122881 50
0824148640352512607007505904268551545873081994483614251750096919 88
1214717769429055846364755781593888066239542018937490840322751020 63
4892328309341028237894088989531725707278146698392546761505090113 38
5627347482282653535901008952817868923851305483370801216375706186 87
6378595480214881006720711402705172446818076076012994222575783785 15
2623729804437548974460375910029399148776753477242411230998381469 11
8795725444744960420094875863210496756226171098065703754579778452 87
5550670681333011940370283684631830050668075306247064752243618574 38
2697783983354212993579342251352034923550310322632422449618848671 97
7535580316521471061995841040622119083596690789796338081213639892 84
3731074315823093529694423351893330134370824326438532789908261497 65
0024662233601347971746464208079836954651332945377557662272524462 05
0785169967201989999340101333507207580771040382655836481700018825 20
4873862694727977686819841244971301436744461773836037845058867731 04
1552138029551148294138196811165301623559891014775948075941177157 01
1650869218541147100498530766154450326362434342050527856128683711 78
8698624228453711227804753731921404895699108618357580954983844456 60
1308474652765120152251640460086388254089210102461583536189885561 56
7954555943415393774502910066121558706401665298168145491504870910 45
3636023369626790074204524510787476711108581603883350490730198454 59
6575431151627225013288264132732720045864750400359753884115085871 23
6676733053671651766723592347410822055662073897145896736124428601 31
8448099009966194185512659140312448268215050509682117223862123115 26
5230071316586542736092478521373501526308736450420970868697527750 65
1953873468375231671703179386470783338125470305674216067595718124 48
1724154900677955395033949743440651101402668832339813840729952577 94
2686050980385710038847224848237875870249233921727160672323783759 66
8280655877905336621109097334341997978443348526532435072253360398 71
9460987064301678895409084338318327380095549056808509279132189616 19
9663626200962269637110459230585985793321394571812184970469239746 84
7119409031628654826727816023346641245867553153722069865707588845 61
5920039276376761595539143811410641071280366418273848570213166476 67

5524075009491137683189196875945945767797550505435913958847686279204416073899438660597048755736032076189399290784732570121893863512434504025611153110615981604106293472125903381033962210769101359206418442727572563624499218841929692845048865571680814766789660936346427193755563009580265716674060696704507005597645239753093566926721347565632231052170979726788201175673384420258585856309958277223767012426195014021412415170170625748239199375731539805651844747814978850715687141423536244332730212268108547082779756822570093257014058836963664043602801865735583944918479033626350155432400879444552885841494511564094270922406588405815702746990628262912354038024579975749327018239144762628671972800674151064615784260870892100884337577739685600881081369285756508018435930996339224874822734697948078406477677577435081064813113854120266818014621696063486386935182283330213466133693279168595030799246911478332513082076691015178579716958660185792729967194005523669049880576522883405403829572329495666610618163109789226399407301157002457628374773576308183798161638119079736031587212198313819620344976981620642398507522832773373258332437288216059788610987355191377855881403729865083817511632667454759408345296967092628169980844889010443639929417133550491721853044413612755372740438019661670623338297380240490629825860951393502749589875052807206731837864730248913057905481562736693420315336593480354522123759323198928884374803732410786208605622462175566914066496560325627015246939470098514711600994089128351947568274832967227217668299349444534067907365525417174886583901039319287413336870559291380027727314775486977554119840138896045288554164615529596730625328830411855501188829841586911577081853736377506071335054326871353825913285097958561423027436039576496067859801089379556543087594553873213235007603007730107917896408379918870861963208679051158891374126204838541157848822039592359433270452459141147350780545504033581903384706481014248689197256381168631933216497629814849539646083874849543969458515257951809116266545236733517450163608333529739655892210921156911978316729184425792575755004030749046664227090664322428513245440807605030997258302179025792182169082377943883480865654516580322492664139624733960511524759583935636607443829936677311897124381434507144263490668336746267965144875760421649004657804566810897623735246630448651394648231966040726712639274053714806002028814119479141742109645063130559424100563987780307683154549550715730058201479251595904602466115178393678560161253240627524204371192506137964850891981909587770580992490842085600103886023943155706409262296585461940599098696476507408909037102041073773228330001943441313189898291146076879347947563792607660871483258647930931942606503765031220789605973721194264580743339322946456217152992869877572374421745243510593701522448697613048297775612559901751454759543095729786727400721774104428762419527057513081889666990390251341804618791396391751999610688039579457814086994355792939886140071141724989460512023152862732692324098027034403935721351903458402887798823381422660989331849667478892669887427451477269584954658077358949663204319684227293905402342069936593465517594644019356968088757365135655273782755845600317812578547257973901689044629670212624861217876626477548370653350285918705939390177804647175942432362408204797958379349852045596799025405159404945477441760839577973686737690585564791827948871367856297647036197192772736875817422061934212158392214716939705250724783165836869092120660602977814422914515406119505865265141288187110649187969794316047996512884740365408399967083236314679272132449362698570740704713058434826329318845440510586619403755873250257315665275392902152362207415301446575930722750888326706370582148843196156531041890179125548457874634053818750561404423146119784513097056545369126825579444878042588295007696823218986262381111072368744992142469150404040031332186682305915435954967189013559031469691373622407761443103122648603764791939267717493540753416257102558871122830098045539403333

704873282358839765090952167265647472580205480906398927909594975654
229061846067947625812914780970375574292480898165417448550967270889
203351426936069221576656346844171425141884130073463421177091338849
728156826975564830840913326336717247725008190383325739818737436603
642934168154160852874645872556535076211507308850688034569682329153
540606927242413612638349624302522273482207667432824462519534381686
632983333512318926415375390268980209230690246918808661653425971370
319964656365517841852252077400377550133609358614163704490921998912
980817235962029538477316594515932545751276218265882696502308327487
795212641617601548390384586984583193711720936819908328893259160168
315237898417509554214565735424477030798689073885423655119403552999
768615121850369118581180619655257629645824743954946388495230522939
043192083470040859590624775869267390038385675195963571883814773408
191367110130507853555897601972413186887351769388896092097081199608
639323761143676107035675675195450985667726092830783033338494789630
261029049827785167734965663017924045814188890168611037149218707553
685442128423002943618462997844709902389209087028258677599793290024
068740412895878180015512623850669835207610152581029222069185058987
978076103175274405860231492711148538125250221206590865901782025878
010422474264403050814934008893553699421554124279402428833016355600
845480611425197360007946836767439289136803754522585250356433749230
406118813478986495017912039521392725893518850322747972830455537783
064856392215254818172332080667252766596431620541805944807093733762
738519177931869947302459081165317084647784897935244335720380614698
700923270065387351237811893555880738276143138710477321330658524292
176952009865221558322707624047867472018538357834377022350425081424
571284375657147968931036341808937329972201918567752838733601339441
772638156220284901596044742284106914681577796601935784853607566769
164334614029548215017627807940265327540169883435434195316982597257
270323767232710438850214575511607810784903672734137568505475128333
182816818068792348394235790283046532570909969893392931956859422151
042753161377858913302623839957249246256520923809821631002200993851
783878629128475464749973808460988491571783874044619813744839068734
059128423831399226835506173095377600773344155197113447780113636712
930495399900198370576056147210774583344123575225879819732015437084
932129176882040450744949109305178697056711770114196561695487469569
955457946649024598805818205226782805544006305517162010917064549665
772809123128273037117934488881927575250994256805720457156003088351
254835453182167003120209888175665602481564333985612103352180312220
387245461764927719760756163989992555884482471253975444199575287553
381607523828907495794340847840981905049954722349176780899897355542
816911986602910505481900466341371555736993081687879278573666964628
266282678449837678112704991616800588086998350764297274029251889063
949221831873692325603991587304511774483342679125168538532935334055
740695466163939922312566237332891308244660515960756818641377290495
515788532889906154123437813616994804639083110947354161918944252795
610239155036306202464858209675195205668630960889827424160266486843
101853579201093414899591329401297008097920933872852450683677063522
719375612107055299577005685216547395630934014599507090684943999526
109950370114911485835658403569443924401813758729506682050712955420
991850876507111812723830525509427097018083673324604796439163711962
481671287816880866722863275435721997602795855021249960429342072378
556610335213428835403247208840753622747707672265703221614598530848
070143271133232795589627033533113301913893098742633572074810144260
604122194998739520982043140940011739601500116374649373933374250093
596798354959808168174942641161758900297445379024645100115732568115
366055049218229071820849066730683734741354087686468803628105346366
063639637050840060322594442368068407010904147914080743724325375420
452945492320548854094472777330867728957284483519930624062333601489
465701029537276931923980079137424612898806209404251071821687003541

827178246935885289693683871233950818071126520323160694213943504416
422118045865972847019874705877049174523614062166471826842276504309
872213025329208062441013565190192429768319418422479532304887222761
999981305934343540963408734149400983611379929010404902165198001696
534510509320118652889500134985548157976486919975355400199623921830
371557049566111407490698906146880316274565043092929685649204939142
663256004909546724624506038670277906597782558864298724579515518278
895492937913618643354949560747960629939433289895607101850074129740
279027598329853445366547373825443050649218755849054725366313745370
776589299887545318170758033901446976126120801219236484960131914537
587384208870327736310454441031752042168170202492424685433938481832
397201173367271437591403573249742190766283951872620948773642289035
555070995680644813853912139494407699817657122176758776977413747693
008038530924147025926730972434251473897943330822070919844429634936
827345559992756543084921450058959498583889721949080480021103101077
469457503027986720456029668290243300490195865656152338506601086085
247051259251072368903914426044804191068856917115605546765577541313
378467343572819135579215212524416342672879351457987262360684768794
244924543295937593225680382412430804044151703233035468059302554598
084018141938839130991313780395165866885640534425045976863068464703
852930422812537128881240638371919682513155064045865821220270334452
515002455569718520449427126617557097790765220163140992434562496582
346327419996696591909630315077216229597379413304490691235466289997
678706396442754397053072010156786676514625620966498520697707102833
199253552221017907154255491066890989015714352252320882493548326405
825443322899338818143324607762021192763535560554018124664011806449
074865679249304575303054063589985810364305066917883604463376007252
105930721019229224189532238291589093412822875051098014631623957367
143457654118054222740156504411131105058633768086937833038419596945
386133732892471602532229369731322493799729280059926755672479757909
534963414170020386634196145344182859054952805340999776308793433997
597891056860413390126065078612560823204380454544863133251066372391
013324302318546652650929391180543257416902759540719084176288677352
999864254605851448070324558508800237492198538899825763569046940203
693882744668184013998417739780380225429149259195749277317837957450
107291618969993288313754198076726491800130643899054963744840691458
284642612420496167874919002870799697918853412624810879505542074352
644179471940403447965109102724481791903205559775877384272738131058
143603281196234824968770668087190298872341728952793641870640694846
398010895643153523342290031479810166843136947919614720609730858013
615070551665133391443324485869469012049247732557182305818857471699
146360318779330138475975986112096170716267577315729761334685704814
097969154860012512420602987885535337647846511231292899852004061054
006583425034516346856303094050978983625277393412354469101293626170
198997139567103939774531009630549010544836570216719918722034635756
363824411161709378889385493935561250090479363717154224080610343811
886033057556124867332684560694175279344094970259977435014670199502
710791447832109784571556218883274107109765306341681297933459346742
756707244134694314516216704733767358268531719605428171285887083015
931604884149219032436305805033072196601828090094043271791799057699
323544388105032406749186069157840628987344737670923422578224494543
482808126567717321258040238692893611255653082045065306634056149010
369686585620638108841621125072437468721892420926302653347648510064
882401875311077523879905191475130170115551259365095027766386560475
993267772695534780632704930394893489795980911778925653744326543937
422785062716532617100491301276476585887813004808407118441426902906
254200678976496169966203724074999018383924962308016797133423606997
570874906266593733463493311747238915673444128676776285007328674289
347429843541691406948981446418541344524728510222660007961380960752
701040772759689266151674443660665791711951892709120693115700607846

131048600959027972951465467723383197530039299820230677508614793783
103409232516679305885809444971780201240607532058426904533209973279
358065620778914455124440482552693035330351335901481444516470171740
967805413422095299180906029126071568339276616892674456115532092800
093355234193476248116875078333750521448641230046935912724551684094
934356435920208400866397288745264476416812224319790057403767520411
314593569082948636502886651386671870984019126520871938214610496291
771605611241326229847291819735019232646934760673591792047346019502
146850204222725499060500390527173983088239346961329546058235596168
859614438551773255682572004086406671572614287421586562936534666765
030539943726433777117552486333465468661747102947425707471145240840
693574593305810664791058725770870394121595834972080143473202166732
002959217783114654794156763235809015934498393436031139470196023680
643647101552654833033229032494848874017487162555417843234598358313
173685674119482164882832198303929378208900666864165635632999002589
124253674659874275784244531350568116333665037981361610334287691399
779093956537587469917820529512660654358748024953105462079082869238
253173487093488509220298997492167707593046651158113338304783246584
537799959642245110552052822598551357995433140780468738288309181716
886504746473420060161594458175927648783175100615405715334080277700
173393486915972544835849957031169089050234790041826961127743891011
136824983651124352217329412770603813026341816523575148350077986826
106893578108357868111581663802542863945488244743152171446531882122
656033716864388552794908372296727150585998390200737043520451962130
066826186389711245753979831674835802866090243753365970379553017428
601709822852543466282260502978228192296797495070684694701411147182
712377179454395424754558231763707200209395248030550248615291942583
807464456124756630329362111940643853512617336383757851990930337789
563507099848726475632881577185877829735370548456218406166516380521
163355359561571365548830402308390484990534640227536350532213126285
798474887120879742391971298065157156225145357376229649699578516189
472586019304801887884140770642778982111550389340417299078428877913
960319090947564277462823464504961855895718672708930505099175082590
601623035608541002615065995829409418822317117668561034310940901519
556035941976295271519144654657011462735647603416640733553010784066
121706880487767658296034459262386475855747734122855909945512619726
150335698046742946544652410747998946799784648927454814462927046102
427724945172854272025170751372587973508902883565123730751402162131
170264048251331975042822098951384552813626884177326700882525431724
357988989275269871603988463330764027410207254286075391463205633419
005178016954816417949317348878122444725186119410088351313755549049
418167286424417218802638816562753985733360041105959943360044510938
252578802766481442579095548425763256667686186591270514838980441597
550202022308442316481714578201023087613689400621715918636966475668
011505893950691794861793881106913573911192911947645716384243985067
676092701560138762547387755513082161491786331107567699693263983636
019984305639886793035036311014621259261823243292023050487397355510
388061839630338392022445021877806341801390292508001654765599060390
880691771852440750963515195819308548534943637526931428347260128632
155695589347590375217333956986053558181334040468345871203940744923
635469708013539670296892056415327057617850743694104216200281385974
099445803948437171223780859161062547291289418501433733201139419237
769927284987921679570485720848262117895374509959016057319145103301
592195047799861639973513634301812707663619625642182961355714741419
682519778451292399518094802761577905150529962456467685941080031965
524777784431018487536837769304812085949347514957536351908366451038
348117838304020087249543294359801839909611614425208081024615483437
721590074746546970789568255917810215356444060139689315984451593321
201982737877807460527984806318853393592553264056804758713927361712
743904944420640017604659600972674199501118019442199470307638680820

189152106960803373114792754504691807086633068304717712769938884349
752036150838640309236770796659624074665303205885579543535898594777
542084658544662131174173213638193761117452671984537710736595659498
165968875953527256553052258677787436196995545270088885043127590941
433023642951983092817046363671057700408235562634578787478523448239
984694378073980038821035519714677936743948439795042261555530639372
957759761213908282947761609069866159952443474072082548727474163790
541203204376326497675788394491159485261755081482364352014490068449
037552549504528711277590244026828966023991381226668728716943914242
335690716721974852985490650286693853139002780062228105465949194965
767734087173852622258531958476574101365001688354835623699235440122
359693600605122970484808670655982833625461624988840580805683874768
059241672148992546676970704279759470744399240192171358768929455771
482444048370028276093844436672655795920533328636382118343620277464
608717645601823692049975214261411194950914136593993959888496873253
905456168986309629627745569315962711129138906875337142858168326558
229153167341288902773433554934478868355341061282300218466236526025
203082990557359962941212840361584876982844767216650605084309332357
791634125986725241074116285556088741764834982071420906963904058285
391826216228998268695975949380590488575368152351745149646614269658
795620199766438100506150418006870765847045347714700596330723357790
794376706421196119205824254444186413088962966896033391500132432796
099227783533958918466257599319452669024214636598684615865059340714
840086040303385526382246381589158118363359664373818562104058201328
165698540316735563816301968056458734803967516057164490401683827820
160310032606803266839604685589812913403117536801291255768900097036
049925914526513977577298346853058553693635182475723337804400750475
514350907561272195228462960672210621607461237715153711868850400371
478628178842646139058053647502894690723928909472263625662125720569
197736932903139341358756978228791242833507250272859563234780250407
896120197892164132387436929916913977434727149780099649672978953914
872704895812275014589904462389058696429492723035412933532387618921
156458876442971363897816413221384394558034626557913144029141250116
885199892287079988203332745885087873962019584284916999880962566639
784614021609505972997287096124330457625312926815643291803738394819
151464952919885361976689649877753470040989333379727159490519391803
031244093812163606427205974993743009579616220470674611740857341097
442874902407222407192008491185818151812427633852311408809193386990
524737551796979153348369860778847341792375900020696454778980465442
096165582454565757260109829279462120160358645909800121461108129748
652676649377548555016380093639144038747044068074173071114912039559
556476378636872521258664199651815527268261024910471618972792199637
288140577295437189483001292061255825008809586482343503115842725044
714417992408858316044363542631311998838150344747327397732657258291
837424868253221336201914847369762675550760047847475071302633152791
442464845831054261792732559597899502163649805680167217023986364221
513849136789469665189599636981895289292091091581455804158302963877
917869354121830040998688888707650560675784523488371448929958031397
226925002634423933729377836121998946004608051929181573650714060521
324366571174865186510958665531766993318173830344832523723928096067
690523685146455827238435892090666957383546278011242910414205647458
071394447904816658809815878347299839103102752287469474046967738211
615109724712756091818216032132711544828799022091580995446717910239
857757760075937066236993152851061780016222800130689503482824380598
897428078097863373237536738751563996250020268891715608720568198038
132159271334649860797832469882632505217246773232158505276772769080
739518020633239202228935130743426597860593702510692638789504893955
632192116661135515559813269057575409440166368942600926755204065333
655395145959443033647298697252246130287398349730483019618694555657
529791067787277547211347230810666512202661837023659008353118127529

782410474176812005473285408824483885466837414233650591259942286879
229483507726271457547046200616509400348912926039955431957832683200
403542687182806825496525383158353257730798874142984638739305884324
111675854532875489997195502300338352132642356527110701750793748806
830785603325414601943320967706374935741539533003747883990990070253
146296598041526455897799394876475410724850931927603294897917174136
213784198103506849616403938713561098187853350649482250675345626451
525297740329892753756169181748537555073371637048051131082092768493
599453069558121008228531454181705533962376276768523646265893677373
342803558785781280821115743061979155371243564354768881163180868339
377582789315224641995493001697844790900079766476198783361464566192
197575452830238998411280198621038498830157743708738410828080144737
287666819032370967428941970934024336445816131807477228213377537599
246894948856887259048714181460237646959950801386604347059435174986
009052318312201394591848890753040173686996125439466721399672314030
349362286270110183021106675111156974413093694485088430863920946963
800556700634047876561037082409804867884265850559964776275293345172
179481954550738493811330423859464446390168372344019907188086077474
584650233245520572489711651503735461248395335503707166335469558335
922089003314811093105035625241575155460739324444620243895162945071
839767616987097469732773185008363285906286338132577347176797086008
286365784771014243655708737137294057536068519961990142326153519121
878183240382660104099322768038702518282689905013928749433754762826
805592644380644635852915698379751024085994057155596201690611806063
853047946278101163688371115018556420832409881625698054524196110805
010759134257423116274388612649920868926439355212150847906167359649
534179203357299319229870094573119991169784226885366510539372307341
483362776594610820275072013548479905377197752110208021488139107284
434838958337452396079131264461657388531821170465993665343126495903
472419700891057207310514031003142001607836834277549263847812555726
811479079790178690706587063474951441625253213465913541611593773542
711274878442640103209138695354514175104568359401016226775468370908
677917638329951341468046889569352868045362009755798588010754417592
852429641027544394174983197584543691671545375831879858306467153427
646260166170736520150241250941328917174724357727936423052842049153
843136718688623786700688669902695498242234826535568866776437975758
217353681724178526139621292352814651019033040202959808631994332812
220298985891741331294125482553096868723311629218467821310026202656
856968633389860311490682515184065358262028492036911080130045106582
899768893986223020029873020266682395983433721483435941141868009441
024239480597129516215285958031825836245884073891924717130756271362
697428833359520054337402297168977565143850023979631220832296886854
415180768757504850991986416003851929064901878184328260738036579415
375088922473330912890232978391570165470989902590963377562583277115
219769901272065427673634314435963386698378990691427314298771210280
981354038990518196590257528717110177255359810918897180596906653462
252559961087106029038506826103736595190365980945903875680234895812
098378184566328475101226255811761539113972787869656636476038783309
584586952129741360212303926230727583162017153270980917602947021388
975447440476453541813844023239519271050083654112614498747762957664
613152927304082624646701708792176731621559023521033971585954705802
422838270279714940186022288724774495150192048406390897784706393683
763842470276918437140113263995349055391609284364993786270814923084
851585691045365720342141118382724192599609844030715132883908461395
367071412105272205061025340510194029407497595745271749295390793858
606386322716975883091315775480834273084500345820943756785117623829
181332285007239565267328818090238219283414941449565542842602213790
588610200418833919731786325472260696786349814689795481129245649195
627574858991085116766023520108670357206241041911139896508056310177
625446789940282116489206299309939504162691936328525056590712236826

4291345975000114381266244639619402922612493139664600821783860242222
634029098826070714131013402251822925181145074532496117982780980909
040598668887394654345337415292835273206845203742286706180187577441
930845756845900830486689521818505462058364007276520648231602447922
945765035027161024023604827609189292591418654431079730615857216897
581301459977941667168583567014562797481377628779120199707733760091
548850548543734919107244488782685079767274247498877503716950996456
850662105235981331559735770965590640499957013762197929214384231902
193401513373371463885699756025752609691992041679698230878351338934
097212741361796713331802161065533514784012271805000560589962544108
742917710596386148887121653420274202194001089823491632143341096645
523645641574425476162806149948622628197947120995332656928835757076
874231482565476213966576158701886088308735206342138180550809538710
626433109792183401239101558732344978992864043400856643324403552063
429457083508674597822201907204349182098165274154755619205328716377
066988391265389325883009078593309732527980300713903254611166790612
622091484958642463137460474292851212258409058847153194384311331074
768044632952910144117885336084147241830788228795538892654286664484
346740126017527830053237795047173946198949841265861788389973276677
309259772363725112409369357153099344533436315957211000477806131956
256649419026610029205275667024981564837479664097209386142874282180
671772944466864229698980601045005527182047419353303659476484286197
418817359912109181105178317173557233620487679773497979516425829722
861089343501579983963113356714420777512245221594458881235393183178
984277679077619574751252027257634592410599926915418595094605377094
715366442336816034537749447820380314799452485419024158225473078010
510922138304388873009741595897624392851682724173540249533525649788
361744765198146214873797373350201389963174984048031417473311253576
810877282054402753015794992122482281883158599032176421808576117958
983050763104579394151675401359916459608896611203563607240992607138
768703535308360231371618275879494370788026235451349994710057516165
840831401814160964148485556955730484032393220524854208409177214991
579667050539409497091309426035844241073566596751505941297650572681
495317756547067231503130463608454835845721446246720883776265194604
923072910857551718087040119262985996743739966703984299785629244915
783679456050193823228919978420229143846192877103398117953279196400
870648499992736416101929828283644198702283182353696013372952696400
314320550427157165630034780171924642065185460756811038794804264588
691923654859303362606440276948220974068354234243978019485317192026
063360302189849987739570514319242794157428371466917177565362215383
803955612588336253255619898881383941315190594078361441569787973390
220266643667605661260341772385273381717007465432876226735779917344
206401459575985605811985204360990748786201063309505039894971353174
758183494361183335852575639212464655851461773314300998747082934936
630501465316745749214912742258220888494609209423211433462825171607
831824274822368063119758762681072277963874119144812076079613539844
998783245877808558470791403580403227933215701389593658177353967847
577538591986059077025714985199792918862071755406650441436740619597
569024610752451363496607249358249381528623686592641392363275844595
423516530266033702306645558408623065624456971108791978300610297648
846110574242652954741764866252078704004909017904671035984964700603
486476171102949367265149700987270328479905999347892818513060236900
749309573793718138695168213954681295914649862341491832620755026387
682489509567486763202646934551755102928182498391196467909182393524
187155525228632683189420876997759678736117498348588993008982463118
544784224101131019114582133065280581124123005358964903636926524369
193640694048651607563283689485719246133771989589253365265257048202
672064769802209837141510874808272712145526565400494632261371175565
225578557854386204843972745128112469893039538513275572087385861363
328451549809991216221760819422983295375288430849748152659895095960

317076754986645374137630467832607288385165158982819059836624424098
412397675433819956413887733902556191040434070925405873312271951500
439073325700740229108927106398570264233945072301662562178032650525
080887920390398302390563040930830181301726145707308395001842861952
901257381244218064366115969970222769336793770489676516002294892551
841716903012990721201296501333506270071422766354974111199921981966
469870956664006653242100394714517812910000178032454064536894501473
949749005669062242571460680569254946226479467048866362893504625320
978470128681090305962783791319601090907816037257598889091566804943
193195890596973623783181042943725339610072872574632977674802262448
251157855302750058601415419087537221131528876724434954889393712681
182357650797573755918622609547587939006855053792263520713017519988
485814137391208239095529104948088632077345265344956069737731565388
547835754306823098580903306345184634352421193590099177251932732912
298929823998480331430713420889867686491831766482764551648509783183
127571966685940965467399168666738031142877256054767215666764458975
682178499580369793880035091827535854837351023803509660322552556599
141555444173691944962156924331126508124794987752339716009896404320
451632415661243250145503431660567536064435401981471072977478011550
232305077658642923557297979550551397602321950701458779264414739212
118715575931178810856734946743677579086970048686007610485539674009
396682669252994853769134670998340658310623221364207499710367664880
906366581828908867836544765605239961168746643503885454965793933667
829994221239057546757896113200214638887514277042848516141037908536
267285432992826190091240042693001842308974194723371882770765364599
634437675073059724489094684373350253686017508317203951523600178790
732272888524363703330044440927812905934536866314147010465934188347
468928262998823630130601376692698821779885172124541457337848823038
246719166595110517463243127903156087414886070815548311021325401335
686854055883431018870889387613937325023408807965938201480483031644
811231762015402434502589721776700525987685752911079948876170334681
232019932311321928743418466125998701817465611791461186892683702520
165299119898887494882924206169649654308944234634175306462620663204
127052479046522225947485262988218016651037739152095692571767605139
151290790833063089131384670767807136082989918994490539984327494024
388971060176275164865432435041746821740477205357907297881903006476
217956560515937853174699754367850429962280685938360583506521637181
437581203594638980135385789008753863779994425275139716428576455853
881509599865425996111121263525218353737540893838299407147671947955
656533381033560920916513587960431756452149002108737452194070166079
074211714638920928718476016090249231911042267151029060178956746423
834095198359114240864264571107074853007624980220673638377984459884
147751507162293219203102605005515090769789431943783482112231317197
696873083287468383293986801931916537026638200348246498888280099530
802191763804197594627304342370504981686266314633138199244995135040
933685213264862216626143045638015541670299756701810799145983714301
340032034976529521643857783420248049746048135655627876700141167645
327657091594698785747109517077561758971954701469140528987623863446
660752169184051529203706434167143445810148812459041088366769369630
161221404303079623341879278070741455430961219509880330732327122514
307467437929490847000111815787217604725628436874440299990349072352
336477956148260727543047507338357941695208541185814142116336633188
436139304608640443812030500873747407430351981258795565121015437961
854018176835163955314297889210979335064421892206382792601708085966
151340923101445509598050049709333418260346282226613652457862436893
382874818080831166321408860189627933379691796702389260039510884923
222262487914699524694482213222071622818763375411744071764408256359
777491004984411315866456552169347946993853458952764802986158402264
099994210004334206449394164465158608227497279056804659105802319981
404181666468971070381589917825990524437941647676653136370381649556

8807841719706669088818711189296355409708944935083808672087408738 58
9167828057846463873013356329005608175565705186898351828853855818 94
1876184643188554188353220558655149196084013505109130429643867372 67
0176920946256840482169559422438162836317605490729939838290187707 13
7864821959627958273728438493021076517011141209712718951367781133 63
4522511943256406092909203989203031142869311029961628971574165135 31
2265097656638725415021881894576960633826540252017462748433137865 93
6683535892728894413722271223237303189976271218756359030552405933 44
0680406716588549910892233951031852280400316307779313938878812426 37
3994576617350578045486470971336561226910545268032335170946578223 51
3263471197754156648001216476189153839445438270741357110988027382 52
4358192945270638724302898388786237397269948101909956476339872677 97
4381882407864696372061345750204043865140481454084863722948089187 49
5333684538332918569261160013609052698074850778808097199220790549 38
4644912998116044510512482015768134230369758459793135250764991726 71
8978359204624413558353968020439011298808208487927059939845208151 45
5527716045554509166391086146598101094364855299583415894050113221 75
9189182274078858545057370754171980793576571347642256640078552027 12
3596498418147809185247540517829859835871945090092645620322145679 36
0032009803658914036592480297059704238934014178494089834058894208 28
1375410845327194765940157849180879884127867128834697304445346330 01
1340784244697467610052163252314696074617972352275188891136610847 28
2504473338769880899788249617457143265389593198919380945373562006 97
7956600732920737598787739533401224262824638117604665529549327760 15
1654443398797796575964213036484953802973362973405409536566027156 66
2095624204018972541002690308873068859675832363484860800313674933 78
8046988108179243487055585861260443351113415506834721028038863079 88
4248647959934426910709807053082895065139289872456094740899115049 91
5932660761263981350418642126839879243828106390190244271673507646 24
0245768175241297734377047211534086168041782949967650685806251274 75
2995065595324988186611187221699214720955606547552197614550491099 90
6975684236752153392973559712252757150876656596645027191717820529 38
8510936944721032791299729978949595372179654148220468484710797133 15
2924225658106596490768857512128315157570089156883907751592339497 05
5571554396120342875806175188670398308678334081013481683943703392 19
3419742431633468771675540102879059518554697024410748369099885315 92
2357683605018587567855736374585771484106340133489759087774905833 45
5397705795352135901682664773827250855655781354887635988320027857 70
6316422404683951616571696563311771164541224971808621652553084508 02
6356189132604359629200964032384354637212951594753702934135578205 60
9103465031482793614106566034544208285371600231136681319091964102 87
3049208500417437038337446281046462094277696378558093427578759878 41
8333403996601935420267148826128194886255395043815153360888198352 81
7494735425296130520588989474529789819276536230214649271640863202 92
3565929941917524547761440843060223793185676064830394341621875362 70
4147497613963842986391528708311459385176684853692245247913397018 56
7966189810070204722123318045419230799439221508991833972212946648 54
2669182478057987878265388133877917479992986271645433393042460911 28
4741410076110542008971258536672836314860898634346456934102417486 75
6764886499932016760769139511745616303273744980446090780906403046 76
3494443155886989737215023060224087689628089967772008295400972862 19
6936979990856286378189206873431243425191257166586084885331322342 61
8432605583673517357559462474494240918913520207424891718440223182 66
7020736467686101862473648492758014735888129615711645307777309918 79
0610298886287149302046792275251671037080716394391237431679286682 19
3444622476572604070545998596828789594818122960996644984189543550 51
2697462222284055821601781563848932415629429410235472447440652982 75
9565085230803988104176753109539450829566866700980596803972387830 71
0888730991670839909866670302161465717224784085226233338425720816 81
0073396534603214984320697266393091865149254801370103838705478495 80

5692390809071470146803194411882916774100108676071463670346097016 58
7747938619865572514916032126199719973803490164842267544912596739 31
2397990074831055385068661830482906443355681392530449017556754977 22
4586553701311488545214557527650034001289474274223755834032167742 65
8602941502854059595734178734907098015908582653022046578069213686 34
4182383358550580440690789048769469523016824226895303019503849045 74
0947723785841308094244812638676254526179071856678494915944757525 89
0432985971556253916870664050033869114702527528774632307639477366 22
0502124317111976697554070733311267595581143076643508377661383937 41
8821198728140243019592577233992497745653599173737048234552569017 46
8386181605906850252368717229255820454717814319918580749491682119 10
1061410175466753076202891546321342918722601569145323392446783536 09
2923925956317992477364265588541429930289457142976436732322262923 60
2401555030564320283705186440270320700941330893074078971459341135 46
6306263658728571889770055691796392094089540494967577669166831282 61
5198053868579516388745693396126973669872220449857426520785733934 50
0552182495973648387278103946120544515637979612030291659476574699 34
1543271014074745772892654422996600802191430751632012114712233628 86
8911003141982697620811610237200462099132116432607069198868028640 97
2266780902380740359354214499157461979683557148136771420102843682 70
0410344318799421436138119770538705702515776750087453539287747201 96
5450490621594472377056510619675999908569487775939149115942015050 99
1367741964053191223539274975510275222621259329031592920206322743 156
3163988355989476949127802825984508358367998620353352020685460559 21
6786552835764981566953231585885723872988882219155944803787090891 64
8567299072137386053604371214396169103856951761602847570707412208 85
5744548038615549299960111090089529305615092834665028803983155291 88
9086590281766493385503602113010042614046121856202729086358517057 05
2077500603308295180906193350336573369268872311459864004662237348 47
3629802877988102147101924585493748777453115962897925405501780747 49
1964778406746552790393195565813896692543928611681270286078016492 47
1757947690040713838418710229217335189894076408089714318830892216 39
3659687537987014204003784913012750100361893552864648042380140726 68
7789499470242525139568329366720126727746887603228486942873013499 73
5546344984108290399024614311248528848255524681487627399427149890 89
8964065884653827774882015498940055948650851084658197861933024860 83
3800725503537057526726162627120895748385707810716790396321406114 79
8575892731652066513874141839901415240806942716415312484146575073 67
1621014372856615067280484820945901214115397057048462215390455053 20
5451408649083481693367506628520708504476168704764247062925198421 82
3405671193175977385071213843566161200541291487091099968133185503 45
6755250273948056094553333242616500497427369923689595571203234581 64
4450618398094463681201084189262133146656721599470819817686659148 83
2682318546016554172883453416704493091663748465689767634231201898 32
6438391034187584136241967457994649202221979834593056563692756849 35
9777671093103041411307312539564248638501455500757943604266544947 47
0225968985102663374383018153260704636104120350698291007740247523 36
5758424349259806781961067661254989366947457932038348011891804623 99
3440204860547400539729198870648908353273846254259781523770165393 40
9066396161418136993626227242206373381984306775264803874177190613 45
6070869512882942134188943261411559837419843096506180799248248599 55
7473975865979178350016251247911768205661124568789795467228944116 12
0724622182150361118719603867594046340815340520931954899452801363 92
3920455820705023281591771107908638599432662526833708351622186279 06
9635134610001892728789722396733421122488552537949623348050174564 57
1416968863601005387174928821497469289625347403249065911079477469 95
5016629027142984650883917957439011915442316633387279050548931573 37
1400843033387711793984550288105152253878558588527678672465468225 26
0139414212638002515110525362020285088336811671179131453518274582 69
0793621433828736367147855025406183150742638171351310767393576500 65

187225796621355848452519981400465049664429369446264325353422704810

855298823483581345198218142567592434988631331576435549852201618747
009448486245729014154559189488870773043749586720792483838574340109
825006289616607997109441836998747844395676792923888624160244369027
154652760022493934903690547167448296577083073924210015283272337960
935692399033882446560129800791917643031420219423739939643744425088
139872031104733044683994406298819697937197577353254193649997033298
030950573019449051768134116524453593299051529119861470957035374526
557874245185688896013513044654670270758809946090330183569536601327
917187944495410156034369228648022224704476758696090322096842256361
340563483682971743439491345035015456271211307069128196826386733221
318404444149770373845094446175483054536899360682058038898772474119
523892924216374678456249854279850314493299533158554300276671540262
962651669580914607881017471430699174419986584732904016553566585762
630805024149558847753348985236467223893416365653247943645100590252
258632136464125849984679616184355234035232472111052122663609157360
271302132944820897661410378070919365580262218178495712207585119042
287800087459286773627633230096904378031370895252076667175727182998
614393655511837166922372541946679808216666811103956604393375037280
755451484806816604367467894326404537115665863750531512081271327549
205306822200052569298501430885879183833858882722616677568345546004
203873216650375630854083599997383442031879253515109883833853900329
096587405487398852972968379972293660129231230716020550973393093605
034590395514435053077998616792471614432707476245085130197897386992
709933257895246455475067636682646452715255225433388053548362739162
623925296676645875489467344757727335601383827372900539389665659223
059857104848277439804972058382111553820098920966136946893177199111
474717037337482698105962706129131399606088218772148525578898249605
715119740995507139928669201545658383431014260308085868849327192298
415895092643571831409247104705184512875869988410928735902874312039
343762798516411032441226292631100110969149554450309453357692140980
331567654806421257727767562525366210180850636818295792871608398234
021472035362598206364552008523128058003267168668344815110463737048
499734839907210272119035800884324222116433444508002259779528179717
226997323743864517946984457648063948949183343852518042878693263275
290244789047593794042859845274992227797210002389112154893838239138
287298993173119476173906115044782792876911023764755025225717321948
181473706301308841788981959816299954108339024441069270673759595699
711953593093849611028657407650636769449089301855864987037289727234
334572249278915326092232477022877262964249176980803027823621723937
988540050362571554887536100890114568649828243767815051248282055049
206761472527146521896630049688579599767752259397406030511028985803
962621881971282170519263223089517468158647724940066347625239985417
319602616103692419571597760197169490239932872743974658804365659364
968801685286397751552247599976494185950268040500640969843511307379
711044119791800574646549307802152125298100873140604694735659064689
241814839126360000736247105564819825893808874576453627742993768135
876541917973572296127000892968471369649368367896352518230389131039
926337585965257961649644990890955243550865890255302785990775532590
127306002355311241372288339546404865777833161576829861517865092413
747423720887013088054395225927885302394309216595649098407706095942
612962824796778811133533262952874797540987883556678790042919545157
674414867840448236392233509566007275479391401697107231858244127989
233882002377940639757536572516250133516367264435915977475061192571
301623009093734510047452761801638070967737009437680596671422941358
960082475538324597480393206079604490501769207058512367261984589568
309379680625434025095746216595188797550577965491955049492867123325
133755673871605735638002894299024885121880124056867923618924755604
824874955328263873146464164205988538514774334331725912973171197400
042649872224381061421103274992413637133754743240629667251815657913
864370256202430396479048900504429852624465756623621882085409494236

850573272737762283655293864213194617852606260499906254796884745853
044130593739472779307753507819355762734410692155894072757362859694
496638890921585132706101710614979762053857085281209575276329498576
677719475935215242167687786817343705567423740243650963517997153302
057143111464013586402829024515173261076716920225250063376243107416
178747624311018029013318097223112382400446652702557913433386482338
478240836415091426303214665547366175962561696659433120665985127670
461450435565056763231927238034514025354212809618536406586065956865
009005429840500460935485306206267704765845643230355579621397040128
414507155132958915455166928658278389403391529922388233290253888572
605849243307420504807749658189661060918105854541979324802037965568
280399926145969205463805877136490314877440480911274281654824191745
721110244974231615616924754790847307516632660981952379567646387678
825343150882208179566747714706801635105964756831889832497120460920
855699713375741446504693478302243271003842147687932214248571356564
628340103242412826327654208160894480701691549541907889908583899738
707067015416665338419583507169714519341920374457438205104077772973
273608393241637456285892241337653863674955049543056637708434508365
177004646646381532867444822629049601846860503688344077608448239700
256776213235721377269139239309592523794220566769837043926078903482
673734754528332857659917761012569555350192620551799398021571031241
431145302306985898701030358942128852315150644414206528495349362202
442156032850944544546287414074018450857333734350776305942612250192
525532512991863421476582140383079795273873761052730263924182242641
542150906460098831844152564307260014686146011619491302403669382475
017141894225920208067077454915759538454237813886087021786642478602
868245538257060700785282733222651056334456649087436158229522645069
096083169561726052652534915020704138021903400570178831183123741998
178687238825101059747512023490654168401573350143178373352481938619
828717997108611704819560792586428195619770249670042110009538004738
803920047245467873090629279686005426820228388866840290831335207688
650527791865629012892131240315114784046500075712617797115876960036
259178899584553203528776418478397863166507073750966908836131673914
766831068048300176113605941255839026184975476669621728534035859219
034523767151164313372600671055941435933213580593431965154632317833
809081857823319571680232256364543546573965389158512696172683566529
545299336653616507398029873401838864612441636517466666989389248273
782645426314272038650117553097076155873345431026760891681516242126
487058077506359278820073571778056908881607984334565970610092424036
098417826254172021527883071915797667428851450587738133761448400083
912643956891713569322761335281604797325611648002436478133941949391
998144463450338977304830790172218978761141526758491378276713640481
452224170097638024592754166726985901420341115880451518379364707694
489921651958233263828168333632551302342635169444008445773426489193
207412771550956432261038689103857009585219216284841848988273268655
470423667527507529843122908730541983950440894202141667808219680982
797670774928984971242388093354144951082942562973278266923004101161
806478685421633930127455892232424786749160761576954116883021345421
715965846090848019719649487228542292491332269577189910652192682352
097342852936279886092116791707629485847496149978359834308720070047
710218568974412617231091035586226249946839024978024823106107738908
043031729059847704522430321003304957569659557590980897187735513274
829633988645718778469106403556448961252735144868231053002778188431
067681436348836868815197935919480586451837858659731027120780587817
682834764220458041748546527255792593212754220935506709152174607418
634501047954448472804322875904278532798925864532242985233863325720
785494344100713049181600750957198178380956000287475827557145959121
423798241034420119904298000834846679847791736676339167559812330736
044998178330002714620794715396260742401905177826968287930733427372
635545596820513214757796885165521578563821506100375744210687869817

5908797231054718785979450934163531730971342755736848046549368460858
8932795193878054835351838457955127888971075385264812591819795227144
4673148897830668144129480904387647541720328836793153948731927842820
6140837821111238551859257372026423446466169852063384534060085526687
1699988254685318368450116433542242467663197456134600849630856057
4537359030332058584604742117198315800728930013561157562071742314893
3047964474680649638129316429235235811390296699494680014506883857295
0498800317429475562367674376499424361295901887816363422319493407
2584973173897184738742749355098506472696968441265206780502194204287
6107362888938588503873245685564388165788462809886618203203578230333
8009930591300723334132345096025973746052004357099860029814550957
8462832001513573592546027351596756441636530112264712786403244824007
7379969176466506023873396656356793403983565680722196540488511932248
8205427980912971100770045002277546120661716691559139809765659822
7169631737132380233081894643812813486645249599544573599602734037495
3198103413735458599614954983609176126285395307873845707594632930371
4882251930381717511543835002670899582654526381103725254887743926
0135406025221454919816995798737164535132550990520879677994407822530
8077581699560271112775854486844027605293945142888002909538028485411
0122615778414915814077499984149629224019889130831785966691538822
9009946947450247844902571367356972639792830403286063454681985901480
8677414089210890401057657503110419221614941874314587847613671477391
8305353143832266954538329922394045613360601782141188650929220792
9496640912160035905115388056492162705446419123651890820653277589199
7389222939012002682322223697736723300393821723674653052650743914068
3094747321260320884009899014802678019948268585535148065705391400
5769345471367320387577245130697596060567953900372658461138451132306
4583372505805316793447259943055217500853177863633981947217743849839
4166462144855051887706616890278874741977750727859461678481964887
9238392429701230219526438487691711692941913676453989753022131894427
4689864451195233611358086995256573849951322723448589323113867978311
9517843877135064823078704829980344715507014188205310414266822948
1600816095024682359788933239467695015594757502235926020424722638494
1003113670440974536586103080120593089275276107285263942575292843621
8637764253542781899306480066569636727516169718199072260193757116
8925947974476124876288821798650136747507500638323479883964977400488
4123575666865716142158311084736091393450002732005130798128157022256
1690655268330308366563814134700708194221664848221041593434919082
0405640859522403880037807349261650300231717999314825929118003774744
6595015659399813862386928690626523820612336236745964072098350770110
8299079028069034109175096357314561823190444770495486618716069228
0303501373595224123316964183487990807480804086899822172755131619587
8096775216539898309620348940936838565394211961230810211034710517424
1643465517192077927713852950602675186424396926553672334478410068
1455951149036782838817570535380038946002769070563127023230141413066
3168017467973350972541462609599578815941072780659665422853016083098
0948279808777995415133063418519778723030126639225399955941394962
1100419546078252067442508032881805033938921875652444516995541376477
8416716373075584797233865939263522401822608031692767084682690712884
0619197491176562869996908497073082337564779768748466753052691929
8507928036681821437679607305087380808301446429759825417007864397304
9610834186196966195963220184035916356341184358185982051413631915309
1251744066240493909245135885190762706889366270990559464689376680
0692046828363046250164021027437917854480248512861821612512114570003
5734674069253679036890950259239891548171622541825245208060039060040
6155405892907732068730958006174997192036471209788419244666709204
4497498748240886590526693588948775257516401354367423792014530722023
5357683454468120686595139327263559276996599573777441103790910715683
5865846562208586210713954935453912256732806295275190075494090489
6394388806425455707262211593631243949164597256491018425754082200472

2288884663451280304483190178400740116764773956154364713952355819997693590108417752197336203083262576165968411936614585331142075321195292766971704206705185984249976283460412316390812279089005602391472762547230446561373891934829119845493060944629450961591153675525286261059127121220414468417749781863050111297400394111935081890835733329055114407430444467585330390819867745858706466753105873320444866438195473708480984019014571108015111144466295074606523305173459452577257589307863700719576792849542202391372656825993183849635737174554050387357805408322354286682509834074246191721241065928405281116620092328296030172136384928510477358529839208709892631698435885742206374457995610541443705248822335802675674609925440227768400935931817775078576733453207311853083797369573820246047450096045240556006415683554046864181064155915986925744890303471460863686842071415295195399688863994416298501262198265478995063129214796056471849993133924449529728833783355225306656081139111557599979071382892418373574090519324118083275321057583443407862876642948811335953007811514259578279640928378127631674688525323298028567924732045320938542101580714740180947946116048627767867343775751143759233304925499457206276842336439469327017336108444018756535693160788031270156774329211095460374669864630589643299619579908391638851073583655397358685803947562940402286352096347217039450470385257108531336244754542001052596712178357874633359416592323562570393312801881979934876980850885387379015678885924959933804104507095668197806890979130475312701446911990817138057938235367271579787439956478915490640769381923678366723218190582136399034973143981196742174048660691965065868831513483401876813467904264395573859006548375807152818128951074144096045017043965485359053827804348135830772445160037860973737431472179402649530772942955247321642858586419313390462255573142876790225334478786885637977093220704754382447137072108172807262161922034516766385698542146002937106613178446743494946034274590970779402571198873753139912381326000956320636823628583078987415322744621275917935463121492158563100688909580778060593728283740660451733814756940668968790744643728903240457174689316227991526076700874957946365529810800605632053593234614913221150818691711550065566655477454978755929060742276192490131286777580134210840162883087292122615776509522101508044663744032978226504795848394929088091378349110527018915866659781539522433630203819430779722100749295291901417577525169929771479350013718996448891152064736296676121821839308489926024600418991546699738521967567293096434216988980634192953311166015202689067552639251081017259294741159705724670208362379144576573076310550469479661341506294987476166418457078238555743704747405720187095339272312325000336576544182150162660235171847267215331210750964015851018981377491426545299866692087088903694910230493046303417508983514679902569728765115044510267583560834962773334541439538796196861122862718377702626499995437897566186384522424473949249215054851012216707555240510210387330028459361318458442786733823142617697356364270842120283188436738192834713195087173122191012031672114110939589992288467480174165676099378781968770763447597018787011536350704268062034322219624818967910905627992687206315734435950789785292306967195110433305566783849538409612527795838910548796848486208679717493008452144359425346200112410842665667586897808277627684013469829419295802033057400474913978971059122642210407325578913140477467095216337310954671071478824347469732253620897184341401689515209329372895796179900974531322807631818289943318969568953047237039953890583965748355015081947010033649460754156809390948275449981181003115143112437162060285082116771605290150303839981778749861963500489080522089690682794915503815722397466511442040712132800560653624460196857385732581380945079434740660360543591168103854745541390100521085682696417436459269757301112314276156916406438293041441912580970015014762604508430299473977704434060255848315518370986210437182444909324499909412396968072735574

097475439290255798479709348219032808505910233185056595885693410369
752178796616771042304942352351086300728128713214793278040206646142
623007856140840325983489255712085118985382238513620972879195187746
506418610105011000152392140198811550103331906715391496612736381353
490620189880118606264888141694352927513020120744485069394971565696
370052810443645796540085580441624842571854483720866433386657525228
581094828921725783915819147691364603268447620225583378843070662682
013656256706042916609673993739633372559817540236901883535300799015
939672492877457231001781338885062942677684523610642620854720708060
536737626847668768462104365662552545771558209684895512560427094838
699004537060236388671367910424911491996301475646726002794069393629
208526804159391655694283101370172150024613412555388032120174802466
199405716025981142053849733099095858647713112190057785168213546567
692543695868395539592269791198151056786242787386355969635159652578
010088777516139485947653028933659176240229706578369853607110049534
756757228407933874696396982052754885413863809128046556795786738024
779624558074935723887491817201030089198899323795339275624929514306
391754175652362056553753374784035475143499180169624212773057517531
727140899284179971054379976646930483998576569703889161802688948286
649839647382240305236838578791765498736162847160152275110555356422
709303412906341214050374706538761104405763127767768795582839693606
879749299247305575701450712864877603721671366639964795168121815089
563593221450808534862645244138042319376365335527483533321558341288
886647780139622494602435843022305917574155275447784716651515806015
968314346993860224116703396103314344414215237812127052900415296832
835814274572054807634173997685403211427870270994658214566961420493
586005178320307495998499945367759639015443329837295987702158798404
530424172368853956543113249128001668861432133590181459881534511564
969308722687998154401637903625847449402767622314058383024632327835
558970491228763755160993522863875948264709234548966040439552829693
496327329619453926341254044358306491272796994144257715378660212159
628384800807764860068442119512842811118606563381627587966850467909
393030243819414713450444610996238141708045889385979634382447612009
431475013914511029035345846423398665337750340328875117844562170190
700826875371234894254845267952905967289911416216871720725278954130
366253131216168718400290849140108824741929033100395853328090305689
816195958414640350088183835447766161764083433565762829160365278550
533429201734442399991298215606563923309683123260611349847459047534
817572479352289989350094349507539637348289115471101729844079071163
848822988417921854283174985756016443562226461225946402830864776638
735945988424504709908678771675009139300382117519811184256499449961
925019393804725337399459333773125252463064043429925100636277264404
252212933536398388871255865028214839351953782912192325132955047942
707747981757306909813981758364267491567563803402416350300899745884
664455951052637730388753348734402177258548165703260033562049041773
557909734759843947599584542976546367412107535150701385121261710170
943881638681800325344560780113893154572325876316875914141839336568
222962466009146205514597833791156464792666354362782330254858219782
070997473109160351106470097487400073152228766473962912778621844683
555002020430719142007284627901831863978702570277226878239103697244
548641105888916691110592202944493294362703541330988052688008793461
709563048460288276601190708940730028200664359866943099128838669523
792986662817889842726970488860447376760942026153771779179096775127
871974710440809155990679190772341720808085990428600454545675142277
138473782341100531182443063238871528440862687566050697234784773621
962023765844110337215904381189469829313069286115985645313989313994
899983340440092422837912517555217462189128760513946898847267718746
650478527066436257483191690849153712588054145403632674786953964910
372400574613022029319950310198775060288023797500255215749964464245
334988591590936954395808452804500493663983056378225410562624168321

730113237466365081832155139049801939199625148203485233603520297989
224377311115009165857010326003536444475177424698915893573470565875
149762563268039695816969490397599461063976343230542272130876246685
734670460622349378419919838013099392802365227419198605426424971179
228205037053758742713666727148553094608077962908093583854654683498
403635552168457034303500634102350285348776635304712506884408723266
759056557933478459113321260789019286980993596367757831289572697042
883799355130392695124058919984490604631927762990564603947687565277
618898780750820211548536425379197075472907112634428136059928119173
570992152555519802760560371809051890207185773505552327139139625015
942725393023718644501766178359500536742452835334629660040084680727
285331808352724863433160206496873873921616095592777074720918638361
912857557193948445722793390984130659405999651263847999733328982724
471352363001173194587972985469557496641486067831936412121572645340
765807066896025318540147824874797280631201916673807223776392087232
475421013217402193170524688311956613036567070305219123786177939256
907627223847705052392706222283749423814306103440377982382108877414
396313901510708203127545660795464337135345992806287196946972555924
876234056085997602542338053560291986990956076137368277070442866704
641224740569967492098598383612829365067744980245221678095700993792
811010739323086789354647755651487750747946650087569269504913255612
642806005988394995155162576408277981605727557443961201814749780045
132178212978637437510997476733763131344406693221698979064814152245
960579603637492938539058045809826035568195289395221669574156422043
036643722991469676043864419421301367590016932422693491304924670270
778248184552311346110345348927331506000123028538334230363824715502
555136874563216693665604441464245556981823192741194508279688704694
176702966019507450249851652980618680546381347525143843327899199609
271085812200893576622256979935986992214992546471768210127651995959
782470050142217475458619429603923945909288284181468774841913614189
873828126483553432410169649346552629534556346170833510950168069402
286750567763445714741321777516730620778218770649224444752082800098
342557045778491919168841767717868863033212689549197645739407537009
883714004870254292603296387792875437706956043733999010029485263815
003262899728551130103698581932674488505222842191805455408227747527
607465389890506437479816983471777490761037600628289061945763967812
992880200275967294498615477065204732195418902967085837806056950268
859915202286168317793181381113370084664828231642940194035016674892
993924087057564794251319995861278330973526538433593841675247530968
424697781918624343771115599252828273132951369787821407425451631268
645232757808217439154214688943590977318156580220579640441942122537
014799189278853790337774328734095511741378352019197915279650013938
688485569374748216129271672957278563847386324693858405292467490402
241343895188323801079314601834291621633196573700159794273900450006
384165131451765590859700264700322130221985224974139157795298792909
634972898511760181137446922094253103131383449613559931817883544164
714503878554716659769824672479744031166060619891225041569090447646
624571283638206166742756470277596897462784181051476701358042590385
753062036572937840164916694827135928569273543067691788670004922027
323162640407025502795620934962162273386194868110608449358956017870
858831338441728876389093153740724000728025325627642840264865650196
869797443042592258495804741792279253400552524744950234083926561723
909309423006093663032348020210867886808965918168479273683301432714
695684457049365421273852364197627489417603760297520161535938944876
220235739135468342725946282950905765143194209595516072612741353598
331918412357841964213428872566873897084383114104658560037688220324
630865651541079929646904657770652379505345960246149402061560544843
064378729945258226263609197006342345695812108101880429485136828673
985213253451985198680652792016175389656184118252242529689346349832
387862657383224882146718221239216145216332527567001704289399052465

482587785124125185612578868945553166549754643047535031903559023214
381285817927533984012460823890717054605835960586771990218346528305
718682775107625066537094529888302119627302931858892708475701485689
985296650573384710386205996389432094133595779644769922141537865511
246485379439254073621927524684823828499731257186457655515086958241
513497981570174378273366379934306509060649809298386303335394250218
225663812732097435466224458876434994073553886358770672063368111132
294229836540526882156127024596288572354826421831454614331912545833
118125597914736484012914686221986737581897719518823278520809332782
805285034388138019528455465051393246902691156026768435854439350762
856672612665083945358983093208037001078932436582915508013223812988
714648091356440292471252441002452525445080232461578220635868716711
055693285438016246834619674923755227751310510012677605764387991571
994859706517602138914640631735022338464345839483543502798190272879
730320285084688401987594987037814617966864628754667039989630424833
422549049244670132939247258323623153119971239894462176588427193382
546662161038214006990230277426443857141757458794397897959481580497
290597777262187482791915421390156710404249879603838398730807155042
530393201138172623366914341884766267550325863449267294163554406164
160581260068978504890246540953673844850804419948123152264377783589
280107705287235798131917642254407902629775223299431624405682282404
897958586204209590301675307700984125504143951737057720575555081755
126017901812007351334177237247622081200086044079512395142659896434
037642450608295996661560889038571068464029141271737657151348879446
426891076941089531011909992999563093090503522277723326291470140178
644514635311873837849554388250085692730878394745287492017688644731
178310411019916006314988189299906101527781687084216213818395570791
840511980675977695998753137757726887891088645916544689831334742354
792980519109215146830716323855351038727187544676708295297490534595
376525931925165945147933685063816797347866368832707895439596677298
327096680062790539599982945777316823832607388018065410251461721628
867883587066190936772979664222559336908245867103212145301576140656
384883204620465511573100331062717763663272535510511401137294797424
234179965953734894214214002365844081133883197617525505890092454531
377560588422476286523876062724699030212670470780945124147162949557
027040189986666320179842300550700844075332796256999177187654265257
033125495139708649447191452729448830509460184152955625147404095257
980099014633837977690212939408531024885615673506063386349236844895
075282334010075202582830620711371905942678155214109218605705420961
030713293725553682257947355874625677765164533109298228760283792259
302513185165813377060520921086575617430123342890846992234973515116
314217452542671397892480500251722320908212457411077611635359168604
652376411852083104556005139095894987309707087231114254702312167332
038108548092017873914879344888372685456892148778303900165477417622
812605807283554153313690079313963000637697020076253505072612334415
101114280709368194022369899913082474246540127019401132229999320483
328746713553834945796358368992886232904397225844938171077259058039
497162595066369160424288128254838697159665305547425435455973433201
650174716942614086413803804665953223880609959689304939813989144177
810804401776804126311873070380328407813651523786595055100874035838
497378172321001662305272199478799074360574231409928334586615303026
591088028489438826271928605926885462526118115065543143918604738638
320149520141992401651017397674092260432548429456592585817768997716
520267498641989074933642588243030082299140884230370334920003210947
642357493708251538835961285540285715119996841213095132976010606223
844678533043036052833245947715175211091321846929689013599203990675
174666377175408931626352691592231667585283815133095733518294423401
948575999288757158961137352500733529944686451772778107293555066200
111662786406845834742122015354618427456277813956310035038009018522
203997262759054682726991437536006586551263453165342239940332569876

1990327001829322904538021646980531553098829533761896730953445713O3
7712859925458180227261374655690582259578692098980461167400939173 23
357544514241815594279041648405012175275111622248413764879395289487
689110620834678757632368819950650817234936818500492013953969311504
508406318331697956500115163300837827110749772860464151933114977718
620058172118357176588916463557018448873306567412167110459918528506
122196801107322548295187740766699796023038472007253327600594678695
267905143195257354771411115730628379487172387990101107371970337951
113879024422857661195134709382405516867298698709458855280989655509
050058394797768163621359958964546693677411679523655933019625431714
598281637637734830415853528871062820092867345131786705790558624228
776977038033586718966440076045210507780109026374014363278004628628
932431216984895696926812699655700961162978104880833322640115844498
657886919891551164987759500820116547107949547616272535974431406989
501434791552148701805244068880531824450548615105575082458334830601
530515271410340134615871762049327376822811793638223772636769508996
060057645760743490838086724953303401193647364221640318773501742628
383091816033713053081947005481456663342292943943791296136117974299
795978982220183820433937515139008187956757808498819671169957798148
004686111102029985597696284193886876123274515246277330804465733695
463654938404008197776097066391323765425391868682035668542766193268
439028859199678814724835023195058877475641591064189912406912530941
631256195410954353088146423434083316097049504493098116735398312937
355393411873200886708671067629280266231313666098383643075615682433
710032476128660874213918935675213059506263362049826465500820665018
774633318404810965372693993549925084609322236389181879005872492386
107832157797902600355622266439172544446062893294594542958310015673
005507543724742621184651637120770245996827747589021270774608232810
877746564376220508922117628625949233373223067991761502464359913563
816206074085843974251331593898633831027241143850753208053897338011
591250879562340729139453038627070681780146819477240289396172216441
758486302045164887958376109298506760537167764010412278781795500182
331972605746176118837794684547320398918381170197786622080801810164
834714314032925450314249522008211143307446640136242253192598750915
751217391324329653494012095392865347084631588215049551680144287064
948483156384372726304816947957920355668445778638297228895353441185
206100695450417704454744925970866988636099344700619938864727344992
791272223165852836232925364825934210735524995285484423127322046747
107806424366995842385286374322732442018283439734000322418590192380
305900587222928961055149938830614135006493691047390212915439774945
360510806487208013119049022311070723077062428339195289372209114877
839087904495963152229896827082205304896560163959455860755352222215
957383495960928649204136611204987681652094163269125894048452822290
360702772755091042347607151026084703720499533073566165201608031588
356387962243120890070941921734504778787740940714687067922594259052
275181809492822953318214890404208439333772858902536650842632772581
439486019593764875492447115208596616658830859553361607170585204247
977505790595212049489913462737333935179735374909554018050208624252
947155610087991541470696535457299922407093258038425538974677635148
089518769883646358942549428422073120364510050271607803983361317000
227633573220580504720999012877768935337598574166458520076392168780
485736753929495033840982293979706583142555539282959192296980687772
279663972939077790821785173247610873556418967084941823230292691324
944913403757697788000085212068994885195011870424308197047767765647
705166600738206498848571710483227234571192591806527116704896922909
858075153627517095505284290392243650048248807448131857436465669844
521805366646754837987356791642201329619035170864147973371577541061
516174240444957995803155611157910308731347209903530189499946582192
992196477105688228298614101420194639054232858443817124083633226562
432512383859477635673012067644108501475398144634285931049496869363

826400464162596469514903196111048544775919170658439270676024003114
521271764708333200941756887387594777063240998092068463053477433241
945220021763000466228202380827780419779493389391889852244085506866
690987261509993432755942195136148946032754854002824746381855743038
672248481457120412894022001415268847709624612221149992288764391919
108994000764500426736360335956446442708189785274177077451339584095
760446211432765598925712124640704976060688947521778888467536577313
088848317041308470830281177925946670120877184128659419901877875096
320028110237551436356123048655461532988282999046174517748581477601
231334341731387710905577093670657365502031757900430672293031445024
199197742809676221242519928632740258370400752972817435480410639345
063732675068434688183887483323541121663418804241233034034909675779
416537790841258687982886103235278857332155338151988305880458531534
690431308980963694066418137041548593149666711598130899440825457153
552300652508228496172872396746508251900453245582357486877200667479
497121636028208523543027838653611711245321486487942413213317008523
154337277460768066376699618895122880491089111765955157364984738860
695247166847523751446415213365489246727612258539361484165143858186
917384167543482781317663142911693785564618171660966340291272053653
025444763830653355045114641522470865121213129009990019681516959215
243039102294969643906355219906513943216303653453974715157350144591
560970031479537382507222864326791180222854544505100668683826497290
748132584808710208874950514269642937392581367718416906545215610876
157378020535279580044684913613691746825371728035367843503618901245
777758338646770048718755154181150371412945491142726968772088619529
031100065214806047938943042612112504746362225675393476819222219200
635168766825821506827988016073570611080555786168670494748640420270
006144009779441876147854976458239562498054449551257091064027083239
081446009251177787652063803937135711764476329221621412656483739471
074513229050737205542332620863523012111923009932821647536436923790
632503356825313554330347896291533044923115380919957555329449870528
019033511674075276366559814722061218043857300307297879217356850001
256233180674259887240109968969813852397306191955928336948611903239
492535944158365958161383912185411951519926550704372224511063367126
689625672758667738823879079133645093865117220139628594478654429621
832667845170020278188419240093649036627235744372874485633108728789
584584823525082015627422079239220339204508281946226152918446070619
758228521338779696323678640133130410995564537477406457775768490351
379167325321826500440150064624163640463117827796605357566760371613
744202669161721891429916392304849738254289422199854547868948256705
457712083060696640151754701139843828993193363522888572981154828691
359603242851163621922207667981900638840484271526086590715537049718
593352260571181041504579347353963276399887232560636896084103154413
642148782611928541838499574304427686838514591491891874240066190283
144798592264459633479953102863027801831150089300076576280887077688
855667113610618616899624996387993702911361950062155095910026639429
805842317789649650662756529783441514973388255236336446520362201321
628032135004936195975070269172783237013837157643230288810132963328
739382457387462450968950822383308441761924084760510272468601914474
303915108037774819238710529112795905517498822939075512744080364169
328292125537800884919287028546754254666973573970536536245400722239
895620130676048113391563497277605671449640906404511480948248685117
962164044280689719576297535622361816888500272856943365288001318441
212141123898385195278511948146790166528406883821869586830661295903
977459905614870361228980984113820061585914247128622986004171890645
301008203279408858038576089051226987600864246064826948504861862965
172218487518355652881466312752376870674667526917244167297354569567
331667718492843943138599577385048506109731380578292094499444632394
306068759581190038602619049210983987196993364746331140662945111471
520556948040279873582430918597382639771340411416016623775269357722

361477563479055527521664824146099814862813287663118752410741743298
743627538504577774254205757662739315698404385677291438378359018235
173687708804803437428632366590745228853952283577868134721953766050
084686198962633005033093604099782229148151475257718379528138489156
804919218123836041227135829611649724710802612545920595248651142278
339115649754666274486718521875618162947119647138066877715360854178
694183861466074853653955258090169662377800006558368188471976982444
587322984453088699029933788779526571972808991597939419343675227186
634378290793682444032062463960186699049723190315024362504081305535
338306531610923789527333914369792593690728697404262340424758703379
170022149258343524101571864539834784545175892241236136735291362601
712155441084930332164423007596971105885469586957117263203798513719
294014487119501537158791633212538307938969441274689227398610118372
085142869319715028646909873284817207387381520159116379451230101019
666620364454129562919035548105191253438713160015241247855045224548
041708580097441643608403759638018838607489535266269503532816480968
167944880176159399293563064314571114835166747565462775942167253782
296133795200482904228816599956705076073487042908590849968490952949
104632685176365224631701348799893768877984209294851296278523015988
301533612683429917766146392549477051930205003105560549367763391632
839538955788699776971431354461013249618901917057012018206670211657
766541460513685343451173302843741097526751835575924718515188909168
989486576041645332124170280811484675907730132725479460941550972867
896718796180122044335029687962196440483278863799604098388253629382
303958396983739496101712358218421774397427036469112581075159452663
554646751436788687978229022955994771576430671265259718556151103574
766104209641784124768301584033979360112118781120082317450371407570
040927108374354010891993459498375670612740971769921395411095210125
083981365495620451502436684311339897385873611306512474524232154257
150917098311414008602648905393707127744124406690768316708542405730
036117869052432320544268235686500327030306501507748047387002402672
924144800205153067732701911145489873963492924892062897129047830449
268538002831487535810599705614838069273730096866109888637890295573
247377321839296823726596409999947667955760530718216186939459927781
644525369696581224500935645899443219172791686763985578925399696609
882487227058690249200178490271214863539553280594682884699335785668
968529914380341052833693838980810654163125074949460944740888646908
365216571068529029379011400101710418758204392619824337261561113568
584173076286520631003127497144699781910388199260901664617975406910
297256584746904507192524494658335276417463995178861690567326593163
341245854517825808244900718850178514288717667208311599555929267262
117825611904459506934896175722832507114752044127677657505086893670
980336668678679866809585451635645045670009828213046712442375802553
358494967834550276310756161856761102420062290862217868011243459156
477566136273107961732523468140907001105009794586345724419026620057
736717904612327442085379760972626868770094642272586850071636459572
360638163384749434997520654319048826875825350515691074271345868417
945695582717709802752816862020313195443597491646865492287630804666
214313185341739865035226451902580545172423793197133547989443130184
302401189808568284287635611511359254505175900660902931753419723703
731662676310455267705728410826619539539676802350046763923223819889
539040992691678591566892197646205371386957697999908884131768915113
743462702375576135602359532129295133933068804106622580955975301522
759071143072612099804061120495954470252902245829810326046036661079
078461456247718072122094537822437960892084783698815339985784383584
762331111455294499316358956545170743494100864563756823652452255289
027971719998672996381621378347132538829807661287146255347835297146
301393797884322985295845439519676803864770811999621581708094439895
803825070711358270798334780985661030080924836334010664378517170500
867285605725665824900630381665925027603594014207243253350329071534

064372099104955441721929617285189318787667540913587710997530683942
283296170848065834349711181400922782530261593481394755173603558408
942664474933095846199862068129248429990069049530956019916735927003
422770580777725794298919248350750002625357538268748323634227672480
871144139303257644516263630141577372991358552647618310615475055054
350039788791534532770215960445663570306770661001920179321401714796
971673846973333970705605859892283092531295264942795361836760792879
940177086017608475303934791124788612396945329823362750327417646243
217820505863121003280810253530905228112133576906734827893771929083
668640350282799470624862476886704402085953853472413704692825937227
528959641559749916775787268700961437933909121938699113630197318971
094560373016111097666244244001817806505557246233985925686553861168
261270433407009518008868971398949213194807654561609544651226431496
693496974361698396168741124092692508791649510122518675248363561605
712348638468927964566676498484647671650465612669908654854037052810
502823254158231964824582861497900418034575969586571657893599120269
240475446862562656707144162771143207057262320457058642548648538642
871832592358827210050178192591032186210252542906106419649321973848
229246721450880276773631002510614658987528184567259205007900609926
331793502930263391497547899805591598387407228201211160318474460731
309264223605720140683187407414368473566930281385968449636781635546
690457525318548265991161791886475069922132683880788802178150798752
627095916528280767673143687407626055402771583328466679056225244150
316045686489418112599997950353070728399541880040621837690405286046
378220683553744365548569477836150626359899363478702790903099746277
218424110017648215901270567118208766878227576467699428541130542428
469796771293655637190811243475249918894104423899887655814909816313
382834439867883056142206994865643705634568169510209714342381265370
529023114891741626975984689067549381513688231255317855349374611505
045803566781944318476851348291726795304651549598075641168998237936
862654522544768231938216555988168975654498984722336080402362152126
378985700273204797098350733847558808852656004601113636641069535797
344908686214328577769297713883866875491736835535914853057824571910
998302983139513757052525620958095401789769541394615172026176496607
952106330548645811890332327753556080420928807954813104430831425411
756469379644937008805178843906465059869952993456228849781367900568
424690668982348037672283914141463938344197050525552745661524307031
168939958640952184680068901136191300908934268278288375705639519533
012518018235004929310697272580570319664319775643414186491957095194
411520225796015794217433299871249539848164321588401682318015676822
058890334434057690623837262060541947083026988680883194001517792506
775717517459372238471772205082093070415931173622020003881306078884
009111773966418883673332044652964644593441976859642812624451256257
788632315383190956542867923083451240276168883596525102882925470174
588508778546743233541314358139890052342270388006077143178342526680
299665251595805267396825662975785411273245999963482719371057021772
767908830058490736336401316479936837878094275476160827790635398026
354770894899217773445189729100846164905691264458400492070830852606
455660554188794101768916027728337257152926339124809056000282337920
177526406893511804497791997323780203805484515346421441121574092611
717531775253425231265652789565479949524999661341866856113717265753
576161246756393636346585290219883593583139219249139341864245413593
442816603840579430340585830595161258412086641797040450055709015103
142797901457995856719745613645353724475732597176241622166560981547
765107924332845973035022141801910437784872406174681283719961462839
166425348030966724024117848379051186988338391790267930764956491327
966578197716956457475933313313426260774897136719700587905164110575
608680390392686582634870634540551576313986167638107741445122594128
550754494215952948573989863056847155351487711933227943103860066287
606970726922388392110104220541823141878387002847488883890566750633

122209205148078706136108428374406008904461466797371582627202911168
422932474824789178968587778059776094181864431634002885026453644551
355067121340118869078555749941020501202058436935943833843142118798
496695796671231829694191171815804943525795240601837585099793437113
088026402154288164434430672028630306124498537156718090967836741275
202011134541349983917111725353851702142430673210003144137288710554
407895824702376490475232030970596062076120274233173017656903200367
749269422733032275776275170079415069130235233822952293804237429919
553110013757008735740489604930149100131051482856386998429294173647
557855294153337949392024402317194271602902312715943693646130477801
570469751026061543356023532272713255237816494055253651889464983903
451788574439635435801343497602714738438551198478108928668229457725
753597842954543499095269077618698050126097324257566739651664186094
335038414961838737035093807038010169536630461609240729436221133735
537225631799245208681827167064196100450690001783517268153921786584
748124069882994394469284753921204769670400891751698004473501340113
780055210563049882543493206799641734183811320822606619087198336021
714825656239371072770800442603025786437546914140646737998813330627
498043404884443393728585142092907140693132785150534696812734523204
636356663009170263359763238861424438018824049100851015825229325655
672793009966171516757110370227909005772432264519348539581533676201
804307906634693859522827634852807373926695415340681286594346995691
180472437660893831562192438656410313134058911508072193286739168832
381494477607199208103547538842345389673265484968440806351067157523
712030750328876853691661238860177353540400910880395892751210025497
166937079787186642922014014558824562342414467031323035012810324420
163216305765377138709905272596849408782981186152588849252721860328
952218240262829832327008176345561299714577465837854724296746182466
438490297865300776315937919644254783948828268065501763316234010146
327094725972018823335388133530254565390463483105173008497042615373
676406203301379064787387371214645255533658355828253129869085396002
636689072550568271410004173522898482171759994026807464914188870306
381471153296467895593180865122302663699720471131747863490527766941
427342272327958087000259828052580137853878320031180872150984623227
074316277615294128040427317387669976955481915380842773570932813737
605617669370728806121195580689008159939826487645120033217856486984
320906376025629999288897307612477412283832696161107516489152282506
445462683064172271803383431737658197124639514478783200093513333186
552223389556602516470810190022446747793987501087746162698894095028
131074856975128637090065771914143770296754856231438325159503852517
313664426550285981057641837070482406073207871177055295453096981835
197292941154182519583530833634749559978987631994251041743808773856
423077173325405197636112390635219894917439052550024775592393944610
777614131867655092406892223028644317156237562055325359475888341884
110318326056616085707801241213297274916600004899274741402158343701
248157419129887709471169331110411304646457319878710695701135487660
168472395555808872908971746912203692511897246805917112574573943911
456518061060805637865308957847735391188780952243969780018458236443
954482446565562789229023722984608325547054940682218788034731789918
341605402685996748721800813207788553382430527889525289709770802608
507881752684419747475030089442427002773032472938196957991276667626
902535976229524623326878831389484003936817044687218510139571324767
540822323043782281750498121221849238110607200441017372402920022571
947628031499451547833447030334645316373131527491626927728719658075
797656249029624121342739474949499605804582887192221824373601628086
164468294217844866433081941654909805035061939353734418444988481855
950496502632226450862252087098394179516137292615631666411637908625
996619584832695382064061026825170404948988385791924216865098291704
758395293260119443105729997009488200064628250641429808857846119843
850931743499331587540568461844308724816903828496944549149121128389

917442698035544256672059237594015085287584120562381867054311890166

784555102030298886333848328181072699200088982857193684138915398111
676352370135996047767943273521946249418339830341772752871973216535
239747836661598830001870135480072549967794815641222507319820777374
949369340515926151214725240913312432853522660950991788624206214707
618144436516820590669370269728484430350602521914049775512614504465
725697123159579764295821796831320720497667628657047131171465971689
941414194155855279213291655341080358645394236043976346169533528984
633901443709771031718852633529786009866930866984352639341843697031
885743906286547106851908002382479226597066957969129228277977600811
198961917051876577047154804076234201469014747012300723672006374794
146524884880021869725445463705686004723267422019698082214227784721
393055099639306665883512057342095362327068335190537432350964241692
802434924637529131968240070383892099468207970820508553026506084172
906467894329248904226662371493914871852045333605092819272200266783
545090067219293448357187400486452584361950094552025533853015019360
827545508148367762943173466687018398966327368706671738897838170585
143556166265753058934928379956883715661905117469340198535875250672
746157717542792976654112430661688579214663048265376236291786363447
873206048116856445133196337759745210891420642621077337168716290579
109047378376399934031761013295865660178686150841320259943918468802
660091941207015673670527521044602542464766222553796856221129982222
136619496927805123461358938800937870064458889553009309678080220567
122291173244962194666336085015095949168091194431883188755727288072
604920484225726950234777273625668174264307924072732430554923883140
548639459295216734612059347331081226707443585443063905135486124584
692352772955595950816339124034488084615574831651102805659691260473
822009624298786189595228730193832928596279934984472850958341618215
438661086913654406425908911589698129897442714708606373440889508112
079256324343912160486709803726929822324855824995708943110863765484
037375213836977540372535093086840240831865921894754342546568199331
920286973641687638078055942726490940543186086883587062399303809324
893776063958808816927882172328401008007787446855284930095356168133
698782188131987960915707800606587512041368105515013899140721605454
073209842445711240786902752955637176499692273209734533903274938422
469717756042912196379400439291393993696383431238105727123160165462
381860803416937792323608064841668516700884580070799053990191389869
288678868501254679168252957297950907781400775837291959525923077898
529009537496931446488560420183072483668164534888900616418487213140
176197920673842538852829602398428554013089339238141175701208083015
541888719101171220354396041258813688804892939409662947667940562265
648193922536371686301060079822869890537184707195524863614424529839
860549722667381399271232326979135267819475081542475158259570718215
174779333083805385422525935868790011201769715069484687232397756960
219053027729134417989533284571722569595139398450080818550502846173
120934633238976743966867841162982536644122223505420632363899786130
116046064276425247211995387977652547098991387573337095875444606881
810333079159233516940026805099690092016813695028758939377149493311
215724159021236225154972698785804236244127487899865593145938269756
931430554981795065314418668327328819513027519956721753823705715225
229178899738983906301739917299478596473288245148057315766239727468
127206928354685997204915820065493214263737853653777657763105425649
156377280018981099444126794727692115095607280236282848806019820301
770557360355034313476907412760284240702785624501867604936809217966
663050628579192569032160921550382981573843650495683338819914203756
320762894376846024766103943520229448101014041168409635222224465266
984042964025300170064070372331719352207617831350035742568452310201
544861847411294624049632889836405515453802300065762431476684153339
805267798198723759552846345594350875975308122540783115285645913826
698540619890759859202685372792300841475303461621845748488155548751
802807500870114860205663005110795262621816509997046246093820030562

461035531104034228743366878696989658957146052636013394740295502774
288600482358997616032607498570471221845586671322714100697884695817
126271499385898285859214625368691960786535613356845007576646743331
086324711580071025086357042200427551027969222298288679505160390327
842273887381118303297732968241604268323692533434394805615130277475
655642243538631283413939265597296620263849694533758729394690259628
738874014880709463380659799698316511192908802511925602858173049910
841216417996843252364020412026660339061356441401313893221202873062
944532613198313335654125205821195292932149405364882300337137813069
933752626752573427205471825985193439712284754974232282540407662617
308559179774871262988700226674104747061146869802870273514819887933
069078040518521698287223191317558377555383293064193433276705871185
727668714564964750046792370667719907069138700087116303944297482298
951815094107419158382849830008905156337499709234458126841189055720
390138093744926726325991473345522166651405838474159317937747013883
109292072972574807268927486362545010226180365457994969418363051852
033485830613886089153747576814506890483050474323104175672544456786
775405653532462442638450112540158811337628792279144576999324549020
710057193890243323158180677444472667231766456076823483862792139092
387243041511088833740482602075644767577685231345785784346498458293
362407464801415979464521435092855444146566236726007057107442947148
089930546252461505395466729457454775223098859383492273211814012181
993728972747836391302422295422832265812729939788697581742933644005
462333979847923661918522402262545620101262962274256238175300517763
286375539542768604195767584878682935658016484751646810850672530738
693501865443186067821174807067102386061328973257124478239794432392
685146855870717593267869335876854716034489616776117163412996673364
505897921107546018301236333606911449641883879341218421949353787499
665237975153917630591596461034715212146564274723918539650213163259
112308165283502948681956571358874767723962901916931991677686458730
587552887475970901591888584134023149445351637158204611939295386500
630901968781148725200246325005859550973265669759408809248852766267
444246672639849454940963335885449443855070827786604326376695588990
942339213345324374586923695535840844157854104867882308876591499258
587761349378939338172395661267326458605886099833130238817706692933
483404804894481441182843465637528081665602947298876984895191128972
799505976303277305177693767829975992595734475281486283944418936299
209900241358060024233268552032534364649358977527069034359880903887
764835281141728985220615766577189745996931269049942745958577489007
150177102800505102185087463337480281826723866376110593672121511789
100664460382809245724443141738580831441736587686372497575017241805
055648156458882694424136256973792922559459020506132103923172279468
628689561996741923400739013168793818041821283172850993591980470599
890853152550606111290296074552765416055543234626101670881285152031
851635233054684501630978768688625160955392182019384304322085788084
740784823651151685245792053763628583004724889499062322027715010389
354247920672721803903231808545493523002157032240483035751683461419
504518377046131294502206404923254337208233095668957898208001861335
005068753785517389822960864579261346012293364278941293472373772411
834710567199474988132556630241748551125446135307313825080177595900
205755256882935354103329405824763345954891191480026305941122856290
209919829708922675202451182220011255715792407336505746127588382381
239480241104044907188979390179213491779857502875171121244970710366
288905267450506250939260199653995467076685614565930046721731049675
699045562486633893772473508896872455308678381939797414983908087007
124844406148488248961310269733073859124987903741870626001051421583
904088761237036537135202929487876505488851828534282484100383985536
623133764576709237044770544344802824908862322096586644985919433631
192058316205453101445784822337399509556817273414508503565028059306
482927185297472128532388175324000776256548899011148468346232180460

7071758237816362115737939333656351436126557882430018387059786827 45
3486224103312709824869444225463205182429773306319378288052473627 72
7901023657515838777044573638023243101059133025223974603254422842 53
0476392499368741225941252534427457191435790426198559803235541075 55
1717960222573100794037929632241778553617780508804949631587383212 86
7555429706886595155552168285084918184671511976087907235697860364 62
0410919720649300412315018883777045831139762918700923805268182097 87
5166508952119937827049455139920444798943378848423122248762725989 29
9789548257466434857557926460375862242308540160622023123958379396 79
0618608202073848623338500638603716795394641282798171911311961478 21
6700083080895078544581326695481816638625695092523164821917822134 62
4141759133543797902834142377835388892059566846197981052319282576 65
2938328809119668761048185889645442440220542748969112069333534552 35
1730720139527954521612369056345572702560858266064853839180881791 60
7076066138641953390753463104231631434614551495468392152545717652 30
1762790713467029896411934810468624873109129058828693056154855010 98
6571699431794832040020461502892242832539872040350919383645420568 06
5798193492377797399236164339232844122291241613102368123841230940 08
5955594392123890261014800241184367325721856692868521171174389577 35
5671369440365534188266303219673712204778461396724242393438206557 57
1014652108390411058025499057430927093659718121325372945327612925 57
1603381159932729512007956007811205331463611272220893115014719251 79
5352428209704638353628132373305039579921425714309960203390688005 78
3518739818893141181303060737189155369873116976049855114076377510 95
1304991139839324182677506786129309334341944600471092978714189848 38
0110311027418843783292048283906220114592454197652212689145317872 12
1451331267798784556044561595952497545298575352221546817148984145 11
1384250814105501308548962342436284979104194400095354198478294098 80
4365041833757195053081693362546548668506765948602108440320888369 79
1785745623588814599483392712832581756647814893076301831884503175 18
7702543381512172174738086474183691780511854271392830592551520369 61
5442655792743340951740879029284689484767512818289936936963800520 96
6258096309522447841141623347063886751542015041317535385000813287 71
6280810470018834689655555443257656803765673502026726529968266884 46
7810665749563509998596178894324430751583105497717634532380639058 20
4773181162089074001240149200801923869544920213679302425802464651 76
9831056714850197856958739975556787502966173286707949082756613216 38
3025793652727117235764937197729881838765016004696019807626071729 73
3871958649870990996872471749476111410147825901880118245361021522 04
2204981976181635300339885999787260560375797598680307331475224756 40
0757151879220164485890554090220069215710067763592498572399552763 20
1444121684915435778005526595484999851247978090199909088142554531 42
0111741169391548331482057382804145436271804646866262913735823496 64
8287522089699583629003659621294068548508879007970609715361504930 30
7097144793566401490311205530808240950244384198758241647086058648 99
0739406875441311017445035194648723317674626024900661157888610971 62
6885032390425642166579301971423307771445355387862843251433602125 01
8990945261445400526852137717787667494322391925935590651440122799 53
2365738785963366718867982100511224848175402924750136695005047596 70
8441801263734588010662253040018506698181097190490881302291872876 36
6011259816340730258132566262078794293937730883405816982294048034 39
3246806755200085304321405383703681196744973642664329903378153525 50
2252468254277644827260490649082697721388698375592442072377285780 67
0194840754825024590313667177787679458280971200747091410334539792 30
4070212470478959724163063167939042624636533153824680278462999849 29
5582970677703673617809127448651096131947837554214734726097785221 42
2069774417333930237588915451744621841465888174063321925106639986 26
3693688001561290539774891786922752271866000006486886069438433416 95
6897619104793155040737906994805414239314034277212056417610191846 51
9831622755248470937887500888830317863573072829187673035632713538 74

927186278478368802704578485708707347281843655076523511706256755940
456147510817462888651388948901961691873586644017891139650331248286
282127732341495662570381436670394964964220174269652541250313866715
492577924258247183930406221193155293952472956596108834910773118465
066108537822372276507233007298643368167640663482712659661133551940
546215024279598826033934377785136896658920777477038091230619879767
544853888493488615179022989513355151317816944793898448055101604475
387293460208105642399995653132943818111817949168206643422986141748 8
886246889109104015783835789046470338506242254509152617858172096015
495904190198081724986333236532399620352998335812881844400312316684
412820921571036500317793276716554859267887642911944388521823389650
944951082992926077565435181399883335003165944187490157382515153491
173025292109119075949224257483071597071033946394772901771111795483
875324543082191957109711631365585111336167799267450022545674617270
261926582280969301676526353679785621815044068552425020632774312078
924592807308316095449322819905787604227141254698992203722558094193
132907397952984690749668849730282861276834244509402541973342783863
713321629827188680287704885903981654266513122174665068839034388054
066287613241514736498011322568352453964459177880877465457020953889
057559869620433725788582887664304014860288134785667775223167700852
815670313517086993687228395979776142704304433875367404610340962659
814007959537338037660820668071019298809834646112535217262647461480
906245084356091832662332861476571788736707043264496423755831118108
613532063045273135501338932584698039650758945995278709868677366166
565272940966270953618992380834352325064535406536366700812380843142
129160848939260647575042436077337007697801048622686697327206131308
771242883807951368232596049354626987547850697608709062139444670987
050435399717068285577732455618338596725841529584388095410036379769
074832639223226967631086303998106796892341608259466054119657825083
379100517643071960066914226778080310863589495491266601968216898487
279809973651882678777310532850591912303608390383406391113657529384
738732739647586951190390961292144657800965627823085485257649831923
721384198581880491491408122029836664762563895359153095424421023811
400942201054358733602176560751537841989836183058408095095792328872
313144825688115900293087041948841952225155771425360196960007116347
447439350056845634437690033574176028255491088852153239250608784485
978816727896690263172001067206472074045942489005080762823397203513
834604101168558951501894545922832586999099358318483888333495905 71
254321971399928556698368262705426927598788149893889555327752195716
198846758409266923712272429452524398252383641763866889502393648767
029318151507672585976784849233745844943089231935310651250470844594
598229323390449455206919519475305035974627883356984613202221299389
749069342840233552962635602769933229272508943020206397278510558905
844300789720504880441292348947467288678389150262288852912874295275
043556502096294224736793464035255126954479331493143201237484386524
665786633810460290770251674067522547035447178168614852922458798618
961723244658952819715140614101219273275694847104783728576946092451
816916879953558040498412411049197574392925110095931428097659219158
870146386551402977596012953584700768611682922644374888309035896186
112660684982818072956009457321865073950634395701253548259150353689
577146691650957644504336265125119916820408853488218399214903746883
206389219583967718072126073278856195131355765752434134536657084865
934159844354645376945359090314079655081066049468224721451838346650
131789067411039280361890014419260045177269902946519122625302754503
806032488518836047936463224990548258049577601974085448238309028870
415973120470316393483654892654723025152908040772707730361851825196
120166242493551339087586691042329502521962227426242566715929828930
404311900679570412010084094782659788365032760310302848431325642110
534772075835031460386175329382737617103295213812756699397374441853
371632506355839050047644050431846555050730408990389269936288620469

402695844315063108897864338252987917006595528198783375541777917628
876197775025249067296380621847945014014371102715759436540408833825
817964419430833308599847759889176852252902745784216896900368437138
924036903256321745803965288188275818677750903504077856772821528037
441782855392463930301793557599469619528141809981603585622724554127
597453696375361955709805352345132665746446826235548397593427568458
345430580915983825089473892876921029768874299871189541517320435806
519158561327173516811149098354192211828347036572886744881559980262
163347287343430001461760387865900136880255812776602634600144920817
095907337266610360736242308598843852524693473596609937969756917834
925603693389615646024653120908008670272784774156103600087897533676
639449245622950923406638335836132514639323912202114104758373638153
882739120159065947488481804948983636563622348542146894400775250800
230777863764248086281910281820347118317437303493344261779754369537
719481282156429854650561096435593803114776643035513388882948516981
378638751307499107404631767287595323655332912659476404873562844117
507971390474005513323938961955512856978598020477697600525206068054
835205471581242947362801219088311512081693681709227961780504089455
783599130934763228080151499698891356968813611105140234198784170595
077656404824631188859014808337761115523768193830635714319409642574
226714354981847395407794813508778895488544130013317461251000430733
254010753142425362432677798010605783400730462256735948868856191266
923560123298435577265000064743197514702226705282803889500570021520
539080570268516881790966535977581263688859147694197974829700113258
576587857266967996800320896771899522050292034907180214016910200562
865477296008692638027291114694014711955067728439687724873271581274
804285978103024505132899744107575415357075206103691029094313706923
000275848953212511978468846423010680449037328919226058377388613091
210711770587752870318746530455255581540388785652417324957369774887
607670119504928941832459182180707700622495028789984059966097284353
140332007498193707480320834245563618631659974150015818925437235841
475658435711934943348597563546491917525117456083081918043863357646
830719241410750040948868501060599618501420458616536896955114758739
606606076195171626252502367814350592999274323654217871595338031759
236278898782949132690189601796158873699583536315303050304832586192
093522214594208207413039779873837909064062124779703439511416304880
082178681941363928392496378920442456710399995289756704861790288062
734238454739784472819355128116073381263279174219928320972189396961
112814976972284264370275407503476407901345333133132456496302881157
135538112815499523882630906800982570403252224821418954573119471050
493392745559351320420656215368929493664686409056310958536598612765
502965285049085025477459821566929512737113321745590753157180290994
325883405386994816409967232531224608321089931752489923443811948206
643167694320572801425335205262187828721489083506561087419272164437
457408832701675994309456501459953883255648240406611283333229346944
738229814758202131797535505554577624296325512225636139644685499789
403443974936816101659194123565017327701212257496652664631173071157
348366699751314182591158461432810857875813421737613298382076751955
597554195717239664222676454746520021198627822878202403645259902635
461770596464704118323000965795490248713711791563189956210816754283
526888091179891832700151008943093350226550988041726814890881229128
708295210976641544476183309811369127897747712298020213321274658985
263467192662455538831927714499914083410105952487256903065476732185
557814100283844205889041468210966905433755520653291342320411149444
100772459855641528901216225842635255114707859555321360988093289506
964483761877632525942710870131467907675027632598732576679119043428
262705147524536494231169042157035922697585321023117194458974786817
232156114440928449874481225597231616794441503445868448206178121426
891723482568747787662783616836774324940877324494898869106311260038
047886581813424621072084554473642151847287687459371382984280350920

827521176899384594910962462437545367749182746541846734745927049744
842547339625754198994080811398880961788701145201432449909586952926
214021933973003160651735918939332358754137954654082138809127473065
435451735664490932758490061726388976458421845913459045197700840345
225999096188791933984028895432356279060824936894154632361167752940
382683462355519428633099565126369680011564888048929462661936465231
843409883458602730585413338744627054535383502039757154252212852521
282183013029933266179041222692387061468284264574806844585557582486
688721350254173093712604179691242764813199746114026534138005020247
181395569397702665136484009479262014589759138181669048177231659380
550527069076839774618455309912602312300839997984107604782938514159
887872479842239091437645430731876545189095326502310947742636863639
679565102799543304550196299510289841429099115580018885576177703373
467445467848761475525096699445065903373930150031316083832059972984
457035801649539935756873406560221992121815670455920865803054460810
365368880519721305776033697791282130976053685806300795151760564762
996410624739834969589994916851870974989444093459835935232634681288
025988542531965131635958944314542006815724356053980185968094371494
286556694414900349111556979734615304236866068945047000453891921643
594562912220420454155483397818361155128983312621025076967436929855
168320378541867742237633716951455530847260914293919256400680948773
987875363904313284521095778702457216803676542536975566933769168937
215968264275753744949741800541699442708567746862794334574127819345
975089292370144992534455143533966206168461628694631883411638168732
635660966844266181685087835830220172682727951594919629889465471415
030066994178790856944502732408037778427150341385373556050507742961
538376582005594222095940727751019318804644245589129485936453837844
050159592091691809920932208512267292474920514401517221610979212210
269157230236569349855124309230660305936577985029687173529133449972
416296473482567376407878330294277507365219596517539511732842538480
999346666970118541311640518949526554950081439314826648814446464020
940783235393423612349538986248150164626287251406844154032324103038
129212028434275834077158714583810420168862545619529592250289375037
943829260402097400297659130668606595275532751069879445414339965551
619498692094065915238201172767866616283443831248166625203883657625
412669984546456630562695630052414535081644907959147990964778200244
813028767072494468710070397159911375934701497108624407665152147198
933063018602130504808607034518380062795641871228536242328066541232
425929709109770029297212199474442622854330868412733791162698475208
548230041569057210122026554698035671548157735251904691404309378893
340797835766389240794583105380933986171461332131500267957972581896
229057661511991624099919326321505998246815961203508619616218514095
538350773709738165512965135202631895293924356239514539031754422363
313065739019184123145894299056068429253759897791824573698694733042
393692337352111541335847620381814269245862206816051705773722333299
611929888870521300396966800044633671809692370885305036087584320402
755756772967005007093445629219875590098517416117101049895879708446
952195784811694719989150710844962635254670316057917742116938220772
209323526005718234236239343941116792458409152606168641300255914305
681111177970827773615183230788938566750909280970836933132742700410
401902946144372591081348354917074104732302975622169328016927704919
328931914111490886972438904204922187582597997067564392655969402138
114267128981672957428040764685833698703542339906412061908925873490
116640570308240076491226128501018729351002460461822256831532382619
806998211838401071948228998960737201090757034014732667850030562583
899804980719849773423190191747246598372272074210855769543250590340
703340504822422614308762808883420167299418449561628869589213472341
857679721081980546181583973331783147978139288506482582508818965761
697179187141501706091545003996639897044841309212546912320047584424
537510041844647710493477384411257984961966549943416890264371295126

805623028208527087804399988117787752643841823140576165246619311886
069040513242323953173313951449370956869460930746931416427616166093
185970588956635259602377530748304313165254572812065791236728498218
575347455538754768260270022662474815467105317825391142737172074582
716509627640099158475043363431826546354402640405973284371165072254
032651366553949818905099347937981985806978218655021813270393153600
498153697632986505536587743634152179587756124518580348309948337088
602548909152582823779836683487395570987066276329805725192187914536
028557177376713782996157796051868521774624727977445894561254974374
283190481535080953603345176201862224601260462488022681448903020869
954053406814154385184939659903845911174586904095735814668336030323
456446280634305244412220994971113470241456023969311815207755289287
487893639618928372948700793311171332579697602283983177455775458612
993110518107239694876579428203755884462077707173234133890415195554
046475576327027653380107926590450199139991114863195571322212459932
729859118497350132241737752767249833216157371180056909299700801812
447186896657877268005455511536819797198826848078945227542433487036
723188421035203504853087241154459384754965862009222207569799320338
036937197011862068678541949525556332466091158655042170617676506664
877202306733521287122957286462859329268677061307692555141372493400
192765224853943270059561964109070391620844032832798986619398759246
467689391149503182808347939986046658372506950213256921756490238876
561524018521701221162127468589481789850286474477872880522352356822
852035937224412799366379674282448396437806808494923017209468877774
251866079593245371729080261399410969767654663409431271434368806589
206992388966339923778147478935028094373660275900364624161300918734
985959634280478473695673504965124278435885422229450338001132620039
715846114551960415420912023544705338201478038741000722524862318388
819378019216582103744167097585735374113408393955228578747068218429
437450448918247514388781233455586345077626270217716576308624209174
705004017086640127559230703925990257096154954742574332757651801896
883382854955713228848591640290722819747439084329162549923360313093
772591162447164874142268157619944324616057295606007775572712147755
502821957088598761030861652699743456773684934533075310785509520368
342153820268676367990480875512997682554833269000521950313002848256
936888101150090070833401009054160543970501044880124123142517279266
978094246624616089531136154168053097688007906225531274958649556987
999188853625530061132458335482857506369488225573730403719252797800
932401965754539426019497499777946963916736741873698798782505943711
750613684512558358007146559799183227867154283537193419549062224893
595622487235001596551595820360278287417452051357454840974327538257
555219568073477789127242952528547537741631054371227392203054066316
539460792954280119497228598688626209597057713657674576946422985856
740408549931614689233548567863314418192212213688629970654031711152
797921389343628299637884132778293950989205495568478674730118373845
505613147815705416301181460518125831815266099326685656447494864272
361110063990201531934128825983210736949495291608627029779390422363
625159140824703432470368192463982751895269102279503149337308998377
992792454394116047159119733154123209971781337228886015363032800532
128349392282194279859554554166792585108532064032098488506278156616
214881284667672704162016898436880694859910074525753019823764538420
560472267979845632601505549341618925533263566771752943034111901878
705682235547120159829502893609563368361185608376927023150693340265
942304195620459672440770113647316949691061304972832176408469533539
206481500583501825585103085490348803833748183194421881309584774220
376952264714441724599395934119070544163630797214176855938286411209
471656201941013076569395469755996400829760053541886617882311102017
271557302255059529033501374025869285427719746698446360302981411834
518321932934662119104972061197368362956703341942779167623834154639
216655897206710021103908596866839052817371965278139213450154756878

629131833284334547580722012475467487682898189234688032497121578622
185846523818179160338762205445026105352773016917736647808824173908
844525891385240418917053930136056205025322890909131465997522304654
649626487270505042798563552499956894354846562905335283890524074768
282346944251242205243214604969115159950274511921156829136198777574
429975081994571497877404754366466712183671863998593864775848049737
957431031355610692264889332379418862103430300996712957562506033035
903221766749415535633723911688903236692739237960555947822231835025
757695690484995783553419927080045371029096730804871931921873490509
578327909293340979011230509535517787879742573025912661514733097195
021283664439457963959427214348479182656385965253201950438972415926
946839252424218603807287126616642373835217683934465689422500055758
131518403085059725619469623569650725848509348137829283722170682289
794264165425784454200928474864542851382837277838133513581940827953
579228398897399113773593148731564341268557738938282797440373940385
808905475853764692026568181661000376224592307825369028319760597426
613455826289520007471751986613934845228586067098922913986007376721
642745021841899068751282105164071420660638958780283243197758108844
372613835546296124606128103381311012814748306492500156551239064926
376056315572415059444644757897193493099102668095708148423810488418
579255005136768429135114112517579390222625874008845364163387127757
530258196237227159074255547573401193630835292546627694571481133866
548463902123036916905804954067841731055946591859830350306583139906
831697648387610119951936625361388897622661650846673375947846630420
393844658903846488347282284523795317069941161364108194469699672444
074692839236413056793392301529191083607535780895440722657842315084
058834195478235687997366218421868049687643075313951636703662637544
391351854293973863930350473224166952865438439549227104700120921738
010383576095311569449746487595685772393959461254950830179421864512
497606909585532848141303982833219574415699412308393266379517589770
912549177973118459399261534522139961410983491061840577367414824444
133572465291503100508044625750253745275459855153929486042330214582
807131173753191394089351712155180430170462205544797376696674789317
309627148178043205241537398501695409051168830681253148680904395232
324376023162252504388366898685706616530661819045685274746655871617
726585165073415506594517561366784259071595185264923266119894199276
978330288377794111750144741042290808902366083391940652111393237 26
761359788538923428288900897730547336312680332517109129839261484970
005426861602994296096384886444060049102945503966529170234236346606
504222296021098785880069442156985770536698448410868673105069630296
090619342316066387489900188289495125615591102404462820531593770968
426564803460337817314814053845044990759203550906445909909091445259
725671495302827264521527396612218260413461475010286492244572657657
545290324054714370601234431217752065777645527190011539533425054180
753912191505983798526157337051622954411970307888743173998914579482
534998715896943787734373767516156639546476243520818653159751036668
970777583283865057523580501714023236204182085387774679830295084423
383311037458065364190794474970628477065476794829621886692590682176
006731391606658160785832842513862468330626033667954679124922303238
892956877289476121515363960309406276531197669010911380487405493778
751586082757323635456685806749062716597215990299218670861389689513
737068317315680091955482779204650557777506688852118669297652110390
778631844336959067235202839999643239638768673203613791646686795031
121791267912049422686319695226494152603183846016537045092592578800
424405944349467622855508545255660206942268773218946333902767153582
022254703312234798566827028252459880123468395377635517468912253678
812381891995463784412703324187373763325613042233271184445074974242
237826619704610401112265327588955723849850576364804940924804011116
277087155527988407903612572788359124144608103336856769783495825697
333839956169239890008502935353429996574069637795021408519030064495

477747354841168405510287761108641985672662267872287859393358397028
788359545126358807626541463405148082978002699115811418605476295128
819943083866532048426740555551025332274613422199310361947772049524
338821178503225046229221424569555500331377584285710265052016884487
127931856374126072774114178698939715422672763228658486169677581873
952946709294345253733506500569601346073180257767909915513450348415
839846752650573742397471474812540093578195354597345847076500744709
732549393103595244087802427666984630842644463867363801628651193925
985133419563039265595711671123044979923211736068489759175582631622
390226224898462286579357279624910376403823104080481974942859270246
321273900690507498877317321885468936424389420964928566442461752642
327072727933081557155886648416319531614117369090813201902738952842
515499672243034890237632805437291613982272529908369088924973885229
959237754501267808873261195461636209004901045657272381218607340291
854477995352899592119455188052138295626177408041273303794209036780
753112567600804260495074061905648780805023437355891615538992746563
307620080099691290761006320537323126937279620073905433437462210258
995721397889190970317550197355937869240463611160272063383384090322
398941891672249406584603868835991272521420089279274309866163507957
283790514385513872952711298366789616191813948640736857942261667117
859905140382347291400900979224913024997870400380541456406429066379
039225230449217160958905202817816159901170435828913409135889439304
950965996051133242944825098365107498514890151282305847215258025185
011999672909230195341591046634975148097657585419544419386603010239
328940819094792784807830452404529657217508603472258594175772471071
244270779869072099558068222519789986479329847328307793432374088524
818024125993607628074995522310463219910682998081182041577020240378
672352363041586909642813303646625339494940242686862576591833522241
354102004887850569974716852406728657519434257062573473667547365031
255720837472170777317324261128030775906546923950229067582820612767
349847106351976446644271672093846156072556820379137520949039538816
862720308421927493301196890650218554242991742579222620450885193664
289287722877551300947736463000642410992990004593246677353137444054
866848758777157886475428825132571024995835523050990406816463413145
731448493938698331347774273521501166697679503234920870266706333426
771215264880879536592993735189924206722511948073132659233435772079
645297777548674384247689261606817339169281246359135494609645011156
588572925382446911719755728510786552984542787165830234121111553000
746635255504824523454104857318779100347623305884072578334984425498
805845876271348453269204022568383164232223709764547140509123641344
063619592205000038714900195783359807810085988860559728484791165320
708745934356308021871621114895896268008973308214206067063769193099
058122371610501633813599391835931871303044926180189710892820426100
316149965985859667959009433747212333443895178821392131689613734560
088472118340553704173908865502215538977424805978954172343536586149
015842836947490060430889525606111387554385849627269150910862397554
805901362380403582626005307357451248710774142634775125097739773093
907252823363210026480288229727064109520105288380786769462037156395
760476611450058080477176427287800131312774132443027234088512989685
603831524657474367982370460127907578060892422712832226440307990061
532314102079712380053382053051219117387093019838536790817347001559
734751328332160254612250272486712583495315739005620693532954023597
171539469246442743880275961486494129247527733741349507148780335377
866363118562306153486757767063254901868295800382587884851764556308
708777219208318388986225367791551404036491281933272346464104104208
811093126098396184018558463702354359467248574915309080485941831260
967299406674844194400842598321754803345986174002004313785082861832
997568177657103119631581865995049067237979178736721907515640653437
764476306217057669856708749227075028087672462042253538944741424134
363110166436639699880878573350453467245406692181042688115669543845

1339196056976913074521339412192950876911121752555502502270789147173800685423650303237374867787025583890598936305021008716646978571180516617315670294795858844262719841035509462151000546726532666861744293511621047567390241977309661472422087045241117074333885178666262283897595052031288720189523544821739478219424439975899983500607804123879219306567932572487287019768589246523250669611473973008800477104433865437226884395682500885716481309468446127095654313955754758050793514267563138193621702422973187848122776831895740704846233538362165958684330857962853761603136764747847256586609266766292576087452731246222355044158659706369989276817043499411681279792821296922692766507086672448008802330978928203559308288859785353411978502118214004684250546740254977141733336689523049168314443762977348272050599618427960138243826409005405005054389956220325769403114107296693855412386184534165135716337686204154882263119603753953515796511561579168752008167453622412708438608227154950444416068767350715278673616499068407910205043844601230826219496186924400308314293044784092563118632077751264305941995949177170641308906867774638543917793819757616446811106638932358361840915953211635978809063329517326102817101486669486439611310171755365403322789044470100197631212341076463636245830977326893259327741919571499244985596469761730467291526992474055576981593496630773754704071040347974975517710849312135392429329973675722029345975758802576403917756905121552802314521029313049965333937302320092050540968566150405868034163793425219738612936589718569331253741457848278270086059892165403956081731874297587191910693275712179952087320826981863598460067276433876482068156113679122840973794403556138714059739036867993047423692350310653421466641916361401970239342325752694299027469339644081593015791879515442905334626141049155315688450125585550009133220611127010184435006952174617306595986416881093816304249760877061545783954493791871917977821405022579049672212207781602380149238129400854632371404052972776933521421226846185978211744358524205910970289419846246899952324223981655590466771322876361960183848743194653729812296335274062864396104175916247182063541974356857130071675436810628538358587361141488327923310460061344514130864700024719564721679855282367690019636214043564985333197688806488862002046177902558022709496834234610834925724753544521339268873693931289850485958822328147510381188809460451439780369235292336510900341393458467850412291741350494370619605866619482665643182166566296456063733475093289553432517497273791362242708239356455824432730660077315547130178084016931960752234418399227001189768898484463505526607269164237837900804794161768433438322845853768413811825116775638388925839402012061356744691967075752780470693445818276915779568602324958841160289598378405115255979783881841029014784762345089670289667288889647657977823069979881927088351349330445898170864681797111283818200204419749911772154103420516542702703199984663491469520761598650684885220316328732259038150648355010008451778437545074361450592219424024187262824903563412652643119265503040632025753660531509186269423040093331024829860919247004411577693505738700428590486697364230705586127356402054048267764388090325802788508769099480925732901733117165305467839238783985992084494944282354551111075567141794156706197119864199564089819746965038359856000153776319786594268470653207291301834658782449250781987830112350426129913080412937786711714417436494170413095998427749615238523119521635415716204185542617257732897542748964252455836900805206971989783405327952496283264156934156139985728673098742226214028851812860019084603231750133307807483123616417826138051177933714470414812118995919098022374678777281289045303579959340056720430564404493547802696346463971915660009263686421734741176193906414540231793906317382851890365239862900709983098625224892343712260609858103040957638851092438950976336494774858416747664414121044269967768519849816506753795395453287080549905298268091627341027240261084195694627375916305703069

3604930495517602916771452567323503367130957078176961089025569013133
3837451158173426087208091976896237615824723279969676265949176968890
350001810871147385743498364099092793369454718156290345287008933177
864626001848458350275093946565743519796624693962789671332753001033
621670580280602032717455317735493275712812897223016943175659529582
131377364076503258241209583942276617489875728184847630287518607461
981595309145177675376142287815383246915820396855647131870682486414
694355434186424089865340226529793504253105307455647445859877651882
708589209421996518670330660554024323585305741249889718839646582694
981414032729680400985674094472202944414410268192913411094218741513
282873310798232925145066107827921012180103111970427769076943035449
752830570950893363533333185109690238906980629357163430388150748514
989827901710659364412707476112985186817773137047234454037456002862
191679132213657827070240795099679141803348219625586266951974361124
884659465827287656449897715944442118234927551749896827448384642155
445225433577710157111531264690883868010392137927188857961098424544
017603589273600925798619743410246093628989695597260191902173807009
755802375380835506211199233147409088468143519903350329776225541026
224766502446985717135357265288218568611239302212235302190516277356
974128634983540839032773548105080711638965572944766845792174112094
484019965561435530689830861208494869864517106673707691815725446046
682028205264852335869924999080595519278288145869413682298976929469
666575230382603431048858076055117083009197101198492536480728361569
767818774221507110373995369276615245244965350910034528895977702974
277885415339785881066071568949262130827794926549436210734569678785
506873855611333520651100095167223844443533158667179835359535764511
966809574527400042434015440049062666137962957470652740757837146094
002332655677207837079450102526980479349759953631214724888120659995
044732454052956949161135437651275923571260142803889143997132062841
954681968858841752929226688644262143406338432354490358718369905053
470947584495815394054529883914651863181509397362332140545096908945
353116235023162645424287888032188619172536257980921796925106976631
553486672128902553534276632117995418894408023111712410789106391179
138011169084156147104326412032435201946687819777327163070488510951
900436345084713867267715378928165562125093199330846173552270091856
241962610481528464045526818176983236033294487179905087448562440525
846670570782029673843869936935465436456444723004453622737526653145
299219622309881176456806767139785437916584732095046944304384883707
718650184325692701151713494961736980782426940804064500922506823933
795683717612153905708238585482910045715628540523094477092336799211
584887188615244229459047803961052354775294518432918217764704012674
190255625784771039687550336529962214488179352640586781333262159209
134904418941231255215399597795265706825746240764954866113924814670
065722771960249573450805840870221307879945435072556036021889510992
483703313007661853085253912740769203896980996769175607014847575779
142527138022094159387748849404964683120257215335558064888819994902
449124874438702696481904561785671518215321421458688965726342557795
756265270062929784596450617489642530002109224798180888946251675732
735002967714705032799875798996291279287466075781964794847523920352
226455940631262832484175397548174570106570926022593172320874093274
914009797818697026014374214786317938531308155711671801618419885007
706082881144649675351462171955213852392511041984108164140482204424
941782795380173574309636944364950635187482039605091070892098443141
678406446191093677136150577214300475164292784627606125879326495558
644718659029848182201602100499771983618037782118959565168922539341
826350103713632115778121460237093669106321911883916952705363199942
535844908602398083142987243632625841069153661791501171003458273988
450230019002557747743121433421560910214256300472929521680512822156
479879131483612303346110277520338297969847648751075308620962846476
786353120230686050987180875128226550528198916999445054582528742745

970634022960335685388694979938282801471099860087059568484121519647
334347663376274351356005241363537190114791202992225315331886602515
377068331015488909995369901717369429844706667704827932244823418206
567425879146781115189747749072558489155466470043329222039895064945
277075532932299426267433298828142825568965733266786575619337195939
080664291914750311132844675148739635772879342989756413360426581430
509213481367985288829257251595246368667052647189839619635984921134
156953198638045581484790717809078695292727918404522943010294283671
108395063484250638208555865392327654528622726648834185074874139385
493074176302795550310290813677069430289701202531770184941820914979
238296316560222983619803482040579523193813266546097213588393044852
166287214352575113723684505929298249561147422682921830579426533469
225932522637203170191999844767571541048969160820055609293880438561
539393886108000388931415514251988072813467570939331543005256903783
714451599730234429145056998641467595030318127152727894250238346672
633173337455880994354439500367756703109190940716114115405573408848
342833535993192144371060068593660264699346572009360316234442638215
142442839171596146581317424731705156325348237931474944920069795480
164682189884332759152807095398821268398936423181065489044804892768
489218547106769788613503335244981138616373957310268025164231339411
549810626704975020136128532716794506413100084685100521121363995839
031402261910807289909816307020635413111542266607869548717738202141
054740140240326319645639300962185517129143265244274594414418275602
144551534404540028743249577705844940809840330272581809631796524917
350701494846684157254659289949476236370059804890396576313824027694
236662622690151478947116904980254949025258782220685372604573303597
309077583539317030888708542349531223031802292879599064050177373344
213062743143128615220905180899239090902879120512231186846024133278
609750024675079171260577404575292564364823259159993166445098901914
614802860025482343871969033739870536003763110023850308855156273942
623157390714593247386985029721347782260711680996006044074990934185
340057217199340913082088234123050761235269621245455084222401498616
621573160299790401496699491727462378267301789409424959606884377389
474315405894732714701696198582509128215714053085784661918613228061
036503420039013081403792861284302253788112844894688305371033031235
700434623165907687630898083954159168520545880947623711927889907467
857536699281423524704411716652528910036053775597355884354254237465
176941851447073145254768769289970059546134968039738232936238998019
862056505624606681310225203680548324843349695689653100385237546675
878567994009464253726661505467570912987623619267008359876267855503
028630668799392265099377398846083906682082066230124612997303780115
748296449826052470590020138856244146334105814533631328256053205200
592926480830313212035078776629584645441891695373424281390351629291
422504839036261444255735810748683489251853965653149819630557124199
950351323821951186967238151458339349082859755991966972170453430432
731619357189676268639789788684438861190418094418582586957960263456
303755247758311154311476203593869850737767074276510824819289768101
338596997861434244300067684394207595549574076093250167823992960045
740357758333106586041155550814690850848399595861676625129053153032
243940117244488740345224071805352218797147385313216889626028531253
487585855672513707818686352116963311057203172237060467811950861142
666656026580629084848817231556597264624249137466762446143719528456
935221561844002089813015954860029902518858507357307152932312318131
849917893637341453991341102203556541051010772435986055631748277847
240137983474630972453826070078510252638166027436710934976867796097
426453923241963379897682484422098019133054859645286814246290873537
053411643476969647296675258300786930930798498427116879044083381863
267759733803252682422433296807395064180671565602714268211230312342
948551653653215269457610646824700707679329111011960165468779920874
150621869243525586056608143500705463657282512899089865298827626568

2300743770361058062226645479965700376271442571577258126868254662946
8723995640650972832407761438918770424976762342214513091793687746 0
6291685183902468031364398974169613588291859736553890645775130811 93
4551982918149128457651522996407262983389641873938024632247073639 27
6859512913289625226756903128989820889247134957014294468682265559 57
5277458228284299728097773832127325305141699246552250666146559135 75
9865547489426015712380877942847279114372236711153038274775334142 42
4071794886020283405775938586047439950943326511364877543242214726 63
1364859057771943537278581043718337900951798179631135089599605570 56
8421753214407989559231848085248780836755006834594839342478328565 63
5247641894933649224929770885816242315020491398043590449810043149 32
3301059449024747184763989316316844434740475056811723746439216134 31
8381268547094021092795718799369313860000384685143684582116680021 82
8201299917480926398909895665394058295888600282744802699916980106 42
4049242658107592127246906309924560742166116941838972040284553170 73
3152315111420567850949657561203900768315674762721070457356617187 84
0296262487211591769263270635913876784655361999859831823045145540 09
6974268503775012008321332069588601973051218708541843880610883814 33
4713432566689792627702443419921807686310016485733840408240758539 91
3655790811783908542062933068122947293355971639367946203353915270 90
6372069467342338151383426947141024398224388308667689896244157150 64
4747905669323318085246429562923101600511186409568800680522593965 49
1379781356366627865848254046068731516751685658713053052115870559 27
3837534786890808148447224684033527700001191254671233038886156296 69
6015872181330247282478791621978491164332860672224463528831053208 58
3604580514784985209442235498471314113188173524407691698381700780 31
7068336361510531335515330958466236553926008021258336209667955544 46
2962234869224431908474639193517496015959286204453799127924439547 61
9127992304158443289127305216912408131923408866168091854338242402 94
5446101708827516088104274721924920945394697026860285263079403107 06
9099130922043115964504298191085799442609001524514242833415815488 22
7675820036415251050279035800480534280923023699820894145946331693 59
3899070015559835064469082244498619717044307628693201445951564848 77
7012594850115140539797963393010043840531906790743647129958471833 21
3887110909982356672212638054868387418940101075400137881018393159 14
8808747865878795001515539644076162577508186358217931011726144046 66
8884818219456044051379248831971545712438419343896724755144423665 89
3647185182260718836387507045929451981123641178097230743409552194 14
0524464220090222166686548356081018514431715550874520307066813582 03
8843521549879449603949472960654708063982456273947063974406405137 89
2953357285866899900859908690670394343487080081760714050432569032 00
8815369471670760999678083787526081073299247949817333213953183877 83
2823591673701258312428906473547421508878255149841414235013016726 75
0821791110025579725174276007393731921421039260329708107698190589 88
0389161813825799144434322105291569057878847458211103826605498946 69
3764305728200945740752925336116365750936006367349850284388726581 71
0725994107849303081301175864861158329066057327427060306999694824 00
5860864033250510745707713620352068864946234411905631680698924069 54
1256556398194247188892203522432260972317548885317282667739103757 23
7101067393376638089815158426760468520362036724078914901879273556 18
0766175587818153830714572203881772971875938956629614975056785345 08
1345976592828371823671924314009741054372978445101625754395876245 79
0382089029349315014810483645135388892803043860369016426589231622 07
2189666519355916274979550480092555159519046186067918808187226970 29
7962202088800248778717791258102117894250727613197954310962466401 97
7209723226100268637455300186190885982565656265279366085407822811 52
5155118261704821756956154162785139637782479952394359312469752436 90
5921867794263833307337392092318903473965575739664909820526187772 70
8461695587361455929521981268933164433823973142384726159453088525 40
8871886577640223851051087973101722522845299769476173758249952632 47

141181730160201833111918112228135088569821004818161146167604851873
699956114717104896951452849696758125834536129780347732313296535965
223906335742142020499047977949714036872153280706435798771212837235
867186123284810142893866885703762072348447967592914421953864220121
082077988765511025031152937169329199651538878042516256025746324085
042288449977623894692696315286572937413430169360076035329369706417
827787737793065010569739456116219240336676403090783541455138316434
889449979237557815875014455206486934713086498330073898088056894346
065207348759524887381452856331188696637177260653929012996245121362
161821249758551092460860670329278198602652523263228264835722732391
838349258202127593894057153041127362818836102715025364815499370099
624982612448826291798672824976494874375237721882327023286078786741
446467607560018209489067346574075767645525563642243021209167963726
132117855243254451672661784549610873790374606632941769264634585023
927554463003063866779511564310976617009500805367466292149031922893
154613447952205175673050782240665412164309774725130449522884992542
381654379640699109303726768644369877159674558387881782369993907291
362951135658592126247060512379920709844530680675102192359762580382
091795994036229322416000214494830694988847984025711575886642601488
261724776092275527824931800612454680443270369494280519969324740567
656213986896794541045778067938189867874389603154930808754485087084
13969377697387704317742865816964018711318755513983743414948043673
850691099689283408455486588315078298044442921781351968165206545962
885924899472173332920607370072548385216598658988907709883546595044
585146811251957872729831356143487873935778901650631075864406944483
973846508885441240799357171892723876043392675414211824046241390905
429387061282390467449182904617638581776736597386933106850735700688
392261440049675224410943938679474310473017573522143068707911389927
519833743170803283017996889374427312521582135631706351219458024320
861852112521563609484108627492827688256250168628994059815893041995
881642867887107620110956075974128723052213171260507160053682802813
777234299991773005009432736417487408931931722894048033459985522641
089298221544911814713634885180832952437115609605107576510978703876
312812439595878309461734903983475833694660579154522058959144056918
656096427650852458957058774828812041326123928589487352356033810431
400035728912378562743250250463650074389009557274063694944618836528
666054372615245417220582983085096593648284195869616911572593241982
735832458538314401670681614873475086126487519897807761879174968270
011712481891846613898797807611495726137823984153462245734739133766
906177880605463474924802150100016241121217139454356212000027292737
880906863891198335160811628709104432373070159783768052842819095215
390089954681456048093477272389992107712708831199940831181902204147
888292396454286509798811164285982169556628812903107065000093202373
656256754844374179931102181762310080201404616668489913449894241224
497019175557649285423992397248206504152537039228810588634119197203
443941487016575998455338478687656777347709176671468038236731340163
982840788020534954683295900144178046155394012922359304469985445894
149744390975240122334235496542515475897214184893791435027789414016
885281649814395529829554011283072905955477612250008820025122725613
693737437692659490087374604434475687479171702479007356271678183376
663649010405890049089190374645620178677383153699102840008228759819
7485352472502014372421047928487967599705557786331111404474698078827
521309539908080311709187392213784736322633200766495163505108258978
872205344514715051636392345586235874774466224273621281109257958287
611916625415368465731854067726266281807464561236527057026139992916
165305519804652650305545484991794037554110839891390539496691499562
413086576574402038396516635578730617890614207972461756714788535806
936170019844579843509116551020022736519845348479824964461874462583
047674648261736123338632176788831250491277920092668848423818185480
897273944618069227465490467321094749474591173096314265599310511814

464984916465734889299095623605691807453782343016627431623595003450
763718679986930718629506983311087556768767520957403143485900228811
237823624226101946741693084249295818822909711597530124904150583934
405280223506510308621844597274035293927698964695385469623728428517
188700622734337169764549988286823553023276435037635204423303121918
594735894560426683544961268990924013089983378701351245239487953845
969039342470609246933983359445142833816687683906014541970792247310
862821685927654723364212180787384299729325758725227419692110088899
483495642276964023114275391244744324195895104686825138415711722663
081780340834694446916054767932938894204339662086472722713405850346
947698378481116592561577153522840427648249729162557314786408820040
147197345096547770301284755681410163286181373244098590685626637160
588907071996765696936955777186970008347826798465723983128062485664
119583559466864633682410147066349690545555892651629622100768416618
973454423248558753157654115752350824419774405089409900945155868296
661067096709024218856726351302207694616474196101248350048832439909
968585541868766773096136362855749905316728342790555208749417006678
209583055699624947773343363507138316650091609944586030701991206362
094726162816281543050557973001978755133788352283359301917015024377
492382939563793589629549538010617350700506211537941161369245401779
331106731368079062915857711534352906341740273374652512188369391593
552057152548039141014116076073493255128653224200668287083493294702
711238230448191080636701705555168166051617085257753897094270729668
693022600648965741466207261504708613737237246453254378255759009256
753842261930842019301417055445797375197530047041686118589733242245
538937939958889725739655857866212042113770585010041536324733806348
493087817055660615334112886073767434320714040687517684530102491894
478822892467092476454535781147272683411981251579374793859013653631
922285377259074594948916500890635310373293460482081275476655448033
468975099417337722730080088351386612163960876950803327744632752021
123833663890757017365868834071432495737637613189023179572011933183
468407571300355600358910191442671794848640975070348915715578801216
721948131742438746984840193683550642575388859536354064578459525802
634894053684852456612071352028218360912107282448603570984859862149
911072056038245919485982982354366474772443187443625938524431934988
597695084769983030114427791664023536244069488936433666519120633002
270696431428914178156515762413660679408644277393150876453278200005
143114416938450213602453859527358241280822840514800724995059504215
819802203211911703806022726228531527782250798281601848480446388454
238187782171045347616593762607297088842176998044060036095071630593
792353372760325679084296637714903184469807592422930615928875788093
754556644160988810322733243261160955215205586557288084122820000875
492308382839802493037018529206223877098770427810125622682864582582
074893745065734680589573571270244699330407523545448638482611794977
490652298806639691549161945675734171741466566677615589130228517249
374989142315440420360083760231932689109975546265851442441306916999
881628089074859690483068772415009109248226072211953662783562688880
666917145514720406546986724461341839275466663949242227578726053861
942662037939092649269513080814316765928250487647210486358393805609
309137306920848388137756273064149155109110844125268842822447799765
828045167088789610015596232545784169460313922987805452872155596749
804085046227082625986099215606656776059196478661965350118610338730
120681862698898317555385634933349620362545889058353970499641814143
440022080602998861413468584239139340153564232472142530142859120565
763856935627762470877172637820785953181433146684288614405778794843
941854414553901189633756637537059024278787829869814914979048998218
102052906879742490994284322732392927379229358949375634604471174134
618118763775567553171353328694467886633685252997791338884062520535
576727452268759094250269880262302902959198007187271543905075709204
894742788081121617537057081777860657232739443689675971961324093497

7338071774850676806611000249709483177585048961316817104715760132811
1599797966971179648937493658018282931468853266706863564738459193818
6300614124738538845590045829273118304531949237507394953597139353273
3415735585162108563929472189809593934148208358495693346918311894798
8014433218146335283910776628884496086869637826510737550363616449216
66918087904910333994848244220747450873791935474569615644102072323
200904265039496704594794672172322314104619778179232279689115160333
870859699947512842805010007507936666864488336267250377590252110262
588133484892873136664049593470280206296700557077340622029755773349
891842778084850329492415000656210226872992169408430237869071121487
459408905047676091555973770140654311513641993910153221693197750605
362646324562937860104085102597225325173092650965923479694992248331
176811659480608800082618923704059498077040017396745821892429548950
716877133100103978515335345314710685957094450605373359195365861719
631497006018216015116781644587779937232745484370216719698324035215
895168535513924782055912827961534916630151458051788841148097186706
984272264732539627856885621860135755148025841191257861698154027609
127050741951140396563792898288285227408601450395352112653895388386
779399517295862927094784127391152433112925946400072613464924997268
181094515144033606300528712881176345574744004968524233433988590299
130642366501730923117254932235693646270826473653961470193614656488
082366385687127431181462802429670841610218758998609649692350312982
446820228624101581183380869587321577601822378961801576779989263352
748408957310408461068537718696398441318584611504148287305023118066
959863417933895317469817706686635251177878445758531114952252892091
504281574922455591384711330427158913553411142349566732404385307357
246228684692228408379373448470602916936013993040950654596190030818
380252728256308220937269752752989520766338895811003934670501955027
215254070784222031586900159951308263848419748777684991692392219653
723166544757440764101009965061712627959017809881925888477927081016
545937332535284128020075751048259116525137578340100895184768524910
186221173555348636969841574019955602865124223618740583409084476878
971542125953035591327072076061508973819799481185638356745062572946
951343691678918263066507952431155826364371997603774446201879101613
542447700627364765654919626761644468077219092292908086622811295988
492478114867153425715536760311952454756156523696770385370476886604
698021385248030561176382068757506758136412862878013776514061907267
002330978458776691822833391651290787076086693751711689174162769080
955175727969805201682102716262136069706041609156178870530540720979
768493026637638968662736050113988988367335913513960315474288974713
854169693929318308680021232896329599381271653722118529514501671084
320746942049020976670074228274667222156833863413023286091104602401
561230498455914095239210460975654364834446150855037499705955336660
221346260483996012273273641910694943992246524570005239136227333383
284972755739335649594315523090123323056343415235105696282286778821
093084612156866114443870760958284067151875349808971433102743967023
207286830105305585474061120710903593522245318973774892872122393887
443165480209039008108108852669227724619314382529097258631124615779
550275982207061668708048769500542419875562046699274663988639348486
840142233528728214440395478422891745476582719454397372171674600060
853686206659734305152428332728939125107799228171714059172236020738
527892642080373792927864355780211583575735835906020737813547108144
950490459183211755301545019836835859869923267993632243604356246020
284705006583453866926334314789829914678538149164332937337706472856
119777547178021057206562416780620492496050681014505544400083691585
386399196405583027286332121027159254780491989067089066871512194349
441699015818121629691645296566728882261734646998743806066636501254
919352995156342670614836862978791948285828518127841377026940221675
580682835676215271251002722532175501175391676185708244100056978635
520154571775096098390350012825128730291388517597460971546374785158

1629121900284214937284094101651557061686206462220736689554939314543518226625017737147979968920612065325275418413914476113922152134614069286419355821654479670253694488544417123943334998602980270985027141815954167802543245054515169222688322276807058416857108824894008108059824363880693049401400360540588251472745588258232852976555436600609761418817454395068351899430644076770973415827497543346074110326888197363251029598689127139183273239406546776520570126856021583738546587562512867371973052008354520571151156379671524228543756123193671768567009006373542503094551019185119622995140325974379209354374209118431551168349851325491586543819283995573831259453672482506711473896296729908788858488825997010742272525040354818049628522570520823634851226938315628067283671474350559839279732606684295072635138275104197468897676725913690173065123657317195324310128695610725805283363158900958266984173539638487201652004906490640354985449237229427418378411033080777386940393450466333220017422240536339407527505982935749108698818541052273129910222333976612533246907300802700490258911978660954614122133412138919626388266617865561463442108132633077176078663806363424319091832541943227473241152377048775613809279604835764996953687485113088070624761273257503766591078316587857685506619883979458302690860270196411220225736605864073929143877225989074073598764473315527068466191670819909421086085140332806017878514301499679947363423662222918206903244530152501557857601522884736715182349449265482885717976992631635275384557655764406775448906682489966134559521800978142208672688630564291540138296534685734899671972420171760414562999130251414447524884878859521922268437236453296433880788511069933976961277826916254630973235354514622641376521392975068099247765973472612690939787221392807455856470999815894296685155627040336605876230534031098345932290012698322692050220158143430280800022365801546328825529047068250736300630781189568719809407671585126103344019382962718808600861169707239670394318126130974247111717901985743012399075403547165062880512649200956055134533362029263066498091540875817634021299600161949111034937515765588752482721423767972642564269773681988908821722699265553049872479047981000650468434265519305954864635159658341932560199539427254246373171515176352439514038074244238577247656596152456746699316286028264855040685912246340769663976942701366938829185607675820086694383375631459329417145519966697728221814706209062034976317120864660306056756149331091673596869262998033651598521300888024046181683318608779296650027792213476011617481352000602598951502189632641538513117752107146410707257793497182252726790059933701865961579327800661769111831676147157964648741069522453761145688792311508863036238407176919599890035658075472701071991664477592277306588961119394275860246657291646477829595177925217284078607443295113156581166361862904473631555156558233734102054109705539810551185877748472553177016945619773274000762746629160155781498938499154800670015880287271396477885553340501525788846719648020524672424493955186437255844099960063063002898185781127353194003444827534004296065595089225351860155422289176429463530972839057155251922006718225204483456957283024858158777835437195126859654267081696079823466167925926073561893989559028954229820069011350119992783370576175407125834805827806812389428561931111141325049331642605280233039814169006798898037376032099516438489058699369606830710123179615266924530464923746322846279908242334798330374034450178644803988127559225902046536608469102137948423688814526296968662135664767020142672532056443503131171444137713514673671697265452265465106144038202743516102254601111621957755376909012981481368832862481603668992773908339405147143384874769201164261948192396449463200446384746884791115170448439193867653031100824238704981524520405573962058183162486945032953509198580564589890874425683122925434507473734151952742364764180281995487317377212901252421446754042945855402423906471702257004464248759363876636706774796202442768094377854825762

651284377690093142098666071018702933859331043773285303437168895184
802547799127333139633667250697624004443999842871548273540021362280
036387835780861930328130999490596589188937507538344269255703320890
375832462846794994772016161849244806707260664239432321923207176003
725231360026007938117888524025045773149253502497399425440513990997
242778918511892389555672490883322532107988627081564000322527803151
097668662283346777383494174612258945420980000290932969074377260138
690910279140625985152505977668184401078167066934000751493482854055
561430475539110533143757464229486209744679084475876468363178927730
859885111355095794744954218629866774966961594744440927311320066978
611380859054531762649459016781969714986139949226972233845270514380
938951350464437551225486111708913966808936677797309943848808619331
909104357860720849673073825937923963599328475100407272793862627167
044754075719202503934191972545189483117279024614049668955179079986
910253764890964845981670901713935120678283957996122631197331491337
781834338419318523675386629019004633433285328343418249210719160927
673080132353694726484892764429798706811256546280611726046073321917
630474121506403020178932057956876051027752505304361222709604675845
312738661652142419408683408375891400951141339295457700947317481168
853640941835286109971034167235581786028234982020314998679401740417
191402839362105194806048190182451800817013710421974592127984040242
689630053355368549416400863921774567695344586508832862982165846016
450780000359898521290123959007042026607449887850627176077622255060
639074531947718892509905810093672989195409957663353865837809804479
353779918771214297746197640947272121402353265517772361634196607437
639153866019450177691400624068412731629586080635067629377512529343
675960734271996751352015800873739548389734399012382565682907859114
425882852136616920140299004131462136806323526508654112180847499875
844111836290979089198341187537664960480936264893291043905977256329
558138877674469546181579787041915975583350003772867246073518535088
549546420293097158563694978576404837415055580991884020934333351281
955145551857333488816491676944277824055543369773119201437225415419
274505976013798414437359942028760525557189378041148926125798303618
380107711005004239239264415692277900570279474013649422918479336925
354324840487802317774451841779583558257547618425495753958785494583
430848044173708798492674195289323031489589916006854228795789294815
900068735373333333863813908420994872551172617108729440888684478508
116345585269214154029967209886937158862322203314855817426826359506
893623448134224737869394609232566007547212567414103421849013118963
967654732916742471899342433028029092698507522949079709443009238672
877439362551113136287615919738324134916722682612282631277938117508
074089589439719002542641266494798017644201645415881317601897265962
461441391319206785035246383065776401652297320470892011469171337228
786303703845313419426441424966498447440486177385135293731080998594
728151117365071913988126930748269061403928642276627849432955882859
383721484750707783551198962249119558823704506458200561017020532484
449021502294561765561859214574399009554822941375154413613291504304
691417994122460933816513626279028278842138122077589424038840622943
317279892594183668293679259604224184594177065301954864394817033552
410287470447311715070347750834323733311632587672763683468584448656
253918723946082732471350044895708680315032503867640173531507940034
557285503700184560276996150615682914161170610461617408248462670335
189152551882482127260072595765678899125678702014978667908471066310
748764673098909147197987925985906257336497349823503126098309873468
616273935805790735490824683049728409773238116708249151637346808705
105219191762054169882625476054458177111799377677869654216992578557
720426344244304207449548970339043450720611900769736351740195265632
213928258312052824003746695459092804525968798460814087071953425476
138836335351191121441431485055201235813806264923135383387675809188
923797585515732036588317624241169167523814588592075164035236684372

679175906370539219798112659770811394735167196299997052090170907589
856916389066427042357007445027751201049039481483294574438097462603
510578981954076398706078758177407249118450697884299413834206081242
839014881487259985418148029294922787832435610554915641091748877067
067820119859109589098386883951171838013491482549927491426985525951
776536126242157266244889609614829797030842021051602796714785615940
646136382477589020110251992342153210060175230257421223754210749591
872867518955215532994532268942518840942282675774422227552820761560
727710394718256680247106606773831206303146628474433862047432595685
056892871626532908327878439965071672422061382945329166004638087256
305952415328812093700992298960069813962796862795676351987418240185
629319849226233364318993090170488199525882733880795326588514493938
124115432732058916457864229452684117518808184050956904691381344307
784890211487971211628397734430548461498079356243549671412947333266
642248305004364454547027491723207839956508680187617327033190656579
547539520692925201530706435047130688128903205385455639879921010956
672982873047946610054316358462344874415554071338143234413117884241
960190370286869624227624650240042081371350464015993472053275567950
353339067127216177906030216239978041857633481005448388703173071625 5
256479959999869353196813010156297097871167306964940274916657267494
343208132314613886925533494929411831638778899032594010934111572742
980133181457828168791351424395578734205915614587736898808079170711
455115476266168208177757472484278797129815482385203689591652405437
305246672873130301925829524987639320985731209161056135722017639271
699598686108867606133843649616951865484860461684848240743838118074
173422244839478939982780147342223057865410217729264820914094850350
132241515599990163071478148527051614432258254780143440109533660239
362642493138522940547536416836467041574300558372984704018145571002
969623469850599778855736998021822303549238318797629894156977212363
844088917892752775284714477621892057425453151037479977706862362421
899063030962822117732197082303477454550602385859114038989691666220
778768326012396174199976236550636326601699066116890886877413337809
195161497705492141711819110149543478693820620980827878957313278990
600208633911278471536843043814981509703047708868816359741925341341
221913962874578109934248327141091782763176542096312507136692636588
213575119987540115790280285078066983338418338266739455368319656571
703194629336410927266727424499274732291380098357445091340799308568
360484677866535421058668005211542648674972395379364215665358720818
554125981945474275161184169366255632419359158569508890535314121833
662399878022115042456600150236469108159974192025443787361022671294
122829888805336794395032940480496167711072878810316146773037150218
352890241464817543095490594488754104250168040699998196719379820827
733464855815859107761788284975054685679139904011384562436040357440
246191237694402200760421433573387260392537246640896649147146547300
721952927374176796135652330678042682000242307412186674866946280587
887873829952327805010706610138540288011913855730911380572755893681
940309380718863793758215444351626559912030878482052393749351895597
158155182804814807831310535096823567161235509631615286658578590195
287177546425064129849451057303533243348909799720945729170095878408
322140440501474114381709565771252671577981709767638478642064876136
793945784423858603564966446314013104866705613462769017492832290043
271120819229564158948152826558422192618902530513815911803423108851
491226653917944817433904322700506874288819967061960688500673328353
614680498596081402879119631127482546640437038478288400798157913445
232101668673741121294496813451012237984294021947946916648150312431
873969119602156712114227943068201040876756809373898205468421478560
142776882018807171741412749367467817513227710904673001530946777306
922329095349569449160116904681818272347781619751257278515355698616
292202918847453026983015663874917702194760509417486684119727660444
085483297504989078258061539020030103521802717920995081783912123397

007002783290619371336821833696154082652039271615180227915286407683
150329974060928048310506255157226287131327681824780116915493786248
322401723837072716088641929421181718564674811856940087052996113141
059458293870330528629791882649324742017955124423294762903488349527
229283080401222637227611027520380012093752088562406453112503726401
539964371233707903743951203202853502547482779809303020219663250932
909448819057451029852172830699622421954710165193932976937065457633
343243325643313639122108352913555770081265053979316468149451341207
512188350547396859555387809194737465662790318681617136416152155407
745354380414798454584063447474508568028086232412696939931122964056
032731092793849169187933359614853517001814969826164800344027822813
985879014862852128674617538485034806838652016807476744021147665569
643873967579664429588640957755915419261507196653734108170649748222
041913503522393203692779239073695588057799755260190308143550849247
598185779798029812641251926980831075657465946935112856279759057800
341932347600136961144729013111372932651887731467214107412752210105
151558657134939127688557300645655666359352535450945737896883580027
7072108075468519790215677663559608589952449272204977529981545862535
929556885865521908620348857429443548834017661683055326602458359944
543309529736205642829474539664101759387807875790401431956726445025
653896405200714870685370656271174667615719181064228046438268678064
178170171014557998785949298102867487747167901743550399316968352859
211648148786128628911637599276847108874366161776239309829498234064
137828071121741237834222414406998486328823924065637743898084631704
339814190170417704585646785993494113767101851048288345847591129859
911326180631166520977109326025457776640478113979812027396279052178
079656593348303196386372636054817261754402626843572645147411143619
747488532813525432313210406553747535609140513357644845126503159949
939847591233867625899886282674242141065631702826842027427753547852
784980625547796730956213501075135701081437671209736106569338981128
770064395086822635241957989987524453151326843577125269551165684260
624979530056413423679403268694320221277155284522945590601316630023
329786184272936970542564089572247314796084227996064312115572289888
413406901570607916985539706270694986922613155059545816240665427626
536098988246922842402217051092088452264193800405064723514106544629
397362950062687069185743503468907870252668899031059030733202099770
701955626708007842141750040248776436938270496675406914489563400092
985235499129699604654028321299512881718293173380258934336088863956
188145305493633210224670237123490797406812568724883352801820879686
837674893286595156350015843734542714861534249712522615178086471835
019904993217819915535387378562345508714313905038432869651387690329
053401523842824396391325686729272248708477969680927365604215169040
230075017366194993585447144041522141064749724216152303724661255301
796533454354088980086901630718915880845552219843115742231294519670
375862605877626333668485075275284790344250165376491633179283207357
204363149629332621719841204149693900215789875840550688363131897828
032706818206201147097078246477602762963513245135225192242786044766
017845546358689564183440825955325433408871016151070367468245292204
678084853185295603026039336998791252960230732785846937162703749144
838891633750052621697332332152400708758098485646289779180984825342
721202481272565551505030570041811989518609216787809270937241480471
120320927521638219693005366775084683589386544528152235347557559076
380237852151946018272456823639549056812593274728954569893447114180
981315364959748515410685460978633032486429877701863553136745081107
676386047334640295768821152889813566449309493104358903645141317552
414780992535059148130953147122623413540646090598039300729540969213
694564498578781314849834710618588580258335380086634822074587547577
692067410067571778702148024906809935403404978086974752318213687886
719206942034418621529900468668535749778710147528458215215350982709
863527703575629384931393160423887168990739823956189887221884206119

0277094299032275736687186079770707721559232641813601697172777407O2
884134571773206253029881617264064980178019269641550387293286248745
115669440090146910371466589528076907506309916580190402824912396345
679839269565571594761366943873933300683738308181230942044159295951
718719249267979297129502949158118526944654488816064489091085747384
972252662561359833739178319495991506543998379398350900517433878817
182955161844732570694229375365255153471178576184977477973316771607
149942145263817047522727295570500173374401356029781216871886130729
572008682704728150994493655761353006838203007248723891860455582340
567631876262362589043407960239552914408186887350391637299347162815
765862853465444767189779664009434202490164341084863053640849409128
877119965069804578807137977951591204253802570919860455967388601901
634414829009972971392282778638712630801766921370493497690438081956
561880129790914650754406845318051694049624845495251863363242222261
458699500929790456268865970393098396956023564388968632992332376590
811424860358035451697820676948892486638330687917659426382009263778
903165827050291137857297509740049386753580516323216984736338584197
352048763394553946427392885249745167489904651459473884977874365758
947077177943562707432572285536101492929675650265851006003218146153
612928591069343214878686374342977020598254510958054174455625081164
88195634432335550915407022873450617663489800492811148486033667358
805224298027624506580641661646093309658322774120168700461864708735
460759460023553734363668584630008298911593217465432173511755315755
510186309658856027447328817436176453655926246176438777403799768860
801841457644764303571298399555691565594231174530659483625020603643
822173544096553539509045743693865104312934271665810521464773628560
410427152372939781248710605985932017807577384367065631135068593058
886083620234778064987975853178401672905978765702813875802603233337
988320303896853999145202912912522642348966197633971826810602370959
759662980918534819012504031589962520471707676639986835315319660868
752912542311537503475500515367406868469956767733057751079235049034
577877826339647387642905640164433316822456509039570066856800982518
273305819042432261128948518491882214253968613100337137224301868395
596441734670841783204007571512416808375541314824792400452430812536
772968970444067964317974268159359203135821514639678923853314691684
801923785613665706360942213296256718222140853765807068346168583496
375655648152132788002082516961807984840474867542864812471892324572
784880995178492002381321495055976860978043922721365667914325583872
939628855575318985133904712378084559407184483283611533615780257058
364385933712923478051058091607157923717358832712616456065679450348
099079972050842273054741907781106494021601666662950945932469680827
885873826896084877445611837984486573045432053689268403491423450881
535101678575706668749563760666307293636497984091052840084546233261
781814979761412181872861268653460711665095513547783230627411811482
071716466526542709914847880777689282345795486110671504947364739973
648066529953736779993402353274964801034460008563976973633732229471
469730277640940775396288390125824662939693898770158620893799185516
933084638159965395913392629245005644067609742316903078027155970074
441832783863920059150419266647287527897954927703415082639154789692
688330816604795642091123793125124523826289132391142592592488723531
353414037167337993061711996480374076644403610827781509371989266789
9588375052554760929420018430744438964934968142535424442287548263467
259939978795979725472244117287600771260884093950481192159674887395
558626710654903021324022477079265249776944955205108056410482206802
172927635615223773851063602097203137894838908760877304444339107037
138713316374909282154921296609435599576542505065970239239800133971
925439883533581932604235533464070907285804865214153390352229706047
122013049412345535778954712486300047055628894550446086222664852384
731073317223038564186531180217935120788367893163243192580644850051
145282276974702881297556723041938969669115168403425219126668605613

0038452053893369112100812050252410879522034623660139062940958680063
8104861567034918952889959443421807536331295702241260765662837857776
3105841332497008021096395134916086420519405513798037382651472598999
9021247513597282764870480302409576924624369255111392235317869482992
8421855572437473618265779560035189015876875981442665762658258377773
5379880116858111611885458719903282377257659747925555015170352252044
3295945668950459779859313354603058046287121050992002653919990220322
8029855134990558952962035081185191162393317684154510610655162478822
1980694146953140216385429484650993057590184254772587685764147409177
0800507658641633769358146607818722445058379424375762870854540335011
1053709267102160168897425190172664771091187734019658761319238244011
6778669447316036433235910530463926925486473405762211664842699383300
3050481743973119350053676164505084476304732563764216661398181721677
1531112891024558516207319700700311254050520823829089312875756421877
5416786156917970097009380501429846668521200159151132720592321337366
2451009271857273494135289481232311599234615896909789674454130627622
6872563304682335313715965130004061533200562642138432231482703547355
8635091988446533835684004841684653835147529872668521047590091051677
3159246264853570708194303523598755049297733307531722035573470236511
7079315932787444549816445932473938377943652780031092775354373492977
0112030888508113851103629856205948834696156362320828310842502873766
1364128467264503679574982163446945992440232038663609579652731250488
9120123599962848087517002713559088212824459212365972636236261931711
7499306027800672703852044386944202396265943071733875448439649357399
4016544694254389183159395967500993298475531832019709586811147403411
1464307749078732347323831843169775800695104759625347803929053122788
9720283171030770441520409620275360661687750953874913564865489935288
5108137546623023010441644060787433799388659434319739727628098872555
3596421836886252528684292094076693531017467606143615040224106100655
7518385781845943097381666527422822359523265631560043634606066179922
9543426812782469802311078319221754882824844348942155905096249680955
5168161417840810580681730090026315272179607472345797447534390082666
2384080704887676620125669754226324768414436029961270632036424767255
5662395841363346696342018339637825422544743063280535146449208028400
1169350717192513434491759163446481547381600589645676084057980165900
2557489767118772253952700017838346180768335742506196377939729071866
6416577565549223989511605044361810205941685054187658471590296259400
3076771869386054624379389529177382974148463926922111853547905990955
0972997607473872962647276052104595112827435631270960595023755731800
6195452598765319888191583707806094607301046153140796722525757786099
2730919024691929884517398716315076857663518649379762973806603165033
1986181720651187867335919765239567443188879533652290886520080140499
9811495657664501357148699739221946031665890119202261370639549215000
0080968080493651561790444139936547321194227076271680662326799317222
1812574576091524551670509765492798757928496616737619368534354686044
2600792782105050293510602699110772925833223313894239808716540504633
1465861786721994997496972905979157918464803703518738864382027060988
0493400455678609307653826192652631811202186385925165692586594832744
4831643461459403696172358059717958882905838152369788533168230133144
5229299915405923022740585503740628535904597657859645738065216002633
1591774288812480183076664637707719985469471432460415430871067788211
8769070796941313678460577018382839283094791609157762283512933081599
9452697606840265942339288587110544086830636638581020473632094496533
4988776275786269905353915532791188119263351069193127339766674091488
6139745614525452756883805182285266087134963283884183684848013626455
8289540073065079156074102889083454659625380869625526263711592359488
2638454560872583686037619817067263374481287637268299887772294454044
0770678994016438125002755420169830230695451162998313431071889909866
2541016002935524415486259137615974787091851534025688881301989218844
4566111649106326888324234483096288804965797427103408223736673828255

577250767715305186061648306335598019340710989716309884087467259104
459888759596053032924889936385211939490968283710864571352345601580
438642971035384668305968987968083587349785762678556588838364951627
235452070877953346765867204916172087981314914169891375664645456974
216663388028870931159655290890968583246620942368725955209587658676
396452581062760953955291491765181737672918987667798425119216807552
581600469267289283769650286492087987822244210714046467307485197437
139760530743223451552532121235870851616285214538008368612462951548
039453329683773642486296457024358189231686226499499218634983246812
149467375119948195045074496597043271760401338355222360815340004795
981936852230925881457545979566969475623894957247325248486607065428
825628767359288397614196190591329083994691638410053218891869432565
720667765232382473164380797696044457296944650283430616652216987080
261757570512416411109207357726203970411688859403761058433130293144
482906595568429648729637716132195073219971641441702565468946101270
308245972384182836040311660348915371607623286396661656185600094671
554915197467308423255867674109733402984616967564210763223153678979
988580683198922830859763375092946490387910743707740084634936236240
083008495007355816496691675977786580811182304770742469643604732793
518203847198896117035900830045568512528050955106676996023738782353
766372782267740520510615320189983806114919859528750026629455422735
260581489488099794079523817886224433013323645543257410388370423239
809214161496327553956636176867524381765566251013374304648082075528
515649116718283454130472387959848889991562759190821521959453589439
873919878854478785588393019531703471240250072072868196663188915409
237562982477373635896293037302748649251369197889067635824615369075
723811889000386834089303979375199306538172287366775385114171618214
640630053993407936721095094123328350571426528319496746948502122505
862740454811093958740537288809665227994913135041148573758189949152
273413520402201771742697561032405390025938558957849154940687591085
109004456698779029635899957858043995947222843355440391384551575459
051012236770949004290725163272506438911414940314392933816049214114
829869615126075681193004885160428925653343730686239962181200837591
143173089441989980293377230506522502709849720595963536060693015540
542358093562221999017615513369475682897390100935189886891023056203
345606747815955637373724315051310463884368461660222105807660550163
384439513392753905047198111267789378425274293071714287376055437904
153578146194855984706040401016336531189306836965939759500845851332
728473088004848774039317183964923212125759155986396831005033440560
527898876611472430892073906771713344899959049955652866870431389745
563864195065256263382007256053250254497912589372866069366527475695
458554937936549466905956264822166011090722271664336271478599464599
992674904954961512642308529764040436950307838875676652232278535937
556772170054417615227578900688492224647258100685483167616870537047
140293293794295759712945613452455275456568249439714331385804950973
720607539412574156291011023260518521610876296113466237967436112342
517799340059601494432947964164600310883776688705920048862018019633
769761450582921768913766854755419381160747064364618355095042783676
384472746207161381971191770444487975137788922899588473820082965070
462231272806210512699103944589360789044290661289121648867329327712
450595576499953164568888853937404965765716880913039242348569376445
019991202878400273546363108028048839039864462866315940784010291779
687774189828622227028532919145503554952435667446119533668970392803
076336134227848130080590245232298645365347593792470097712372514855
978962233505503714082373885598999635725768152824985732302910209663
365529809751869164292807619274983229652194481696043715488475908552
723586440480201758142575400529343879461964319673490293470269618697
328305602126628583594142914176432704388399714037984862965074407226
526416346342898291915406945822384005322871978130120342846511500021
415969387560598958467433788321510445817334910293140849261962544301

069475586326736133960131549360027028822653755016913194817216772727
748879790713086459125176896227023434826717374447625403604436123834
266368529097934730262217743440936100473438325947055617962424701479
577599383961282821867040465947367134674003802886890673435056065419
629154398232331916634157727577726255667127287567764740358782518632
401429351230992652418610536526239068980576795900937826721251220551
113158347823925141718932666848696741049338628805893314125836487308
559685236487095735227355156417316000570435683375128586486798777626
878911970174198926297503739016966811455310563963891334919478491126
002887272022436295541133021032888312521790386091534116785776233880
138563643471230253133127583492149626816843461805655064376864844321
691600993297935886971326345948047658016730287623626375404641773711
712333755529076168457609841203148149067126544788130874966926524950
728376339582483127955424169984449141560908212342014466356115143987
869283676440381999960736130356587640683341102908782368523045177162
181480494326246784203403756912181002048571334683860316409189049331
870282565113342259651395183628517923265340031625303117768583043905
855303143470009499540428993106200690938429859849462576424364274755
020092959821997053713856754024239958224936146881835783905292562766
257814762825490521531188451672679258510629964112189047429032689829
030019539195564907348181246684338993876522912442311981457466200937
808079651108208092025003722176564662265462851678069756165122984690
402876381965360231356361364976638902219792361723388549181980957352
297014232045491394760020309831182651347083195790827421779732291100
149811042092919972707939131054168843056476680682881432639312292484
752803515563282795273265608341088161697961023963066523100437026823
091533999011018517840853479666457696399564386232590725663075603947
055135897585127025937635325234545460711578765677751713231407198493
087072741725990383479908377522266238501618900013696653310225295738
651936909936258963337910411775860518781920708777656099941098051551
760524338381498578844158021483003773807294222057611422187341912017
380974191603908969457081286919618687718234413339778059759399170408
525740245952795358955168367104612241414848823507042098949464053346
102981481814983849628748546950040743248430100423702377026935949778
090939009555164281254168379512226340810340240060173185622836711787
912863505765122105234648754708922865475797991986634913433674573178
080001015922803245804156062040588149733690546883830568311188564269
274466682562826056931827114971107908022216742737252056085239809705
192876172818294917079681084956342092215680052226576590502708101059
646896004191594139713443207974875200619703621436531076819492314665
746833301942561772580296562871057463566793619642933509041759154760
564372284823152054488326426763087111474606360347328343230094190420
867481232196335598089298139013743217231902944033802138350378466582
478492823716028457090185093998630876897463612139222874464372822230
689814427108087673984745198685973565683247585023790229043874338656
501635430920494975139465171204239963804851524043827140049987366092
215951679436655209716246719028784972343068794146220933065403515146
533353438176212140974995290813343668874219608546300562941871857198
979654903892260994006458134576989890293752526031594793520517287383
716670072154796195637574070128559260756333580436117856957032715108
609733266002110088271231991637593409971230320261381098899642220973
175527414255363413061597294843720485673053633453566183219602569723
677437664041985539084586654773133442430617212600862976052967207859
322562292355846262846333189292831983610002592187113703997150557749
320487597831976713628632018442823365393471636379457127715884098417
687777055114469465240422088538202824989296395084670465701934759746
010821090022379813893938891736619958702353222196294149913960484299
279341165867048778571113372653492856653689288750896260840586049730
811807796500601006810979623045595480118976856619676242389312756524
165598319456614716758220572051507331874386499592077292171541152707

0251573742932740603038899701817639249284449614498921199600874145592
2011971106191781356008311793943700218567880801261181157994641471733
0354790676703916264480369152300163809750954986478577153019332075877
0767280738241627299798565721981668444519311512147215394626062415477
4788449253147452223428981444393566896520817283520184910446850123633
5346659443910177128605907892320369817781441406576579531416934275666
2744275647924957225617711224415082059057260848147140459239530795977
0604271724592752165506005137153967772426318259343164959994084881344
8962944398019280504469903074332958696420234779944060855529802601688
7627459481652470013204750956993158251056595655451124681216741044188
9201497129170591132046486929952189360787257198954332687027642112077
9711125806343717907028536568681881306493152903586491231366257190288
1160804499253317309331886197389137211839634887920380921481773975155
1215550607142123784782495146494932858500089951732313341794491957199
5493738102251620433558509640442999506549482181749182982098028501611
3576469799306791322247849851295874198976234020482642870620205113044
8454320745643630546829858997903588405564610067458997230028648958955
2414533037922186076757219603000199840534610423696739484659819890333
2264471364177828858318615641089981063332566958801490875489118552944
4475487777070332542816540487011452902591625351980123874140104360366
3092052813996081857821750591992044407167990153384458640154205422766
6039495098525317146476566588668145884224627681547177489770602016199
3969477385529779517920639342593819635523803884248395810392756705644
0051774584154536477920170734268207895378424193187181125134001913544
9075223018853664245615188640302650415206225875269746448305960600088
6648084673975874694031004430507110080328575618526003370683321783411
0069730737036403212982503954591566451625180163585488925018864904177
6713086234741645120009780526716591409458666952971943266261362755466
6627639747988313242076600247082565551686346541573227303798463349744
3541760533911805549584851710030650471465709174000822022033342084277
1621025506998295166962322792052067901249991059790172386421758536900
6421361877237109133881499560018522736296536092063731683978473714988
4116231404795457163102850830964929465614289077736030956891413757377
2422008431953676737207516723402117432726467077757072056644653817088
6104304913019933047479859635164887964619449295289058257309790409500
6277206668356944279880549619837512732746507601821215205334922080855
1917626617083613572333425100696831041782079718606502797325776115711
6507240273651199086137670389886650327557743894227581566173076972188
3643680194219584768114175757657802259412293693762854837615011371200
9444777267883907263765061893274494741092640586931989590585599696000
9720463567109558642594222507134228108316107878545620838655268622499
6877558956742840096517078974399836452194028789699296768855225099244
5481131679811960958449994512830174395658645542534924673319276992922
2114986442884274282189623437770714914385776080580848564273037171355
3764245306793786945790575233507643881521810656607927075157252883999
1851571052600561883391085362212756884261536867998180736017087567366
4217013332426353061934635454360172603885525567745806213146382054888
9977943799486592528073247712770153356672430512874551113052270769222
6215106526147981396130120548259553984982903822165854000278718281799
4527593457598160626825669353591091970253175878958507864251238169022
2868440885550462338617680937438712550030627677911446042717502369044
8260534968220034680627979397528237235197310708566623247325548156699
1201846615653934486047540357405735326497356594491899073616081176311
3352491857472402949142219105534669423028663739063083795795265229166
5823026099765074091873340013305234310103037778507875206351658346277
7844835368366559027055834947961298350561239433902475739693050522955
1308110467091324988204831537894226132235566343098114183098668476811
0282571550286827483833975719258734740115366467168262937015526822444
2127711052390917969319239127737977176880154224688349620140099732277
5759329391772408646348928364644435387618113834143988823534353062377

178360377270922206790149131574946123524864980368060944848857198938
411919684715248368996081472224187543173353337423694900817626436893
163678853454542857139636032750992289571258032414630563428729318699
711759456583631036168351573519241152917458568654839747092069981588
999971336036705125178322165870469415652062712941883036728616973277
595474898327009337617091038055159386077975183164791131510918328012
752515936515048860793988485860993081193493801277896709108478408470
943154894557705504550361821811546026502333598662621190754572843333
406546559236526779679009724022559037666277015717874530106783684597
462424119414609270255181653574496408037076359218204807031707800495
030515279198046841480292623759144109388211758454223002587105098974
340538019608096706001729446131594353931902155249863917703060325109
395966038206235644413794178842765240643899787215289854873908254194
811268497400341380587702933160023497523314378325068346832390294862
961289177107044987706230858455583007253858193699956274947316552089
561794462764776882775111576147049901948228432386802734707467386281
475267533372012101071646686196160063377135213782113885721215547739
721693304401947166534830268285098055310036760417985335910839912135
600946042118254828382608059451163333745999330985400909567553128225
040676460073412663544062482616605635769125279981301615925942686486
995004724775332770649993846444113929558969146522042990812243906286
000465035738126952170225639216821773367320209158675045004788981687
036460961518460048557414398817260973844721274644195450198335593231
768829557830645802089829527631549073550054654111113719476304362617
329785902846513191614666551676635064119334575866713781810984156465
929623657690836271607223381478850855063886317749078723491919876798
967463625454712604409541681977992207104276402515484331964773905581
049610001647059895157852943991917985197806089395678647197363890098
524223400054422376311640315186427938021795265684299781428838321389
598243939588770155799078394489206709170655203496769986054155902105
765147715787378675137125473044660334994239637877962711768362368962
445967764401996978693027895704351674431509802289865012877454039340
739724267160500255878549888894099384209100168173874898358456289352
7517079117054900054362196217064294043278062798737866730222852018
370415921352422427596283750372997349591431251129239685319012975356
116296723084861743231763892988175402470391522806254684791030979628
293430421339402288412931047594043460835668343232495613647542579862
544554498896351671364445937935735007027731767348845174887099668250
810438991556770998488740178829907494844233167883018060597371518899
642950324199139880647782140200104111777478968839555108074211164804
227507987793103151151108433831772887252558536680132319275233969078
693015925808524191590883768045362608975083421104441911728556321464
612372029116740614660357396431901332673511383180868544275306115682
200642050776276243163090763395746802731529177990810125354943612591
471988752386663993748525397978887930776928132087457027296121993908
125462554625410900834305204038710838385722642176756302904930176929
511528857908547895413427296790845515266249771074342215376569954921
693119003567558879719695936089444056027985322829745923005729290225
019186904996051519634665873845766286165583709262295490525587150988
780191535985441716721357307006356974623664506999438595865304581695
576681415188637516729582855194702568148675216121345853932624252174
469525507007692700832805350536951638370248262056345211908643609455
087863745556884165147477744660686802732090527456817539515713203754
621706982626148475907106925055688718403630005305138681095753887480
633463299948769553743481082454131098108373690707510452638146157137
362035056374120611543698395643113673185097174963434058322907235834
016182906087165871016013042159191713902364589705902734815681072289
867195302579683764563989718769225175933155867973340773733043216755
653910755754238916160702122717375920700563071368437478212135288989
798668217762832572533345183230392747618654039192087965652589286081

930704035739642080989321089432200851994167611717527353978882026618
744562282022053152831427848303386860279965175179755819883331025625
438230416018942339170386337835792103203778668218061890863264867419
662008345377267213803004835349669601066224138642725292530005372917
737061162348654387360333573151227139300475257703092179902691056833
698681470070046680713190090063876906894203541867651074973393824758
598638628919011849851605676272063568183641257922449828028996536186
177766867781410290398847347627179023486383536719884181537764284357
906836358790567005858121342784860173429927311498525829426381306584
979321719602718883988881367210302529373730687284284252676818495032
793295747070453752303208640889188204692025781143747067742104393146
452786589638070408530744824078053943147968235436205409865242544613
096095689729925320004693722765192645252347104386806162844150263272
906125719272577676314022420185623514890590306131224408194389634712
598106722230807362487403882344642804839175997118906930494868693118
815733589463337313783064630758220603607272216512039408317360771272
291089455309972771304131061415677302487550303033119745936782356969
206929008684065517843550699097961301208591342082523653831972164002
578438653155268518045595065276218297807292700162623807539845317874
932145717674428422404980630487336345595571419216555990693160116854
568047578569445825814652541056909421304151860787424364050507570011
697845159928514363633141919856220392836363769807369642480231750529
550137335897960359874442590363690717246275208403121238030892613188
023207103014046119559039673478322147276210394285191545150346992392
868606087894827204013155178548892421185875032601207662275879486610
780619943166946023124667003664069456988033789419169279093056380077
125569611138551110682307186263508781301659159665719956166392695240
132819371226867383997102313023718606144240281675000278523701329742
800573141233771076730526300291885432184952037726251725196654898586
302752019858055528655670174124247813984411479456140361337235929100
240288001695428252763700172605581740844534308051145690107092006853
751074980056229956793937036094216558524012682608620139896639979818
266838146426887629454986869869560183587213324687051751956171604085
036070219265934907270251099475725221910842445595207830851434274897
958314090611381368732186562478051997330989401100475707181898522937
844381414345412750827098497919645792920802355036436353509601251717
716805655499827883668720305795332335489227358143909560512229294254
511059615665989980158806400542294318769492707622211102847618082615
964466027043097290549291809577577590269624782434271968425210667370
895391287926957103913170155241989566593796288840942869051952349190
754939683374338510867886831129748407742561428880242025456470750857
403395398767464470647241224405084157459877316927428065793845108082
933471369745731717078012150465560773087987578705024420182513066251
328457937966934267465917675447321287297992553229395654158286835862
563929622701616958143610479646337016816903837002557364944013958190
229025904302917933014131985196006053939593015118034855063021486381
739005927865937796283974600501660024561924250559351652393899385785
832922591711647601833158673958922691798677199264267707228044516574
554501282171307485007367793445470248714883718847668824378185985568
323003918292507222124723395438145081249592057273858216386717412145
544407200077462566779999303388581438395224684186060994650551174949
312624747545411490089929888024475117143941471715620484316616148349
019046001190929625568516287760436851209221765372520306632610279260
457121123463843089769100576076038205062694894518313368129757008494
650362783044503424298855803363561984544505418523948398908251480866
797159530872371873295246175261964989059205469690840452251974665477
634065536705083961295269437798297198225507400872467579607375592988
511922700401408992230997692507290824372529302536554584962933437019
516944831600998169538217539750893931830881834902561945268977264011
060413490804531314501071393769710546347665429387332788496507788911

5704433899875968620677669411702353257219697006335598012767963217354057017373873456002788461555755391888881901579378055441731521247110485252795976660872618979299145615755209797040480867560544694283122745402563321911571044554296315225230436082636308442210335683371003474828646197343120322024724439322933802978839273166096657341966481397117329057631860775941914189828747832911366843302535292525496479211019646490652178242802165844480119414837560870626468221705278855586660939730849211724889880705529500413886690763683994300818877934803775541180454695193374369307401500438691562902746936145881457045663729762794944061609311993111741804520449283545614699712876823501751445373892838376800720416806963953649250578693080932586432379583979185083667852687093943396098783481513142366452625415249275587799065325616332081271863536440504910181314864879728064836084966650248920735697536217190475720554079269663844354262130994352432518830971353082340787314154948096657487919620704298132176243781081796600003627805961686458583311024834331251029352663857765397147351005221181616567263513538413677555892138833561375461669015061175377649637297641275729796185460065305881543374664637502467661873682860135938997966104887037321299898807718930345582842479863258650832971647881368783693404315869944158405607310517008074090624232298342148364593754066689887990245296775038063088642462354000679205016940257668422673337762347007385086104194711069943580453445570489168572684254649000937125624761059366963889973127846586244379914413995156946681083926325223181911728640074558763410456288575125505680815252293927925978148617475452694776380447699595505060703040572307480234705742344672410312296534950506517011654313242852197592232503963491802465431634661291802225697714089021233932878860417394101352631152036911145392003875410900121740080037076406806582462780508755720410542581570457315479309584722082919046179453753955470558955349046238100816637319455023584810199222719291201617752024446686059009664014265572476843653318670352206558014589136521421488427956558662705933887491878639391231094985612126299412921957055098215904145913861125266562187945691785864140841846629181231277170185607642984140347592485979536413929570029539960004476524174118063609089107032993576012356745028948966724368311323482735638137007848180922045444878697136394407140683810853750237906792549199074354539111875441697879774458807061279467910261059726785068754968619102664289872660415540003559370620961468777480211955901297443475619036901503229876507442116594074948464211635836077421426796439831027568155546121057167915310722177793025457322874537292989194954644443021474349443399152619976461756050044687614144519713784817621178977241435546735467024250734783642218978843024064895284631438816343507529653333478207439874478442439483437862158000529594120169584499759566219531459463851706574494064454137708838532274753954622674721781641078597150626394829117437331691230877947558401624524346731607652792303833610840339322785923043706961423361851512020163003710647339236015940934876141393157801473755209993057143969093614178086869200812729995012689406338154594261804252487070552936951201209338500618267008961125574026292842893977981995365853346768901352513316544784862113897579395337638477043789600054374631526792261265540350013294479593320389950440369123410089565126418333271896351165130651176712022579372906101484235246743785474046961258221106399832604515812547546779293221601003968918351668673368303931362985329988728773133651400992007718115949585299647818660678895687304129796819333868640365429982502489760838987278799683224799486129062153811952781175065350076812703463806998532134523960704085038220311383731246735440854003549805598897628482182550298417519242138199529518355344031257843107666981982362890498595699397614720195040741534182884971636795557299811576928990294536517544152653286097253112470609774310064281021572319914392872471828409399674138326975913701920603934524244628182094162053668835891745861519946102892975861

163326253936348579165089549747556108870430826578335339548720604361
931381687421184175298180045024624013213889215413540631633023821615
654645339912191886658802828303673099471289780816548788972062587681
901474865764326474554358647966050544193140078330581576657539339176
601496901725110135193032764125437908172466899998107870743298828606
321054287292306846189654216257857556016125523403005801973294312555
344214886520699809700430142983450790538092344582436794387491628148
340152942878299190846211322390876235024637891877012267547630879194
532414911410912534877347045290222856769737570216702723515203683228
144986530301933624735824640022653017817862306131826734757455627191
831385937038694232240607834158561737501481032037951001913262226859
162075839999284142583607550237036751437347250061084565212317820690
269323271707170180717500766710702438300882134956211420966662792576
294753536561223119630348729799239612956100144117684309914435980655
668473318377111148982516686052882431582966815773674293017505309619
663515876755386412883686464016803290102098364145390136182012310600
000775796607677144532374490366645381903303565964053774848637705689
195214360679643287026511419820587140996218849541275905528966271743
716378701546311823499580805167263878986901169705743325252330668811
410230906371609653933829175424740572281318248528656220140842948358
903054331768669388627252990137430129882853320414925964724870842887
086812156215565905552011876699209953492885869512934925620588529975
945981473505525503315145734981302496356660057156212941288201622999
848145291580272745294336713461339895499251972614295467134110655087
486873567899050526184186494670036261545565178590074743468302203353
062126331982820548103883294377278480154352985423406909915122071140
819165328421628682826366356108343235666218458349658424351140825271
341844670438854605640891533111831123911860539878116762767613703658
428481807313920056249047162328232991080660606647062640354285919007
969734730188705856542992129141065083105024921181152561006374229243
293904732428585904369109978087368701612715657608625272563041379461
868532715908948468280276438781968830346901398630993534890439939614
131385964628843854485451786146989483635930250233388861386605788253
493820429754205348196605394372643477979135529870904409751671425654
917341865740283310563786899303765618156623518204755499419434971521
548912142520647079290437621284540363565400426443885879915446526504
588441502208348189980825237626378349391929908774186331195023335535
079509550198504429464600379207703264723165383716779763225510461508
344705727864984310406919552119029089819095506643754003665989157129
669037382605868862209431585676214169462770034461465588370961454183
836781653264671798870475162420027698410568104993479741747427555662
383448218723949255987248081790288697917808211307826673882271756995
368158100683494417701411035314110709827967960457421557346773729313
183574290098817251070700102705681610590925619773872526295496706438
269748763152709963323153897802141958462837023585522802977580214061
912503939000954972068969229351548709957962168186517294143002365100
714102755589431262349994526217425183407314951822665413670711205435
950477052984055164144082316040094148593227671833561041031952334848
460795236466106998696317658850281933170909277543809750296912928290
287182718686765605656010388362597476899331918150868463510202044431
914159077236468302553916808891377426723321399471288497759795397734
792296789362193099251120066301156617390657573683767636593718921142
236849912021475571972230557410057254525724538555650568646053711226
822679501929631039458441745580652122388934673777811748771108535856
365104804007023513841408394344914958733631703374524744207690310465
894028070652040490102610180630714409508901183652829100104263112612
172301607303914278299826054825937487197078945590863342170565376911
559913371696415252912586550719274834593711307562682233144193075059
940067353636503729355007679804215121435197253256056226439454141131
674729877836871409967589656307019969560824628014504911991240712185

748053706939640389212346469787122550669606965161506813006062941074
008047075701309161735077334755648772547369122521509813503319299338
334382107885543833236187356907160805455809843670057435085075319940
976596533687210434933222806188349920048278738112527503049208888174
846428319016539600630466502915620890532294731999667891042999177453
412876891030909976718814803093271626981236572060433159649649342053
593097499554635341599843823862049425069393201426663783689481202199
761417986083058983829390067395145517573549997170753892480315294109
011851492614087594473721159393289263705069583299181008620840410286
489923463260345642370424824257063909129380801704659653630724144928
183755330479486233506336636375886561058906603353162911176597900236
530121728575366201890101649815977724729054022670786268338777301117
009431851403577621945481676206437531968784148518425893448140529583
996384970253959762126359785945669110637060133227953341910530379540
425978304137667516749768787465299649178342336427000745475481949471
359866806915666645853291490308232059890281205878126815767430930721
017613582263189992887973230932010149232126373267151796495548968924
776611843154567161757493938401616522907844089423150876687054665275
793238805549126661693777598953925561080406938118224800051350809372
046686020039055009141165394481995941732187190340971882559072629584
283719770085817941850701023924759988289613573778756435885496342561
146780783340518710951312575999931805190921902266561569503928261947
901601702312243305754431260654464625008686622748043866744194420153
942603811557827540000404020712181901315746401093427335748336101469
403685451256443203470752844838931754561764631572209287810279912029
021892238282470350546338309419447797469130882924572050292206249855
523551056541643045762988641768062017411348089234227288347454320119
807266068956925882293270245447753472176552839080617430025428281598
287674713598313924867754531846844608380481508156635419462565813296
359550594829076330106815644966517880328377723442649573476209397575
955793063867100477743934006498340550723621811989484482127172777851
389956849044762700861312697815775722954647603359273556343018515256
595829201382091502262008800317497285389982150390653559331282828353
022910424849910104096008081292273713451581458295962514381717546634
167630658001246761930273939749682827160964943723113555756290781019 6
124240298111767982618671404839546685238558072759405609329731240555
537304479929325649327981148318332021373111562324040925444193621712
935732155195558269307036208693910309562625792884944657181752916336
105084401385563679207115718885798851349629804275613855008281669530
390869896208029030355380062556321403668177908180211648438779482785
129378171151953129206025349939787617546408001885491126509477377940
338081385165821773654742122319328208269808040149053483955039643892
782029247237348271696437467813541562307929349307240336751699252188
922405669614699681473878851860314289763537976243242698191015966561
818629392204880958915352336772256873643846681697674177357449240277
324427185217245824903794440288306738445640018536560746541756053710
825468179256936469644180207220767950152974675083841352311356162549
952917635141688384581887938427692077003633081667441340571715043076
445505570862019621875090213884932155884931463611851668192193333106
871041572192225845136232219900267083802223487321575797119113968268
038488404028145926959232839596418866267961493051598203711862831094
501976913355793881589511415327250422495358886450529525188569766476
775406419896461256327822597017023337558520886222182600285359281446
308610907067417161261230022530622943269439780326835730088162486844
963806183381290631720666982539273397400494758569587351393454769511
348187322641752631190577688592198023732093522988172495982321802051
416465423317460267710479573856951746726028070968152504373358982055
047400803013301755815227169530967519720161200920566230877542871069
645863471374280667516783193735132565221483833173672308119816534223
980262474376558947675692163436877669156494799894490895333548260863

798232539491667268994167499834770469902146408996837582495058290814
533142200622637026588908567589263050621772504590274990999327919762
378666652919186395587687935663877764742766951607896083931623525292
783250364155846780246181598805142926914406989652471948193396323136
854634186509092841382717252169538362006323009210996206249425060811
181486751298160865486378491683891420244074612537349911807444468004
565780723476210113068446077979422132044175184816160101908431185778
373692302853393992756111160625500938380159311511135907852162560485
386914323812245904299772946964322273715189525802973366045356007075
343804126696705867914369328092183041139251793786077259043301053693
860564531228257539431737223358522116815430443635849742772083634227
879617830153625028018585784844259719867132834248512769481082148289
899874543172209779240360832619873253615859560141938413651762588232
316649713661871498820913042815510162243911604524963384256540786205
403968475984137295093158148777371240187179778380478989949436542977
673257015705381263785222746972467874241300793642328497818478384187
095000920272327654649817697185631159468301209971547273531735570252
640974294862538148140078594209375626383946867371632446500669475670
531599472687811256170460064074445580742901999701262105369442807140
922166151821307934869897283700119529308107366672854879857871482235
316879674787357526619385423624000713911305675550338852901423771854
164892294155671638458861411106333383120411085276458284026102555584
547225937596187234636430993963801234448925565298982720299003678439
151041868749582442954626212615552519867450944465290221964963295540
000703852105632196765824842265073312536205462602686845226609688804
383804743726232331616660159127936881995940502571999932917673393102
710012595360946943796638596808326643193164965849633977291944145183
731667573688536451820230238148263770653011391128913691346249132791
260325353459199163234527758142476660279547954070433050957305857105
121982912094431653359432408468138074887538729708537544168280660988
493506669963728979443165679268763670660592266495503521043083435714
033518387756174209630866622504815251137848588257002504051583861836
164507635919756645647121506198985206274610720778853409008974133378
884529056064324678372378442381162453960789731143333706096052597301
996509374395456246686628124327527788178576450978686549138923396145
393872016099547277316887599733216771184419958948486142610389151875
753635313900844721671593136105659055230688227016390060464654237193
404309850825077350154851993174718357373044915069497572480079084269
359829143830931389855487549423227449491627921911744168176225851532
923090627028862627327172713736747288536386212322152156598140143461
744208641223824870184217621137984800128918461150291340723510400996
828163551558849625934702284245296564463145812208779641481397405213
189828785428426965782243489218621245340214229187382487983128365520
838811022350458713289651197529723939560011425296402196067696795758
147935979993141849812041111542822165132392559070987481632337101916
113979198131133436287560851913682356263775811195201592830109802456
170110222573672111807537839399705619783478589980103958642732946843
133101094687964634297877722682194448056999245536854601675335399408
618117622592942776471534124000027690102741176192399224871721293219
882821321458155833081032767665682157622328610235788886649557570655
197671423095042057620106160092703642002340450972083564857718166824
151192694485068151862935190561171280365926782136985075087749822073
193348619790072589775826641428063197595598631453709706547766476800
725878500630994010878945547097206380389483693036970026974582925418
893568276976759232867767101698035097327693602728831210398704047295
073357317572232713912886823089697758812579145493793429853594473006
165593150559024506929018029493965319372764130759794350301861951828
494006827945565927733810621490164498834284750153040835721432245892
652000275214846886135202683202012356504519019118723235591670372329
790345978755069469277215711471823799668074639072294512299085346532

617467973382168394091646111762121075682647338261461487802212088546
109416072495014616471801755745231575725649165520169646279706183473
704619611947071931661127537770751989446486891611246406779934062221
965068659137053103623391875928196574161078398298795138647707406451
422449302925240762368664335949866113933096820043150156117174402845
705892934250488997230280359024388557971513154588328461904663148881
300544616501061916339253963249956689188558120768329613750231954026
330963046940512479868495658727645287697099156573617747339190531248
684494625872269120955020707217071621879679187760705580481015192295
074326337820027918311553682643767887579911981167968873963177814529
954425665773092756714329124847023022786475224533540251407909491825
462535291014393522896664824298455993425575591777585758242352338973
747484463340047259313572926244839848777017654813188066970615022889
309610656882030057928247768456505759164018129455869688032645811705
112881260506082220110294813788676234788832482528250394668865604791
472434959362408575339314941285595065802576280008906356881492320951
921640031880972999198025467032863218567448770476679740080524449412
301925770616860793333772616679523723102256030456073494572063560313
170703759627214649019425087954259668365673496784779640178627750094
170839259651792113718885026960580859287154656418538911511244828095
751369332743829787840259129242527015238018394282776423077865998007
149900112718626725697797493558585882762078441921011501227555741779
763862705852706545988937833296495187701152644142164487520863294241
085419318611140968276285129014378480234391248047246668281527727431
154896462556708029122941047036654412796194587245160059110000895993
476482685734682460496951136801911314321302307246634163734250901921
361990587934861030116849136703125159321122314328916323155148639038
920490730467537906033384814622379047633637202231768335411432973333
114189394247379319875513336595192369206055641815362927457172495382
044574747097433811199825206939055925739070777436069154483495464543
945550651751304659388351630848247463410990519949623679710358992713
562010978505616249952318905021558146844677246361554697831683248275
696313571755831470789709172877833718048519895459843828596699776869
250594382809953116380964438179977603501130870739448519285162549058
903110872332963148825592074274014344023881471254559590700119366547
096738912587270273568527307775193968862038706430537341996367859408
521578977244356095538320973712223499363623409298990125319603399472
142957874751476855432173216712746227680332330005638232707227545294
942172575194125105391672186433585944534926876922082387331430039261
354663005729636733155649097959804899247266938645643746202249683380
000505578982685667696711428018767262177865576649157700352461100932
794682563677161539624379277129483813797234472909685220531233182015
789584479574840496654262502039567468235473353258966746482118862207
730244164139640057439589934451240708100231076667283429860057554936
374749864908555630488045734980897457849263197751447359585777356307
725467852982333254687020095719748961900232497446877253504533172730
924230889057883062072728554985674679048486118049266536573811130031
825472998778742263224505235417218301325634179543964983867938294564
119675227721807970795055644450838043578920044101599100871056208654
575358619881337544255212730289424165307580303308079636039796066642
428157932448605287249560748740903618136406243020176522623955868368
289209627492460911889429190221269876819746106434478899463354904936
758430485143499806460954496732887730015221544029568123453448946932
592349798557860792193479042487386442067922841925132730049639053883
815793747911629959337347104425865737219183591342311892468121510056
417553783567312752772033942084577330932293933774147462912041433642
375845322780010418199175484164690798896663803490314042085797512767
023436973090178204120231201633237068160980961937623835316642814678
085660722089493781405850826582561206415669080391330145037873747008
619163420786896584131327336331436338237259869247856701081988720614

943101160093264302053451943668673098889365873618527462830468486508
658931662844174281581343991205834318479331438251361257686530937757
477371966080824138797890956863192427878213653414535171512012415632
145577261257171154237575230435611185589196631444230869366705119913
815340322621062159439742712076546523176519896642447526204715190969
891744551184374331256041120600048106283417744951899906102213412644
534006534857615800633640466882739220226192144757111594145475705652
435388670821749955628890890167708239731020519483887183549834328808
886071103617690332310781379630557273898112912770386827993216590405
314689632598639194291520764412183740533566895819942652091520607223
478701115078494599263794258273810045609373403738470052604324004765
151033974426291589785942161902765461243710073141533133956067012099
235705589355558643733246623936827338137666098856138608175608552575
188182298236562059303984802684689256483157272038196342750244905381
387122728365381381741189038186293706687965527401835160110677721544
274876318669385166526891909669324124145765251754771386167907074687
690502863083641493189655956235427862455158759933740486888805936350
947640464042266902373943469381319809455398305963795278500402818801
715189687315831068254147354750483209376687988786820162497720796546
229659986970928634442711878404326348465824167244160379004862906335
227396263264368969521863745855477379277081083209980065603785497861
792816823801844373777396596758291322060125539286970613118307574973
649821014731399951378011958363046578458621881944149784937009840275
600685498026335735027690350133491599941063406154707873329060370723
116124034187055078837900089817694702597408126366340233205234759494
628647720279625211368644837784212775470890607510255301454648072545
962761137431679308322714444951825155320253068899305853194831806190
976281801667723036121660678136951717648759790641767207827490044745
667114390302618481170988221888916649639386851319346911259894986247
734192221039293185653734628244718989578758679611281511099659370100
378346036699083660549953931420999423492601951720056003498594040963
539910547277394697990413578702263206920254549841657267742794639612
974391368521794850340618077285098742812276901141368164028467528875
427664834717285451238985915716062110621038611504145324978791301213
806889378088785741135694023601086117274749076863458679625973610019
911702986963967536056330358598505902404448570523144308227985585804
2
106676069784668585613992053252487035554585370101077350088649519635
411914539954755706552627758435765745846125841563107474953677019045
088460451789610356300964498325679803052637110090348336832738009258
557839639769788757455040977616660990279542918858930891795098681231
156305389211681423379581310829419130185387664983843266604890968801
860786989969463951952355412235444495109149042793265931689165384524
647612102977323804949102697206319731445768722301888645472310352033
608803273451892514604283782723573738137990445139646145877241578009
918294527691148925644955445782081125854974629912272326464903975079
642306002619452609812386038941728525697644742742928937816441022597
827808080938118848982866564507504699035503682364045702878619264007
846083106256689672105151078759980626053310210012235808990878645255
277392745448389494246097730976810328818104837755849053575436985478
248720979623960285646337036722444725602653139281324322602774944601
780118006435380465617724182884415379327973303165642625496445752478
522515140333292180299436366892004502808793014583626559274530369320
858199236858240582449286797047004892934103674324968078716780528715
571526979538731761613935613259300309851874585260746042807145302953
344424836352786309151458111677033843498109034713808687989512890927
047103603336771077814083484462468606147254988365476714350789716501
445276993860022792288731246161188868651454875712458758319486681960
713512978097342890093482996091613721718408056889128483203073780439
902980119776744595260872450178788482758220314160796646845338401373
003633935223913261746422839714692012729341080322401486297890741356

362043551958301512406087823579905459937055983399639642725428884443
219350837396044412680349885498678014241201398479946947426725134575
043284161152831893433625782555576248604469892081082951581213080747
248488317379714406575523709296204687229229750573904325529358481198
026632909340398949735809290273565026520968628278766926541661877936
514649996335189185919828112371770580851290889147989502296980227753
697818326436580306594608092400801768907232584144129719282424720380
048659076248329843266612530268510334990265765785799633057285781580
448150653414729103401186510752757591462138595755579846533174652421
247970356296576484971699687784598414328136415062658803237353726720
510020391872086548894049163339238448057175638872509301231379069730
344640283694891453218747968903689080091910769648752267931968839730
831363285516442848545438955119235162670552416610116191939562321215
404474588449317760332645864833269999532761311560819867303179877709
688547320697361110696873523008666132573282355451328892707358403815
808959340954004776686337388220989994775888725251392894710257611581
130581373079256950891110603633747143004818074544707123585696701876
163044024859281029412448165330430019767812518488732429146546537476
530840785629909045373784763916341069713494831641494317725925735989
877414104258525650646992257533386670229379992990248338449796361658
260177037602404285435251468929382667737884010050407781498010651565
529747650230253048184829022351663490708944987681119612151065080708
845289402983031913436947886071972309108790654545592904426962102412
650896208002377548637921900582213754179945136773755029344213947834
384540882496830055969807227427147523461863844963300372011058488444
262822847183566951057836418070908711811976341346792304827999192942
334443433745265711851958275817242955697536554765355857153715878867
315582373179120358194336859024611689549358454843810218209805645667
115227811115286631487979122410467150345412263591740231050726757815
651690794975354569546610234350635178926282007387671578418448532331
264748169641045009329526393910725514026380972345074214526634679124
879921950424950639835057563167002422209788884501423549332644770854
207329564200647999045672828827308973634240163559815127165585708760
263193476035747971136732284425449546141241031441121365329590731844
662678111062740199008005740851336021711329191019148172385811035976
323362159445906860688581745827210663607832472110553988228531116230
830772249320718760314283554972399990954386747911904120640958163503
069215365395255939829108364440577894768655906426959078555889278014
811531296052829739637830522396568797932913415829562315501056197500
574788258435068389480272013168005449241765541341553672296781867226
297521935729676215974572929982784576999581857012470410652755234709
316760210887462018949830999056268035473239191743880352852394519685
590226299123405562366816842026140659460166142689816364896322670567
145452761552084031997755218112222830694640282754583090788009525538
267001174808944008582442234484090144393099507604587499296092919448
678728424465529426035504015366304857278457506789033420637548565180
260586465453504923154636606721495597923199612838925660686245382196
621379095614180948196268023483737048644539098579604117131070124331
472277069438162426160779174735893060403221611731902362901081241463
468239091014747845348126473693937803450866902011785409226918907211
390842736264008402256095279536622268780363107499295189633493724780
784246207738545646297469856781877946413327755959495919858741916684
478301866887582598506335809530473059262795878826628135669574185663
518366296779633536616256900065883452847893261230794253332120934313
098617001394022451593986301533002758857448261555201163216558305401
109024799131744318609478889442471917656585739383361529389164631578
777520692609899223778427210762267547136296772652833826045803154881
842918345790562055852313846748688098747574182995143608952757114896
969846591330551571824901726406346947383162248457029568821347832186
005021975794932795753714019469198710339192150346011748954935005764

831184800383210704551000319729946062669081703284652326380242248581
740354229851081369311162482037815682402670540265060927629574130039
459067445279197996647299332750032387853445521820309695277254118331
319492983745429967434508349456920794558330895721941669742554468253
386465610665141619474027323306891805548871442397014824881413024333
221160282289288031591327546040639314475650451024707847827003100830
623983379035059208538782367438487469071591071661383527097558515843
491321035012225586592857429605107691468925290223593827912711007177
987873789790206010405379271265542602785723538506654446667038666314
508709916557153712069207844262872580323455856531437854325903901816
838600532754965792572606903799575988813473068888074744754711193224
014850571325800645281485106494506217879717366536758124185561781818
650925659150896785883853734600693514976694020085414241195861577381
990261801995755581062254836164041062076309017585607457388473264507
133385756546041732533711302801378940793857936433995336278092312108
397002330283646942338620299103313769745072519281930448106053614889
812723727553453645151798438699737572972344796175412263854325015231
780839725572687850225687121681353425390283478101919154203432425934
609133113642510731939943370384323886137588056827156164854936538023
785090393483362248227318207409968453296642006626803726878202648670
578298511928450302215815053035641756893775421063138794300816908619
258742869875467550923494473961567075925019168369112930377480495519
909703982336382636489135058430399648195723621157407725768233699070
237446393542927020534604480383102314448114591379538474923915729431
278074120440608030975872966973107181984410669334082604969841515771
659295519486558164867577942339368988277590035789421276160470473421
167218792048876942331963840544994751115932547961762393849853824019
647708185209486485592422877324966873003010246261044667690852545609
760525276754260972217580423153215767353290753481536411137564033449
376447731570107441776235823186517003547205375940431782459913359833
918178190963298981513912575431913898337254405281508154570310228968
029957722750833121165977042219982689658324694122451128329498987297
002528869278200885612715994977513562152414462120118572601525246972
290915140464075319219928173428032761859964570258021156017462090635
890751861757530000424919672009214856764015969761597040573694259035
682705762172698082612584580596167061886633284026338564828642610385
930749007326146476834590415787979304998205059043213002388639330297
873873619627553321859580126622163258466407754647657936338085449649
570965549194681612051155694391080796813539384605975006717950631025
612247952719960465708625384312721919452003105093191236947954585612
237929584674483220803838519266315323828450706222355416355752016048
458595787727964356640792897731517789254324601637419516533248548662
125998117972463576280561784916758392325772236684392313904636250636
402302831723001378553839784405960356833268427992665461606721109596
063883424295043002336365108733945914246608246878679142241097259955
121353439193233952088570015903804469826631106954585363846429954740
680406796096334008965964761233501181547182215652025938005625906215
027290122242604041472615840342781626054598733857245637147779216047
482744334411129673123767611986297866986308024179500473099054868078
683929009975257836056842325273451249388464642611743784590176544695
409651594708729976507112762666117578696019032897428626383480646025
835183651959147287102541609034171076266775815046516946254495799382
899617866660985727357260685506695869037572305499557209062621713947
039685039523631294487087415247642250606521669707955283041281086860
497392295365924315417259939327074860795667414593870684123275004166
908602576148758879876235936734754629304596834705781824339237473999
249931821377630383752990385151049213862685594862282898029098604098
401166507322289995322405622348477842690882777333002520957071638781
913757283611131615082824058677480612837809976588122450097507098479
143992524014162240532859851784060267753381922826784952788667245689

3337594516073195686216856063512035024630992837418507807604204773843053254838763592412557531636452293163511786522282328964448319102692474163633999280535309366592617986442495494884617481328995681373139483095949958112473555488373871125219033700515468040236778326154424065669062240436357919958919161873198530482800619742223209883669364708401812321417476276732239473306004051726285935485411882461399122545993604628969714134165203093502573559361261145139647646649021062754457374977144715508058882686031359661575978888082513408417512408423142188759570263961666676842178850151166502959555978618415960547920178554811646541858311314120912782845969044480818199806314389038052207497099964459268042684734454155781033449320595015632019630539762141807399086270848064303217800247609014397715642312007226354349327379915731551859110065247277485199710198477976655689449196716486168670790375717066483562808032596486767340458420568650181937024269525364816955814590909365907807686812438639934256553533046505678506554865557128211838173965998363357678030887104057297206384819470482333079352209060843986280183867089529794945590339803975056823449353678374441469885388804528100813606255832951931121193475177628452066519222252738669692630025665605713798746774722632191103954463938461218455857756926921127446965654071571414181979492296144640390215239365217131970168237910162539056307962867690370366999872010105519727588390490266619397164834811497423911738704227142950498039184409203535350564648264709088316271727043914121423842292160092712912360067010295249048268895285813608494320353804135696451593092433827730106982907400363781910721422010919069241872160277555804593264901521505941423353135286277882691268505700877094417670821111780339161323107788454769589235628606267690636811548086194488650598563498242078522482102735571711682860437427930019053242147326980760359336634855924681912023947148092123328418605006258537910855539500693514325721418217342416965828916871047738311059705099813494096939955335172453464547253019452500219704236725633941992595913903004372603897653397233310189273199803667869665461398075380015007499405896396569604444634104888910187725401758136482992701898931874351475719511901643262456514200623107476545219553062209409076226563967703182232859593609028162523062797685291067138807712746419025705602446123783078902648548600649008785877722458281102434493870661477445356793732071453340808324961036860031648711604557638529640009288990565903880787201538168686057845360262395376158436587641315689542018451668042531125090612805758605185126126126372701960423621901669912907552891484255000203166394336803204057114116042375798035856595631247499469569849513586761717161486134211876492199857402360452581553140087609299196474462881338290732168822691315735551490184217278167785213038366037635612900768544531563881090587180694081778190789574514335959383903513995923221581547874786726203342273037795254810134334887011269882527069457297044292547385863958940316252418176801033883738925978285637951334907225664398213604080607695122990547942207745586977993303444390441999735760797502802035252928636562271663753010434815414543327065339165099594673587113493338216698948567055738078220021731209391530078265261286845142429072659990570958254860430354523299996515557814617689528577805366548948592631729117062620382979801608412159318818869629028287157978717936884904025766919694789119701664230794471163004796916602963366541165671412926658386416765584258346626506690416995107981990415638970961657836067803458038588754904398366811079462592280948439890034735745765722127802050766361242474530272832779197536870946026921102641285052046477151131959097597847520095406773721741184399590135072729305996362535527518365125842604722808130501701636458298879529638747352394422898404127423076692657538919129379270227358715890678007404859216483963090839234039884009512873222983061853071494441245528974454318958561187400018095275209628513711725684572621954387878592562737224001189285921097359177445309099137601857

105133655268996097982796691301664713645669707323708148465349387888
981009948329822204546100201720436127512031538116582991015118694304
911447593744151199214827769884667239091980921508515824456105200887
185460698730137255363463299564455463872644523269557824381689553110
896531340698420412186385006905379902901129655602973049646054821960
184977149958716016018632187928577655514826098688914664178674355486
398857672164079809930784644700415892529812120080775469404448690228
534770939508682132340733873815211764044476048345552930529995893020
716502131845576085163782416290715979408661795263226509087062500009
785294598803412110825577607201418877274907101283893632437344755327
661099462982029247845727959599586690604600010182553848674565658275
750715858729686771675111487265212206589305147029816991145935759706
240523820427201676090897193644031047142701890112291972783281602113
559756325548699992243388504519858282629103818226122655992591597082
919786233193166881062975254106841171086259870307144086083889081617
340183945217867616910217840007057215115331818346398109048550598419
080653798403931967652618254901449628263813136868301905372776290221
408228253205031575814491105214969340080059171842886747423281889208
221098707510096094222717960611868752310865130548794073032475585515
857271295685166711502658575372152497020735665542874804818838168943
809294719392497078342691198162104713083095702791440448875294465222
880916426932212089143735326343470189414186549875808544389783754276
111604821944985733991946416345105882759641507497086868706533308767
468551708636722004133550690898227033638087248324773623842767127299
827900047237503365691359648505894871179717735895375235172704532988
089768706037171689381311492611799076386817572277825030379948105309
971413321067911176939082497857595017347343274863356684315499742555
434287981387288858840828665550630311692303426240065192461820851294
051384109438338309943373235611840834156109525474454266787441539452
743808547815748171805542923017257708254215514552311689815984157630
331041024867859344513956337205688588906905711908399969799521334483
952287592283977865693169705450275524986037593813800658952570565487
153992594249997173171679762518307807180065173051529563382632793212
718062695948063416496910211160236464323589047724347766517250437018
826211584376442266662047512782523518870217898027267280277118227731
521030358726420824528988433168315791666499256821611449903424669515
324639135704780768526898998489320525337210124674485594511686982516
508631506559023350608946133259647585740474307164510219889646668576
509308330045681872757241680767059216043554681009292559395648953329
502797156721892027325708150627709071738710313238424960099196766657
262124887134992056972358693324073811177055732346090215798472234521
382771579580347220540258966441539053412137447005089033871538349390
783651145807920272101479062979899235730340324996976240607889732184
310882449308266190802622049990112859749295562772174646114689939294
010594942097338175943828780250444099687534019038860177170124591227
676884675715236965521220057724245036539737696902851785827201084335
983398454456817840625749043191708774382410403186714142041720368114
298950367725654607105012860183188433059026704135914468999688471783
347040829146812415474309300998153842585056327604739087689049279322
492409534991903416211544608213898364543627345255421371578915213206
037656434612877334642326527949078838192386444755770595009119444142
257604748727334642460795924629817046415346065133084095714764871552
128608657847073529551768127582320953381637314429047417984026893595
113836233619036522193686948953929298610560654350579702715511242608
643085927282057320382452863375360040537159776632209913491222622982
155246441341529456551577015191898692407298625805270698483128954807
962543531974171285842576611402820095349691802167787509064096388938
910484504664086575037294052210411280009547319660046500439442168485
942209014452429272225584905936638244027733283626450303053353993096
987770343090712332576249414960161079242873166852638845275126706030

0570764109526142989664881812039606387340849855500941732198779667 53
2749962011869772569041446902062477656553506566423759146917333072 74
8915434058300807072214809831677481930217368453700212286491519944 80
8643918607136506738526628029015686800738658482695676254210529864 11
6593386924825383378787521349222969889549770334204786174098071621 01
8441516177221481911004373337116936743087732669730859901037197397 79
4961028429161868412757569913986492114247878143531088307012871037 74
7664524240630432837083773152561194473055755237910984617735312906 44
2410447089451669048806950914607318268944927878884930939500099507 02
2903534353921332558947652503280710528542412429468783066310827995 14
0399264853819433461802956014311243285648469653171701739125387897 46
6609714539422772741011442393879589598789105456641042681478911626 85
7280359967830398709786663444404744950237805374940891697917385372 09
7470734527397946057249275908249278258335068256908378083545693636 68
1739559150054891171229458934250193970208963987204233608131092995 27
8188504027712873857443547058197144905713041591925075571511856871 24
5138617084613762199481388155508293888483756914525902356397006311 26
0122118004370384777070672157882914472504703857119508588093475506 37
4838293531777538088558941174192632937495430008507222483922287543 94
4226262695981911896956305252790993462946153609361635494478791750 37
7713741590706231759672455836853259984215588103162562444276554990 25
3275017631362943127796011916430509716959532112992045271774496546 33
6026515365658288419363879337753552210007523306249938917088603055 13
4982454203328601498822518924449789713654388787607325839686941239 83
8808204334626611722043799813307423513678499084586481666628620111 01
6787728549322725897317962900838938093783688622430928160362691807 32
1356465371535050488691647787791858427737908188613147543573704383 96
4161086684544778605185698836435455394146744883622569075822976566 80
5177777484874297315217407172224089962520271344638028938433145251 69
8363807311799214678365333421747888059772842616020358430828924451 43
9079548741920599467031093767769273460011572635478653303787050882 55
8626169169547527360426276524262803824771112903565310920613755010 41
5351635002947736028030426515606870445034565865327374888313887136 36
0128083391312685040569730582623675060661853976157041742174275940 94
0477766295856099304644453696935713123533139018447310167028536689 41
8035023616326193267872577312149724982450873030342047625852256587 13
8441719279864813496990033682366359258820601075142130599354051182 39
8221393595842421288680155694960131634265883922903517029638549314 31
2026857517209243416771675953673854595891563041515434088850041606 70
5334665408281307008328977614882496962892401604211416151036179777 93
2102971347626579979402154699780387784794015988160852142135353041 49
7943485318919528301157500655585264236187716442360830789734582505 23
2932436402643759245918005632908723050762970364843550869676213310 82
8770177163493776400157407706192909977311832715705372092053654029 70
7767867266532779330859965800109221736238904135842795193350888221 45
4365191134340143428094289321478884830738725770497425332464660948 35
3516657817670744653783648028470969261013186450293122961659943735 55
8202928820234450728277138137353108738681566684680584165539524063 15
1157367921549112632477501265298070868653207871804612867924288077 55
5706529278259419430075884278012095910166377504140143144565160939 20
4213995507274987872445710941355550450157228970947059287154785784 23
7549555530688277162786068182464764719997298003673328772074752265 35
9103975496408864254765241431378861906622713920337483035553828434 44
7644598243634065327813631957808343899184020729563312274240406329 11
3697622685654000106238986047816686297777840312794899917073967230 67
5221629509652878963150378284676791610967455848873593475491086691 96
1722460379433265367175326679642757594399604997668066120400165330 28
5049499728607042754250937207738586370041544102605952449370758500 36
3784138186077956760668064617234295007523977651459432948967190018 39
4508535071152508262845453452737577969122483337192342761582030801 46

2801767562825024071460250971605630931767245930760486882487900538471
1580520750744820305264966898199940251579494232115902784104325425583
5337177788899239517463665743261372851811005292757346641848185181556
9944340408818037687535197406636304783372844055818192994312492820669
9574561423826653050981344664300969883579889993336482496472266767866
6094838218200691764477995154100648314950923402313298555020760129766
5976548251432214277265806665755782452114351183573372377304924371422
5957029585515871156388807799567099240416783945078541847459790898155
8041308296754681520346603969878439383081839237477162789771382844433
4051340951168427734092176907252476310892244466478911687943251322200
0736515345623118550138742152335445030893885398610146110690748910955
6635966294815046854675622928941510892372943193195614918231825611299
0602583642878172194929175345388235279936285889636367951806699435533
9473796067883863943299218278556841255867799549795461330287862146466
5157139916591402845873487027052610698170625680635866012816449797244
6668164161969879886773684747096351963496757677241171938898911618411
0167572490652812301639681693150030825201489745797388900152682402377
7798309724004631085064997410591209501570775841414891805283246730611
8351409517491370788512597534824769265004236854623584360159707296188
2804430916802637005785921511372201216585722336541374444765941395499
6439553132516160965801809920877908352579037577267506223225185883066
0756932318956337473318071536686998849863869143703937913796902175099
6258692842571691290542002081554697777269088469155248117449993657077
2604850439508091894328530447493989630060318518772745821052465577411
0812254858746139841024552315469728605615990049197301338745304316022
3246449926512501704259895981825565238875877954291090967219088355355
7772498686136615280495876215441732619304117924969971423648039456366
3099307208351692249539620200838815119183724445227526366889209929577
6677095667383518896619596160537535008602323364828721267279457182599
2717871773248430958282735739819410794665642841537352097892288900211
0373172027586642901183835024010382622694185545174623600553905336844
4479903780231493500910433515559836118650126049569602591345769365877
6222655770632075180259102970974492951788854202119297169126631041422
0914010786425238613208134763454729775317440856732210322546073930166
7741895602027299203162479753768627807845971052132685726453736242255
5319250951861718760134511243376299053555461959175254804303890441733
7617913169627434487853115501952536997807793447126384248899343581911
7195672961221652053462230855341045461753516028530353170601408812133
6373334586374744900712868341362130746643149919626458766238324794566
8554952649366465017373025269911908734889383808220490313999050562755
4439889044634722325658585987911886688740806970103202682039916459655
3939827631397675758675630661191248528924856994955452747582595838055
9266980566909315279118773020597897063137870893388322070950897673355
3008555615294578493640663912452296012669596009626249236235435006711
7356575093246211009787638785940003781112255481862865919130265466122
1607498035325602344356367631241181589646973856150829519318006571544
1263062289942986318094470882999697782360083731932759312453730293088
0319708391679211238220377593869128205704012577244486157978289703233
7209824314199521913569339907013764865723794090189731026773146477044
9154312463353149231164982846119122320443297987988654550488550281722
2412719641296214255244081433833184835548531648915655594728454941599
5183299317885179785723333498219716745220939822794703894830938700688
8809500950017601865107568261901821225987911067357657410237188662722
4699351075758553148758506068892653011018387189835211172154353512755
9382643296902223394938045976378558090731716349568750327089865704500
9163882052480794235222753568708256026031828129257727003799185301266
3523799010619425957035219797869460379340909076816903937424032942222
4485649062429240690413555579781762809939784678087508737889272173500
5415721686106252435312971752870170021713892652686261966868712382222
0018081998105567112872178866928665140868573073142030260294175800611

475433969961445419578017347130745325184665024873918663122659126015
660236378626652016174160913156721283704302383185801183603595637611
440219634198851777358715380279808392396230695928944502881270771132
659792205383647524900638650538467352654712796013927057425335723992
843925668211900759207612282727238608562138276534993392172288313289
294444554185591185233251318300351279137925207603882293290768317757
284347671056843279974476200796878545960902303706015474437242611467
397637614102508918193427878230418831155679580454124311921034413514
902690955017999960420723226099427493619621259445847015799426738408
269168070342003733428173588242204803457761918055384418670610927864
754468711090427656490961336789669320618650990481167965986055034049
205961741584031837366244498788910350470616500092549942339456621656
246048636275236757195846212709710103586783737628594551903569480784
184420461164274326860787480844054251871227322220026214347989542952
826749324038150098184804657007841619183863492574776926460569176755
318367548227892033180272665310931271164367933819622800959541330478
706842758615783981596678635312212649107416283403637584898673238782
661376903593013623242961560311663457950334806960414680959998514167
331564166366106381359333702910558095186100259659693358538133702667
209303857425742167864290636425462777371245161425008963865385952758
013222891865379060793284411531239571944333059711167462664902389432
667179611307945823104411919007978388171522300067009440024006387592
269436228510839890825228755833967504535432742412656453948010664801
879337026477967864356301541959285025624393698024440700414898101285
038476125576653219679989499751165166552568035436426047314998069415
767114957179087061914479972522714795293279630735358761120758290680
564592707528771761173126629456760366335713353483622574923160908849
973395000823908022708340184421860239715622689469759011211164176352
819617880020135508986069980355503955076960175235571734913676580503
663480989176623747277794438892098679516938936159532508157610426498
077187885831916660258754558558020712496020356901436024116067650944
175116399552511760463554583545586837333273783538558665765175565323
846658898639838629579349798658078391202883732216541805510150451839
104689209505644292618713072718897597198522462131429519367378454725
128419139172808431950208148721448681809122621419507962485836787251
200849590524925366352557539713012825226663193126747271170874016874
019818205300956901210799493693240463863410052260628335978477750993
619741102160991533412417456322272914289845315460446793246316585082
059900844430445292356835613059585727698497651003576373809488904378
981497133894411215534047828538341025158627345220929813789580151252
679590501688381107977937378523140754536423832677537259113972316858
792687904119567525558325589432624746316959593237932807739721523413
165102332695551004256713478165687894432590102030761299318706117131
114724468473809876166132982158952373367323567167154561417555162388
079712000152345311199454178338724608675919653156964945975434352624
147173770273516235218690845881694332649543609630690327863678272173
433787234212201277914530736152844291764593757545276655117361662493
776258341232669470386618010995264161414469436866655412146535572510
882313260444302059478295706469642084050663972063931736507351317300
388044526225960365484863659694269514837219194053748866482246955138
001416617534413109439766963048925949723208317530996261430784529933
180165084520803236358264421016274310136612985587054229184691858535
800025965709361068886707408368708490761257994716413099638885977280
605725438367777594594948790395926558763192110322765058387304399870
435415407721708153371228169725347084804606784815303398274253546067
361331062553648078235171937319763829231976068793186399739397093292
358465259252548784756066958736726025074964686593205347603330267022
587893997155938467073463822210871654311598711083236359015069170462
543351422056150023399316362122693161416451634672248700890857559784
286720908705035059539110285561256499135175964493878468536271880164

5021502346566085754400621293280842456354780667137045656851925933592247464344496813893964095728803007741566740902382614245016397148992671505880621404736388771776520916125774301134751954522037490896163122104904353465180190009099352151964047145886477356021465122479417805900423518207667965078580026385108261666788485589507491586451266193098383058348262969071317067310717197280807768484805796587544413799294491070474718297280178725901703403330009230392538061041675484669889573135068038686174263992443690005077832346982406924270331223442533816869554568542413174368857672121852339245514519543662928877490400439455946655074084270251388154225801277993624948276125530109575941070155752457017401978850976999525956172086894340915972589634928359294917641877073511887557335239097533861390461174419754910858237894535948817340978863945061700922735583569004058562272378064911621799257526358767717337825450819281108102159023883118495295970302890454635523927760376697180464550093663893952712937566183649877213557432275835211796176974028937456777117102096019708609988891974822781834064514963240191341985954666751863043821782298053647680859641348784882765133590607031616600807385645023674086326510479565555523905693241365906176731915774394061383800816228694214783660581227966013786881036422393449289901558277560476721452887526965184984097572531141269697999683583131116362301667967637406820847352207648198751988229863052801822887374008463358398398351191797700578244819958671237440728854255425882067330386593512348849979702623134280932584612061873144905739334295261855568315864723465082335631116899039298074623730185896175127462011024135025301650473598739129966877316578879331468114620930068822230887206158330968583647938117175872322118804407563604562665101608344367723134148461871266939435580944729922205809540034174771169249485722497611316668715094906013042427878611700218095472391317944418416770245763014022975018319380448844816047770140408137418939545475965527353961460351911339301223133299133292565079896523080905985857406951069192032793347339726614955417056166160815429521787924208501892615890842770899908154102051635179645981575455968806942601800130355785547027159876006807331451816194078367221223851733177317836585699996221593848758839224899291106871277741693137472569565133430063065227379245510562669218808078118325867313696011209077146657944366288330014408158630986317264190633304404450805822811281548891619832293273181879995885127378387293850969905006909581505599686237771294231761972940408139418136027240514820820737951363148433542279393342776536861035254077258399965486187460681108544159937826344218383938448584852903530456971510991250442313825249252954008960027765387386635741563882743141102359953392227466142808950302357630184738996956968785796476148133852746260001728400766103533599700110742958861790934485688238614022120262810098784194778556695767060208297297284932172835947885074785626883541396045205032733900115976899759234882378960037047435094401262181010948157151330500526967347505159579302414192467718837799078970967419856206206033657762606620039347514589512123138896768052158583214858756210049398274337792910008563459608478727443346055618482163033872291055643309346721926478665631468981442003818721109343897389863038172129579092991127430767197772915783767485462892852180820396714378507933637369500772766426675585419995885697258889417188547324570412654538727929383555423041284137013213116316861676495031820781233528078670360575316926111114131927428779044645590745310830304595611994778892976495070646397168145146294531242943635554886863612488265612400644093270462720991938024993538960597443351284906593630428301040581746061232043944596786199437588182107887055290972403150885180446976720704932193264273274749474657352706314008460022706069559676968769935816122080876142890824382822508271626545101507650711225487767831271048985812589031480801153234822354857562501636134324457554897084018525624878558411615590629157064001861938267871916714542297842701318556353007 59

233917437150422523687143080286973897230659408747261558320028856056
430543675473012697599239121409307820516347305683944357660805054953
912914586456418951984212667557032614040165264647181916825561780500
043662639868126326051567703737576322825572372240337326563439926101
072777491347627176169780024202417454219633542368342108998205098399
693090096683351729155605180032912375027974138336346557054527834853
747615770729786028264231698956616215364150611916911869585076300887
739841331443323522161086480753762756279535732619276807505917919753
822080505536085921437064255882040794994568053209984521619529034874
717291587880433789802719917575528412495164553897366903667977458510
604923731647493348513891310767047816893150928005652508074003360262
558797465873389588650455491059441871151078989476427723914132008590
273134823051471147108625684424430556126457313179759466908304134034
969841895264128081303923795354233955145164368583297176727033879966
070502753808844666613249520847059562360351328876356928310404235142
307368983022576189398221045147116497508649579313310230516400702740
418722925525312555050751962630901419042881583786080187226885330334
260324188741994743094870980900779689622152127820403638718498691155
689285267885143692081119896699199175939442227659858529607316110272
771930392287503735276746031364987286014859087801089027696481017841
925051376836394432779858978349967075106459160807997814986746212959
429929495103455612395285189966483893151341663425625387229042078570
031005057667238782499422930433187629331075992163341034881853078945
786213043844699022597151095378424839640451956139526499409105419348
027833381410505497503863252134416652532578346241054313724205134365
610070975026474975060187932989700495263510803848800122170811344231
159233018250655232900080532960950529674761782776499033804649275642
460784400622477510229840904464576088284008438396537572516330908693
659501131668059031760653994130467831860450062980954641179322276064
394545097464031190004046101363637566525147633922056408539488115656
651564144995469997989615517085192389641735048616440196028228370231
053195494455715777919567588597530366609882202496886496240237376974
149089622782626717164709054545896434251358107215509931278700181094
793378001942881169713845597813034375911744983050397272005088385100
204864527669175972913171516690414586990948299639788578847124158215
181915131193646592655022469952252065861237108617077752972480096285
573811172643504397723991591353337279437121493974863979262479245746
309268806016126833281080137307606789638853035247624795772962330363
206079753131170032156315773961141417267096845791988967823317498025
009040927698398894869465840619708837118717162678950598037992818687
908359676744386739411089537196986182976738458954392441121744326072
814344156833377839658009332416265311975886386314575969916282260607
790333739537806861549954334396662534041372393360583761357136631484
960228465675347318833395976940602425850333822826967160251488264837
670313936615030465569440359099795880865306477527207618121415394106
818553151735880056317978950810699820712326357146714531162758252500
806200983530299859876534561587726559057767770523506800734721160449
806488391234431496994566296883810992317937596151519832650120598781
441617932890058633209563904496732740967756156579216951256957573430
650111772794467699754846396367647409519787469857405002566630430496
930378286467308890740676217208162910009270841088021980366469032006
604898295265441973616508087089991399726806525622796418049464541564
487670128005839444300387771355707804656432991321870606322081514275
062240463573963323033417129205307955186159422189134174393464269860
039630400508002042870415729593735309957716677615251624524092900687
648409445244870829637234794663408346767889242904515984050860716953
416892727685702610071896175287752516051145757923487582896882725005
829643483257250194887049167329327414414693861611008212073014894509
422091561135319660150600951530042151879680050092567027746169752691
736633588478953104875162792541522915736474184880129370760082642006

574185024170407054317172875849453496755969256058106800091735532339
246553976580561150626685714588862313687782502707507793892985221289
837675733944406123896019462548014968669537166756920279450041465728
456706853099431195910398723702492709010435325525980501157121226328
470745074590340596438552820872919118498395516680440487215475323391
256199459302810597525033416854656765184945399888524327757835037208
347774127463818740545863929254471150555432279981820868187969864701
046561341186800539651313467232381249441404741459647131100723335520
281233852214050723861536931660894605930756758626679075053701611040
703409092628267488775028597523751023854526779620553060275277743678
194057795338407659371912339041612299389658775405042093316578069596
534125892927690021058353472340561065145554293200917074504394701995
669836627702247022883042665069045512194383705684670838235730118163
228543400184304949798582621768415619917919935124153094915801007937
477404039276368882693841499375805717517134475581593103274577418757
637118775713224689227224249337777113957558484346931432056193522817
599764563384463523667932694166365293829299473155416026227810434045
971282582242670197609692542335680025383489465631124951701468994004
640091188074087077329964303094404358183408414175801847899502624738
956907547819266522199349674054172881911050332527900215854594317573
458873276958639774133830265422515748812728581889273284977696911085
259385652172391840425825823144703106476046481450202221028653330865
637440225958804713218694501443668175385307315892005190657548015823
449154844317770817671252046119649394501886256763741453768645600601
421512612924246459673064284648851049761119188467204986645475999926
801775664337900340056847037544756287824934898408714007702362965041
707501045403006968311235317293403026317221317086176202960434454820
954348676369524939415384766753809577355121463749908050382956467090
205230467398556435582380712001340517953581775926611792974601486921
320263060039317995648494444473161193725369420623475637450478267593
973212703372805781343126621117387222492806333639834519303680389259
309688995209252035278571980992380576236122849606523276970970764790
391394231402133368690394808687684743308012268869946203470823716309
724704725028106033141647014474120542138240308128347191009308620269
749091536072252751286597749519507014468359570342661460253028153384
827277644979007768898074458301080580762580282652539846712184990443
942589188021880629759956314281638485112094713499524227290966256213
105720027860252130271652435730201321995053171120419333856243218115
968535314364280988660109585436852601085293446378411885371826272165
074541415429092412576342816834642480358183339986607357730940949860
657066158440701673506468455108344830410340714330688613506481612313
350084423362414174425220384716206858157780034407442240899773795250
772272242522163252707982864834239360319936007701578145485499732791
495715242047771832598625574711721760004759186861346576680074791388
238882526059503696145637555094836455249433184937579583447082565112
029771305489059858893604904198436615568028063910169315079412398442
614146314527207490634216746665622082073387405441027555277326425726
662603254341416451806464620135910746369048140913948817349150190905
887865886575608054633191153957951992269151017526113553536548044915
380523524309209568391339236641860218486574056531386585891803888290
100495441053950428190852170956897098522266049149770344256341520113
354359560162080483345705678582847518288694326457284709415507066390
042021847428414815072932114255525384876823984059640369467558558706
507780528881184370543707668539402043667908794727576997674271743908
241142251517023195532601492920532485233164430336141058134808121187
844540168004984186371953775079122509816883959439843743490500927690
743049721973216682690786818942988655432603934799602791528666316742
452049935768321975982961409060960027750075411611823413659519543647
682659743538725034335575607603094264593717684435256584561894133043
626585493339644881366781418994035378125186361809861431093804686084

238941765717091983753027352946053182177484980676410072780689353948
778562080766076462886434975781384916754969480133361645855359234218
744439048728220232748279000438097437222409055665798279254079201827
191764073156868788990869823443332429846171348077941579260789437869
378793218192762383208856219825626205370615705336509986660437335278
004302978538582577725820814349306895099746902842123214805436252144
109926584513208698356950379341219278770154837668462588485148035328
210057622595312384395499845597718366177469694877133736029490243201
400893695435246428467039062829612925333175609054580152415336269704
633415609477147038783311408045532720266985169165505458088526234722
700918568381152913251607557514732983104817451169011854473890500270
796628135737332891521947351317150714211819622395064036066250793766
101141090975719875195062790767199208415618383126232787053677949587
209348085310337003707967698144333986531947300553955036137371690354
044122744184825089725543411329141409921010502794060781343452745457
489103978703959255767719730326629205850021841243056110147117266588
588758581109801362242719178360150563008450612609580351146221868970
392656006767752271278115086918240931263983238895143307309208061818
367053327222199671221382439249413384503085537429139510060612140640
152772992047216247469060199687536161293095944353196702138702622427
471342529519834641150215258521719073343528760508969489859661873724
647148445754004263211169130661080007590199276852772312294338453753
734455619270731842077003525188819851000091058869702463614133946373
640362916764850243139592226108914312458431080249185337663654737954
281019800639467549165673882209372067955022453974952793604321876041
673712529418689041678756050715819184628397499517761898470120141728
492253165997642491396155346304559673700366982713924474617224053775
638845250605738311722063309952246138275154384262484183054546161423
976795807575792892955358231583791059988100013635583580253819304960
874848406232442130196731285727975696380891589114151062682936713253
390443220443935122562713425835719375807555547099528058650927489148
560615014905867221863018145395527154337744115748430146045421047237
106590937458945560185074706555125049620797634952629628585741910611
986843374359599027675135124284216278738270407361790182264211619056
545235598213465009844346847498934255194190612568539471215509383577
839973398535979920804409140140130196920588481624165779207438506165
929884295428759267653257646127865813653869302306432495148722915683
419489339773257723831101860728599213827439955316707179778694631024
120965629925156369070709797657462230224811183699337954003728904003
552813838791669645146305017446678302677339156584851313373322134555
912016942819944635586911990104670257248863039143131892690272342788
076559567143550810085233287367618883314330625840285446138179091649
151138986886102042441096949303994618815643469225923822715423732556
186576373191113839350829844737578763090888190669748750346261607736
201056147649195858889526175730298660002844920883309869356389666935
736583154321980511463029180303532823912512265145796045112913620481
416074263483689048725347741460497928968665471804311096370206936618
003815649264601763228235467525772510063481083324604963974581894856
250715927985140068823456587664328616964994470287617278607401627879
376003134030536537200163361067311973540216574274552661377246414679
701634232210948392735205399216184668443165780514857874873899561173
561574229271079978937830411746342331723123687062988799395637969323
438140930773031667385587583365894879219229299170292532195313106313
751699564895556279207732633443995606991340123455661866002723864409
129577681745674556204269696639791492485463176155558347884911203132
980810938202001667082142619538393913519494332455874157725836948116
349214048473354670485252762669909591444857090831604238663433552347
995241933217431270826427571501537381144704648961477923432391883659
760417327606918396476067866322674929193323161131877673919132713156
449130569370585515339505822922629793669280098890127374401107299130

7584839194837251638752515268120935615506896612815652785043774385 67
3706596865712904074504021396786409805016287163242664226733761382 15
2956236522040211884309169244962016703983772402290077519119901733 88
7256549451670248842314466733016979564931389538586123981116683082 57
2022333724698573778725176730167468852701156427758200593935709812 25
8690125889277275347751245969545250389826116680212877573805636856 31
5644421994581874028106568017531855645652955822886169552862742002 81
9640306143910590032153797953969302185194232688079468527914072587 71
9484690411764169152274721106824390965834936817407243912567260141 39
2055375044387785097186906128308954214450904545348523815226121360 91
3632796256187136414316494221393554422060053382734515307986723066 88
0135629301316501765553770471630091506247921237391937057541387260 37
7844094217302591125049238615493819007039732269827084459330938371 63
1480611283411794863130846199594307896849641116870843379334405700 79
5264780255324299882702122395890715726215449188311989117964922556 87
2579518737643726521041961886235970807637082519160197482234482099 44
3332365004015103308033450987342082127921412004204801805010797985 61
7232164735044013698114855410588119726087395394254908628737839037 46
8098832081722147968307431302693815436368453784576155752019947911 77
4123367085935717692095928402888000062917208716273797741535129580 50
2970994424191380762872308506357855702200290134327092777298737515 76
1662474840473928515508631642153028208352650155756311959083682307 34
0304392715181050027526500337086894984288132356849650072493988474 01
0569473433805637338402382436072538873309111373884076450003773447 84
7091001864804554117110025614054087836992886952741392619379085138 52
2929789581062839805904499241387273763985719482912844834765974014 04
1432598188502453910670591768324622694839736115718148985287706502 37
9213217892695361163793044646771025399165684431444320202981168593 66
1665925520655979568482691676299777340317373780308748208117848767 25
4586837334246334524199414107801536921241598778339974669973954295 18
6818200906496976103678215280989529876069957103569096028371008599 78
9898946334872095708021792336657487071467773673609724639922157532 19
4023698804256015000075840411757319574984167403330352603948097378 85
6539028866590990135840319648037329389860459420398689661622275489 43
6550760002345814107089615093946926452773942351146940111277191491 36
9254378585394835272648575521602087204812491691018527179951837560 73
2844266771847679540711162180153539879182477498161858356464522803 08
6323997713849928359209270555307866515564527689591621869203470156 45
5573402876692638413257703601605964596904032255123102029559970989 16
4180907129145748986244302977071138941462836484848715767856779487 81
4312512432935502476872684689469338789309686193721724524216873927 18
5950326411718319813570892707560107929918514562750286621924369798 41
7811414045403196091642478439214390278338683726417115549439630419 40
5888067523818774291085517880020788117679147787731136388027728566 96
9401182727554750200093592740494837691964174174743764309935882811 49
0241585671721186545181954032744630850849001867213652717887423627 51
3368543825843572609765763398593536487906202036888810270158500580 83
0280052905250059204099540095599338281560551578080569277503764059 32
4228538216945892473083726933480345155440890818030000971359031387 60
3695064629525581193233191042017397696851107854510205884117474295 66
7426408627622606677216076333832609244311716326610442814595860625 06
9986860747754290412444646328607846279208041631617188773654072051 46
9312121432516923429453543324728241729604332479029063540574426435 51
0165761886887575528924905830732266885794063610726347131451280390 96
7940936849793368148757132986978132119247305994960140277818648319 50
6098399949029248482264519690766949366809185292465402548007721990 89
1772919609315660548678027148447837660439060031471464522967233738 21
0187250391731552458699554238861364979298934057309118689822968756 92
2198783526788848165620121799323557181193394789972941131625038237 71
6074760122507890913913600736981616449615507711562475184867186427 41

875222098369926251107945876744271026054910183771414939538460173089
933449360476973301928779138027031350707321098188209904217747958244
675990200835711681784488304787391475344935193814011752088137059843
984654955705501018947463317851354478060500245322289869595610981274
453720034050684331619519836303181703747898626632707244065379439277
750611738437739100370156045085424417182946223230987415992613792310
306397975196290621495493675149348295534255732673405736625456387820
877247801701251910806138076329419104837686206155039901710577549379
437198149860227457432768735866547211937247364836888473863695504723
045861687577899262417991924288808684663276562154894537758464269366
017054904106967913965856504723142697926688920856929628784233165154
008797079484044606266020591420715726414911842725772544518517922522
992289989255241793132955616293338761041608491996663174423087794058
873508394787307283099169773983497943684774634480157906910420838749
535492617591718541229359751899008922262172191445930678861976035622
188127806388132245635556068069415255297897496905210255587116668803
946253165815590264701717990003990248334019184741861117791425087957
832200374313389994388787901749321783285709136225934523987992119413
582964860423871824067417098622812190185733368156857032359430919908
413100327424163085607040183967645421975659821525834228867964906175
332880383375925188021355788935119163336359125653076196344688595555
679031931342675338330663164340607697250337461204565785754274944560
577318094734904463642115299853304353698384660984613766934308461700
054908361012391654874021552018074383204637467839049999351856781079
228972587469036774957913385350351336075507321325600291910315513107
283177116250772551531257304962327220860225214648402202842798593292
836688799077140819239883785035622052945336156802820375313954033176
431589405632531123586823947289210428147770904529570491287593524120
513586876032845142582734694488545643193344560610392771958212921941
310874666676659245749138539157944635523988690676799695355659403400
839266309489156370515518332939400050322641708848899460174496659076
686847228668101834234733580748167860825699263614579414341577379697
276195362514816047504644571393528525921757839527856441202769631859
515199253706473854375073484198045852310995245664026394525671148305
359686783111380040816192340692340326098970410456803793483601054492
920692731323910928948941612252877254172588071576980029023276929926
539672222312595423789781879617297369231269862904132940693047792690
340796085936969553082870633498853589806317037906551023455503598110
472263078432437887502680866528666197012358431075487193446996135110
246538230763263859894685743530656058275300173591298306951563954194
337812121118044070153615314384579873166672036184046659229140007286
157047092318388883712590113775110154672815683126173135845444955569
340401606251591221445202630400731678624212347398415663606157002295
757951259606789094918071487219920115133860334201249033432690190315
247111117705376749037925070477108000780724379721999748678051270543
865809773836608455714159223131125076994385057495720844706161764642
897016734248531307265311314113296922449973258986937933620538231043
046881167270296781793531514792526227715087317841347201175082919918
140024385165187293321922367139330218393718018284319234620686122487
712481614464372623846672273871692704343226676282133595720865759252
993357046930167137706293723161840281281466540339392997647994508355
635293134044814997460821573143678277060209036200023656147948179616
695338982033036431519760589388240313104586462453903945756376887059
279419144635131656563853034138055116073830115234965016026289833117
526654089514276454873943642900031046497563418646706338393702640432
719993444501765362119418398091405435431204661107102294914795728223
004888150989288005202982221956031371555319180723675808735157394941
586386346592426492982712468742873788710721177960934285282218507517
612031632878650509567859784696943970668574363944173341905638350440
729438621752610060673994465714452565082185110811234734977092353306

073156034383366681280289728355294978346861207930653666229848868445
897302368695057318071709271048802093698860052594234685582421466323
714836033470887905083467514163185997873182137711360933796792267130
480840063571274044761901699021280503624955146493756285725553472201
552916273600484207174507880795076184591360695778824861874794960279
482146832553636964805579475195804226596181757545537257578006385007
882894288015404514728664507693636429261656146409237609919442302530
717760664764609748901300712832067009583444148679596428844265653348
062698500890014358597934320495470073979019762402183186450225187355
768195384669571307006288829263756160327876421596559312529249242216
132957450406538220167262398618661648581434298883151920315905796007
336630592644780176824280579377519254991161387408165551961800806191
448772948511662569977245150821371463281903651808773347375322139017
956945546985589460995099448197662316058273897392430853104944407870
847269906403178359352904613848224060814013067392119403592658922911
969016830434362279715304844598073159037135399085230555413585030330
599426307530084474973121329228139004149372925731581039036715734392
981372366096770703723997564711313836503606104054887160986190396184
993610539032305603590895271652168824412076000293777205420054934505
995932847657914451389480417920358508525299387445006490770503204262
460392913479186052964181514073543083458770362016261363564753671667
605974780085903142936133379293319175008485509604389718110409887752
004921222370695585812496257133144760665069336788276888731032445424
398289077351072677332667843932332201926219365644663220548552196362
859886982124590594841453898355243171934249129900618146395923563828
594061690297564763112622914667465366265823575832972216617099689212
152632249540972530092760909689092981539854778104754603970480564097
01943861124378321613301721735201695386677893805184729996113301753
095363920200797294384334427132419629801071959511894080207607854224
753470765972679570860437380133715614849302325710198132874943896149
485487837329709427816336254436333082693990557968810494892037587507
854537640505365757571955571940241392108268760908876905226368654030
187082270188354758472399922894034079079513679637963507263442245541
912809577059031587725558922077896911118686536928072383024038923627
104980728883128755350717511334248096928769720158667518914217143425
576390489594698580750060927981004390924945240817662509527417274156
016145431594518522171855749552684752772716738913902901472023505989
549615741731698904285539944028302783837762365010859093691920154027
694868144088268392159342531859686296886770735568178360341970518419
116791939661833729700019382298015027248308350801097177309111058708
948946723054289271511824641544091066453295323935450519305278990931
728114996492725306034702159871961345650020631071336136517861654416
497035736820976258374943863039224877343571755966711011669312791920
462088982875388710715363136881554667959015531454623653372771094192
927484041691314541970017754019166194192795232601888253730337752336
012196171161255538897835617670837738785260756313420586568197019298
042050503450950135837302702058324470696463969223690638593311081122
013967710006747724553614517398246578733436414551852124685804072880
187810597648717763079789332546458009321561354841948421779175593309
357859671946991950561912931679934411945972942434600010285797589940
496943656661909757932956680542467013837449990948865697217529786249
994440386325648873316760040767769071769110217133246166713693357767
751796687482379811974164138932966510983219131889123061288321306175
347306459432631236902194248765044265680064037237356520012431948237
319111641586119940162345610705558803666260316221668784713489649977
257144363570318750075329860063330828997051279145819777920607806942
050549492682044404634256297157534094927435579725160157207979726607
019969187009861222418896922478331223069883519302680013335158234809
746911378369744867632078154664881263924082841865160249149549798644
272098660518203571764568949935602043071048929581586506395191730563

8559382217514301314348075986693326504874799038056468350956561639844
1602315510479659885931684745229784532711563022567963824580570873833
3598486159426999235303174720562022037261527089760668460260887447111
9518675285250056178297288871967524660489541310791051300257310392622
6908884742371565183099163546737457239943835000925165391918101842377
0641827844631996490552888569939325282656262824286907604695912293388
8882636789052588962979926004365835129285916601681627115850385950999
2004502382880525787160799914857795117410714587892789285944554229755
7489266391490606122559018467424204898306960326099241605373198039933
0958031845874187561196551694103025884274613267715286041675625997166
6890091974462057078876061938247144306820078699951582186915234809466
2059947336728416187438018376244684311462271997183540419908572126700
0675220557081779080207642238770083023145963243769724843022813747488
0149945967829765245111647562844948823911265802232072339396724873555
3483796834709037217278071821993045796170874846683226075483119464633
6316295504614289181870344025516066109960439682279760085105109039366
2910919942119388266551364311045937739823375470223489709893823833499
6062224144588181571744869858007680176809831354488908073098010459822
9884067101286138185559779131126585794627976344020932540464256523211
4487854998370452126786486295967723599386702875890628269927949214888
8088902597529717747890672029936712367876345198659570801187477179866
4845108982519553391404526404027575286220156098390974367883923433688
6902937949023880629769925569202312504277051089435097832023702609077
8772210288838691730652029707426870592354303768898474913311508457277
2408927276852932025683038229026985498309266427981696215482643789644
6128368380420732092446348106248237628678481958108547337889172165033
3709317162300827835446095355000157087325853718296069755081704358344
9922043478239737270858232696362370176097674845003041090604011687744
8131236415722492541367350659699997435146831130004790437633894683811
1507504479836224977568918706331215982573656934306098101058107512833
2028464444446692258358776454107654245446160237778278842301432414833
7607752722866645863176868757284362034638726464703378104558038408699
9001847001329490672016291067320866560152720035703770087723639337088
4619152832048823114035058253541286718497691898740183701119711247400
8166154018970145776023023745038112311099710264661414041857261089566
3696058312446625103344217698695531230691835330056188518487114675655
3747128425378375360270025404781526769638680028149067082684714366277
0449383420886829795605591530914319592305379389709091235016831752311
5693892208172366779477179713627192414555888086019038040749460151000
9518157321992631630815367277863953398265037693509319621749307103600
5468274638519238401085893804821537960570375541363419453179102144022
7724400228595051052507885300563625487962039630514167505389028154833
9893826056184605969254309230501184482024440573533399486462324698611
6427152552041418394545883390645070021120281626903764372367863270922
3848083570492855665422565700417166434679427056693169465903559002500
0981102046159970692226960430393134150112385202084330783492768521288
0232291152519737913751743284056717195786548200968348394935498706333
4104510911558023997896555372867167199806356218822908985971359456599
9565839007199084113529007032127984868173787637691975015965034762100
4926792800297988281614426247045499318735873796114461220750417737688
0384233088995124892738217191170599517713453429945729725215214038344
3046073402932129297183599023367167551902048367988934857854281307400
9171121274913518896650388059503648866001930517747973772006038594799
4431466501041077192351722447258169876135731553947360636102260817199
5494774873346575307697623829299706659381130355666982838308327669544
7610966886531811220411325508888982062797980648030112172279233418199
6079841299972072008841839387221139034724731085153277483669837824866
7965448539605467332451782821837371290684884322609750319063553017944
1264823895351147387863995054860224600033576913603183825695223930433
9416276778650226367159054260821794162606278653413781787284203815655

9300744636406739896675492687649395718490313212113656202390261522984
0628730956481281693035018696850371310954723293767472224785729641708
1985894052169659810525337889233503198725849488937286407683296645
3384003413973368465664299812962074532556516610754825373816739692277
1695636536682581378539295928048639346240680045612897367776564992644
4527556162223994317489110997868141300340878616096406890919344660
1068578173996496691929407151979770619673556327808303748676242818953
2993799350174377033041267846394107423900040751986059181564659477586
0969999412559689622869881578902426577897779204528945726859788015
1203918786449716049993622264612495868772143477181778272154033157908
7438333180945029353819157281454183268211248197232597214322349402628
9546957476210108078742584765714780160883340496255465063241474442
3711596789923705898277665685897719457925992692904083389327233247930
2542032741208279443693635479139795797203963663957821049584163144039
6542409386047528332592434350078130659491794990770388167056714485
6475901470819362884606343870830873013999253725298366891041033135943
9434771325452511125521110927987277859513827089163665909520741709275
2512990262045541030803481032270004620819931349774103396993570520
0813490694208037872203790464382890249902401221380463397980242182106
8393468508849301679182896621304254933387996548743861093208514910533
2758773226902672412929662567364590687559148963120501742439452638
9397902442323703264903596852578213780965150454498931866068559097566
3239442261822295196564215725418090320998044966138139531209853479671
1469934269493824514966747515985290047518052766122600719775722496
7081515058039143461824012521809293563442697690775936654520908202506
0278046714933632677872058168159702504818400764542843654950033719423
3565531706110028442303004205305295293308676376028645654611038275
3741547484910093128725956442056976109993020881040353186694892623960
9953565722335747574315878618459048319664295632227261052716481983985
4633794370836572964093948882039748696069433331514579163972074807
2343344270697628656850889473094981597190683110612001028675230952011
1063997859704188194278438731917954837460367190355693038399401548373
8186262489261815817546723094662836205556512169174703278872845703153
4544485852236960697986889224934532820969343567616792601084723826
2589759905263792325916415032763625594607746274170433254493457444889
4772168762718277270729479679929407037256821061295089993702462171998
8989446787668627345794135226403349817753083399390670296652133803
4698372728905324760066193925458206592897014152612950727426292279324
6579170438371626932075365011196015575259469406191818184873777134268
3444424052930660057334458886905888039317748451177410239735877528
2284385958672028239874374352959211556243224389289630027291056872887
2681616117730356952723169774369592914248446211898945750116903129574
2514828451744198713371748657674635397474576159541608781521949380
3821906317197854636480687724886181039189448975073053855804909207963
2148308935231848037909066681345271782335322466125219499267652914275
9089092262117510817467050005956809313519528400804390075726178665
7751257452884330535531748414291753374248775094899335437358359554578
8270603739739129226937030124396568971237739451673185967041931739307
4231020539449279372556695143497880554570330590834011304552420883
7745301823471483685405703839803008349014666157562782972454384494736
5389473998534287543282227478538137311632469929383670295832152967629
3169015770163764597073115455682766349019482504203271623554376160628
9610103177892081300713313496833865486540725269994243818874654827
2867272278105469899924363853838917100915927170823049066727659616237
8168640441085875745479366675438596986709554749996591202364718630251
3423428660312308328872542614846504913339140845571348974212133262
7956375141588593834370232883676361427210910916326438119930711805813
7053205218187168903404084228331495613971410009101715099373550162504
9869802128077552418620045870896844438306344598949555144009876519
22004434826887012701983039406922428539144344376925256906037856331

3635916959756362855116855631624525027754537619629428904366194589 68
0239185158067914386065545763066653855089791671967227739752076358 29
1905766479671803885645388188660350645431683355124532052382832782 77
2109259629794743650827334190694841174771358669416235515154189766 50
2736524377829273750109051093082586789846241868494722187945092867 30
5656472937265721055693249737530172030034298462939903576040553269 48
0197521260030669803843503995362245864967571735364486622960867665 02
2114761971906683670007878619525727724960774953015827040191563034 89
6276315535912935217020929815099957118977712469085446761448508350 54
1333397848261343953149537191502413214925257011457627010326835919 78
8551641036147376475962509762230288111889540471348042461791153854 16
3232840054371084642690950362186833728775644555584451321260709365 08
8896899626104066097271490158259265168477635062365733527671953832 97
8920009067298565323545222748165410194800740749839188230279326391 44
9423695735288995277041099533947552827010819433573369718431950816 57
5181773136178920372220046232022502571019599757952402244477732146 20
8376008348553877306273902091886835251019639767078418503278393034 56
1640141876545693800041666721878598301833249780430668413708789977 80
6097087513122453733179210477653219632269292062444118602403823939 58
2693848769438647992158275076780160750653635601924781632884895067 39
3170475081966462719511896879259504855981422537353491882022522322 54
5270640311004505864934019626832439967502709419772579999621126315 49
8180662935407155836102749719065184274065659372545125747421356527 40
6125514208736831953589153401830056437614755600059018875594324899 87
3423544185362988977246414291129851849531060905307036852909517474 70
4662175927821270284427202763242218865003628293273448127781908247 37
1971787331228262452933903310566123136943767215970190562786251023 14
9650838505178495474625792863354846764750561938956048712724763153 54
2713060257324619707305889144995762866108051940160877383993594759 68
7934206306164976101628938474378762708398093652868909362413539742 23
0974044012337734528350622583007681949535057372712472914630242934 20
1182055942858754096729982477433299525328938891028826238500291868 60
6622306007695414534401415437802743546527798112480595010881568865 39
0958105517925178926168594761989018512885485330019719136580509343 08
6513733915671442531069334558535936906805731112135220901489843226 16
3964326307761140249595727575518017958941940131977457342289223309 97
3919624542378153163739920532476645534806101436730683257957605166 74
3647366202346212054883257962067779465896153466662849622512559988 37
3663561545738099423982234139778573181185266945092193334002783956 60
5221904343907952187695286295362583451142883374188013897668334834 51
9923543727595099724884754998534821287541602121420007167425273228 18
6584713024374038012472127577155173543806869321781709846930477213 86
9343623935185177209438091902476791912350163419749830019434925143 92
2732839989527528454309800613975570079141708167825793398258034505 30
3504355997163018455281682926422796379517399826256972139310348886 95
2365033887672353459179213883115787976624404445856862661187618660 77
8544234578255621751391515121750699702826712148235376167533902997 24
7943869400984398033723926082575914971225249699909162516822418830 27
7064831538112236871275612260858402325217728238991975461696687100 46
8066683951394054683014706632437280971730852617500405405846357996 43
8713060250466532450985137113504784066696740812062280849524708273 67
7848967506686806656952046159359064032782602281023655208379777490 99
9881339305724930668665438786938362894312535175161385304765696084 83
4268921637953176445418916273051752216789720804110223722838862096 56
6304326937505381260580743571556442520301536065982737244631942002 72
6368400072903913523216097806820898002503971154135638074184333838 43
7755945688993432757328763589953934333013215225900120838600512520 10
9318668826735672604998799535122658646076878454488418338341366254 22
1969714632518921172825009741219838894379964774246111828756492740 08
0109580681071631909055544066376841992483030382445386120476391807 87

774784095532936773126665062304634915420945503013186992838587040497
769498762308681601198225060378407782933137148693195576904124809600
289428590147156300359952118751134960928464643882776366816444290872
354236562624184913110970711588110759956848824186276594293115532643
553365781078624936606809735256728328243880471495336516304463220419
935623776365923546949824861222404369330506445470866983819456132717
316706287211292233088278228768566112936704043109736681582156652530
953192735760657553663381308114126150418274259197915846860975661711
155359265047245289013979730748365684566763766075030008038868274480
925601952501822877867751168351851390092399073510597032706696191540
732872891168466075052090920060714564638393565915655426687110625860
799966340457758882769823034744991771278741658923779796117044330665
499088194970371992812185309204245501010187280970744329043394827028
863200729296823007160613009672672956269791838625419239274660390007
121099734961053233558472567594158335365038969578883612227716102099
081807849942356230921096520200749681909702336820464796210938523210
558762150886567676848354321163469821573876550837832037338143199007
420263497842810116848957540102189754507098326654276214693339080399
046753111520241502483200566561580635979236181932300762882729466887
837907885397404896953393147003113132449309322770532613002885054342
907789006340319100228559937419959054534198294838865764191083821664
299146114191054104072171837577155061513515392771400877552001228409
781872581662708931273964546477259808894904638744412033834039847054
748264843421660150604097870387197604533296815945603974179277038661
169175403060560427594749273731758060875311296607988071723021883091
816310355469967899967681411322384058487215045110977754130927334808
561399431389195645917913746129612274326490289450582869601839766326
676818486367297844296108245753273532378558101279916957607536616328
445715479677570022259203947901245647188595273323538013204986707161
550915878288956727461343961549590248105267578991639561562922800247
341472909294565424144238427975134894573060583395554662066270210014
102767079458435211648908816862436979656823419770822333130158028218
768411671028519113734962555044156500322013218780720836321567275832
894119429300942017627734310749322216301696903711021196817814596112
985080356782471755722595233764640402399244994117133227064814092208
903934067741659079335822479617612719575790623216075333480442592524
721663765328124917378791355454531828388653870756476397340816244449
879336143123185696534013864422093057439128727633815813871255067371
224288300998581863210156353494022783105631170331076712499040051320
012934897027213099521549239150785904214026893130046098656152361405
253039272543131409786703723671598135087041444155684740934242858068
266918870587013314646320508191505624847600443520708075408782114949
462115092792335641676736833501642284278652933928327928453321515289
204094301200081708618584107504415762168102606083356828369738431971
365108293621246800257976799115539990764840380499281718037565345951
838459509934009339260311050879753764133549052939570876599134289972
977018161429476080132837284371590590628796866400470614917846595143
380897979017472288822130531415145267504796951734362334726153303000
930497426565394579474740788563667819470875812034604862122119732683
985031983988067512355607212314224839768206933579702545411426785688
286857621814616682467550295237752661408949262179410234215163541177
570269072944307695709089606441496588167174212166831811496370914477
913934086779172036360471833759073820099690945012308440297824319898
307429912474750965950540243211346298334415639386846663845113041716
880468008283501799096954455742858132774403014003363683787123611627
532239185200931510869547854040603851429675337051449228581682317546
757859933248970433194748116313656876224420921196163984780749399063
255065861047264994627857091184829307640052302395716940453022977484
337534496934791042788046497550916892848110273355938094404693489578
483196619161915687678664744209176769614601596143007118763711598184

3570948763419739913808562861781819516833566051319780945322585426552516534052564189836041918098775647547009333545646386374588183707193089927774747776519400712100160212924290428843775188556969379841374619594878664049528851797029944034170922571269836434779234200044508972401956427768435740004691806885788296382555685769552433481059235369632377665412136136594165896489360126908303912189079669346387826994625689894323842694790019544917649079925967283332015020405505639582288322986542152012739038571255115833894601478826796130705936844627140731766358507487735153608785471059945081573750376872175758668974763714204508585934755203715928941449038455518882477822488860567681794844885054248271176560204127562510816987302947899169290417780732082029453912387288505780471150279434067819720679870667734689917596857017096422149884386213172333014036484090622963366139731205126785480197514010687614978678223829515530144775438800942091958111908455931728419128447542459302404344156046849603652232207039181979547390237479288943062875587989550434633272922942658198189938496433903901748591900745498519432437746889715163506178404476581726383698089797509331606867090273629067967365282770315463201164237555377992984746403323273985355161097777810752126229689498605135171656024102871037724129408278075558919925350758497154770214909146833655432231086547487771386228875760810079271785897902598759188635196306045666633363192174079445303345927730124049043232891698863107254908590395013066665927301170260376629810683291888015400774006822293021385957645423568417243649753033910342475954667977697080027375943580064715248683506681994620785001781035428128258352865340395212327966035363240822318089825447710520475037042522647972286991591452243000708332000742959773227257950376529937676872026591893146678879839618766508408972120716214708050532965530683823375864780997017362177525182662259448897555479107900294328073777695412037888193857533624535557555386215137215790485645195524782723839043922555586085459837832420422489960586622158423688887828188750328772057840977870899101239796223592813041542814620670946907294304427637357079519463824063853539753893251455320403986581318766650671801285529209290281388464944991314896215110965735382736711051946125607048321120628812596874969053325465166098551532847050207218448979151303859961827075525350830941788153307371333348324728777479051810609940065062184695791416090258633376537026950336325159012400610772655185040857437205040286964190345060154341482587482135948966805169716220412921890901365194266163349101517770935418782341159443425730184584604796749773411239673674607693758490635429993974545300717430914967401452185883758079084100939528251239939418878000980008529832501179715524696629805239359426053342566834841710659646899602406759318187300760771656964600274918478453928375977395610105436229722833079671242759581913381790783409621408277302609459830241168133924254021024790829584271922720912310498777743600822820404793982383576317324431719483156971330010828525340178091758465229417473591973493722187334865037756637694545173480584127419296480623788474696003236329645607187500856199400629019636181432769610791010248477449948177473036975189922813557693575014468454703817964356041927482029664114842647553884616092843173667326095117141455146642087759372116066400571318718319403782493035660264211455546550963815617175988326306606354150291012138175740705460347589437776573433474433136145706954995855206815968719207955264670235032289325886926552115837404571767926978698309365844160521753983979691416469213052887124734821526840486335441603666716454520572878920653903968965700988330392782283124639883225936818488973007620295019139221746963919008129822447578103017840712413711813334742069153806373196342037227001353128231561282092730787333606573188224330352677536168514401284814216046927928006261490423726475295528980672386898011246352617089223609419514298318505493877642205598397842354960683843080444630918738982811032326174942490245929687054290959893277188672788 18

149022051859424964978643722019150845872524151377330865901634373899
036909618394184660480476412857748573396024328884856159481653913099
507843261527612427437304198132191310971382332353652196256565684132
100997793465867125309809163123694545655240867099025795737378690735
707957623330415204577601513883455847419623747926673163943170811046
161492806358838918930129277650436642892222952486596196474250156393
651304555422184136981155056022645692242688442709219082491387974604
688426215352222321596952972046003562844801805143092351464906483155
814707337390990940330635162847636452430703990228906910322690633577
603648605519409027826803159378088265928386788589283339814431210743
242105744407797255304875807543827180897381605829460510483029383863
211204406323798531018120096800478401312104193172311588019894128999
509449051823520285501747845472762059863697070096215053673678007104
018661808141385962780769153033085973597922274297796806443236893084
382221616134450290924444241342868204598923914410058649485559820602
849227162477870269955897422814270143672583620201910469241114324811
365678238853166167823059101302957723739494218220628532292532966281
056278942937466150517532071023254039560695420249982143153977132554
329758685525272480132525920496236391864282402295056529171734982073
877274864534744992666383346808047284310211378092719503669398370888
980792873532815339847426064500740808443294502104866023527925853133
129653132245368773308954167066148363110682779419010528654438552547
588213894308783875546974389267645496621380722884257239345052083454
215664457739359032723197581717659160914992230053647772838127334166
622533841472242629942411924622400978544729798291278440392639981696
982498319988102820240201894960606712636566100746939708920646894033
570492380927010705105350938561179427302169798825354162801527272038
979683516042369023818835988721040292019071056087510016790371111051
793917137546623683832541447178593865302970564626260948159605973111
282072557182811133246076104217747759645483911179713618873474878682
539845866897492106177035032173667065708216985559866053152727023642
929621060332762951293492175214297488361749897305387297952317713765
169565607600941025720965264136722804718901948453657730523247184576
856434531334180912602575401390394116388610927763073561477104298203
714855880998828077011820768860435818055569742895134939208502703609
985291365667242000409340681562664800047750369267010067187565498302
678403949779028498408041128649042737318787323574923351577792665464
058755270197331741525534369343335878177439476676986534109034241828
856004682442717355891956299625079790827374560677653849024226242434
139444105147668328626098116986962995732918948031309383657877203054
406356888087392173364316856301974958824077856564691100584485063221
748560278698708254492343500946242878114247925570928758816037133370
498944479355413578617677742593003501994878818935464570699898023884
285943402352939573590363877995548580184443559823169084248835355006
567840024862288539779059190210100832664391404237858347141539211252
119664412719679850014037773781611395469455626393439637229169839703
443161802263801853507727479038358387760381375783864701213631520655
028504382092685471604804944672487705111529563991984619660704801990
922543875919360489941776424323787824512750976245752855490091949663
430056325042158247850394386565734703026506980027224965381622755412
581238300224668505592701928095276632080553239136074885985495257698
995079276140766434576464290971818152704084341168648751952915242506
986869720912197272764166399894803529381557206103652854299804227933
990984630926287867918884474582281838491541379025757617305573721909
891733580870609521181391392283701733047688180850991710905044401302
490736272237452998124794221658811858963808812967892860271735024790
613642266669709655633060101790505226554257504425919798843096292810
306578173471637056821333169546753852570412755704075586258683249666
663999607717507142454243476380734993509255726525019287640864927618
497173045897625148716488591598951255375228222955357809275515771773

494254494064636532864388734334217530702797210788843935784080519477
756982541739321292803528190432830422660811527761503372809322221614
627280225517275940258914049567804027668536835600648375121195655603
792908901749705688289249537680005511704451470904027647709526612617
891164352708494766333633037504762668181349383168469838603671786180
757090384099944166818885088571567337508594523816058288505949719141
157735194691638266329100093631969376262656339971438859083062405002
210685624839375451664538977952645501454384899174219683121931401372
995118410097509794199237468840954250132123647670753289568716490593
510289684443170331513881484844754291156551495493239860473470143099
453095929657329964069617905657189155713959225222377996616334929240
926900212172351354308093758013216123137754512348729033561460914816
427581049952002360871359854964801275969333726114878220482714165428
610972873853149810697327536968559132688931246588639737786052796473
145774438703755129143836310148088010255497501850563438374232649428
840380798143255578001639249929690852845898363913292517937062540150
226681735964657598594163322441515757367266219230425695566601862213
826190880192581203723881546007760038590449038861766421200157127662
440876305292839786002937708353109004391865881200087431950741028998
065659379888701230973100697017955799260447386963611607865159837648
650167943285933431962812865551608452919059142677920493990411896788
778786674303929975761676465546813424735632581831341226626900374833
698503187200117460321357251155487510227692201433444170414759365038
920954549976990021428049303569545892006008908812289808480549761464
239812417065357454304376304063168249955435897677978729067940476948
112679095135574378201752416467534613297580009812957790997270711903
936380944971395629625872682383589471854165638473292427586950984276
737772192332175276539686606177282371596570821130355810363815182791
325694461193091588133531942734066542884074159970819492402918388497
625748315339375254667365082843965540113896630167639046301783547536
947865239365547983209434681476337898406578472456142075994498977412
875174494581453465738378997960255958626928073950269927756990776084
920221558974346739263779175303666438705307148525194702209570892828
636950493585584893209095586866702334575543192545144251812880078499
151418500330138018283582919167951015135063258915735687948767419183
823306159137685922349833225083199955278486255059084867455046951602
420521525235667638266643206244011346246184835538231919030789790489
156492881675694951297606022618515957509091442772246331356835722350
994112552809162282424069411322325689953200039030202196968217386130
987969800721311638620390327297191995557705918946517770931086733435
970190867546375077749418164213662458712283625713096904252214240927
414444286294676411115733390260689928399591420734459182101298789382
713047503738331667957872739006283488172123432793167900780179277820
576279424741963951177750945739527443895863353347367966070550527012
142544299479080491346447357381092368930786035662366461150744159419
230799122635805375263596249358838854994535786088823490647901666245
572094788231038700999172108651627001741277647893143063607031726839
611668179673599740524372180120623481940467735151101150135753039355
361350398387654046363031729240400443934542228866504375595216796385
599047414810736635762226932664330642246622513619647559947939447516
742830393884953878608666313656608760867401686825424385950930983900
950824741461151827971514792538782363231160391015979083705326761335
653050108925597369478256693522289815420801446620485501976532321021
816166219530346571841288016502644831777530378575721075721672703735
192224031414870533281255602523790965285517106044744791180673197071
002068603349095233692899435173460169991071845070490952869577741317
941205305663931582598080094541594568474016733761993444644185952484
585780679184671826721457933027162864842332549702086814740691585705
248301426251349130131793189738382452549317175403435106305944151858
517993322891846398568766128678082982141129066850039256207747696005

6653243485162514854282704856142333971063396132693140524821184022 80
2087649328246007079295186711877074641645736456342222618471812428 43
8354882660565417559049879536936295956649725411837193356979846993 99
8266970823283120991093412559948081987322038686457497615007315013 08
0359405040673405601232570978746962918829946496700955322993288831 62
3762277023446084161786295841810033059517722906006608958130305831 31
3955885880482762259625175518394264980631200451271810019222194970 57
6697488445965926929976916207972664234143396980960850145452991168 67
8452787722580150857428597643180504071622549465121526895079761409 83
5692430941746765451817195667472044498428603269680371841082593827 33
5584974386855805135952284552875963613860275898194531001707608944 27
3324746872429589116478218853620984582946830304075110083054667661 21
3169494465638662336973149053630487890788328740420726733833969258 34
8281353332462611966397276729576987444036547136001659167477142386 18
1991645306272289815577356622922661089717797715008346279464409360 58
4315732063783476195170000165810602100928784044356820652019452702 85
6826432217607135816017522219734672233277802743989435971155978038 12
7627806526046703857508556025560810516667781838263691621120275954 76
3575092735610337565179769946577949596114491162131167916004607234 25
6813482210917470416102540842483992404235096219691263681209164349 03
7926693492225463510174034101546543752831620706105390821226693539 71
4144670163871339195724562013513920405091861473232182936195189123 64
5492088239049722488287914257299133977822247818652101339141437160 10
7780810007161296620936804672633770301940591847858596557308893645 07
8579360008786286866338079763689028078061985701002322447725140393 30
3221195720569671864238802321863347761125994354864992447475166117 83
6031669526375416043600635663238710592793579217568711999822811110 89
1424646101546553565962127042099944031975873515343983331956098941 73
0938654745465140999389397693553922458643035887623157615625861587 46
2872818781337112351345878837855804216977643985259927890499624290 65
3889621582122218978878116258382965907363248496977987612007130681 88
3372519003703774034872250429734960993476607284864000163199296066 95
4370714271183192140992442394695825665420541914512045536142364884 14
8160260537748661498641102837595162909996220912329819216783392396 42
5613907277536570773639372511982297369678692468915137165264869759 65
1344357671228268583753144012628041840462286935889735824637378784 84
4748164121073381675877592282230791549822108047959043483193387634 33
0733994992519424337213632119153658108725527549390349701179531056 52
7436888894408547466647272707809098080469973094052028161295824460 65
6291655076968023561451397859995356144918568579496089902281540993 18
9622735210747582448567245261951004826725615270172300934394302906 88
0530192645535304297709997828918871272977567312250801215690898921 04
6206103032654195355883084346331184232432667935024698940574739104 93
2355738728624978680751440498738143435118385255825859650848619765 34
8305165577465354849251847062358463611289612310634756134878291962 08
0802902154188956716954705784126360651280509700448653394569212676 10
7464890218260151360021764042075934304251549604712165606382690726 68
8106032814204741220088866734941517997246444314878523028195667730 09
2434525278035472371332498112111447527196051728526390932400074100 85
0410135349534043775070868269290958964505677769755051816997654774 24
9074987137689708054222310307369986214421344497048083338862903619 24
6209941700659527552349945608408883527711995125641178874877554269 06
9537890166583717050597606881779084911618570218746070392004112101 27
3866342584584512364593848810490498891712468573926962218064811341 03
4779991028533450433635293559946999107974838607309383222418565543 65
0497649458385709575475892418107954937764316896260734364589130152 74
4656521145786141557709921049334371327654855020781975775613019026 31
6273124397224267414660169404353621126647620668955718147149979122 20
3905936045317129530955540122855108112121026572969756546972317828 27
5358932526338331110696576581556117359486795475942419029558201244 57

5090753733704603536226154971039544311293340778323908570180904613 57
9628848552716340269965063129190994269695966225589497975628721287 75
7198542419673475301587463470733050737845796145354542520644230878 24
0841408078462796736873887889585204470927908101071211987798727835 92
4233933557556193713249979593876098414779898213818265034322401306 38
5745448854935897070486251427872429652100656649787070156838838645 39
9590365080171114364104266278696724141998326547334111284879330934 39
5808667890754340702026793784774345535265665129290134337234628978 01
0782011552218872393731201609370970406863255367709261919003989418 84
1145926153701166686589563673150522163304107798488677211494160046 62
1106586052485041079547948381425140499636824970739689414424666717 48
7367463168517045635775424231051505809864764641739106287459904737 92
4888107274308142629524890931985495762898324171908961998384100181 54
6644378082375332840225441604148959931908730084724728557488183769 75
8189534793908801984580628942112361133354632540040466535717316673 23
8652078450308016619577080902713241189165462019807089554609187238 54
3726113874966299766658252314714818800323795003806670118598942195 99
4821840489226045885487688802337594014215791542952871235682271939 41
6595000624391183593426781640483541623849679242080877099637573387 33
9727138570051017216390102814006199640295555109205148237278889395 8
6225063582005762355860460670033354514888308803206990796123184492 37
9733390033115058829483802068767102409164859588883944324656344667 57
4633584953224141651880328254882089918241029406831822065117122105 63
5810950805267608243003755064833828150365835077439401630802437480 97
9848295664872770213417005589113966218009352304353954888255902667 09
0006571188533595233013070087619042828655767907621690733940856070 61
5889361930134878025952499670315914362442199778519830043798444145 48
6551659082820414113937673181040877195965789360890060092985718784 82
4543162180245386116837858586234510782849182169145864330972476771 13
1495903082734618524789221595763617619415803413031319184160775944 10
1215743941774531300010795056442252510930673752322368854324279121 35
3055759262100311221186203829750275381784254173117337551711968165 24
0928436766301402843312361032923452318918370223034445497414188639 73
9865083728606861694362513165598064294041596095582815279474489407 96
0067040156066354233056608882241092462255818735880428279346966420 62
7411245975215220276131826209673609273703418630680429620948015190 11
2156463233546199496049740834443545314211500672682516687795066725 41
8216964868333082337244585492412921673190981802291517170276395390 76
5960845015945874597607378223637182049117249030372172847521476818 93
8282858524186640140709140991778837139569216170769790100601923052 66
2978421951009921840123220629140060482178194901561947902646631312 87
5029083244483715546624849403861524853532736635483810240007269503 75
3672481333156495813195298329582489456994701540983863588375105274 45
0387542374163505345484390591298010160337024065091419654406408930 99
2874563503612249158486023751328733731306177764383349114167974279 56
3535826432656509343897438769712540489099543976103094470122301704 95
9677916134546024092072149464971044874803825509647557923378408501 57
0469654092609937529297506575632445478640178182086899760355012046 05
2898752372284096564154010430487466276071995929003518139082264656 27
8006917499381889757550412455262811876953735750525012728015922292 77
8267737194613719216516400180711103260665465764572568399041112655 10
3269898477620049452573207633661187946685468075655577881616833650 59
8047997528938859344621827274827697573534811670385110008812060026 84
5121931613498729227973543514525162066264467550435130099588759986 59
1144348733027605783273860610819603256783353625213985372146327137 14
3733668525942897840927984778786647466449578835896680820451477672 71
9070312628807710771780875944659287949105828127513178451193902192 04
3621739992710417481747355300551496807137461376682610245822978890 26
8640706208716918408059066840210711797550731636097123210429979833 19
2165994641187673904738358239727102066913868675822234076837140251 28

78602433601375456956121012111866856952757609838762420131806009730015109487704186475014603471909560016445913258160110887003424095108600659668246618613700340454030565015603210896111956432794011332320624412968527189733900293043875268264132523728118187341837726683170798223668198492551731114048429226360049729836646471747032035892511190314552637820369748273764447465796347034362774521095560749209997068596631083188119705267540760841852099074526412683090143476734298550655555049583671068719038492443885017162418959241597064389551791976124801051183266210839518091919316864715007622854915463321002949231384348040570977701398274451934839221971306082370165463372568013935034810121226605114976878294628586232064347412112626633527821577473245248312413542866044140191905637144561933616734099663782714960097805768754169534454405994793961814891494772883934449386237854457107150266682904961403798499699799041773145349852052515468029679746264819668702286164231214776292412429658312763661501321599568755630321383495785041950236693928204408381491115068656842809603044852969738253800241726769870945805588238766750880469991238113646498178032327138862753999814306474612404775417177869633386139656178859648317563519023653894286098798132431059641075020220490603935987091595477942138098641791325093915143022918235919452911502943449313412362151981821583120320294860039402766901266322070662570651654600527475224010199238734690299750611631661928185097677922609310051354456493611645965660284911284552622478572687470611594626032730492603873190984272702230227936371756711926858364718578151551335203402009425573257024135674979298326066168923747723790923156448369939822190622395983512927748740492188486514861800676468364747663490435468522704418150329473466880598025997045147190867269754209092714637247939872429080014659603061266441660222860405072133181508294609888507098056622798154998927924314053239903486173808021493341026331550511037223388751481620439881629614499371184147306543972563580373206053741937671572155162520262879124347517695662745040518338716088598437046467204976925718626306817461111789650712733894134312640042190022842688463221924960269928537680961589319489023042583390128608529021358552535228729369277257311248398058709622089306846646263634164743178986700047406156685763785710758427494742964857966762548769795941069449268116576569257910637391280917433293427660082347445122646817244791345411283289744575514650786956589905282466534990938715111169679515364328261511982789866889710931016959104178450248828735231923844862422636297349757684392822631120200047132187201701783710975756685537139382475853381189805680552456175892532901241044606138626252972014495518845924861076157532019523792106931822465517728586422660477869383984421519139188494771204012480322261461711385947975656859117457472444182755643667550318617371053128406159154882124971937173021267439200820411175498546836398413567746088381673386741710047033045122372699632967533503556837425593278850528484397099534151765903293840285069219964260910899068429037128452934549490793498403703950159436563446313995129824581333531389648303954685377742386758238799595073127916663391213576229300823813749950880424143677063411867945790202225251977023599544884292304632875492349672208730074226185326239441584686508261531865605778576997292533518074404638289730436121312487416649557732058303198526492284003382122961982940003572188960922276076892173732137561281714012789476808601846173476133583047799555570110846589918465264716029062432682309721379199995026002007677928428128010218904655036864494068516374694740097967052287174665334653476683285299305839175291925684229461333033502992661474903553099705929443017566334383432230441543437034764664049273950265810912648824151780638495584732129259848639143378040535637602806068612781688892152483564543619165845905112065370194484792425462055879015583335432558659101839153275563432530479137407024665888585517326415578510827116214091911502018761617581702513117007944140863486314831905529615541131867

774760309553999986080793843749762273037037169749162292002183000135
339181299918296040235929481622403757349964789815652622682469224661
822660033465631554440691909194461335922947647617530984014456964949
854178741721231360779557004623157574070164761282734096389797697740
198761601941576015291091092531227618383478679518524193706079791655
907057515180512954283101853591731863652920291308420578073926757411
563134564106004814859065977727755892339730476017611861094666839383
170513676765980608645465327538441719332482103500346143870064257499
982174252182121892042469834596946017145410809671735478479028964900
570936956585073602799626696168464311182371981949954017555507937248
780196933765045134741237023278581717052728754067680867786573319191
806541465070234693041076026043807649839841877624335388381358183139
633229783045192735420001244347701439141020280583513761524868346540
092241485555890737202921946094967830938047252254271539715644613932
071756205105747947382556303404499840905518931225258151706446913599
454941078976605283937995021912602612047720514588368772774203939349
274661742316966127244888142028639142022781241935332974216945094679
545206739569773828062800915341955720929620870217816235957315398580
494059913096459784367461688033276247131332187163639467180936674734
403357555262197725484420249996339317486166811685800241610193571815
876391393715915310763425043384067749110062398885979546113555397558
396530539242511338515197295715072567194931591445438867480941270092
974257722117019767807775541153146444158888135464046100343675463395
438136573794175520229837046337812404527631159587874291541420416206
624891261623850077703928634847262333435064417462265548889643289608
471692123310844633335053371471733303319017211530774818159753187403
206520654666303834024724044364192958515662077201957319351948859162
981533005510527995254001092334656798597064540514291065710504302628
479375935938805412008468120716572595896827794362993111922904628749
893381516161241807541838876597271700031938896653365652735965704729
837055565100268027923851679503365206653091784354680053222118117845
683243680044326659025462859459910385475796520912343895032510595830
284514501945309892327719848928078784554674964362756461696626183648
666203671557849813839868252876195638573608520419332025764108658530
820783460937354267441745879179816509776067480342358794378816611199
895956667944648382154771584452235751309630861325983230445664681920
972502934490357865898888405205528878640659389827094109866215273716
175244926912647222856267443179067066051325033145720678344046379514
260173334959206264618127328737794001301535715736623761268528321103
911201661948115587795504039408651223604194975793571897974081155637
346720742742415773774044410912384855584519673648350488868309931389
823442124854956202339198190060354898518044067135803314087241326581
558085633552923565055624340622173863587100591091666902011060085192
106206152172988987083613379458825841989297281359378463864081462097
321574887645854545290564856934762540928991066919225602464254529100
149820094514753886905850782157499016423832582661233303084236017133
133019740264365928105169746006112974134995436114150778901552316163
627582116073452193855111272300896003399371087363400847445858281169
291728401471592927127197382253553963987645924738369326112803742994
013875808176175069360473808825916076549966028549415839794291304417
893741349812851299433175675824407673417695102424433117320805419812
250315547648257870165086576670230978527121343260960828280847222735
516127980217943248638989060292519154480885294492491323857532148964
128445650583365153439839435370632236908681847489163408293026856719
785796604160121522883409864495030061363798475278879019534177434844
467274800436348276180823399161008740511223516596774451783081921670
275125143549469966872668737082784919199168202590371147765982606846
429716828871519648270565793794566304849953425828271002028745751425
313487886988808012391825275474862935920257975002818219751009946291
783785110346671609157650768942405764348823245410625517145576852355

740815455232660177674320947901564520546687532565105251479763201112
266026752483321395508993126832634930136851924284030942602387905323
204787679384881578179912075883998951182420162549243993752925029268
338089129651247232814990269823023788861443531898799215072001787269
476593216105185240507686364891235175167193707377421624358856294062
359477043120052660625697625096842178121148882988002661604405922232
933162417612290874337902228780456170135772375061952160342686280629
053786496887139338571256241696407932447583136988591827299927578294
929575130482504366602853237140205496447338073824577555825709270075
915358213622487873951980644753650922833873219737894509894881222431
666501069873961667298992096442059681756961923183986619179340847425
786815461594145893864060229613295003812003838976745020863385578266
798810656903699908156782778516378293459936194336698065297922152215
366628883994026803862183878413895499792007228937116950775706172400
234487289868380888946932582186337823435691207402895687188566870960
612738621934987326322409606596069917602005453603816589660214387177
128755309837099020713308471230391797557448381005068328095118932927
219123165494090664021456835987446321626557573979283730870286061293
977236838581491993925841574254914633515482041412850525611641438473
862157948502590959169401670192222715205159244638478673684403410197
602254850585962037452021034019586721608171270192646070460795992871
312107480351188250682335304496981265520956708088454194102253519913
136835291159722281977965191751091412574906675271987992843990372741
064588671698118350910120568349817677310095484699100664217037510129
640279526680792620134649082657083731273088770349853816883018041591
073508780278978144452516540770812748847379655033182989360261051517
090092011022207100166947994860649884160992557782103329254222023824
316169379455244507711661278195720289949059237178763071379162077328
051900435950630278372052428607168631975683199449535965461758237933
195492218355714063821726217011899062436301646834987994306732489748
402990062675636866393449866870295746329559276358227417390476736646
832709872540082565827407937301342125015787224693593360232027880213
344754711692547244278823478857202047848109668249573259465069381839
328994408562932954845234695473247072095768155000313628681830587359
766552445629233370980039202446539708198088097516775900082945233933
825387379751663668484819906191718923053029327528205228873899777985
775746443306673842846683423819777822394151522436389874249517010656
678530267666437085462406145075109823826508232921923116946593605521
624370127430023949246000846441913713453739088171054329719962592178
595836890022753546934419927056354499446464846356921147395454234209
303509561912596294276033231402838156419581239921684357059261155218
643672939081140498842995401350304582616685615111919247042480677787 4
883871318987189673826192473974908922169656489981576717042890174496
662059680086819909195664839871279960006066009833665085013172670506
678073810536253324043615610980110847675549487749423658516371946527
932849799057701845104909170153356861363244389487965903436759034956
002166426558152444392827872271735945948307893872024847342032229005
213360684605312929409749759889320134905015546639978806999170087371
588917595677689472706181150301964728913257678481619091938845977305
288817391379634191013912282881868957666915817506640190664257591185
763887548293436299211719127105497738537301557783810188444186065783
059241045272431966922764394688190230293660368939291435279006783454
920522889611788605187540831049180891775926096257118288327086436346
727818162747255714850253575093560194453370570429727931651832436970
736387485609272821695707559352179828293176304039885438950572501794
655341196643840611832817122580580931386536690163234155042355394880
397710071250704105678774162025859908400717682098941448674622992276
289202550858081621731508389755388405349427919056734487660483097079
108665922529310175974785382557147194645296290878451956517409594789
439633768568878413363340735390727437663722052802244591605345737540

661837169580524217180032186022858375322597888350188042317887568940
231975197437444613352597457897400554662442432497593440495376268236
401505734726953980110100256582513119575389158493821251296799677253
621276460763910672269184411105916667182317481206619477228053502579
386189871073293114319621955835900757325454926544053448587623799704
869639821290623046526023715456974639821850402406160647212247386285
369145422758281589303257867192003815231307030123145001620383558559
708463628872856866182958803815141259792427122280065807217537599560
975302816813243190882675811213978645897799156707712334130061405072
073787477542271334777231879138778060411602833892807322946298610943
899480426877630904138282008249327643784456946668559691350972809296
560296837842483190637664897589402297476523373707075902957322967641
074447790285422057108331864160628348328403937671338148094153081003
836346209867409231416257725926016424131076838385360967743938964538
812198718470878357602846575850066264301318356377598343942325631956
738892178647425115391464830610561761852266148498621173529930039419
626797835115432471979210099902359950101850452263362136629541758790
411552911630059509298870937205111995320951919761191111785656856314
582374252733634874426217894373425559443882721099552583440480781533
630123181725047611209858621391195038127685768422270602288085792280
227899270135450268982898128670846948085869077368731048824135209253
377992815178280722473043295605706622345618996569294079904301031800
558838515495600371015362883393296308388611837572513442929623743625
690286239908180896674784072154164821536466985251118356093769538838
247792682054035562293103398234617217749928761143107112618698176716
510102132817484322686049289996213744264891787470800521778991459793
683257690825447049955736546073833295445503760545561693846299352695
559825481436952274513515963501284438165762387821902834477841943484
916754332208988657251072163801257455920500626138323533310017463563
269678829979522312213359229559877714784256215281966009582480397960
741880686481462221846735023846499620948290023721674715130176161834
866485690095804452712924136107744855016454016588210094695318516709
496532028368556343942755258676230939902626468802521002348398810810
313959156722167521036403116827698020447084682751021600765291285961
812328923919989837615465401528847640238956400800911170777168663258
471518886521341810096309789246814277767444249098481946207209911860
617837882725606027748920250775654960922415372184898191399949304356
168693621596429177109525695097069900632310061085648555448231768169
491892033538259383979779552017806002615045384660223480584280668080
054097272424887098899181403017210837408519716844655506868668259576
213176185347414437764098116897462020371211318615031805348163709928
051005793939581839605381572799053173564620472564675646573375232496
044286662754228334119477101158614822513290574723369645459350778630
281397035026933558672025420653201911364568427852227113049930847401
550832055345022071115182925037824584151595423857290920559093155527
093715730436507139197066270720836605065359257807538799662427829626
027190863678584203426179427292783872074227039258647899698885201728
543732963891417985649549871231317421078111745847834714810113022006
691881171390633223774639144278713501339101361465475823547313216387
797859422925909287326603980617051451051893526138463564900758234863
291520258655103110341381404910157351617886075764396461883410175654
441487477439695871259318206839292181168088355971272265371195267463
913547288909010252777742990668168005319870623247556963164794199431
877289989589073717447913822106916830314430210883271873693722363715
982485112777376585439522066498763027698123461345369762104739754844
398066496855150018242872413962930020784239040770171753087400621103
886981275161331107671042265609534206562796480309195917122225686050
866069749195871952851172018630145722311125595805803005959045178016
209156003392715813561939615245058294094238306752231048760275683319
313953706159405690082546716340768851873806202839376494141695224789

7644827415924393890738587033683110647482959165636319407597879773893
3685682536565679811940555829468907562097486397051586280616049553380
199298790107269885264068694896100332327284203406188454212897943218
8689707273827362778501372701149638708846640786079426555525554856664
8253672623885530195700899094418141196819278225214743673023757726 47
9063021362700929435193537520244824650445028177473530313055878404 28
905295653616695575746030446840020130258347285787860347964296622856
338390938504059599633820520131345977594954959152824913675826557737
086309853431031656991864774935235587698561676402569436794965082659
516493618563906776134086344949610923085281595759473244692997843787
506957796523406627034893439922003933142022159640475307987724854719
289903190331136067538740992626587614582952454629627447825306071370
861009325656109106290159370323457846510942541565848633675971714103
682469068213645950225938235868980342052145842415621097712594198860
517418460981052180233091349159305532364021180135399382739076096018
812708570022161499420235228530119785151482540926695185656765341040
444548548817766062915333423935588304097708038262943189443850770239
040847501710409323686830979044978493238921559850021435870077134287
158470069302471676631228530283911202961584833228762187312702544027
509886977752418671972580398456783452867233726268194259137689223732
798696369957194750828057492990801609296385648875774366813059933003
010651656716864331160038178433180947698249242660826392564722108563
028212285843591291142036032720601825232379462931092541025124541700
516649174969785017658680012863254457378725293267127745162433436012
734039785930222159961775173614866679396765633221951493429837679037
493082517016185284933834424250418323030264100557818831854428936408
740320396600889234387100234092685238849673228445668736570423431566
989381131170854980556334241109039029402069878836686500964163691705
281565858356477475504883191164843064598996632703398001097062714315
487174370481121700620918608416245963219627581891687594715082363689
276171748516314584518070543563797072327895745053875844710075645587
473724567162607587558263162416383017589481237273465832842643349842
119906790332769950618788667306344903282783764859091686806539844039
317138256966595923657348223568760950460020695736736953943537344892
878945414299449242296541992068707171799082027511232288302063740933
243082840768023659962230745072395482913251001462315228385669963646
481619930610803501193409855128773081595450154979098326100700084351
632209140971316683905093077706782579384891592132099286598075166477
627404210228706958031691019769066584929411630144904175524152840798
558419204594222472240857954524899661499631295674599317874497834135
019747600248558309355697881536973136321445251140829284181280450249
199295984561729788649836529671737406535027575784653418707842130980
573575850987089232183386027668096878674458767393704250610529455934
480000337948441186910343848981992721780045698408825618002774024697
155696345353705817713249665431707954879525776642112068569434074073
694165211045301707775144950296642015085673418561330879369079908598
888195417742618803144141748693529301286286876979634971644124217738
001969097486279960894609364253067910417459357128319040298311315505
930386112061927540034742996012976984567285680075747868256852655888
055044650282472340621226723098765095246795551167576075518973671081
866487339135554730387177148259924982090655636246368887442816354759
738020092703372797235756205852019488731175736415208568879983962553
950672045765637086678684961673992899051663954734806468841632161269
623214043004303497879376589552559126127334944313749318755851522035
048877154206128323215542501036958420117770605811310857406721768844
739241215189067429767995284346046208510422989295590153886171777859
625965902453747996448057375425903395571736901793975160019987583699
094035346020060061145708129727286492441555885975024274901019975278
569583453344943250025780204344440868289075077439617367055383761578
786385387000953573335902594668119751237389838726653687955430018415

044807205276494457025799468680349949294168674710474523631365047115
269827810552059962650022454407342871399194980253833385058853936499
417336369643189980369532114631746171702038807086634906478634042245
846913559042424514028142597209433680394042646957622035197605253746
691968646840574852273222141126346820073268099128359680433712489865
124847133386599958155703624128431192371380520698554630522396286001
693260924761875232125700995941645450175979130483158522690092440553
118658153197845931405135496797501971591305636407967874274388697431
812159633202424536950908108540107486745322336694887417447584560189
776395844902174934597104770315419794721755903104895515071303375092
264289474366150114617112854048983628782321775540335581513089008600
231119089283171979461527339639814755795610481654721822820928241262
244086617316118295314627011962136619959410879358356432093296418935
628950752183416094956286605476082023394390369382944107069073784215
937110084355080993495125848055614260279488811735778231410921563097
755633435689280906240147043040680967454142850010531291101440719318
106005561952937599440981612645437443677397892845582361680657305686
818893290555248377738869788338482126900338552557729632948503625724
161794560688062505674398343584068858652798471320568203326801584011
861225371072994592972198314039824954643013641412093794464784632967
308041240315791671468107172154657975950843790654639268944164367020
267173333214286872793000675256808959472460540077392143662377470366
937064798928068343630666235735491883630674089690534541962549218595
948296352991442506812421957849397624936269976684320117178309478976
453428215921105441925395673890680258742952347024625362720586244529
916142578749920154783492516043423853492438434103038072737707765701
474373435807984511214989021387726113074931251848497128991745909500
393219062568077239325454554691767350021142782515915371392247521510
261957518125558991922377560556251862577787152040242356430080154406
473786864717745485337568513303957730505542984102745208488245638018
117432441150886669417202922513871405259332921890393023484952178373
235334465326269377747325041092055082762701360107626880573492834106
150143211791258410932812267491152949691944140579833540382007949205
272620731238583327858875647790567211041654416614707612883610006243
841305310501400810107987555773152250424635872420813465170781968132
664730526526687009753901023548400543191030305850507328485666218923
073610160979873010960457878627259697182149777459319121724208552038
322309774373362726009107917085415906540069540475769464526935273895
890894656609355321694271294261140189336817558212336609288093686836
108412959313689766825463416180797337993114349199450619767414038367
395910433250837896097654632163442968447504718087753879660115946910
584698569346315467151967310540189434725327351012330555664924462530
897985525988963444453829414488382570967123605338919829313649034991
332122842196608736575713694328636338387496569415447710706138034367
393954329945548894604432862117042281029757649010846130362580988520
444565288925386561835543746690507579482110698111609436227278171946
884422390136435558225224330140937115484011366213884108247980900542
972492869087707863943383569758089134485548375376777196589593658751
543275029493401163628628419330604817109392399879190088420348729434
372149461239701703430337079169831624576605061362459054918358805245
203073129842425880187096078491816358337632141776552648466086267449
477751311633746098532615677168216013147819044560577089203080185215
408812688822461085420684333127975848092195444438896671131444617893
147412936651281987902593291945652736873448363988933899843612116806
898657975674885165488863376900353752919877576930810573551739514437
952727038004470490072857309252626316730990740006849045997587871320
935334814799807297803068592527492154032508062062967936802909636571
196554547498326575576094672472292408920613710562170097933992793206
656709458921208390498460475864801144552327813602814534457954387336
599185402955060100187896258232064467145096398089199675661465982370

1412873664688038594032665222408750886052884106719799914085448700 72
9302201722026030478638071088617263141531392374899477819178104077 54
5255536936054590363781619286394200226696480397586822634537581285 35
5079620606463620227634100156253911994632578678836087025243725262 83
0330102104489432622627532207366765291091628199888719161678669769 86
1721068950090236405929175721859458476306892124704365027536328350 65
0043346183189703050828391535850605251722344229331896294372577616 31
5222687395005813591563799500907045720072609689883738753698242621 86
3149512139883571673563880630056290325475145199661817267782078962 72
7991656377480299102250947244094198014686901886252851004233665906 64
3076501671002367873518980417508647603805560882711984788639116966 05
7125758111614332203162398619539960810644891151299038321892449671 15
1819857985027704469785184162807329531875221707375427807836745060 60
8436887769304983023041436468913983700826939640606945628816416952 91
6654437390847572819696146411957158066368813124848782960051923653 81
6696914413164378212808037745822319142506653727318660158555763100 05
4588191460863415120134066056861830539910928422209722277276664200 70
9987582315907629439129515634967208380989724723042038732783508601 47
4116048285204200743959607793967665745457415734381437629295610953 11
5848209200019968349222746222332034922978797720932593734589318530 36
3220021852332922660432632777386992952544003746065480447629498272 40
4229146560052904598661490530533034118423277471347528763241774686 00
5103519680259504893354161773876502389319108406652138046674665296 43
5771960522892728790582333626717180104787074150978653274415552281 55
0979015314325699141091329952502769916412184798903534173418028880 78
5943704747003746871669807291369878105191348231743199718175697324 71
6934112404219323832375815834075050325121024232721599976225595360 81
7163965955459215200626349383277938717450987669553428787897746644 36
3855170650265044857714758789516639052612618767173875404593877592 44
9369724687022198468051519182603434146351533751735439834658403665 00
7800825133761958111253960595894171880472178746360466850775595608 76
6461497997590725725466930950181226605975633832045120846386446499 47
7556747110488258186245181148216024173113511553376394180161986082 93
2584828502972156412493543549370147221837149093135274651614042298 84
0347258735848047100304971036786199690396640031890270141021874714 39
7393047966712714696745248582196159044358857504747116108355827618 60
1159886799252327767007791348806270678430582303768443224083728557 77
5850821627326777552157538549313918894433113709718797654930990630 43
7083812107972731604146887410442732940307277743637828844239775948 72
3462917328964323648950423030339525477232852922518209786329412792 27
7610699764839644615498030391036874763670074420720134868042097834 46
5670780850085124892609127081572378968179538971471665316354179274 13
2493745551049067708830538291046609861801335492736471578823175170 22
9529255747672943807184323528278938787305850717216987840870936084 89
1275829673184503523300910082450089460001683728969855347815677089 86
0663702437991818712713748359424429636432094727572711041804433460 13
0510702217782472919884095444291559247296793147664168646799094563 77
0460369988700796128573467050871763579926726419077586482979580150 96
1497179864393231187059023097451683435712523358744257165025130783 84
3967812489541028789968672155583518182197672923726750882719132592 89
0457053921699623157341359810162606343841974111595598712194855707 91
5404099126084315344947293618259714666352094030430179436126307970 77
8095387707949828645366676326353342206894534303062697485729601880 84
6564902097499552566734013380282307886298068187052054125204011999 04
3042891991240154630648960755234800192945487528805570650554523548 79
1789559874402509130074164191809399729468221035701898118676721549 04
4950284462599683767825168872707929533499355139851172380491169556 66
1244188049351821195423145457932954973290115497632797004257252928 85
1676055670695788818916668926496278266068428178885513568220105986 48
6442689731040420642038862021415931334335650607977648372861174785 41

0131819538820963263739781867501567020103516138276223554990781670817625800632651909072309731132612645394806127461576397469729038199157580630745875385173348334686076088964622701214040165795597908155136431792697143278116000395092953053015664053854401446819567416891439500506012989953252062425640256999735405633568511706263129378820965576305578326756161629221703945185899593927795463337352050168898464364888207314613992856015764619060882700521838829449052835018564065043364175350139349857051006350044232775532805166325015553600168558606321618016788228898592777398070823443012187649829882195076487937452732497757164679437682597865380777090931582686989321856754102218113706628915050719169240557175153729798546795477169440460872858340200716825587850350258068980279430946184672580186255717699914366692567766247888256367102390508929757982489522270941846744341466441191197624863088675226917379560846434163676355883085129548653711250744903732288271992572715199660002166693895605038279519066233710710296452611253548201808162340593161238338327872154509090544271980320064422532360012498934484363675937191423227785159626576845253075848553735830841651524777849983556099679145290553712899338041735803322331380434826019161910280534759866238541512038956061132700556496689281316755512979967633665355404709079398886689530685781017330266056885368956021180772162258921919924311730489252224971255312282117588225282650923582291225204138370082863879599408753314229202553788319259017888175978943077271131604891567850867837388122362887558552661186573367446022611736332880225562068614958467226605377935752555836093409891638296365998007307845001369945882120519742716629518893636617887245193879883914985074636701161462355909180891464878247698323775978709634559315457068005528207062946431076384817183641242844883222416345306417776492806003167897001913734414599529081813008273571202445417814606123726714401875382252745351515524245007907975368799187115671028453031873265631128191873581420504230774629722540369635233574830656204856108640934273833183346343273512715926423939004912797302888378346374423604644196581584384053191082903232393915006370525377701065942921907663931808108787655759690707840731732397323550634413585567460029281228194482626386918581367216041395463318790725616930815409969437600214768482366689595833864458433913973419577395445894737996499396501973180187582154388185804924401538657071887678789060589434397057243968067662330777502154247770823779044126904120760661717514583290656812401908880652059214459722368760226173024555463740562074808139937746700941252221532734488417063681524435825611869662613638340292866449700660379967501793763167639180694376784338621490896235618201056406140123778850988356670847311437168889139426847948538764665098411719543370289215848350725860197651524604154356067627464117810379580551105852750942447296557129458895445020468225672010620986206771821667486885596778133367304894138883039656612191893305871404778455132876728030143220992705290210617713921277375905261246803578323361223167245131430183282789876952990465506988485033434839833599227416481068335963179705040480171635758116961108988752650503945545081890457820333988805527336174058906607625678876023448996558182195071306798279843747014713056703678040027908882626096875179843306216168364975773394896181344188241688650228996780816279756256922749808740208876881035943692992039572656130506812883876144119591862400223644524800394799942440582531726824651352094895966587269366348840150992837598464647534240305615590651054491691242186078781176800389930760906904835067279512140300340459488292084535672716329501200711214683765449414070692596214332856787457468380185393045462431369855987326420707337362095268253300224659565421102188316355553221022325835419869926664913531929631878234901491587001477499219108946501280172618658424119957747844638088817923589672365496158227535354996984130293949320567962137577698966542096156183935754851061018736631402673250619956581438409588435459271042752474485532015362900288

790273637151170976115751044744485750023258581485607889851283509556
1221244135323878162333181656119292576209991851687924286242308017052
8600765585346450992122213862919320062916671040534441325309940503144
8420160032899923191032840172480360326411739587737364393158054756344
6116674421959053416946656368004997460891763261639369972680056711911
9008111646000296009990629766649508010850800515867038581971813055231
7324630173528769303497898533046076126706915198052104187921693861
9991131368284102584387483086310227556652408281412368889519506244729
375224036690315921818643234026919293237688715177080767495238989921
492457417629918580433486296060893631106258100141380630601231494362
7930687332687687714744549611824196603717301173226721154889414471580
7643463644764575907033408588793793885511751946742353404539412252
406457071214465904665673480924261538841750263649967640397964039506
453603305846710659160869493642767063841875250763968961560317311929
268633832386744633518113308307439130354337227907141030795282271658
841103444348578821809080282082955442812200380195266021863595246105
666063149576127025158230333522494707890466105078851861326007087053
125210092418814033311098034325447218753564339432204046595402692850
448855646142510526547958472166305729945635788271560772802148217504
478700112477936570705673098921138721930592905808649783986319434663
257922428340202752079620107667460469407170560953513333993760749271
301176506022224078447808214938396398812005477893800566578035990431
148710163727703521449472844806598021024629628637432933375005342109
840248586097715946034626507089275768480320183619054988522892809537
682131515043558251720372860169596095876425139501382209840496122262
422817340434028089399726225773933036610298681992213377579163735603
453780755018132559615693550103283299423849974751524338100115195012
131780501387964656284915433248919433718326947019268167675960615918
788976365260320865126585226424524119959018981878845082876944376766
318492238487992413740076722940680731052803953540236603520998420550
430592120388275565593048083911659730624501772525278790798854685084
258555173838338519943442889159122536441186696441712424001358879607
219106134942308330297896634430882711074670005236299743261023180271
422662226187505725439690773814742635221552448324008043756966990710
294726405178030151618910268009263587698184180130345266471055199507
316064326755040487453177281647974984931681635188811325461499640318
314012084999975450565440566511483583871743810710444468199573634628
689300271371764306960414783227327567890305080957691434783086703540
161620281849114412320084399928213181848433228813425512488866865448
527084230428400988313855490100379402648447623636375364651105500810
294066099152481479263173087744064207095391999167556393167624758908
322427072948295443281512295290316475060981071517094932166168130222
008489990733519284840900143323698869379175997792387280564485863635
604716964436602044525970486822151441978159123227475787721639865752
760984089988937377750893740406584561154045344889826356794496286422
470716132658749959558344008024494005256475311275829458245552383399
388616021670954090395096229843697536057944381677828156635171719015
608678501022971066937877214909889193684543867259730079749381103429
453581189213029104857204996735622116733366350076432627405882954486
157569614320478963305917252500296559546804876536262815497576765802
778755902367873481625042453157027418353906499723714308623953642833
379852588093656358087875872114167358200023785857917146541612112026
034272557384221551801587463057767793952936789125329777005082262500
819374164511416847373657252267778908745799682373452773273606299464
292416996715508622928060803167877150190204161663020493507588377690
661867461629647016770563441830896762661887440329705177881452434012
512226794104121776172182888508159721642083847933339829566994034959
379072820339780087960497013780702940145706183227529603485302837192
226100593956449912415092778754613668231461289469981672588247118985
44761466413597472404001167264640338329990401502635271218579913 81

875183821542253047992153889028461653792947236379633347931270846642
722737043541076853791213190343311924506345207673334380916812903926
710929875717714802822273307085859022591392905258974002437571021699
553265761333518518766386027619970039805239305274289337090169102367
520745177016964047237538638287654319043029035798193044682863204543
018914216075051699668512336445188313943158140465206850355976752840
620968648400146329880263832549562721325827573448535583000222551331
859622886497724944819666415281904070287971095056777558383647075089
292801299214655089846527007269657168897401324328795719821723119028
109909224942106911519427044773587520266021778729973938043291783216
346721288728433697903169348592455772175986332169229101312996493456
569456831267284809584292509355156153586820337367220136128517195799
179067888794897787415579507858280400519879514379310240973513754244
522910665873007865462514188208080730719268983913504925377543744202
657016514854903903784915335783523919509184229410079581794626130462
168818441217468062207228710462514938764917833389258535941543991358
005859024298540855725044894291031130668410610525215294364058942822
561951509029885349670118520896464332041879321533366847500909379474
586244050094419795259305808470573044171422807785657037127947580934
562908770479883469716932355169605915512903946546491946976956580104
477212211529717885424206301449359990364704881686963945459873956649
568446800827974064859397628886154206344959520477876479602222481404
518711220576212828951209642426243976910777918759891509169674884969
014041781462488218992047215397897010041004451916374635484937776724
048963056176085749019066419920856498824416659259136411497972110570
920048346356219112592053159495207728572853502277178691134317095074
741774046112597710544066392888757183933236000244502603875999517421
359497976494040004144093986809319328642332313807310726052347022269
955029753364133333637683830769912223911477705585997784287425696452
597304589798916184400911875473810469804380559517006296303294337501
124376916592072295301512543213940544337789162781914062155168208847
363453419799988795161172610284106323369853456622714089825020691286
704441169025820479657650680608338935449086211438738256599464349788
032327217582926945169986312673587510954845587846314075971720196243
370852199677928830820417083628218867104294024260058440043773587533
107041888142219209246071491335029636905846644883203194741017346112
878673517942209414546604185340301551815562321431657473326661079898
031090681700826887321019364595617858517345054728589800787287211541
725674024419790288432253154101921401350912386711103232137314594051
156147067212895932638196758037690723130321615824730407013885893346
366335976771547070197732495488145171495615889159727040316443495121
859747041467171509731132947384808502107073004895212374842154038998
185951322490144185729193570943752415921554569296311501449384703394
893076243553834235439507857917705875887328687263613772313179576318
811917493997364582955995596168471447844151898543077414559430091627
277706400678452622218860633810672484726902440264267413390721935300
584244062259464253948368565478450534349052967430589748649564389293
525069687282557307388653479795697379637394163125122113572366124201
402646831987523491375325919651580619387266619391605104935926527132
169220962246396992453394941681487697594502275693160173729782522593
211392279726446990787079721129270100728931641413289755405112986071
300454244972199825592301733559399196662588628489028016102977414728
147217996074304686368394358376209663705921780035815169912947673154
832624347225298003800959587555545136352485292336603666133452157849
202685061519492034529021461785142032423310422848635208968797421845
400387349417283201176273782264796397846777136587351119302070722256
003750749407810394633895199845441663143229731608084404982813543030
383363163531454052991483164256012510682085656900160302972916584678
918322105869948910040780107692477825728067218658664493575923770660
199972606595255433273364250389479833660143199307308480934516150880

4807646366675290866716936206249287398148879904365333871639691167273697027312653742840860973486972932552788541993019041684282321395857966024873754065439260849531863413469468678923583360680339445576185648701132596427755820263192568099715894489345407354516693238449214991185549338282445770766882305254697961282244041599668923715929509392373211954789450740806774448900380624434575224611555723894226838593051527754976545431808349023872919846748693162608871792151248292476158935141491415890423510507353496796948749186334430479362520365105567215698882395203498052301531223852125132616644947370461248186099014395654637271017556216112211047224792650608818792187856456477020191870817409827426388517851782319529341904819315715640400178260080474641545364258579688221314712021950687073703931215333223942964710143388176399181150742155542260482199024500820520315515880310767656881219857503845120447360279692388489439850407766939191917803851311790463726457872800566499501595762530276734247490355778730320694669762067937109531408787466090719090054787150227573861562284031199979360148174018140726855934642470818651372676127973427764124089407024122505759128332044876750838248233549006224319625729282648056600967750928532573038883418242504410194438374908292890770441518151343279012631862709344102805833319718393808451124787757790528799614248096853758097666763701569484348743174757489914638891633504338362739885110295590997268995590471511291794555912698359429306738574304869898985594432619896425343492171171761949868813811537360119252837634812218777109439259322057370956269816464526459305254130817680476849179967094590975627099457464166873129985177713155886207655433151026302360849223532018400246442694982220093885619814174235294211012044888786517620477231007235577371175696454026773786987829323848846586854824307251322459971819517637820651677017349639072911973231521104508388963690034363456497713884180568029841405323097836878788733235745843716778596231931182129965442642274603311656218995807385709140748170907770720601258255372559881825540001709679090974133855179150503462413627962943375279803921216124494228573480554092996174221867552670663871540197164959258041982845727233943587273849129806250522990823041441796420186323933597564085626472114098710275684232847105442047692737227958693432551623728706130624894831768300595031627353927222155596037191260927056320900168844642239974599076283603861451560114679086719522744225341537356304363680765820929448168157562440758354209445041481836940072478719937160807471437048052724122720576200148265567384258527615204225756167756634489083551590403475597055278114985130250874121655616058542729230289933165473549907915612178664717813433928249941590501409236320169840868059967723646311800323091723144906596018394433573246799472136366714309332268725922769959786634219848604764038331215159824633481575389136213747050626776094939156543444966503071575601905256149343412398650086334976877258201426160358764218865753091740518241749178412153032223830041880663938545588917876200687881404876692760597626388508418767172390688215137534469074205279687593862965749865441776294251870300911496135284438920514500715511087309466495949907089979305234012957349386688178592724423081521590660649960755027237608127238705851213727455288861773544544959385158956877519518026877985648252026624094448618828672705420747504353679984584680211816124511917916408388220977886418275681058507677565728648482836037024932871581980604355587998037575747633172000054495984987251668856570630335287606809308159018141059372137856078810315129253175041105096097516542537103085517485489928079279216508267024775246374998378504723411487224038878779685621658918415735659396870303193507502981382895299683035730430607120754662998058479510773229041914306816287029509007188141342145828415611632764589797794318524467033357220151830080677300984342814598555943657389719903262861007167469115090265946427923755624937423512174450803121349987410210504026254115763114123064033738402302484473936132777143

7832648722787200003132437991158454107320083254717655335778841973881
1119878308116128253343500137910973264580456753562692848345510253l7
5697613783144368252477854306937063143255096407622494270969727621O6
1679816307458647731362102916913190193505391736338772095930772880 21
1384952253085233564200914758211321508141634559373276638164620996 41
5041814279261478485611225096974418073994012186495761708774298539 08
3941990118885877336373113130171013577790334756204439526260767797 65
6853850415178002862202601739831535789490454442716570559649205222 31
8835447428311193469603711941218609396474369683521630084113092122 13
7612361931555091187753464456042937379215166896202425471680377818 27
4638590796820735640934299433427179208028875221125433179011414911 60
0479638960331877220471455192593058948693350499223357652070639336 65
7861080859200577595735770605634693457603884910805066955160938106 94
3662128758827331613228648314314717672115704619235614650037740538 72
1762741113660178235855845173100298207789993646817768759805771969 04
4293265641492888950616174327395453482331666399791748498402747835 40
5359120022260943990531207076601966727432146673132505991961537491 91
2061092648781953777906142535189223466139609531960625261784257158 69
9243782660916171746497163472047738961314867194294824902919894191 67
5830888923397311741555417268094753310273779799709817565045054736 02
2767862106975404505926143883778151617925379010606402291673802696 25
7343430464530042110425276623030552072475739306792726393713188722 88
0126958554904248663228307022774015552803422055731726091592927513 28
7204433777236381546602242627227955242640479069128534664743956703 90
1536664482511862340278040253780886661135356644106913769723882365 40
5370572032648513307118001886217776805979532180654367532102225042 80
0043994061851812889536140733723950663115170700057138631530213293 68
5538018489869696302851089301202179506470724877503209994836756871 72
4700290558145698405144674694507188717376368028734735561968531753 07
5661201569305703443098761497230689528664441564074834588089865256 61
6643797202895868442203921819431715127564111776147563714059368640 00
1035880263891259692381706227637167628748062838160227594105114626 92
2888091294330277664959472497384473093376327460037108435907859976 67
1800558687028730183229667292566511959261005941581003650892906260 39
9978910764693101952271744645199443616999155564156412151087143820 80
8868075229785081480228623413531843920566639711524608904813184451 92
3149291063281540279224893782282515457682716245961176395668864617 42
3953715865744626643996155478905163732521825783332535644589892905 95
1926058659798671344827447826266678984191962736059352022149668157 04
3655690416708257527445881757281160956148185722436954647505083028 44
3075317077923557132934876117839081302910599183552262237468671157 57
0593774909379757938195247331632266235982695699804734334402616879 65
4751304293461624266134607473252695703114881469691642933690719481 54
5481790829291072069429731875971973101542619933564615328361822870 15
1559033107061465304217006688253379701323449506071416835268609881 31
2272205409030946646066185857999914153978144847741564082258903540 64
4906463510615433719400401386160350714559736014278623451486573479 62
1797846757021898995133336443819291905300857739950452349349571896 84
6127113768895759793323495332089538145398467702851241091399996240 94
2861535615495201564188996212593005126442096865972528994184350366 81
8804807529105972336008365482357019198685509260350048765737882951 62
9237418327132367686584946400059670950677834536100367442594918858 19
5595926902512393110725951212115633824158960673748007183246877841 30
7809693824148291518956042755017542065174420881340145436070713556 02
6763499597575960041036160961213773621820223563980101455924936015 68
9714897933365854991863497304103495007905509710373294892197640588 69
9532018966493350820431004885230594298486801785556564538971529638 68
7139823938927886283130538898704416338748532366550562543023828613 17
6831474399344615609310765384947584648931621515835889893391956732 94
4334790390909645002015254529742236093348737748570906018648070516 99

125755933251820304412057338911692494979374444181721018004869527481
582486075771221724138298525297670352688504213303463703205901112769
270842312247374039903446761895700102591785896614704561188690554318
000135741145453848091623845601939821457698015403674473093324214164
727555219087739691741737350641459518460785124018137745458837629851
790660942517996950365872351329115406941185580040575610780435791910
515438952930178607056885781172174213915509532072119708984152215425
316479193046160498117600999404341319099118921551365122611550181311
073519406748964186094028486928305502211992434386630966122998376165
898127473066900407133131532581930320281496745570289271198050230834
294907246105491095799550789366026346984656628188055490104387898957
440931415296414337769026050643640983268217633628709882627239743023
005506385167528922648375095088613721983335346069848906855685902444
678886336439604378182364931607506979525366177704480786285210468209
326826682897220715910980081977801926495253830472463607958939173700
369328966358022050659802853387029968092228675427129133869994026633
577360863754047202114992733399559638671394141599506355503816227131
799287614329892459586632102280507272017663282902813951362463925987
940841197742421478497488792853481329226175804296953605684964163335
883612464776047176630339853772671737323232435192979733423764606700
725905697847782259010224718618495510870041401552763492243058506497
917469994122470166700310104432762653099301528420684246859523591053
096968105843118551037608085368103331709534908134883131172235937743
874146218392650171560903279402818993561269449639671433207829047319
166667808518255197717288006277354539915927890340107862889636611570
807579263712515753212564345879767582279860562178539046344387826022
476983164473091167731376986543944139748134480038182981037549505885
398354291463227532912260623917829319962139869188177111184244196277
187899230573504472457753831194338517932212857660352121687790114047
765897677843569635136532915149309638039104754501169967587802799979
553895585500590455332979356370264077033348112055967910966088046544
581991175696733538179402029774208446714055476253800166579619571991
262008078166820288591586248572361559940162554777079141116006764078
260807710789473437289911567613068507322496315912316341975884627647
288192023676271637519476695332542049089161024916483733496591727080
014711527101290890296121104047246206562282096328362667088897284648
491945054852414755813392377362692127662809010703960329946262725094
714117691214291335397513015143177467168584029059686222170801110366
607146302062064220739673674027544451115318680357371197061263214355
234685554438245653255194962230924422262761618107635327121848671103
874863324167078904688522332921111501979009872376674015547916753447
485891162812686867360422299435607682697833173517639411375681873118
531093914733161347146429574802588661209843333626447892327799217189
381104902575089833295752311385116384118101924499132930087784725362
736588016792732391195667737734602923116714725275438773239540964407
417449308810335690168994473265062935681240746859168925465092110914
231643396643496535539990522603047114871175019510860362143788792840
744982527033242516917795343239338053753415428633449200572757968191
874218427218858846662660281339159122650870329556297431210060847646
238240612020974088585109713450244534562696748452174937951998366013
595995980442105533930579946354121565926037395454813070900268161647
358075309070057946985951218576692820433593133365802104393580161079
082794266448782035280157498477771875366638868714692849223359797020
185921637526370647072392328071177497552365362417062631546327005902
663040247398045335302040939313049739713079171815148863238516035140
918715172725963206039775181898773794298335489621492988306516879726
173233429518602919791235420914661761858081206578509755405181262454
785358714234987228245076280218555416439373557287341317707953318264
106958023181267827292621724790478673313230260287901476485433580999
324437234918849958599486258306760001220473363446686800302177442830

895673212065731090929852126853082935352033162609612387192704749103
169411516483884747974567712343355744298126844614327533710603770238
115873068862889693941323630060605042899652004510603748676961364917
251172141710453972369837657482509286253199176103796050507004745275
198706924383079720813365107458086253398704529503657739479437519432
553660014210556464148224360616467707917165851176561085923563460948
549764477962116551131870096990291407315148390390899181591857833265
027795395784182519705615246751810745633045708295944288915066671592
976041280335474515510043994933991135740036810821452010037166333769
521213375323959064451506523337907475042857815969527569618178470423
817842031599241711215728175313825528990831722270803193340184997462
466150686413717867935948059327285196433573688027414315869007652087
234546637363983186912020965620754134887411550435179457052021920866
286215704650129595131279374407246762041922665567445333444729681714
873544938733848016654282642378338483175654383336174408732187921997
143097193907561528997991933481684566486989431576014380286263353313
618572379316723660636754943800525296713997403509940712193373758571
204555949602844456404613060336222636216293412245761511654193879168
481328096246952444569546212508791189353983221963789994987057551748
771886105104525870912001550271811121400833033945999772865870452341
916673040685570047172861172633588496827107174500353890336310666580
911221611227953520597356315423878627922117400279299276602723091008
788964486719775106448528542367606806783287027160214912208907383598
679167790798465468476544328863327545926899764713611821919363719709
430918976095893307419509153578998159456268174031091186213611238703
266328745925123801722185923759642039717801197330135454863031156287
645397333010353519936890891716582118447202539404709317833060123964
167270931216369379193323918425977305276147922930212301316365295613
762333052845463774496678385572416305553286105327552078438940442472
330870014940075648539493897085636662472351155496842637074224198534
072188433171180862478510999981762322580581202049072702367515599603
855846672839734732595961271044969489969280704087235561355018834860
982733449421192795115963891421701337136254059591584006576371033621
859435409072149507971926424741687886613509620131303193981656443184
231910367414205125568633280985520770932399557422045837289243830948
110842330087641536630847241689763751941939984808639276953179016437
278029776888061624908419337641036450961260406512736947334321364751
668674541875423533249045251400126199102550494220608990865348912185
197785208035382979351647361636394852849756284971488562703642543761
525303485679142181383415467656303629359432715688885113964534175501
135552342266095177381781803893864430908305399273865319883923708251
443497669579512540664055821324953476082446423795952046740371691040
228650601644011882128168872783923427369292606206409640919596145904
314517234161617915107061776717415112970097436263571691798097913107
607554440072748231658536391707691259190055511285073280816770513474
907414501195024810842767773577308103608450037555650268658270894906
640961146299690429226983808434968138914924798862248716712812408926
279700650937412914280120188192206542159389736338193225912707130384
894216293191100490714922536282186203561764468544699594307641907271
338781826338479026905141348852408834159704093166717645848516539046
001096347293231702452686080786491800770245426053385920091663315079
277873248325901604421715668749405791518967711591318927501780445182
499374387432993291435543746809468340260834642526817073513602678441
171175476803025782843274127129555092671085740230474696002644571189
301805811218925757250024179106647302011294693754953338392710767838
158558088756706132996499158939499040874977823550392105136301646711
634086226936539403456769518652775268560312868088156891699160460136
793560002887848650173870361186136616823370063762490171870354839165
300888065752373767990681554788889386462338043367881447386263697514
446353315136450336525098779541309399414676011222285012782734557551

5956198448726728886216911391278644418265010715934333181605528809809313757602195448423668918140487612969835740368011755189133005722699475919228724396947107244977040473296751338485372898919851448791269339956272762863015717827057355238450193665288694250301571288649098993055897745148064974007108137602067660610028335398320724359456720594945121684402530561416115047237679687125269315631930981608232979504258981667480087815264867736414493569584287953879511112090041388243506999888209156555403289250228805141696787929926626862224670525490667495362501326970031824510114073519298152709116828763161525453362313242268045222889614970917397113535255440123608618815454147085320467229946939071488188603326828261722826964785169840975561328091090492994205890209975868027011829714381130616650165606940509417447084136593172946036832314886783783401584666526277938110347185652734290112646968995135220438138835925408450875742934048304805257026367468199997111392499430823809481473192576011528538247357208314910527160816992228141867532991179552447748792024698247835770179058176843376667776890217764906219369958965467659969428721801097813692136744622097478300409271819051376356123254861272145222616805180293256818310931413966592453103442368843397067352872663830004541951464423032623019071897598561247023586500542075982524898199075031653803249502601693723058314817314752430435942498914879189062802634091227267353344853777985327688970476167261585288351406035252708851992921713307057857638749393745559400967615375217782801162690377265289896203441261598810632168253206443816406129171172120095567473839167222962355574612439015599054488322626441625687126870485003449211415757614315487883822624493825719072052822435654030668643394952786639197826196621288902931708091506933547609363069503877964838065009708771258420744211499716985561589989747876513750578536272453652178066289777507327157034985477471678902956663958351111997725430882108300838719703001636037548232031811034519634199719570801626375425606969661834362972690706622306143131863618116113316841849516129647994635408155166288645312201056179623810144384620141325246851026413793411662166660443555433967260839002933424985605923047725430160485968987816153242523488947992749956804057508785961584656399688277050582480803752624440992284265581071965313962147422223415350770031361866522902424242733975223220119730089596891049854054474276975638059626226908788476436765519375681951996304422809024719659779814112299761130996689484065470304306161542840528984605556105277431670945479765425699944325615151270411776840247262990518468739384403174909227786713746504877565400352618233613582209691595165310030299470261213798326995515479430045282504041161789922994791117641217399269377416582020283502426115579535771019286950264605435924118006680782334174983342235251194039578690357868099795735556646348184109235356638053216250587339612730165179209152696307741603539343614876508656958944166875931028197227084213006069890327681248136434088291450693535007842690028338969289003676630651962125691137082514952641307300205723426006143479478418466207633742474019652349063930296622337730820640228704088095403944892602375593027578381867271119555903626438180369441026989560997022402685189290570563411576345663453530917836449127065514652145274516095709269601981935148250423083093324020856938232573732465561978380507982367839148964413212119032538371930512612143512054346721380249172084457240675607838911836144206172196093241887871539065311934562423143050595975813896800145932726803699031531485898178421841408627035413234057140637242334416230520114600537243354544085804784915273835605370083298419441940878577289428942989055641118489012798817424271309417325022464998977618499584448243196333877136064170050575881120626018903546125859345154561817568409731473384201495189375815899601208752575627603329500301183188095642910867929936491408742632266721386849152241299032914629320268237349095662579032064280453385167557256633596432829836906797154489491441442844573661312147165254

7729283228387225191227818503331845753752311813889104687301120253329
934330332281767444790920665632501883887499178312452779568780325185
70878771082132181754229913702999034634082431982200181814301695015 8
675647723184551735160193539741180681625549863346929742793638368312
286209015008476329602715420554092347219774875557737277125358437929
973367550413539009626075460177047832009209000043703047720623969311
236199692306945192122807512806261090339608085511993936257664560584
547489298456610516437763230204762933488331366455334573480473571567
444997734717821981573926294356614853325635257380075373424585696273
226443292539121854835008471872615376119359921175544946875172209534
021714967332300854303127734300844217039223565805237469978119523847
444933383738577485114274622522039346757212327850661052691327977306
346288737262224195846716672022151680829100052670223641512652274077
600461979496685044241492903303752615324755653009315314557741560785
488843720415714060087651280761331140002151760928982489862945062647
986397278120873344792984785453151232933405140684725574692848626315
035477092571914420142218588780257279128331177982212336807793116875
865477713999462395439860017821714044511587793376458252175919910881
923830051663310282837236134127214072246237953912933883641879315532
993289487987486153861391523074689174100662618607772267913487136322
147516568508441991780694861954601934089370819232141926382775337591
945703264502363043475687173452958399553670973947311374513943328197
791122226939725459124938379823126607096382225967019008381453286290
461060658685632097801508542233484811059061738522986205281789604950
073257042722202039361363824795831035432598550726214034098596277860
172168955987503032882817680409468520938864033636523649442857653338
109795334202587523066099473777917483409964056208373304316767108759
298266668435467009599704858953748415115221450224994544152838657802
928530176585629101388144172669383790207050034191012138679134635465
228748140715338202901919235146721268382751000173948051792235759103
106294117826715838186378195464884312297363020759072949613132264235
510849102649984741887018127403987203067935831231548287878038686720
763454984951991134450991244247310505227252766832066034853805673485
126369319466529925162902626465894163413960915097218723640275500269
701088386832494142125712048869645658296361609865368598837883902802
070607029639962089291692420117564629212717841443866094448415307132
753827418051247560470084561419607860495448592558130716152717681871
096104170286462445106386992799031329802393832292307860024611121256
253749299206962360554973977933709055091506159958074626476930706146
547336572953880108465930773709264393270961733589798755133298517353
358057619820375607173964951210260568242153539432206578780654333681
668379183925431029629978625583138150842902346041464285063318207802
667408575042965493539544948651852756470881435132319597349789917141
516937325688338933162833896451848870322639893055689451839191243082
932515654023675385004309455227522986219363499930799560689684466187
459894748823413664085188532193673114375894635657021422230371741481
201272628291057331857839227334795260680041312240444469069570034326
579109561734228465513830287770817092800437032752644557620090294898
701726471822893276178823467995953896680114028668705263367060063042
612994608494995638275599060264777652197025375830641181461287543876
098578289963422105950225341504398260961876098352165231654331697721
441251770038039021598137974891320292927755438711703391163224807524
657249729623124765093517943567483811431528641333029089123777146612
469044864551164926799346341556211882281756423024051694895444281683
141404904380578860590107370067182984993650407494702785573862720327
108426027326956900641201555809469137101298425529054495764506457560
037403149458790821054735591136399067278064814591917064338706971477
366524778443386302556983881025898793095019713128407089187196967493
940026571940572215929586883457866981031818359493810271931161525153
017409040319451723832245963305267862642100074573633679726461435297

149888460552919078229572134569264638347921759405780513036734887954
494733446456067966769127826799049420036288069900260352216652526648

9168915938904322861163098089616015436542397071317339876255613839 33
492789060574714538169156926488201510262147218325034091656245429353
117328396837417555069788772460439855626108533737402877099728804761
149157785765104752908911381780654692220721713254159467978055595740
544953255877928432324750482025729610721193054272034454311190184326
515998329511924254995688662924512061554435485187784337602284573185
525530203857806799642333473943283255079768143174935290365355235708
336227295402976036224596787022467961087290065369158110329772411271
968718463171201531087202282912167851368328682889984100630830596997
329512401834379280807586687788984960437727540275895229293668539226
751399282371615964473732982701750908375680274466691591111497799446
671135691088924379199309424721308073081984262593144347965790856700
825628858836114463307069019106360685995185387041710623856804324112
299406997697652171894899349718804503864321759828643313402327317350
344875527937834864131041994965955257706690456718435502156201896727
939734268216256860859224881131666473414298910138757127570483051459
436636099246610627201124409872399971042075654391506863102013575984
601467302651199034298650639676000696687958282892433978259058748567
826269263303468372332124066157760295156537226106822903836613368341
504999895934280932018654247036073590765608162195997593438201724618
076958178347221271503991239373308059816434946231367174959999463042
117638181478301910213344735692656258805710164468798455661720375874
281490998433930465239312200035644248650280200221038723815085543608
061085953817427853246549792311015101812667413846629462674003407290
924306775649178579342775165295098460009862821986519350148631413113
382340818641810195988872295935856034372242367239601514627896565485
335331740074198424260136066735529840754402573177714954021927548762
566366320979513483892323984730934282729939095492262868525828037625
710408140414070921533779824712193346482520718387853744500723852593
605676595762204021945192479291241307585464859181278455595125339485
377327439546532520168622505372850013045372400046474447907459782510
294447904759726899493753746928089331155435505142051612363683441007
349842994707086534872826168261194995444598888503596079143671119639
139320911200954133512885508992493392853794766561641592545275885347
906803485930421014317785771172451137418462432155337224056541214942
322346734100328640923722757147317038093058466611410528665349292157
043843719387582548918498944658974892112398043559253649190865890669
173908088675009132330542665482077157364025208162483016589873036086
598083796157673641177362734669761566653921348293456423991292807859
979878815204292215190914169078549736187251693099991322700067499723
351557657951436647470237487661496440492613486082997609783626049278
231738894979224685209775995080498826972392495765987223064695118767
799160549567269969085152582265295227385885439302173427475574391874
411376633994128594831234384848812794576013671006676165974395896325
545306708168429451211409122120091086669899891500102055692484852372
255421310716613919828276574298188291751833720841752386967682805910
231519925312801445377221647436825950860888636443467208040799574561
042901019656088083930982871606160491216360458690862228973756455741
357430715910893672423316644773328296824188314921716494972514011949
369056709529615270432919617564101018514059608395422101125300432032
447729045095686728686928379789944533473254078320054283548804513088
741363193695581682874607904656694590040744288418738123256769967164
692679986955886052080637298383211238624681202881704348155814062949
883062634593344998884038652605737422307385786640002377415312885909
455125753539336940869444293940752218284710010776658095127567020147
754082982594365539007779061803003710403019109218529328478241165518
909228702901240416004521493170935775360816342085655233201443845388
958342206841713882399532270635638724261133021723608875319692482011
790652227508481546536063468432083525195108332160684317334365846805
913015740878701822959876582283002042528355669320450198198817145826

117159840001172323248462236802337849839057195842083394188330250004
100260037883422114836730547496096779242970449998379947904405434971
089626589676691300284990960386063046240093337979092035755162551666
400571121877172390300150396095405184581699938643044980401039916128
659347449558276066834824890933733862926698964697053174156089229666
242891438192737235672603030501103415970150390759411599156179251165
622892441767557720263927108978526059947131533570045904830124535860
224570771605821233218529587582203051937289020017734320619428734214
752378860830070299796531556810301128799258939183387796470067520270
368877240584066436919090287438763388209714580101749510134645840281
278011316813989780650900740767464220963899804533262076514960825977
452275842390413450268461861681457953371759462268303063666145365992
028030084325285149817881771272573867535502851338367923056743243686
962027275690495694721422424679884360411922631691556788276484222391
196274036714598974144543180061688629337635623975254816109201806289
442065086508865174388445174402936157089106653051819134408352417385
390895294733126909002288147617359240547275574100872211860248070655
273478546467081003325288049487281884647664513871948464700273983663
967869110872249068944525449930136135982302100966496626582497907417
933026044796164678961217630473547094105905476778743627698111464819
594676539533132602160451880568520123818538359935250905586730481695
893931266888871072451637580786918529804644375984939014986408867291
215615146935054468003927753771628002844461708872834613320160278469
351417103718981359285654440473889353364342252995356306714864357582
266150708472242121395749058812364726080795665391821078069759191962
729961376825052719016801350182593650390431489237422218299729435910
504766510198435496771583639035605090274409454737620008662551895379
897398695524944209452836893729162255864458818572322005097340211242
024270133813809750638707368786224134616266076141865890367575672804
946851392949246947497670448286278503799394283278791220332971397543
843644722779419524830053313308326594126816548143183672418519071645
371183945618853767186114634510098763556103968824034693227431638685
638936692078262878666463162305865623208034467033224148965844290862
011917977518360789811784708762629615319400347815464050634565985845
395933678392047177816196115197815991533483239756111621222104528968
308713835459988065857801354859374904263956020172957868115494079887
899895278594495312912475824817137108859096914070619330361800303323
891913216840242371178559414793817512261537355292820484620119087835
578241076795898728264838018836306051625874581323807170212707031160
159931956653211055908684463723011219393528829932843569560659719893
014841894192469651419504713100362091384684087143678688323812487187
380582217796916687267705286949172329692975741293715765031048614982
649963942542515355227892655817659328122813519904998628338917695098
649870938852865224641624149800913360480941616720693342425001725333
590241224520696627428380607915709746101932343274422842790300921971
678197965979059549127210553864472407600831000588081819072447870343
657454279475046660211686153282079367042283157677410978706565288995
809215120790091062488938646517486033663048808838585836547541959063
529016960795986671979195154726753999884776218884785107366055679223
745515800961273463703729547099641448954403570700509795971249707914
989405750420165030739210083757394132816578085719802851130424796134
514504277763666054870573901649799638800674927633569990174214247086
042763368701538895425544860519661560114570743110126783606189763376
540859558441673969989899171468666484090241900149311117346206295823
077870579486764638556758721099513646830997771609454655720168122853
937767374099428303951557494531692065820371452045827753578337982711
615753554754759598809028882500151326903062183753558815228008049946
219926313951475900767150444120102864042232346757214652225543337464
540769554429637336518329440811481655311231788856853449362565109233
822325088751970064021785626240504392039311551274241981278661180457

5203790313522638215002107721305024066241830028624776559111414130894
7497641704427632877747366695141529627972984736229019636223154363319
1418417996968962803592775061551398755785367266353781400817153183318
7933147980316630735418382498547746143475821220350330394913462672250
8437397313313461349718786522154847952113280655897451002032487297792
2392568927537490270425986685614904053752845046626144264259912295576
9949845956168866129342741521686045369508582771055380684247063968660
7781328993106285511287995439433670099191520888614455564574422792253
3094751032786399982860866477824697766936469596820933063048325233027
2861628840918540210758575059523354917451756350558943167491291170086
2073846960048789782639109056257395994874924959790110901916146599080
2074849626393582792650583647676708383011968855505051861579809721185
2980782027546790777352845948855486420957184809577355026418379662220
1056062017672410164759618231771444198810096102794777608196256246682
0854574993759391755772555043901644270909099403336820210181891880094
3144687251194488397607261064289476377050838168092847287045308547716
1072786663101220366887582906462496532944215040426089607955960284483
7681158331065639818871541022291856363755468086146768060626175912254
7513262658963341657062651172681705493010940658630266922042298944830
2376443236714219463649003200189102951055373197420393993038094287707
8665529147692881385645878149664779808233148266402166554846713406624
0185971412175424409787127718287785341343837382580995377745556686639
0309700061492840773024700917201995246206245391985859237134507423399
9851718224954288951323435031823344837883192959553348790109921171189
9225365294293653362582595390946552963581374497293699746511875338853
7487094217708081745701742251604090438846121574124452850202379839903
6999113896967347788049704208886393128438915798686149953572063769948
2149209306281251312280804996662625532242838399173520256674525229990
8409946325864683411130420845898803241428782414860826210577494753330
0377060215168255421685888255205289137193877249869082025393362940047
3047505009970440709469358919699005334783044635811964910483163816606
8074323974751887377450485393208011892092176200325412859001921285507
8008780108096121869972156727878783603783428505022335910473861003379
0033681958215347953124203321923791186979738109328501036782788060081
2745282883103918315704414803727152691119589138273502062661678813367
3893005894349871926275421758678377586169291156419695497805005027717
4414821422531771664564897625594375826764309491260552928577535565527
3114929560879110821596194017570249204462620779468053776955441637790
2384442862707600133588293722905895613531099244879237739700126380010
3906210362971005400902332662052868551292388936540076639663983925572
4508244968989262459924394384508765578909028189856834334510996196638
4091164376705960548419525350568787230520679162057973980086958755004
6561196154504016297677700965470185284334977644679496028037224229923
1209258155238064515073175826397848971659561076294495873794568519984
5906093691349732270242823829358483476200972795732039739082440490026
5245937396257295449117729608598859109798319161919237155743147777305
6132758650301867128792233399940922106267909462585081169282796669238
1723798551276299352386088317714689728571559104796911352900853677737
5489955124718689039574466000484795401447802882232082425670184511147
5458385946399776041212321829451207207790817682331516184554219598874
9744558901511992706236051896340735393487564095315603407069359582257
6081667695587492098240480666527562455192322003251452941755396468827
1902352195763796378975941750521586754201928536559666201450456338855
2783571256712051282275196092953909245784188554012712828606220318840
3041625230457334991986203368394185491917443128141702746834805331123
6365464080095227986799808167861438767022991764204219357703030288892
4063382337118831666892347256665314715426197369248818567744423683067
6285808035577667085249394327267591827130580282047449868310923884451
8396569291282691413580228508792026381557594458857783917630415382247
7745027363004796768568959057429077532824031838874195328472505758823

6998984185573609737934792621075648001276066005684856289529627036503
334072849924570768216606004308519214499399461592740186790670249250
918808425497538250005736411527656278820683168374561361164661059452
960987647876178106573256994413006960404412757484805908154315252191
475930781041409918043677066395667263443535624561935640751356546727
167909411879488480868092309383287382250042851308615564673823134489
119765303305903494885070904364085511708968159681885355596836776708
287592695900122268130634079052180831417534288387501316529218766333
357431437101016347796658883618869883499832898116400702596550204761
199068845930641188013743352809379510983052205865755190255331324739
355184215726088231016831817640972417966428217055392357331823599721
055914675809909601571254536259146573583451080849769670807172669437
183081249664139285293242058148352262744693758585695716870345022377
577778359815858095456674554627297947307975693205085626405035283025
567228667754448284086209981389793037092532642596403853499617054638
608372303148948100137199901319701262801084969868327908059952507493
775423599997878374465778371237535757852677710638143561367890794737
247924261815992801915542363584092241092695194986758370140080691259
459445559254670473203928004701116001559541702028795035929201770396
860113456304449233397743545571654572714951735345290462215877669321
039725654053386823913058096600212123248311387049072616349881777525
063398803735283044137885040535291419573448626221480332949544888908
545079248054268374194066918855516757216622110920899731852667678293
526613290427617120717343300234525891953735574750926874315293634284
496407717856739958438148942104628518103849643427735519244385401105
600364091860906598300233736845914995840144499012936937258939528898
348115564558106103079454580475664650489357678527521118340799459874
420567550698461628297481692743403195744811212692198913243550319837
054664442496096363374848655871436934240008426830694664726867821605
430760555551571130105499636942141201452860567154928145035636088579
354204498831255719599558707858336533055121083928499841126847905712
972220246550138708205244749272341919503603039394603476770851534725
433807691354302103233118270994105254373163717918996081338444036735
092091110631733765874016000186973042529842024488852703317251469249
747539319823503525226176160943848097053512457087513186892673700507
442774120709790407346312262052900063918929099033196435333533778277
303380095643552023728118934142222131638412466218762656292621316537
474409523054540169190591210298332548738443149969008179176662444562
571055001406036680013324958090641028348771641935647143040955057638
038573852209871616795910485222080708395443816652953500877460681136
027308248856626139286677283717030323783233467164064186510599162481
767070634565314676407449265899040024929433820347665482730341522657
904235101310929756783048481363297639763227467327299098939274496385
721441290848706448070466163067183262697301895505226175036704437656
063860897547480919952639440353604654399823773561902465026931295891
402221059887340881632225625868617445324411589493035550997748247415
150737341194757333735565276274185191642451462010498782629453689508
844623211763580035118418359267598642971281398538414469096917190799
516740467818935875027443503551180799677762498706284759291327261688
448888493914112874532057248359162360674161634463880131235116126332
141573507358737890898646033191010479049510880532762436343801953205
313641343554593647041984399732731928183025760085767530258321696714
646834358840039142037072426708260176162533902989867152675622198130
603529594844646404039688560064817661090330560790650387689684467316
948543438918368935379334168987646104050602410935985553266431299975
939026367969692513769369261591022851172165414889215726223597736677
014639845855210470747638897225490221795578347385363008193343789887
481568027697599949512125441570271376490277515078779949109561489574
262273987940332212825753245784561955271497177374892311071758004485
261087533971440933423641670007394747605338766380254295863552936913
03

4769868990613336245908473538052999169523740650576570393490154739065
5565289258081944696284012213924551119876038074056609941052311643 60
1925684722053285107258758837088787835407461779760153173049500582 93
8124750525030217002361095736709078402235116222597238130144407984 79
1813303210544324431102719791005913738093483775863613997719436720 06
5592456993814702761918466612118042961718665283106957766092437716 15
9831512459361728010390163655204661937092525125363139655920117782 14
2768019428047658653485815874703119926770979133504911072051652432 46
2312538315744875129541560355275026367961454610934441685357810273 13
8996999546867343518103443255259516930023300505925727997815904820 22
3589052604792034825075042171734554664253125285259478440684213337 89
7972455998381452902491341277243424509717951186446150628152839286 50
2372129264368408132689423169315188818953852681800476310307780389 92
4412151871985827222544989996778751458791602397076666044133305940 01
7725196828827618138902540142141154032221880752214931387303943894 83
8634880488587257312960544022675401194443442712395569023790715007 13
8610641985838887956880548633517280844464472481327723859561052130 13
0910151062642932763162472228598525710263715946299940132265505188 04
4657398980037754421846299791933040060517616187986026555760768914 95
6796240330209203533823006419857512128054908768126499986629682021 60
0839357742569239001450967655189683001149858039500662463386168022 55
0668707591274831975300014554060154119807841134948294656806017074 18
2194482694202914591931179729442535235139331011218688316780023266 37
6919519389893049565596364430499826362332222131737958633752729015 98
0267624382084908943642831249679621625001635299668930446258458041 67
2490710904142795447432277640558606449799377481597906129222029306 19
8335261800426117966549675805482901810689473722161202657162630436 35
3022821293372450839435343709678543243805831288950527866356571712 88
0369852845487149507985624665557793170507902899868597143645930779 73
5070140152275447669341982392638989294535343190218016938758502877 86
8797020461682319735199280766975865127606468238391696014867111500 96
0384593882005106152664625627270863739947150257718107230896204362 64
1552557152127904583542959059101205185086051998335829520276445242 51
2357735153614513291221335783411967187075856606350002976645872189 96
5684680983542255567976997861529583162065743207372109968440619460 85
2752139972077460283796182940677826598099698358660897438651036562 42
5562508423543545630151219711116732833655070583247917273565142769 41
0984986357066618802528434536119774234900016041091359806582532510 47
7723487375858846669785802999922419736650411551196281600473215765 07
0051662898453996379194144719612753684963848418407835392194951607 60
7529847670841382746044030177075799966676756861253610514003917168 17
2567805013897837186583796897615017209848060227215120876367111635 52
9356196130402092739641852869360472651396687556304008753585686831 31
4128686092282555124226959567993035024901136677093640349903748458 74
1989108901894570519857812478440357578671393197085549893809997065 41
0579169020959889749873844727261372435180656164993163897351119703 31
0393978040928094799734337726502122497143409823782365196589288627 92
2327799039418205068569837671166237721514412022766337949173743734 22
8317972794011937453904905797144617183602567322140552194621862859 14
5438965623402489453798119559649687070730218607805131930946785284 84
4420212843249930715413564423079386272526585208492269484399394853 05
3527270682335863948608170577407516973852120210628959417716079254 13
0699134608143824632866935231265907343036680953859560845016739322 90
9654282885409786377872218259072743419564661165959340871344812029 95
7960400057641468485638419208402583268552123795496248911586260094 00
9876541358587061925113653719481486085710770837602097237465955311 44
0307339494234844861525237226662531720908162269400021122759183425 52
9828168997196876101438519190128988074242805283555533252325715485 87
5614477520119468011155094405429657310193621595918758219482207475 61
5307833480300854994330873982134027070003112858879279673962736609 20

712697115138195377155464106337455584919631691755255599189224089797
833124273545384179602784595898647060095284180866467711094641598431

476824480668120600816092524900550656068820053943975294042977799777
390954812182338828159978628439344893791861555638458479425929894905
438450373697647333225685242402160195904472401639944492589154522209
473819728573560814162944201208296923421367519056921053373592377816
006656687636414636657904357378244366516685104935195776579079193354
900542453748362582641051684378644502959183589839644056859368882636
863710502768783853127777056659956030015723582371471547219056714260
143368796646843649143949995727221505804289921810098950799344944214
199021446892553928676917510398246758246373438052397350830280687187
344606418762993203121704070483046129164263198208628507869517290189
970014342896826244178078191626441719504450757666856324245674581755
185913604359995857459882503553846674132820452537010805090235114840
481953058880641604082355235129412814048454488103708569426260002716
392301008603721424248429126495719569873219052427563394901622464546
259347456703005672837508467249825279836734956177089836516547827889
426186105183276920850360362178003391524933714844455014157911625050
689091071382758022446505098609868832767797118325793918716216767883
562241988675386839315756589776865201639452827388674406517875660068
949821735574807444325577590692736378481805133570962701897152058909
708119862005227679349913304058284567203585664724105889455308752236
461838439640259601125485287660886628483076360128700666722802670003
614942302612541655045829616993163843705829675070532292691091611967
493612737291631205863688479052509527351543806222193273002895992407
939074438573669093529492586894401073422178024370771528161242531908
822717327154338237401474543621843332568029599407713014983323704510
969965453202745335070217703707061138191051635880307474770819808265
319510552403434618908040877285588710261912991092295950882251819205
851887441986348625188245665450780329536348102634843303083724181136
556278301939101618351740322384509791468752162387714423922323245576
364107974700125539832471226019053048866664933322848632905380868351
709643540440256866791168844434216940251772691672005423658795245864
872919319419639837059108346595565457374554274722525638720491964846
804561216346755578001839114580507202910409177461978829650486123555
287269755200042382038183207642553640963208933924544967598152309215
189473050197853510015299573530542811283648423659474359596095956980
162027530239594199533446282082649792360794218868041106024158741508
575194580615688808343018541253781954596974142367787418706672158427
522319352770701887762803032337402862660420730505237852035421042577
244255914042700874907643524826938681071637669307303727237417175424
585224773575827029599664985410231151013874323704799159178790299448
550168255865451538812548574254146042912012322855614889532717717240
122627994410826869139972987438255681581112623873262610426424919146
730313932407899673786143290414208441146741535167426897337032190690
287477060200884221903212516552891171738567477731136615373439175196
270795492161709378005434045787378968957940658402609222670666397470
647461914851144652443807415205521286862020067172326368471796723154
915335949245342892887485931766426993620967340749774505307056843141
013326328777592130576231470087437384507626030587577497873242071406
651361799495694560108192843193736732841798935189595423519702289347
297697710497535864995673185046950987396628013953152473360674595746
536734225096595010987669623734140606839350348198382718211868440601
761576560254701139537357267834526945596079177094497172723469473343
678038722377574791686895552041362153801428254867377695283703841427
934004400130568978355622798607136070596604468533433322470819960517
276152201080667106523795019070974937418216335299386518917007788988
347636092361880526906006408280797134349789427595928872026107851555
411239737304609759231788346880725383510590800218660449028979118967
259367552139647290685797350736757182169740366706989613457874506109
712035014795653751641661531216473254416789277507245943628192382562
336298103756532891328239232227250679417094691318566996226763008474

933294923772482025168055066631619903457800502962160950971278313497
549748497080750146928617797205392087735573542634465404691750787836
297830371222126344995376045870682546656732927753972286036781924732
607587537503639605557551524704479046892790074174408099162153535237
955159316825039170841157338947214833770587893695415348273160717030
232024929094546655312055250126322531741427372940893582323130414035
967091049257183835201953577511103030189373873667295688347590028046
690150280415692206279410789768280962696610121374881195563119677798
046812493064783740531627476062834586847164594382436775342760826955
765323442760533997129870805208989856144206593472215753513573135315
096432568632699760118167688723309047847387826108830027187650260826
292523319447690994041670026400655559713699181466979113567780657451
057296471196382643806989602338811353072149858536870862858717892687
962978016089416393630120941635523027773429963015263435775125041351
983411873620583345473118538074572684337206905220856255010506100937
942856140474184559211793392727085972511528800569402805361411449240
209246208794874183622485445370167347935902015006990894711195009547
716996064515693409809576087230611679859305447424945855927637542655
079098507826227452414280564196195794701618141018859396702928840881
750713269491264514792458713883472209570125453762871154613584471013
113232014954909446401476000302376328571713953654714900135558696330
692581126404792005317280921179128700967881389373295949068769162309
178222864353334059339679160242893274844466315594574856113204517830
646491662241813246295767509185902988333230655145023629404347405492
556117642216093884711734189574071998503527366986933866985170257393
806602302791062808535254935316619458529388540134761981829790192702
699755397627097213320775214288831363827940377954810436396846216952
494822984432296896920853355530853174095397100274487325283527573624
794580127804455036106064558578035736262525563606477349056863832460
058826457299672867064706881971880489959182095387698672412610581231
337188328153873053240635171604883731863483194487855245340213105960
543269787362789902736235815268667728648413763217540668998973488261
186018002936002236261588495903893818383478150216473108913836953738
086831643699087980859301283735287622060053622758728767946579168057
635814324092530550238865482949257251276097710430841424132714922301
455502491538011651570107259919660889103344587780201842019868725579
834858927941157916548984180796559816529244002860008928330899598461
251541347364124755370565807249607337289686395655103449758583001718
801392934081593465774074916873140199038284277122623332446058875673
983859350076951311855631684573838655512292940803068422036256724591
811386063504801552261670635649642867323459656693799243587293291166
884983936420697970390191593194559703612592627063708371713607972229
244838973659949263221859430952934455170540094592748703284351993881
402670859152894963595076363807323470534623093244150957569185048089
195717391916531000241571429356686909706755384850261080407434064574
263428325221102071034503745383407217192728609307970908786402740375
603419620326095180233319446604704393480054063586910294183143819807
662636922920151962674547889054873008533422088159740328925356782478
045723448555663884299365178593815428714734705407762504079807108683
257127209659524702809312984905979030619675080599444217988506983161
096380431857573493208970279214433939134282900983890292760099810349
716753400553502665754851358206981718943173652187372727038665243420
592696839958587716580753629304917458210275330126702362227330521370
927475754927540322486653632392842887880718119434477544394315746337
377421905144626384014838452230601326365027884514717047905831805834
894085694942499441515548386334237720406996019335803137534497602844
499515410901138156066413232943105354035663349825009005341362149597
475298028239846197283670062105846139778158274676579826017847296576
463958941877424963316958842283911915905656402281934968017581638401
394292081420882045469029946376520599881978317544801271199655622131

7324427160802193166446071845067024516046120117976382723921134833943
3879896290584017968636094325530065062888973239251361632702390752399
5982653489399468065805948768646275141094064993115341987321729914319
2591009777188686945571244449358286138125976463755113427984573762029
3435625689831225304205902149070999674160321546707538816502965863999
1553151342905513331653248308850347019549055674484101032187658995679
5839455823828688310814186283547319475525274711575402543480466177489
0387868598378715694913427853082947288735412043190232090595295432869
1066132697607626692661135211466252769841277340852419138268582809559
0758375787518294419538166996475933805810974419704088768832525737439
8561825911089750196431479372572070809405896055397098285800445563079
8599861108297845198039988230941625098680263516282280756081650704839
4896441683618365946329769197332664504433270265296440733260835948719
2972056368036299922692205555021936131309439292561689825893809531159
4348132895184916542872546286351978103023730034903799179307688612209
4532651318101381689879195678466786614433105801438125991279141588769
6717029067599907122292817274527854431917637751864885446905521418299
4754607553734560608556346420396176670957528745494901204660351964639
6873577292974282347505496786544592736062760898924697824189071366919
0300926678191303055919511695693178319754079624033842110466446524049
5818686393260964635303347112921315436957144220672372701903216128319
6366068353535914027988526095314744197670576401090753060472138657069
7665499726561399562590818508530304555928407614124652218099654353079
1631850748864789331371598040191058010242554171356618961206011069769
1203387121769536277481470240462879594479656892916665615162911773699
4618494617768316635945285117164140087961096558671942116381654578939
5594374741659601910402650699653760891088490540908807662422362445259
3132852178568721171075072872580243702749583566462456351397720596479
7873476721370969778743722222854441505162581475900160010349873421669
4287379415209172808743852870687452996758506346236156568380656846859
8665912883929939874919280450975993576219153034533964024162816375649
5733798596901282927418796276250380640305799822393935095892199527859
1029164638047832936209192780407715041873006891785738178253793126539
2269564298480575057043385936993433934560449623259372433043576671479
7116642620566716193777375770182049361597820655177596044557427140159
9585062420861432022102794700328644097498531194933972205256017243809
6783980806301980330387140108237370202178023999196594847420810041629
4631399989387267812969837139653343697806394667642860024152824873789
5639412927935383607707608300750085468836684968344738138000194809999
4639279397254809261755712323072287991472949962782931812117999531199
1393368291421708003917108392039962532465712426711480762187323888669
3027326326051022748558768582482996273785630375020526294883169608949
9012916313726348858049819248754553524887326239439367504501654768939
4020682145856556617105077511943738058941342569604131394758191970669
8230263242340902445054095883410876889880583600190580085619949103329
3884501331396041945468828359061480627917027425505698363038681904089
0769860746508844236776170546226084543972221940355420265203310445529
6900704688277458214569663667446999428841734711480702347951794307789
3615275740011675423810497822651699679327017909913253596925641310219
2031767596026367955108692598919360515293161163999379060522162182629
5734473633420263075057264252255255006962503721338053244844653771499
7170577712173855502140364109117838972141797635473176486099732370209
8765716623286273640666665252244484423704743126027019405293253920389
8124561167839226071478001195718475045561161525038448220826918667459
2950019454795547426703119533884633675047534119243051728905583063969
0642730093178990339713439315840591610085863938221382022717081924759
7782100150391638486660170908139091359533406190146269042409568052629
4010705647776618407365199659831201591486191247910453282084900376969
2357904520492814748144846581726874291601112567800981177269122209079
0237851486611243714459198466857630947375120942433520044650532973919

2516708301825542971302260674660980052603919627557983895090692431900
047375640183607454934859101794475577162863150554887610286729181867
586476644478659627827294039993209905335496913847574304220358026682
005018352485651517034209943110726037475082164349588541432104573557
419801182940065163845907783130947300992993954182718180599773199552
253765623522616879880482847203149589062569689442427840761719747852
121117086752944603670533555703336195269940643523308190957437080465
607841235006193415649510049733173836204004227344378915789653495861
159191813589724449560707032232278280157914855808866326700924042342
031392716468963013705622185503990346229467917697832970152412757358
458013089759525863985502154636770509007033290797558326525697330992
519942335234267432452628783434878039320990147869741317281125496445
904277797369126687707533793810529597921956009451964724521456644781
129408884259739950228931567320489003595653148818181335248844869869
480061253647427755000504204046210344255558808662144252379324645861
308670915261439688781633677349695124090077391672641409412421645618
536462085838052194808988737746342851400043979235067024246706670697
307923553229765566845704762902563225978319618333972491546952552514
351434797307250589853935034414301037276933082870107555261221323794
891532424850154784570097745683673957064624532316783427160599513253
350384476461804529889100892576142364568920937121623357779190101698
527465074331339403860558383560512529911464752510497400839238188040
952466569782190675007745127340413746948598903243038421773757608092
588363984942852491661239742134030663996839945731531459218956185429
736941639291274586602149193256062908354788945387058909910287768426
344909242758195382277154455075508282078488360093885750407133806431
446435106635772542001072151282148738012783255219477266669643519639
951388097664532433272355768426415313809782298046321315377462523540
429060358017056192744688484775984917808674554983296585195346162001
081254224267667244659198500373724670009453141832851380224433867264
250159567592114147496245184912047206467560940593359887917979059001
367488538645068696206561499083496822578568113455648395727288903768
564734858702787470924437841701540033745698274823246922177670738059
985075586166871378718683096809676558370216611140772207852210640268
269888730728960516843783520367402250033012942208799728073355203320
849825187947636617429055283759128564164974137281936511433254132159
665447975088966378440583413844824557338593122367508775691745807770
666376143138370336043345867465015719999493570926314983135394760109
974600000537658144945733267458610633049321502973839393544273709938
641506048173133810760582530943941987857532365723323047959249575058
023465548576017407830040764894676825864095103880437439926955341506
926095520996684963621960975419902566892730018303988411552635487584
101918625856519589499175436701377526296212355626089075981447245106
345316843742039269634125122549425532446603922385414921802547488287
657536406695665685449904948149152805038253528556467200442522894314
635745970560541321113477618345914350068040975165789396711785485165
229206778357107525513953145282312224607743264857802147106967125824
905495325200298011874329803856098208474987810516242573853621749468
345607944013868042725973721779959761348492683692590494544728545348
555476728550926269663335154395319199262090222901179165035405320535
415573239628658778850100121050944836436935545656529870251042733731
127036864327018539304622986390184984977908527046638100741060641993
467683487921490182379262315357767600452539830948834995312973156738
110357671380950602689881032606604431764355029953307435121783536374
226307308941189098334119638605515220249684439394253053142728238451
977244601660403995835472791372579948769056309963892047062937605056
521820542134579977355489353836803365282076081251489436246900174250
148369489103249786394191146005402306216185569908610246731548646098
802027810734737377704918834398152960696061717154770915580453914721
379448863070275106259100795373999513948617449030229789218152339558

8210157649640209459194090016061165874111119807343351033819020401 20
2992932403144329877164721941875892567634592321990922901557239337 28
8860713694061776164509345671522804998274750927830263599319816399 16
8556260449567993519483203844703965009899853801126586133337947755 21
3032889161978793373276844741328316215382135050223298247951985584 25
3064406273275670404854215795371733438301365792271697658152542272 53
1902691721583563479065501433932221184545774337318654527185594102 10
6229488252043473087838122229831687235778373373445155994823292339 26
9578929447998242009493926642707394323274713200971603475707441072 85
0307963039075727028380502095916175507000501662779242931812450523 86
7239968585193177959038840467556513325575821494315351795949879017 59
3995401869958616206697153893332575600180920779578501271585250132 43
7026798381532168315105880273745589398225165079655680674055293358 04
1645869285231652892506244103450725475174669695766475991206556847 98
3177883862444164695419191341166383135950942698407897055494658072 94
5983183865462177521063114551043363353661775730503740634292089127 75
0223620941830938203794204943018325648815146217473149531227249665 19
4033266694654817482534172522912474970511461616005428188054035419 89
4723457255907901419851829814814599027140514326607102622963491948 12
5934214533789872458309760486188866958513039072917339207722568960 98
3652091279311482179747506446559761340387575922402239603473570849 18
3378112149892582953233544437853183336101743721712707556161914380 53
2726602449486684750343807525183922459239571783023471419022350350 38
0794112727748728950400230804740722455600124762073159921250457886 19
1338649903391268514724330910608559436605624848676475330103363659 85
7748963154641346528176374126158110078173670124954479654116012249 00
9394603499330999402392749438135040080294489916879393667610867550 35
4692386570894147039461647784558930701189503601696843007815886653 29
1356205568916972515781275439554162151952105300131336221871938145 71
9744354678463679883187413333055129221001574730478222747354362338 06
0820098336645368558689256331574692024315168312340672977314170507 98
5368300211465536273578120633869732468790648595875816722867648874 37
6546504490483805651802297321117954056543794461504202156340664560 80
6217490834492965788882953793035047260862168232015498493360658850 36
9596066660761363412546677142657669669382533335382968667780185547 63
7587413756149740851683629386444454372825282127596573341880697804 03
8637562432135935333827691436403187220519444882699899867804379050 31
7265195333242884761680065162980299075023247883443424065678288128 86
0769637406496025630715656767505203705308391361662839216418450982 84
4674305122844423983346413015302739217504201192661457275082813903 76
7336357639254460529716017653757738989469139770671718421230296681 28
7204971364532552899308640123305232260540816113878892531948786172 32
7631527480204769970108414222399792911010289569196329428033277083 53
5253890351431858828631937429265422212927628526004225453979981005 95
5366783999892392918091503877736140092815308194078606647484238225 95
7635285178492414744484368434252066821565966919769728805736670362 15
6355124994436122668933058039480454627750978873567271612375825713 83
9139410872431955195160533765155558925355182697971475606689317353 10
5319152122983591730230267583927416493142243938974431008744911962 22
4480737158524947552758284137168733885684513971935717435137665104 89
5239029017063092712264684066927834839988628595942396793645641735 58
7184019901875725463460676207062627896232203480537183635179469108 77
6385199110783793669022647896142652819899498944095836469265144316 56
5821247179207892033514059366782849401779896529798150547543580317 75
8562255869061012302340109361295535357635843299746307928840816702 33
6678897012814595884742819942874986614377118597010460786118312228 56
7494691319004482564302826200724878752539439790125220351799067010 88
6444417333294270385047776295948438149909989126253488800224701126 85
3866059437662227036508267221232223515725503765038540952531017575 86
8733835311996936024166003965092807274380713754704848445688684891 96

8721231098199098730747953205414010395973619696752305244216405619OO
5267427599397913726868627853543055179125750471576601849237182239 34
8493919692953944998838019657266250365175749403311969597941172125 76
2371383165114796260557917844027818812255383408963982704978907257 43
0443033411791081090599505417122077373797477503036812582030995844 11
9486799985794011171393324239526270361992706377241703397811133323 82
7156827734201479054726165434019322671442180196105337050263337427 31
9045518794871348524986266822221111131891445576221042289834739034 99
8125977811080901318642567088910367429803049136365142132498203398 92
3826233114577540076316382512686668485031584111114115588642679072 13
4604092217050745982472070245524314035201195653139245833100914253 63
4958789790743937136597095527255566600702420283910074594624663130 7
4544675113059937775120411928055649729151234915055327810229864306 08
4053764409891744431076998717276003815163442860652183069210091799 27
9417093193629424774580681733533597017598932860314853201568769791 56
5212418967004030959172775708160301869459714079982443633328754319 22
1407359969526268303856595845208956554977810132745394340864386526 95
4140660420525015130837808664572997492569037617093002816162250318 70
0303273714486051251640723900700882382390681147399580435559035124 12
2182329827436677789038538586239181478158835325813789319130516472 39
0159051500732925827462042891439266753495215494292409278561294142 58
6937295146893142705444227000932416109334447817626188849164416925 60
8135907757944738620601592404012063374998954252911634095244853142 31
8247458686792135102696628751705210646078470497466615451881415103 51
6734981578308880506290252472784913288358585719687703163300975539 04
9048845664489746888824842250422741076906915478241586198518421957 90
9459139269455393497074170826012991361372933199089961244761127027 70
4388927170172348861763196368502467208266987608481975265151178468 39
7433083172604878540303329427864436091148976287974130203367539268 93
1859458016183291794401009583249805875064583664127695292859826577 03
3300623458265495553231665323056373735121952849214896392942381059 55
9822709275997303299473750568744987281293470260662447761583466617 04
9162697571797587242929114187975074878217153341997452680557322560 03
1417046342203189757820773023738624697850416509797584452716458522 04
3551397592875295089546522806626969434499014880200418118642039774 22
0404270266955446032990925495943520252796488734580054345846849452 97
5353915837929113057037617736633757952397710873933795473321185487 90
6192685422400839536103687789915221045210650200380051808347709316 15
1054412972685089966422824644897764232319476756024380976946310016 88
7760572567989369280086502487446760824545957501328381000122974730 56
5399913766112760678583451295803038405025304166311739822211379220 74
7439396630034070496076432882198733987733380285979360982153546559 10
0724317097157060971059686886906647906795150810115197051363575163 61
1207596373863757385849998378645305790304439430129504109743783727 47
3215821070222676757039661418608774439690962477761429826812572551 82
0738210629142917928982577970023307492988858235399319356394252680 61
9486420670833245104681706704055421341876516419219776188680295892 18
7243673912979296702170026047079540759988069653829470682629475007 99
2091780545010872131836710302140341239939886741014047291317644420 90
8011091980352443211333653582852718284326236725037002411625948225 59
7448808317606737015485628911866544655045630521377904505732818512 01
9796654094302700497446325461212241411283293664379403219844792766 56
1092717076355940122055359024467307073784068108916048402263161316 53
7882261306234764932281552291952234092518396017149557062533930191 90
6745971899007765435853945373057085876733937752255618875908626655 72
6071481360268430480946337810894870533253346931528652281848501503 99
3800336638789733893411288434577352332199976257543876194782906084 10
4923170869792726685650177178453576014440687171686900952806803431 89
3356304270972778706508863333729703100159320223247970041018149467 64
6133696884479094536114901744629897493230037580253191769550524162 50

065528426114373076226542082682213459467537033662184218165664434775
720963001368851514596794720360121393994632611454144468275264866158
675668160232392170474512570134865906164308600588556879208478336062
463041958464174708303366065330053420620428368631888832426681603517
521400746402690075876108947946351508449596170005018277089668242632
747552939134464826875600962762224250729627218837874695585396808698
731268923748126981350128702594852987093853722712995055630159371662
858218865916052074038057260330451319721679291477186756305293557276
882390292266219730580487311401175308133892170118618011733725143663
530875657342089417048072193359887479736426861987941028542129529410
436548061666466560953506812679860837723426852206158774774504544085
972412357281362939502487721322918144746035282409050040101773662698
641702181670351818974670512042796054366627945217494148564864034233
759590549060136096930916841062916367946892321891209127401951706180
387212284307087960773113725441306054172989950548378827727046663864
191137798869740632776799960810327556562870906770161485811851671525
572067310925943266024855593887184124304225616774615108389728834242
258914850508472905176061899777583007065652520847408208842173373910
767398114880773332201658891141005158542238840636728656725089712885
038452940316291883714453787866130540009170501111547185436355831033
207211981334858631153423601920293718304352616908440195500481450658
937687152384712418582070564413530487420515614512086668096886553647
307014517115558399645835678003490949039327445144117799163796310338
254450612672966298207689283473834827563761713839607939250893828751
938890837424828395334225664013005888776657917835977404067075017710
871939114578468254250012110401156781381295662572551091764603659677
805799613086282001150125167924849476048498842037333939543468668590
235457523095407381530411675919196403395008232212122031948582192443
475529337530173935181814669205300676835498326089762673603011784585
548752703073220035324122391029670664816719559254532213478249740250
027027480599816837621411818338760834879258098138151661604146420807
520205374549580130513552975387831795560660953452750289995284305259
958631497799031259959268523867599757644136022576047065119871932352
626491081301935915996762477542005468332913608093323184530910326642
695702736368861586841986355898696621612636942346269870652951646036
590889776309436953289214971802597126310791986342343368337985427815
924375361059523136767058842514726866925962255623338825444915338951
480780353160096236272362629321093838121344292596168977607129610965
328581263856352840691870726909508719908487588059768061543438498330
786223732995053859544652872580091738482163952476186691942844092020
325285863597342736521084177924065337699487091904006536284002657991
027808588169428112419867803212676611908212068769439025689831855029
507358136283325881329349787561199657064770323354601359330157371869
985275952788401552313044666467007044570167374730294477842583797133
957981023419274301141663356310472002062303466720043473633620918607
4063793874108377983726591022622266281668368174614508881058679402091
696237070267227078556702466966215235923248906556541142321653001230
668315813709501175164974741770771047867114423127030825964970280652
309726522595350260937603204641810401282570297152909966301797287496
716078187386434604365603126009130801990559134496982430598104481214
223239198832330517487617761060380242248693360782698348799053187120
193656571881137988285470003661803376461641808005621106566571354457
380355721627020669870665961163026692813351285972342273474043550450
301843661570597586025918972971762937820758515214366300584413754353
015287363863937559202494019912296147831205339020402152495716237517
713920740481216320695616878374406751427661181935704092622544281257
244674793566990224000161627935699977379362229328899510966718814725
472447442332450832816113588506261778134752263774166893067961890698
173854262071168345202086617225540215131520301426153635292417624887
240193843284703145335685532116346032411910969004980661636537048300

4401011812918656108974698069557691913585155593833791589067981878573
369687334916653170293483274482623496789367134407267722684084039078
5044733709169016194834174928447685766055823894997626657072609591 72
810261123708822042404896741798176105971216524341898769732540518357
639068967524643049459814039960198336818628217058607337201469935697
285000231851541357699941300289798454638720609259916567500425745577
213855821606623818818432608559086488423057729024583754833271946592
218906082255771930310244284508802380411824587454595405991187938986
652434677760671624111861001010409073491303067136969073215943484812
974545321465061611701587079237826776752243663566391919604273126428
902144018734759285470742567034499691767523359847813886556570589998
331860123461503647593817115860385697047892499359044412797604188982
091303483302149530678261969030240608250991840949624111714750193668
254719668444733985153038785005110697902006497353545593857570788333
676889246110793462714441980272903059667094654269466800036557248250
538537265700346455298437548560576643654846895919870325550908590937
420980486241309926743237286356117618097163687365885258754292899868
407066740913105233311691390175906117790840555041040973012675087716
768600432640471731730874894457953682806516682884188097638768775167
722540150700393369379883713582313675501585287524033755398687094783
975615794630852599146212072385609522922010241942264365500964372816
212365929564921203419310855804805792520705609707331100361087257336
551244363974172687751532206542256393391424987919220299243040151353
261830425163982175998799403271770630652960196594660331660919322521
397851742027560453282255800911070557016085197780657101431630121188
091255806498603094804914667610772074550263450695615815328307044196
446264440197895304167380833292384654515372513331684033152563896589
471100879881182953236468004613394537670149121770428219428285050662
218846305088040978357011532665491625524952638509627579674947577160
349234735962801761556267439062330347004453811940952869755093858067
970266114568484484630899149431515248817802441697409989060390843944
185025304735724693730561618537934068829460142540221142337313972408
574494586237761932255185568911036463768407051600360614064357081184
779777040599564120010460141300089078808937759529574504765503905318
359914685455407570254194453588172823021718408734015606594770669821
729663865913212771651925166629124216002608240455641818282420715559
304141284792123814859514483996567150576460271361040734548881707227
180083296814012039662237524091762593050119645743753899286461890218
741075016941551730748796555794341221340186194571111414514347679110
508738584379543228146239251032152517806102200298506117151152292468
440623367092708922645324107817862349300203648615299307013684697050
663695876213038719184967362628612877313530772131662208880690117845
223199493653227244317747904408052101242682827577605768520721103235
336355173322284658538557907259299765849786886901193452927464227525
558504878241741596277439272695086300373919723243280964233209858067
469745511572367038795593244575845312260023956451863424137001098615
026519509650127633382819673659764355940000898370507219226837562534
245796421520814153814035283423274574528218865399845402774412225452
294226541450102462883885257064639199041273858637472377197018166150
155930655258040244909298244953501327780953256426342626343279899516
866922969197876946230763821342879185340166382658613898105566506740
106342082853947818002045364226967901634799177968142697019624314183
701793323920820696391145686534357517893702466426959525960065432609
160427090327733412487937622089785456943184741943451062039746655514
720561706101946122268668159690483839429043099283167735414442937221
925763921777923422377339714848818191016998201827862113181284536326
398438621565509677653198854178318558674158239004305345117073737286
728018823354578530695996778806741796430097938413254054481238083190
305865408515322785423135428374235375872168823632205507065270649525
135696367521210463206418432239356377952099896545472001696835107430

770193988419787070947694987486420085547074572670602171274095669266
543143833776902401314278999775677872417957135722306063230523856351
476313255726446759773377698628417509403393812169214267356386462354
340206694306350751394027442889765823700307564930106573451869821269
475788504119196136104609343164407415337439577243588525650231378094
754319577305451878520720986386116227304334532958754748551273383279
722191850350478718978842492871068961821089941715867761208380151618
886514540012858597164630136449651605514938227928344490837674328198
921142910431061110868692165527920798201649329374581342150765511878
489276738254879351178323516112085517841083762117528150078518547781
860767942864148432332331910972668500329341289140458582044315576107
787857625774238384899315723739598381106078124677863585568996527368
845240942528704596435920760579346684324145325596356248748821179120
818397034784641754929142248619881698358368191292319024071712957000
768746334505854605361897413652911487487882667012766317504121007203
157810889243766403677309117553090409281711961362105392341387334225
937678768526257135122434134824492437863318852768275374310490354455
242143571369313856402904000656993625368177991878558718447307705825
297435057486641270846544260384727445331835298489368389889780828901
862307448404708449085284940303943429554638527408547590152688160003
747725228117811611574237139819507406741753431841463505443424383574
519248611580880039606683439401908987378192440400219832284520765154
792113692550747874165836602422185462194643077515218613558151988754
046355176140959054373857005250135809390485967216202160698441615690
787716840681274143766140911181396310855991516614810795445153249599
213668254996327123735625684147454143123120604881956549350282357979
943767775718356659006902041799336909172824104906231327124424941601
428516096280779063603833584141992709154227684258177499221993057258
032595123771201299442484070122796867944473418067925826579349589147
678883789154409326316567006088947310932561056198803086054865208774
564545247485353154050111681242847495790437215941553943670290712577
865368975422894964011618502443713140843463035435806477212711435043
136254843866092436155003196510855005090715833704150255688910245840
041819335202521244984571676792556822180232663962315709645890796869
949413734326211814954738978562488217201055827898453333313654848945
088878567519040445959265319521581192448981135290221345503835659827
193694931765657818676004700773169181645503419476677438018159033309
930256659566680601025092653011515016062246861638971930902143214170
400219145772685840786520972216809806340340974308690729882230975195
198310029861267048908177882768775796117833022329018460019071608747
684231522405077436077933069971420826618840794046925806327424727504
156574254671472330996260395728653859055288800591122257746897621928
238904065552137197494522321276833845155145768466112776688207883475
885860064886573576316527556999411910834661445618670681274946339286
427366151155891224086859707892700750339421987583653597343004106955
922676103553305993105917631279351162971407960650125329361940136650
630794157005021118804358149453379132085873254843046365963575445347
023689576407547704415571493176867930227775311988218483730191178628
930694011158935995127482991205306812955192982493827214779554101294
437734517564251171652621616699918583564687464935792409772455133280
236293667570990769785251422664119119358543450137409607937600508655
283422806572647802204206130795169963953324761662289154668469409691
451525256341542697672709654289236696840319253509490673845090202972
431809123127018255195138346002937882176207767661470179105698709532
770660030841618105920658748656005148395218482499254325485613250858
519743641707255380319640692807156322132217334545187661557552639031
833939656842002946070111912900374032234397670106259189549411081661
777562192162312113709031397199510930006010300715333345290159788935
879859588478418005253796008798347110926578754895419075386106622018
995978954059343787394706384236767750218336928872866052783454452202

405805711362960075974665197771111263096946950342384651053143366709
511076068629058782907882208713346420036439036633298098850085133781
496316618857710806631255804432420769864751221658236162083468148414
083152527539605062706669652630190259384874403412660635747377192472
521516522939406695524534224812999183265659442375912055988200472864
204206707422287275907409713982157237963214549916729673080286486448
406832219033684902698992971020092041186578702517859183575055270334
768877563858546273960750997614740057219289818296672620120311458260
815855382692225101382561102542944306796243640089978100544006780213
427670764254992593671010228467486622594117529405166755581862694175
059399711537675399665098330161573697092270055730969595564927238518
257578755341788875263978855596462447492326407482162854233803633594
937489952680601675414219788350902373105768750328191825905212533184
931830610070220267858052785156302432419555393856571133062252246234
147971144793257899373626522022284579923034601177104157440941246819
729500291141398676155035259981948073523915452858111822298181564944
792756355332235062904962376021888577294081893514505639433389353397
765545634086655528265813600081646333452544948450595556670516310770
887250520662602256057362921445167472113886016916293005420512420641
555527240194558735950975262553372909389990752880852423425526878962
326127453557578081715309102459635355394814762771969164198426111827
588625890580436615487562068163743408004760016441984380293734146828
677717616041428541260642564158093743961591292427136313673177612445
899338591777306113329884665524574828349252311945870699891238106008
382022702659856257633391903367294000126429069966838423817943612746
986659318961904532222329360316632960149436871828093274304915238932
256255191114730075314812880720642684222698113618552015447980876010
728760945026924945406148795259778098636006966910137781412349002068
691983892641537672255176874951520401488303120411302022780645964589
480587137799676887349391870379821439167206459086965189722569169850
999031020309665736330187721579107878142644572561741158418587769963
563529157661151716117556191214637721380113652263627127850352145333
065842404271934657080561805642862699883193272737246850808063725345
867743143564713432991361084587114567017680602415639874524038583363
793983563393494459503071442769421392165933515161002806826001862171
080275899091634546246022698586717454231097729730601950455750212178
667292686336651258071050500174721336920726980719277906330129190334
291822013011713020686124637361536176394805561122679035959983458207
368030321560508366401669154640260872605066519849075749621296331192
046086424701059966275204067990852111188739395262221717183945674358
436625025940756778745520688317702101822639289293331994618955621433
939875377741823349077638559935400871935321557810634349264692166801
973069587793471722254480791181111963926392764800123517725719274788
305783971136690606455254331919032228919360954971843249100904540662
729238502740563383854859018826814943584364584398026261111617176584
281609795765250678761179511632399263517003261953415092975005534048
866409658351916597949193508634882192615981448436924375455651122041
948055268230753324769740884727787435452359272108804052625835368689
199319844609897160844674263673591680055284786340626912717217317175
606167717146347556161980788439031135847771642605104747457663614383
208549936721974573997978665227750353980618914088883859093213743752
720336230257877956104729285638608513091577846496000873633392031048
977816919904548372115769326147221016937339567708656913761110869153
278354055689486050710822954248091805580809585284066735287814803865
380214664675714389654758086043451295539355130958693211086299311106
058399394249657601065749524026449463655244424073059903652849089666
480404679455176056890276317171918768727725748903365671778563823216
530569212911505032641281573270750113835519789309408910748803426109
088274141371194091230943716786961363607247765710462348615040606854
704645771878916603821401434750973053691031108440796955045623775381

198275521595213650187756339707354395801204719660195128825105450331
730516216341090518192260525546312264355322592957475728820016262708
082360424445903581361990459604491675403755372720618198899951477716
149327607979993540532317930374352758499542681718721374730002593356
153619211112926163891621846956695620335649705965093323716885518784
203330418075030665055606251741605052623316640919252238258870955218
902881295750521711655979171308253404608433079774654768816669196814
476897328483917921776776427103215174524479507358807632890541673160
318119261024170038177565961182565415251809679876026163430172783703
279617329250813470476548576560590107276735213854598276892987332975
832994468536565991927202723128419689666325935947726672235001137195
026467308449262860959852620522409521822359200314706982697792667225
042365592919249205435035444239094088057620105046530926977313494108
572799763801130492797398655841989887658332015933439610468750796352
017847298731730440842726696584060961805465465631930250501495988840
192508559631880923328014730387912919579582510129204377653347410891
807580724712724027616662968626222223166070448752292147150714615960
773351238272166915455272913078876136704003344771052077005942899727
117736591924299132120809706489631255884391194426424834555020727461
522672099256445652834679899490660341741368476155773134407346980037
980421412267132037246532107321735737604919320627556467665490391302
868997801527791202724751053292459552739864206624529571800868091573
355539701965129310048323147041350494293596511826572404982044313975
670314705370985061314615599154596790803820633271127053976438946130
683352466915676444805847905318562649578393545468362970975088640725
578236692990650812706432076742539043688571381094074585565967418113
481026729780128765977058162672845756159328126606457532869835675416
943733517186915449429803953280956253296717647427841921710549638534
142832198621486189526791483040045423024372446249427695881885130478
794805150924022184727268743260289620485985683180743752148629099213
391399218069538074436347110623021020239908016642831219790393108898
902868127744913987781601236963493538379048337388616497398864240856
403886001217356037125663028241932844139371526035502553650068469137
995125330157088169317619805957660961132814536248638143747081376099
733927934071387102183560443794655957632108597263805611317386277996
186628281065800063606056696516050027546320006428383399004706861062
158978013591870802388375768955791117132702187191386124460922850946
621788009123566467142528458131688323343861702634545310635732686171
417326825210992719583249078323219289804851229823033793785926972269
319589503335412606776368451920279901129435132900852589604906134817
684612448185863452673249441239503370242895528566745576377654831303
915449072417446990333489630103269608512640536887822212146215219423
825090781889402643536751568910448856832921283602581574800998458320
548765308408242561350893597229603185883885803835818566441215386708
767601248310104630844744321880144790933674746884478564148174459091
245398103230088592063710156358756516430959611273964015861769781314
087950737142883177604366898196264134750069719405651950455051677423
979401968998625278900852374458073288670697417739635725450609854234
567898520425073228607094202639484182866925660616654440720457756839
393231226540781247831666880180301842250452005355186868485055845308
525384975426120579430535330807477508264960885294455727850034413955
893793350511840302252987061629150596422599960058564895723365317986
913669699442786657891252568462604147981108656855717390721330789331
085259033331137185877287034926279027156732916866271667490819931825
831668328285001575707801611931692219315147549377551598046540928399
910949374201037170856086058817854490057041041360404351376424689981
526806092554011234653295043491805374773561666671046929830956789203
164820639317392212484055120347806321113168133732240632164554155882
378460919427380885028383123622665497443005580998982995742584323537
642986314656350552835604770907574732826367704396309792346562979493

445664139608514643713039321367742124709044527215406879215426306425
972602920189946552981151426126049007638671417302357272768390415597
234506666938664605882920124711441788317822348215338918760583632761
818194332276955531125819048475174629056200134689964407161982320543
471846110205113155509302268251074919901496081785626051088590365847
451503763849151340003295163991062192405572830081035217619796168322
139816924083576395562116571261121929050871632552585586496166382541
935914821818761959232920569955063764581826855752211527870118029943
354674153627620774978540541333031363354236824101084647637490638852
798414900764646976485400947963589549754614481376369705916356998368
119875250547930693532075707667801484477014247162419081668224900742
071118648815477289171865359677653957993350334272821460541696496009
847069795855926430428703636647130713147823306115764199132224206460
998988307626858360555274099047846761076042417842150628517557352999
647862552954283674298706645794337580101407402116186144843297657442
634285287047785563083096314352787830419450197029465757777328167468
580874539316039372533158992805794346314087358608617788263349277461
511849116551306818467136773488233410851364039479392088768863363394
613823583447940815696109142938773471389342377361910964605642444747
790820760496602713561689541064448321365980829389097296189121183429
149061638963861069375208953468839833444671898212434780723874074576
975545074368467471350248588183996655681963445288119418331726368250
506118649003941255205745712036035578025141904352671837219213848299
058032246958424323158984432510396544353505354322921674704077861468
485976255744615351188003143056995492784716745449726976128393325183
819722232836070752278129281301065694126294873063426883733818174217
060864754827639424239140275321804295190341163517046980742335155605
785756245099925320178749963664047347703898558730650760387099773184
312810989789882085435595509432539023718952168202334424557257530787
926339855090164559423733966252233516487505895569421729724489599882
508923211203479589415465460303787861759157166139886932687374968473
054965329378214756481057938082853005324470805065692942234001095934
829461453907889066162640215013073533003319207456372637707709993999
228862122432488020626348508885303601072343689013606427581425283987
859491799796112196379757651924521867096088092137111977500087815930
430729344883930957574159241375285977797291893453850508038319867745
900251865791723708085741642971538078840607130686803619824197157747
638950725346840456919275953193722370222901558006560760473854735990
447799674874996976942713766869553319512533776409858709668386326392
616494560868414037456842071940595070174303546918215090046649399855
174138938519757312156826162286223188109672974760601302833119371611
408747270676255856777511995666748615196491297019331808499410961813
929649278936090212535443327375064260624299412032736255824417498345
094730945343661590728416319368307571979806823153573715557181612215
678793642501388711702327555577930226678580319993081083057630765233
205074001393909580790163771762925928376487479017727412567819055556
218050487674699114083997791937654232062337471732470336976335792589
151526031561403332127284919441843715069655208754245059895678796130
331164628399634646042209010610579458151

www.ingramcontent.com/pod-product-compliance
Lightning Source LLC
LaVergne TN
LVHW010951061026
849535LV00006B/1676